Código Fiscal do Investimento

Código Fiscal do Investimento

ANOTADO E COMENTADO

2022

Rui Marques
Doutorando em Direito Fiscal (FDUL)
Mestre em Direito e Economia (FDUL)
Docente universitário
Investigador Associado do CIDEEFF (FDUL)
Inspector tributário

Sónia Martins Reis
Doutoranda em Direito Fiscal (FDUL)
Mestre em Direito Fiscal (FDUL)
Docente universitária (FDUL)
Investigadora Associada do CIDEEFF (FDUL)
Advogada responsável pelo Departamento Fiscal da PLEN – Sociedade de Advogados, RL
Árbitro do CAAD

Prefácio: Joaquim Miranda Sarmento
Professor Auxiliar (com Agregação) de Finanças no ISEG – Lisbon School of Economics and Management, Universidade de Lisboa
Ph.D in Finance, Tilburg University

ALMEDINA

CÓDIGO FISCAL DO INVESTIMENTO
ANOTADO E COMENTADO

AUTORES
Rui Marques
Sónia Martins Reis

EDITOR
EDIÇÕES ALMEDINA, S.A.
Rua Fernandes Tomás, n.os 76-80
3000-167 Coimbra
Tel.: 239 851 904 · Fax: 239 851 901
www.almedina.net · editora@almedina.net

Design de colecção: FBA.
Capa: Edições Almedina

PRÉ-IMPRESSÃO
EDIÇÕES ALMEDINA, S.A.

IMPRESSÃO E ACABAMENTO
PAPELMUNDE

Maio, 2022
DEPÓSITO LEGAL

Os dados e as opiniões inseridos na presente publicação são da exclusiva responsabilidade do(s) seu(s) autor(es).

Apesar do cuidado e rigor colocados na elaboração da presente obra, devem os diplomas legais dela constantes ser sempre objeto de confirmação com as publicações oficiais.

ALMEDINA | GRUPOALMEDINA

BIBLIOTECA NACIONAL DE PORTUGAL – CATALOGAÇÃO NA PUBLICAÇÃO

MARQUES, Rui, e outro

Código fiscal do investimento : anotado e comentado / Rui Marques, Sónia Martins Reis. – (Códigos anotados)
ISBN 978-989-40-0467-7

I – REIS, Sónia Martins

CDU 336

A quem dedicar este livro quando, como advertiu Balzac, «*o tempo das dedicatórias já passou*»?
Aos nossos Professores e Colegas, que inventaram o saber e a sua partilha.
Aos nossos Alunos, pela sua paciência infinita.

PREFÁCIO

Este livro apresenta-se como uma obra fundamental para quem estuda e trabalha os benefícios fiscais às empresas e aos investidores. Os autores, com a sua vasta experiência, colocam à nossa disposição toda a sua sapiência e conhecimento, reflectido num trabalho rigoroso, mas bastante pedagógico e acessível.

Conheço o Dr. Rui Marques há cerca de 20 anos. Além de uma boa amizade, tenho tido o prazer e o privilegio de ser seu co-autor em diversas obras, quer em livros quer em artigos científicos. Quanto à Dra. Sónia Martins Reis, conheço o seu profícuo e consistente labor académico e nas lides da advocacia fiscal.

A Fiscalidade representa um dos factores de competitividade da economia e das empresas de um país, juntamente com factores como a qualidade das Instituições, os custos de contexto e burocracia, a qualidade da Justiça, o Capital Humano, o mercado laboral, entre diversos outros.

Do ponto de vista da Fiscalidade, as empresas e os investidores procuram, sobretudo e em primeiro lugar, a estabilidade das leis fiscais. Ou seja, poucas mudanças ao longo do tempo, que permitam fazer um planeamento de médio e longo prazo com um grau de incerteza relativamente baixo no que aos impostos diz respeito (em matéria de custo fiscal e de futura litigância por interpretação das normas fiscais). Depois, procuram que o sistema fiscal seja simples. Isto é, que a compreensão das regras fiscais não seja um emaranhado de leis, decretos-leis, portarias e instruções administrativas, e que forneçam os incentivos correctos para a competitividade, investimento, inovação e criação de valor. As empresas e os investidores procuram também que o sistema fiscal, ao ser simples, tenha baixos custos de cumprimento das obrigações fiscais, não consumindo assim recursos necessários para outras actividades com maior valor acrescentado. Por último, procuram que a carga fiscal sobre o capital investido e sobre o trabalho seja competitiva.

Os impostos servem para que o Estado arrecade receita, mas, seguindo as funções orçamentais de Musgrave (1958), têm outras duas funções: a de redução das desigualdades e a de estabilização económica.

Os impostos também servem para promover o desenvolvimento económico e social, por duas vias: de forma directa, concedendo benefícios fiscais e/ou regimes fiscais preferenciais (seja com menor tributação, seja com condições fiscais privilegiadas) a investimentos relevantes; ou de forma indirecta, financiando a despesa com subsídios.

Desde as reformas fiscais dos anos 80, o sistema fiscal português assenta, como a maioria dos sistemas fiscais, na tributação do rendimento (IRS e IRC), do consumo (IVA e IEC), do património (IMI e IMT) e em alguns impostos e taxas de natureza mais residual (por exemplo, o Imposto de Selo). Contudo, um estudo de 2015 (Sarmento & Duarte) mostrou que, relativamente a IRS, IRC, IVA, IMI e IMT, houve entre 1989 e 2014 um total de 492 alterações; ou seja, em 26 anos houve 492 leis ou decretos-leis a alterar estes impostos. Isto significa, em média, uma alteração fiscal em cada 15 dias; estes 492 diplomas significaram 3178 alterações de artigos. Tal instabilidade torna muito difícil a qualquer agente económico fazer um planeamento de médio prazo (entre três e cinco anos), sendo essa uma das principais críticas apontadas ao sistema fiscal em Portugal.

Por outro lado, e não desassociado desta instabilidade, o sistema fiscal nacional é complexo e tem custos elevados no cumprimento das obrigações fiscais.

As comparações internacionais mostram que Portugal é dos países europeus onde as empresas despendem mais horas para cumprir com as declarações e os pagamentos. De acordo com o *Doing Business* do Banco Mundial, o tempo médio para o cumprimento das obrigações fiscais em Portugal era, em 2019, de 243 horas por ano, facto que nos coloca no quarto lugar da OCDE, onde a média são 164 horas. Na média da UE são 174 horas, na média da zona euro são 147 horas e países como a Estónia e a Irlanda despendem, respectivamente, 50 e 82 horas. Até Marrocos apresenta um valor mais animador do que o nosso: 155 horas!

No que concerne à carga fiscal, Portugal tem a segunda taxa nominal marginal de IRC mais elevada da OCDE. A taxa de IRC em Portugal pode chegar a 31,5%, só ultrapassada pela da França, que é de 32%. No IRS, a comparação com países concorrentes é muito desfavorável. Para 30 mil euros de rendimento anual, Portugal tem uma taxa de imposto marginal de 37%, enquanto a Irlanda e a Estónia têm uma taxa de imposto de 20%, a Hungria de 15% e a Eslováquia de 19%. Para 50 mil euros de rendimento anual, a taxa marginal de imposto em Portugal é de 45%, na Irlanda é de 40%, na Hungria é de 15%, na Eslováquia é de 25% e na Estónia é de 20% (dados de 2019).

Mas é a Fiscalidade um factor decisivo para a competitividade e o crescimento económico? A maioria dos estudos académicos mostra que sim, mas sem ser uma "silver bullet".

Existe ampla literatura económica que mostra que o nível de fiscalidade, sobretudo no imposto sobre as empresas, tem impacto no crescimento, no investimento e na criação de emprego. Johansson et al. (2008), num estudo dos países da OCDE, concluíram que o imposto que mais prejudica o crescimento é o IRC. Hansen e Kalambokidis (2010) mostram impactos ao nível regional (Minnesota) de reduções e reformas do IRC. Djankov et al. (2010), num exame internacional, mostram como a taxa efectiva de IRC tem um efeito muito negativo no crescimento, no (investimento directo do exterior) IDE e no empreendedorismo. Da Rin et al. (2011) apresentam resultados similares para a Europa. Rathelot e Sillard (2008) mostram, relativamente à França, que a criação de empresas está directamente relacionada (embora com um efeito reduzido) com o nível de fiscalidade. Devereux et al. (2007) concluem, relativamente ao Reino Unido, que as empresas respondem mais a estímulos fiscais e às condições não fiscais do que a subsídios. Devereaux et al. (2012) e Slemrod (2004) concluem que os países competem entre si na taxa nominal efectiva, mas também na efectiva marginal. Chang et al. (2017) concluem que uma redução do IRC tem um impacto positivo, sobretudo na atracção de IDE, embora tal dependa do tipo de dupla tributação internacional existente no país. Aumentos nas taxas de IRC levam a reduções significativas no emprego e nos salários, enquanto cortes de IRC, sobretudo se em recessão, levam a um estímulo da actividade económica. House e Shapiro (2006) concluíram que a reforma fiscal dos EUA em 2003, reduzindo os impostos sobre as empresas, foi responsável pelo estímulo económico dos anos seguintes, após a recessão de 2001 -2002, que se seguiu ao 11 de Setembro. Relativamente ao caso português, o único estudo conhecido é o de Venâncio et al. (2020). Os autores concluem que a introdução de um IRC reduzido para o interior, ocorrido em 2001, levou a que houvesse um aumento do número de empresas criadas nos municípios abrangidos pela medida e da taxa de sobrevivência das mesmas.

Neste sentido, o Código Fiscal de Investimento (CFI), introduzido pelo aprovado pelo Decreto-Lei n.º 162/2014, de 31 de Outubro, tem sido um instrumento importante na captação de investimento, quer das empresas já localizadas em Portugal, quer de novos investidores. O CFI estabeleceu quatro mecanismos muito relevantes para a captação de investimento: a) O regime de benefícios fiscais contratuais ao investimento produtivo; b) O Regime Fiscal de Apoio ao Investimento (RFAI); c) O sistema de incentivos fiscais em investigação e desenvolvimento empresarial II (SIFIDE II); e d) O regime de dedução por lucros retidos e reinvestidos (DLRR).

O livro que agora o leitor tem em mãos trata-se de uma obra fundamental na compreensão deste importante mecanismo fiscal, que como é referido na obra, trata de benefícios fiscais com um carácter obrigatoriamente excecional ou menos estrutural, apenas concedidos por razões de reconhecido interesse público – a necessidade de promover a competitividade e o investimento empresarial.

Os autores apresentam o CFI de forma anotada e comentada, em que cada artigo do Código tem uma extensa explicação do seu âmbito e aplicação, bem como a Jurisprudência e Doutrina mais relevantes. Existe o cuidado de analisar o que autores académicos e práticos têm produzido sobre cada uma das matérias abordadas ao longo do livro, bem como das decisões dos Tribunais Tributários e do CAAD e da Autoridade Tributária e Aduaneira.

Dou os meus parabéns aos autores por esta excelente obra, que será muito útil a todos os que lidam com matérias fiscais, sejam quadros da Autoridade Tributária e Aduaneira, Advogados, Juízes, Contabilistas Certificados, Revisores Oficiais de Contas, quadros financeiros de empresas e estudantes de Direito, Economia, Gestão, Finanças, Contabilidade, assim como todos os Académicos que estudam e ensinam Fiscalidade e Direito Fiscal.

Lisboa, 28 de Abril de 2022.

JOAQUIM MIRANDA SARMENTO
Professor Auxiliar (com Agregação) de Finanças no ISEG – Lisbon School of Economics and Management, Universidade de Lisboa
Ph.D in Finance, Tilburg University

REFERÊNCIAS

Chang, C.W. et. al., «Are Corporate Tax Reductions Real Benefits under Imputation Systems?», European Accounting Review, 26(2), 2017, pp. 215-237.

Da Rin, M. et. al., «Entrepreneurship, Firm Entry, and the Taxation of Corporate Income – Evidence From Europe», Journal of Public Economics, 95(9-10), 2011, pp. 1048-1066.

Devereux, M. et. al., «Firm Location Decisions, Regional Grants and Agglomeration Externalities», Journal of Public Economics, 91(3-4), 2007, pp. 413-435.

Devereux, M.P. et. al., «Do Countries Compete Over Corporate Tax Rates?», Journal of Public Economics, 92(5-6), 2008, pp. 1210-1235.

Djankov, S. et. al., A., «The Effect of Corporate Taxes on Investment and Entrepreneurship», American Economic Journal: Macroeconomics, 2(3), 2010, pp. 31-64.

Hansen, T. J. e Kalambokidis, L., «How Are Businesses Responding to Minnesota's Tax-Free Zone Program?», Economic Development Quarterly, 24(2), 2010, pp. 180-192.

House, C.L. e Shapiro, M.D., «Phased-In Tax Cuts and Economic Activity», American Economic Review, 96(5), 2006, pp. 1835-1849.

Johansson, Å. et. al., Taxation and Economic Growth, OECD Publishing, n.º 620, 2008.

Rathelot, R. e Sillard, P., «The Importance of Local Corporate Taxes in Business Location Decisions – Evidence from French Micro Data», The Economic Journal, 118(527), 2008, pp. 499-514.

Sarmento, «A instabilidade fiscal em sede de IRS, IRC e IVA – 1989-2014», Julgar, Outubro de 2016.

Sarmento, J.M. e Duarte, I., «A instabilidade do sistema fiscal português – Uma retrospectiva entre 1989 e 2014», Julgar, Dezembro de 2015.

Slemrod, J., «Are Corporate Tax Rates, or Countries, Converging?», Journal of Public Economics, 88(6), 2004, pp. 1169-1186.

Venâncio, A. et. al., «Corporate Taxes and High-Quality Entrepreneurship», Small Business Economics, 2020, pp. 1-30.

NOTA DE ABERTURA

The invention of the teenager was a mistake. Once you identify a period of life in which people get to stay out late but don't have to pay taxes – naturally, no one wants to live any other way.
JUDITH MARTIN ("Miss Manners")

No início de qualquer obra escrita torna-se mister ressaltar a importância ou mesmo transcendência do tema eleito. Não obstante, tratando-se no caso presente dos benefícios fiscais ao investimento, tal incumbência parece de sobremaneira facilitada dada a rendosa controvérsia no plano da doutrina e da jurisprudência, ainda que decorridos pouco mais de 7 anos sobre o início da vigência da respectiva legislação.

Pareceu-nos, portanto, oportuna a realização de um *Código Fiscal do Investimento Anotado e Comentado*, como obra de fôlego que possa de algum modo servir como repositório da evolução amadurecida ao nível da doutrina e da jurisprudência perante várias das questões que têm surgido e feito deste Código um dos mais useiros e vezeiros no contencioso tributário (judicial e arbitral) e o mesmo se tem verificado na esfera administrativa (reclamações graciosas, revisões oficiosas e subsequentes recursos hierárquicos). Mas, também, que possa servir de instrumento de trabalho para todos aqueles que operam no sistema fiscal: Contribuintes, Administração, Tribunais, Universidades.

O Código Fiscal do Investimento (CFI), aprovado pelo Decreto-Lei n.º 162/2014, de 31 de Outubro[1], trata de benefícios fiscais com um carácter obrigatoriamente excepcional ou menos estrutural, apenas concedidos por

[1] No uso da autorização legislativa concedida pela Lei n.º 44/2014, de 11 de Julho.
Note-se que o Decreto-Legislativo Regional n.º 24/2016/M, de 28 de Junho, veio criar o Código Fiscal do Investimento na Região Autónoma da Madeira. E, por outro lado, o Decreto Legislativo Regional n.º 2/99/A, de 20 de Janeiro, que adapta o sistema fiscal nacional à Região Autónoma dos Açores, permite que os sujeitos passivos do IRC deduzam à colecta, até ao limite da mesma, os lucros comerciais, industriais e agrícolas reinvestidos em activo fixo directamente afecto à exploração, em importância variável conforme a localização.

razões de reconhecido interesse público – a necessidade de promover a competitividade e o investimento empresarial[2] –, e daí que tais desagravamentos surjam fora dos Códigos de imposto (IRC, IMI, IMT e Selo). Foi considerada premente a revisão do Código Fiscal do Investimento[3] de modo a, por um lado, adaptá-lo ao novo quadro legislativo europeu aplicável aos auxílios estatais com finalidade regional para o período de 2014-2020[4] e, por outro lado, reforçar os diversos regimes de benefícios fiscais ao investimento, em particular no que se refere a investimentos que proporcionem a criação ou manutenção de postos de trabalho e se localizem em regiões menos favorecidas[5].

Passados mais de 7 anos, o Tribunal de Contas reitera a necessidade de uma avaliação discriminada dos resultados efectivamente obtidos face aos objectivos extrafiscais inerentes à criação dos benefícios fiscais do investimento, o que surge reforçado pela concentração da despesa fiscal em IRC num reduzido número de benefícios e beneficiários[6].

Desde logo, a magnitude destes benefícios fiscais resulta impressiva pela correspondente receita cessante e despesa fiscal (*tax expenditure*) associada, desvelada pelos valores em causa, por esta ordem decrescente (no ano de 2020): 396M€ (SIFIDE II – Sistema de incentivos fiscais em investigação e desenvolvimento empresarial), 201M€ (RFAI – Regime Fiscal de Apoio ao Investimento), 85M€ (DLRR – Dedução por lucros retidos e reinvestidos), 12M€ (Benefícios fiscais contratuais ao investimento produtivo), o que perfaz um total de 41,5% da despesa fiscal em IRC[7].

[2] Segundo estabelece o artigo 14.º n.º 3 da Lei Geral Tributária (LGT), a criação de benefícios fiscais depende da clara definição dos seus objectivos. E, nos termos do artigo 7.º n.ºs 1 e 2 da mesma Lei, a tributação deve favorecer o investimento socialmente relevante e ter em conta a competitividade da economia portuguesa, no quadro de uma sã concorrência.

[3] Revogando o Código Fiscal do Investimento aprovado pelo Decreto-Lei n.º 249/2009, de 23 de Setembro.

[4] As Orientações relativas aos auxílios estatais com finalidade regional para 2014-2020 (2013/C 209/01), publicadas no Jornal Oficial da União Europeia, em 23 de Julho de 2013, definem as condições em que os Estados-Membros podem conceder auxílios estatais às empresas para fins de desenvolvimento regional, de modo a poderem ser considerados compatíveis com o mercado interno.

[5] *Vide* o preâmbulo do Decreto-Lei n.º 162/2014, de 31 de Outubro.

[6] Parecer sobre a Conta Geral do Estado – 2020.

No mesmo sentido, quanto à concentração nos beneficiários, já apontava o Relatório sobre "Os Benefícios Fiscais em Portugal – Conceitos, metodologias e prática", de Junho de 2019 (realizado pelo Grupo de Trabalho criado pelo Despacho 4.222/2018, de 17 de Abril, do Ministro das Finanças).

[7] Fonte: Conta Geral do Estado de 2020 (Direcção-Geral do Orçamento). Reporta-se ao ano do pagamento final do imposto, pelo que os valores não coincidem com o Relatório da Despesa

Nesta área, muita da litigância tem surgido a propósito das correcções aritméticas frequentemente empreendidas pela inspecção tributária[8] ao cálculo do imposto, reflectidas a jusante em liquidações adicionais[9] com a consequente reposição dos benefícios[10]. E, tratando-se de uma matéria que, nos últimos anos e de modo sucessivo, tem sido acolhida no Plano Nacional de Actividades da Inspecção Tributária e Aduaneira (PNAITA)[11], assim deverá continuar a acontecer, até pela repercussão dos efeitos tributários nos anos seguintes.

Pela presente obra têm os leitores posta em evidência uma exposição e análise crítica das normas legais, do ponto de vista jurídico-fiscal, relativamente ao Código Fiscal do Investimento, desde a versão originária aprovada pelo Decreto-Lei n.º 162/2014, de 31 de Outubro até às alterações introduzidas pelas Leis n.º 21/2021, de 20 de Abril, 75-B/2020, de 31 de Dezembro, 2/2020, de 31 de Março, 71/2018, de 31 de Dezembro, 114/2017, de 29 de Dezembro, 42/2016, de 28 de Dezembro, 7-A/2016, de 30 de Março e pela Declaração de Rectificação n.º 49/2014, de 1 de Dezembro. Houve também a preocupação de aflorar o tema do cumprimento das obrigações contabilísticas e declarativas, com maior relevo no domínio do IRC.

Ademais, a jurisprudência dos Tribunais Tributários ou outros bem como a doutrina e as instruções administrativas que surgem referidas ou de que são apresentadas transcrições encontram-se publicadas *online*, respectivamente,

Fiscal – 2020, elaborado nos termos do artigo 15.º-A do Estatuto dos Benefícios Fiscais (EBF), o qual atende ao ano da geração do imposto.
Haverá também que ter em conta que a receita em IRC (execução acumulada) se cifrou em 2020 no valor de 5.044,5M€ [Fonte: Síntese de Execução Orçamental – Dezembro de 2020 (Direcção-Geral do Orçamento)].

[8] De acordo com o Plano de Actividades da Autoridade Tributaria e Aduaneira, esta continuou a desenvolver em 2021 acções especificamente dirigidas ao reforço dos mecanismos de controlo tributário do Sistema de Incentivos Fiscais à Investigação e Desenvolvimento Empresarial (SIFIDE), nomeadamente através da implementação de mecanismos que garantam um maior controlo na utilização deste benefício fiscal. No que tange ao reforço do combate à fraude e evasão fiscais, surgem previstos: a conclusão dos trabalhos de carregamento da informação declarativa na conta corrente do SIFIDE e implementação de regras de validação central com base na referida conta corrente, em ordem a assegurar, em momento de liquidação, um maior controlo na utilização deste benefício fiscal; a intensificação do controlo dos benefícios fiscais, com especial incidência no RFAI e SIFIDE; o reforço aos mecanismos de controlo das entidades beneficiárias do SIFIDE.

[9] Sem esquecer os juros compensatórios pelo retardamento da liquidação (artigos 35.º da LGT e 102.º do CIRC).

[10] Campo 372 do quadro 10 (Cálculo do imposto) da declaração periódica de rendimentos de IRC (artigo 120.º do CIRC).

[11] Previsto no artigo 23.º do Regime Complementar do Procedimento de Inspecção Tributária e Aduaneira (RCPITA).

pelo Instituto de Gestão Financeira e Equipamentos da Justiça (Tribunal Constitucional, Supremo Tribunal Administrativo, Tribunal Central Administrativo Sul e Tribunal Central Administrativo Norte), pelo CAAD – Centro de Arbitragem Administrativa e pela Autoridade Tributária e Aduaneira, e, como tal, acessíveis aos leitores em geral. Sempre que possível, surgirá então vertido o que mais recentemente tenha sido produzido.

Uma reiterada palavra de penhorado agradecimento é devida ao Professor Doutor Joaquim Miranda Sarmento, o qual, com a autoria do Prefácio, quis beneficiar a obra agora partilhada com os leitores e que muito honra os Autores.

Aqui chegados, nas linhas seguintes oferecemos o nosso modesto contributo para desvelar as normas do Código Fiscal do Investimento, na esperança de uma maior clarificação por parte da nossa Doutrina e Tribunais, a benefício da segurança jurídica e da protecção da confiança depositada no sistema fiscal, tão caras aos Contribuintes. Mesmo sabendo das nossas graves limitações que poderão, é o mais certo, a final, adensar as dúvidas.

Lisboa, 1 de Maio de 2022.

RUI MARQUES
SÓNIA MARTINS REIS

AGRADECIMENTOS

Naturalmente, todos os trabalhos resultariam em vão não fosse a prestimosa ajuda e mesmo dedicação de muitos dos nossos Colegas e Amigos. Não queremos também deixar de manifestar uma especial gratidão ao Instituto de Direito Económico, Financeiro e Fiscal da Faculdade de Direito de Lisboa (IDEFF), às Bibliotecas da Faculdade de Direito da Universidade de Lisboa, do Instituto Superior de Contabilidade e Administração de Lisboa, do Ministério das Finanças e do Centro de Estudos Fiscais e Aduaneiros, pela disponibilidade e colaboração inefáveis. É igualmente devido um agradecimento à Almedina, pelo empenho e profissionalismo que colocou em mais esta obra.

ABREVIATURAS

As abreviaturas utilizadas são de uso corrente, conforme lista que se segue:

AD-CAU – Acto Delegado do Código Aduaneiro da União
AEO – Operador Económico Autorizado
AE-CAU – Acto de Execução do Código Aduaneiro da União
AICEP – Agência para o Investimento e Comércio Externo de Portugal
AT – Autoridade Tributária e Aduaneira
APA – Agência Portuguesa do Ambiente, I. P.
CAAD – Centro de Arbitragem Administrativa
CDT – Convenção para Evitar a Dupla Tributação
CAE – Classificação das Actividades Económicas
CC – Código de Contas
CFI – Código Fiscal do Investimento
CFI-RAM – Código Fiscal do Investimento da Região Autónoma da Madeira
CIMI – Código do Imposto Municipal sobre Imóveis
CIMT – Código do Imposto Municipal sobre as Transmissões Onerosas de Imóveis
CIRC – Código do Imposto sobre o Rendimento das Pessoas Colectivas
CIRE – Código da Insolvência e Recuperação das Empresas
CIRS – Código do Imposto sobre o Rendimento das Pessoas Singulares
CIS – Código do Imposto do Selo
CIVA – Código do Imposto sobre o Valor Acrescentado
CPPT – Código de Procedimento e de Processo Tributário
CPTA – Código de Processo nos Tribunais Administrativos
CSC – Código das Sociedades Comerciais
DA – Declaração anual de informação contabilística e fiscal
DGCI – Direcção-Geral dos Impostos
DLRR – Dedução por Lucros Retidos e Reinvestidos (DLRR)
DSIRC – Direcção de Serviços do Imposto sobre o Rendimento das Pessoas Colectivas

EBF – Estatuto dos Benefícios Fiscais
ESB – Equivalente-subvenção-bruto
GCC – Grau de Cumprimento dos Objectivos Contratuais
IAPMEI – Agência para a Competitividade e Inovação
IES – Informação Empresarial Simplificada
IMI – Imposto Municipal sobre Imóveis
IMT – Imposto Municipal sobre as Transmissões Onerosas de Imóveis
INE – Instituto nacional de Estatística
IRC – Imposto sobre o Rendimento das Pessoas Colectivas
IS – Imposto do Selo
IVA – Imposto sobre o Valor Acrescentado
LGT – Lei Geral Tributária
NCRF – Normas Contabilísticas e de Relato Financeiro
NIF – Número de Identificação Fiscal
OAR – Orientações relativas aos auxílios estatais com finalidade regional
RCCS – Remuneração convencional do capital social
RCPITA – Regime Complementar do Procedimento da Inspecção Tributária e Aduaneira
RETGS – Regime Especial de Tributação de Grupos de Sociedades
RFAI – Regime Fiscal de Apoio ao Investimento
RGIC – Regime Geral de Isenção por Categoria
RGIT – Regime Geral das Infracções Tributárias
RJAT – Regime Jurídico da Arbitragem em Matéria Tributária
SEAF – Secretário de Estados dos Assuntos Fiscais
SIFIDE – Sistema de Incentivos Fiscais em Investigação e Desenvolvimento Empresarial
SNC – Sistema de Normalização Contabilística
TCE – Tratado da Comunidade Europeia
TFUE – Tratado sobre o Funcionamento da União Europeia
TJUE – Tribunal de Justiça da União Europeia
UE – União Europeia
VPT – Valor patrimonial tributário

Decreto-Lei n.º 162/2014, de 31 de Outubro

No uso da autorização legislativa concedida pela Lei n.º 44/2014, de 11 de Julho, aprova um novo Código Fiscal do Investimento e procede à revisão dos regimes de benefícios fiscais ao investimento produtivo, e respectiva regulamentação

A promoção da competitividade e do investimento tem sido uma prioridade do Governo desde o início da legislatura.

Nesta matéria, durante o ano de 2013, foram adoptadas iniciativas da maior relevância, nomeadamente o pacote para o investimento e a Reforma do Imposto sobre o Rendimento das Pessoas Colectivas (IRC).

No âmbito do pacote para o investimento foi aprovado um conjunto significativo de medidas que contribuíram, de forma decisiva, para promoção do investimento e da competitividade. Entre essas medidas destaca-se a criação do Crédito Fiscal Extraordinário ao Investimento para permitir reforçar o investimento privado em 2013.

Por outro lado, no âmbito da Reforma do IRC, reduziu-se a taxa nominal de IRC em dois pontos percentuais e simplificou-se o imposto, diminuindo os custos de cumprimento e aumentando a competitividade do sistema fiscal.

Na sequência da reforma do IRC e com o objectivo de intensificar o apoio ao investimento, favorecendo o crescimento sustentável, a criação de emprego, e contribuindo para o reforço da estrutura de capital das empresas, o Governo propõe-se agora promover a revisão global dos regimes de benefícios ao investimento e à capitalização.

Neste contexto, o Governo considerou premente a revisão do Código Fiscal do Investimento de modo a, por um lado, adaptá-lo ao novo quadro legislativo europeu aplicável aos auxílios estatais para o período 2014-2020 e, por outro lado, reforçar os diversos regimes de benefícios fiscais ao investimento, em particular no que se refere a investimentos que proporcionem a criação ou manutenção de postos de trabalho e se localizem em regiões menos favorecidas.

Assim, e no que se refere aos benefícios fiscais contratuais, é aumentado o limite máximo do crédito de imposto em sede de IRC, sendo aumentadas as majorações previstas para investimentos realizados em regiões com um poder de compra *per capita* significativamente inferior à média nacional, que proporcionem a criação ou a manutenção de postos de trabalho ou que contribuam para a inovação tecnológica ou para a protecção do ambiente.

Por outro lado, relativamente ao Regime Fiscal de Apoio ao Investimento, é também aumentado o limite do crédito de imposto em sede de IRC, sendo ainda alargado o período máximo de isenção de Imposto Municipal sobre Imóveis, bem como o âmbito de aplicação da isenção de Imposto do Selo, incentivando o empreendedorismo, a inovação e favorecendo a criação de empresas com estruturas de capital saudáveis.

Assim:

No uso da autorização legislativa concedida pela Lei n.º 44/2014, de 11 de Julho, e nos termos das alíneas a) e b) do n.º 1 do artigo 198.º da Constituição, o Governo decreta o seguinte:

ARTIGO 1.º
Objecto

O presente decreto-lei aprova um novo Código Fiscal do Investimento e procede à revisão dos regimes de benefícios fiscais ao investimento produtivo, e respectiva regulamentação, tendo em vista a promoção da competitividade da economia portuguesa e a manutenção de um contexto fiscal favorável ao investimento, à criação de emprego e ao reforço dos capitais próprios das empresas.

ARTIGO 2.º
Aprovação do novo Código Fiscal do Investimento

É aprovado, em anexo ao presente decreto-lei, que dele faz parte integrante, o novo Código Fiscal do Investimento.

ARTIGO 3.º
Alteração ao Código do Imposto sobre o Rendimento das Pessoas Colectivas

O artigo 92.º do Código do Imposto sobre o Rendimento das Pessoas Colectivas, aprovado pelo Decreto-Lei n.º 442-B/88, de 30 de Novembro, passa a ter a seguinte redacção:

«Artigo 92.º
[...]

1 – [...].
2 – [...]:
a) [...];
b) [...];
c) c) [...];
d) [...];
e) [...];
f) O regime de dedução por lucros retidos e reinvestidos (DLRR), previsto no Código Fiscal do Investimento;
g) O regime de remuneração convencional do capital social previsto no artigo 41.º-A do Estatuto dos Benefícios Fiscais.»

ARTIGO 4.º
Aditamento ao Estatuto dos Benefícios Fiscais

É aditado ao Estatuto dos Benefícios Fiscais, aprovado pelo Decreto-Lei n.º 215/89, de 1 de Julho, o artigo 41.º-A, com a seguinte redacção:

«Artigo 41.º-A Remuneração convencional do capital social

1 – Na determinação do lucro tributável das sociedades comerciais ou civis sob forma comercial, cooperativas, empresas públicas, e demais pessoas colectivas de direito público ou privado com sede ou direcção efectiva em território português, pode ser deduzida uma importância correspondente à remuneração convencional do capital social, calculada mediante a aplicação da taxa de 5% ao montante das entradas realizadas, por entregas em dinheiro, pelos sócios, no âmbito da constituição de sociedade ou do aumento do capital social, desde que:
a) A sociedade beneficiária seja qualificada como micro, pequena ou média empresa, de acordo com os critérios previstos no anexo ao Decreto-Lei n.º 372/2007, de 6 de Novembro, alterado pelo Decreto-Lei n.º 143/2009, de 16 de Junho;
b) Os sócios que participem na constituição da sociedade ou no aumento do capital social sejam exclusivamente pessoas singulares, sociedades de capital de risco ou investidores de capital de risco;
c) O seu lucro tributável não seja determinado por métodos indirectos.
2 – A dedução a que se refere o número anterior:
a) Aplica-se exclusivamente às entradas, no âmbito da constituição de sociedades ou do aumento do capital social da sociedade beneficiária;

b) É efectuada no apuramento do lucro tributável relativo ao período de tributação em que ocorram as mencionadas entradas e nos três períodos de tributação seguintes.

3 – O benefício fiscal previsto no presente artigo está sujeito às regras europeias aplicáveis em matéria de auxílios de minimis».

ARTIGO 5.º
Alterações sistemáticas

O capítulo VI da parte II do Estatuto dos Benefícios Fiscais, aprovado pelo Decreto-Lei n.º 215/89, de 1 de Julho, composto pelo artigo 41.º-A, passa a ter por epígrafe «Benefícios fiscais à capitalização das empresas».

ARTIGO 6.º
Disposições finais e transitórias

1 – O disposto no capítulo II do novo Código Fiscal do Investimento, aprovado em anexo ao presente decreto-lei, aplica-se aos projectos de investimento cujas candidaturas sejam apresentadas a partir de 1 de Julho de 2014, inclusive, mantendo-se relativamente aos contratos anteriores os regimes legais ao abrigo dos quais os mesmos foram celebrados.

2 – Os restantes regimes fiscais previstos no novo Código Fiscal do Investimento aprovado em anexo ao presente decreto-lei, são aplicáveis aos períodos de tributação iniciados em ou após 1 de Janeiro de 2014.

3 – Sem prejuízo do disposto no número anterior, no período de tributação que se inicie em ou após 1 de Janeiro de 2014, para efeitos do apuramento do limite máximo dos benefícios fiscais concedidos no âmbito do Regime Fiscal de Apoio ao Investimento, são aplicáveis, relativamente aos investimentos relevantes realizados entre o início do período de tributação e 30 de Junho de 2014, as regras previstas no artigo 32.º do Código Fiscal do Investimento, aprovado pelo Decreto-Lei n.º 249/2009, de 23 de Setembro, alterado pela Lei n.º 20/2012, de 14 de Maio, pelo Decreto-Lei n.º 82/2013, de 17 de Junho, e pela Lei n.º 83-C/2013, de 31 de Dezembro.

4 – O sentido dado pelo presente diploma às normas constantes do n.º 1 do artigo 13.º, n.º 1 do artigo 24.º e artigo 42.º do novo Código Fiscal do Investimento aplica-se aos benefícios fiscais concedidos ao abrigo do Código Fiscal do Investimento, aprovado pelo Decreto-Lei n.º 249/2009, de 23 de Setembro, alterado pela Lei n.º 20/2012, de 14 de Maio, pelo Decreto-Lei n.º 82/2013, de 17 de Junho, e pela Lei n.º 83-C/2013, de 31 de Dezembro.

ARTIGO 7.º
Norma revogatória

São revogados:

a) O artigo 9.º da Lei n.º 2/2014, de 16 de Janeiro;

b) Os artigos 41.º e 66.º-C a 66.º-L do Estatuto dos Benefícios Fiscais, aprovado pelo Decreto-Lei n.º 215/89, de 1 de Julho;

c) O Código Fiscal do Investimento, aprovado pelo Decreto-Lei n.º 249/2009, de 23 de Setembro, alterado pela Lei n.º 20/2012, de 14 de Maio, pelo Decreto-Lei n.º 82/2013, de 17 de Junho, e pela Lei n.º 83-C/2013, de 31 de Dezembro.

Visto e aprovado em Conselho de Ministros de 18 de Setembro de 2014. – Pedro Passos Coelho – Maria Luís Casanova Morgado Dias de Albuquerque – Paula Maria von Hafe Teixeira da Cruz – Luís Miguel Poiares Pessoa Maduro – António de Magalhães Pires de Lima – Jorge Manuel Lopes Moreira da Silva – Nuno Paulo de Sousa Arrobas Crato. Promulgado em 28 de Outubro de 2014.

Publique-se.

O Presidente da República, ANÍBAL CAVACO SILVA.

Referendado em 29 de Outubro de 2014.

O Primeiro-Ministro, *Pedro Passos Coelho*.

CÓDIGO FISCAL DO INVESTIMENTO

CAPÍTULO I – Objecto

ARTIGO 1.º
Objecto

1 – O Código Fiscal do Investimento, doravante designado por Código, estabelece:

a) O regime de benefícios fiscais contratuais ao investimento produtivo;

b) O Regime Fiscal de Apoio ao Investimento (RFAI);

c) O sistema de incentivos fiscais em investigação e desenvolvimento empresarial II (SIFIDE II); e

d) O regime de dedução por lucros retidos e reinvestidos (DLRR).

2 – O regime de benefícios fiscais contratuais ao investimento produtivo e o RFAI constituem regimes de auxílios com finalidade regional aprovados nos termos do Regulamento (UE) n.º 651/2014 da Comissão, de 16 de Junho de 2014, que declara certas categorias de auxílio compatíveis com o mercado interno, em aplicação dos artigos 107.º e 108.º do Tratado, publicado no Jornal Oficial da União Europeia, n.º L 187, de 26 de Junho de 2014 (adiante Regulamento Geral de Isenção por Categoria ou RGIC).

3 – O DLRR constitui um regime de incentivos fiscais ao investimento em favor de micro, pequenas e médias empresas aprovado nos termos do RGIC.

O novo Código Fiscal do Investimento, aprovado pelo Decreto-Lei n.º 162/2014, de 31 de Outubro, veio revogar o Código Fiscal do Investimento aprovado pelo Decreto-Lei n.º 249/2009, de 23 de Setembro, e alterado pela Lei n.º 20/2012, de 14 de Maio, pelo Decreto-Lei n.º 82/2013, de 17 de Junho, e pela Lei n.º 83-C/2013, de 31 de Dezembro[12].

Trata de benefícios fiscais de um carácter obrigatoriamente excepcional ou não estrutural, apenas concedidos por razões de reconhecido interesse público (a necessidade de fomentar o investimento empresarial) e daí que tais desagravamentos surjam fora dos Códigos de imposto.

Neste caso, considerou-se premente a revisão do CFI de modo a, por um lado, adaptá-lo ao novo quadro legislativo europeu aplicável aos auxílios estatais para o período 2014-2020[13] e, por outro lado, reforçar os diversos regimes de benefícios fiscais ao investimento, em particular no que se refere a investimentos que proporcionem a criação ou manutenção de postos de trabalho e se localizem em regiões menos favorecidas.

O Decreto-Legislativo Regional n.º 24/2016/M, de 28 de Junho, veio adaptar à Região Autónoma da Madeira os regimes de benefícios fiscais aprovados no CFI, aprovado pelo Decreto-Lei n.º 162/2014, de 31 de Outubro, criando um *Código Fiscal do Investimento da Região Autónoma da Madeira*[14]. Por outro lado, o Decreto Legislativo Regional n.º 2/99/A, de 20 de Janeiro, que adapta o sistema fiscal nacional à Região Autónoma dos Açores, permite que os sujeitos passivos

[12] O artigo 6.º n.º 3 do Decreto-Lei n.º 162/2014, de 31 de Outubro, determina, sem prejuízo do disposto no n.º 2 do mesmo artigo, que no período de tributação iniciado em ou após 1 de Janeiro de 2014, para efeitos do apuramento do limite máximo dos benefícios fiscais concedidos no âmbito do RFAI, são aplicáveis, relativamente aos investimentos relevantes realizados entre o início do período de tributação e 30 de Junho de 2014, as regras previstas no artigo 32.º do anterior CFI.

[13] Com guarida no disposto no artigo 107.º n.º 3 alíneas a) e c), do TFUE, a Comissão Europeia pode considerar compatíveis com o mercado interno os auxílios estatais destinados a facilitar o desenvolvimento económico de certas regiões desfavorecidas da União Europeia ("auxílios com finalidade regional"). Pelas Orientações relativas aos auxílios estatais com finalidade regional para 2014-2020 (OAR) [2013/C 209/01], a Comissão enuncia as condições ao abrigo das quais tais auxílios podem ser considerados compatíveis com o mercado interno, definindo os critérios para a identificação das regiões que preenchem as condições previstas no artigo 107.º n.º 3 alíneas a) e c) do TFUE.
As regiões elegíveis para efeitos de auxílios com finalidade regional nos termos do artigo 107.º n.º 3 alínea a) do TFUE, habitualmente denominadas regiões «a», tendem a ser as mais desfavorecidas na União em termos de desenvolvimento económico. As regiões elegíveis nos termos do artigo 107.º n.º 3 alínea c) do TFUE, denominadas regiões «c», tendem igualmente a ser desfavorecidas, mas em menor grau.

[14] A Lei de Finanças das Regiões Autónomas, aprovada pela Lei Orgânica n.º 2/2013, de 2 de Setembro, alterada pelas Leis n.ºs 83-C/2013, de 31 de Dezembro e 82-B/2014, de 31 de Dezembro, no n.º 5 do artigo 59.º, prevê expressamente a adaptação do sistema fiscal nacional às especificidades regionais, prevendo a possibilidade de concessão de benefícios fiscais, designadamente em regime contratual e outros regimes previstos no CFI, aprovado pelo artigo 2.º do Decreto-Lei n.º 162/2014, de 31 de Outubro.

do IRC deduzam à colecta, até ao limite da mesma, os lucros comerciais, industriais e agrícolas reinvestidos em activo fixo directamente afecto à exploração[15], em importância variável conforme a localização[16].

Apenas os benefícios fiscais contratuais, dado se tratar de benefícios não automáticos (isto, é não dependentes do não reconhecimento, nos termos do artigo 5.º n.ºs 1 e 2 do EBF), podem ser transmitidos por ocasião de uma operação de fusão, cisão ou entrada de activos a que seja aplicado o regime especial de neutralidade fiscal (artigo 74.º do CIRC), aproveitando à sociedade beneficiária (artigo 75.º-A do mesmo Código), mediante autorização do Ministro das Finanças, desde que no transmissário se verifiquem os pressupostos dos benefícios e fique assegurada a tutela dos interesses públicos com eles prosseguidos (artigo 15.º n.º 3 do EBF).

1.

O CFI estabelece quatro regimes ou sistemas de benefícios fiscais ao investimento:

a) O regime de *benefícios fiscais contratuais ao investimento produtivo*, nos artigos 2.º a 21.º, sendo revogado o artigo 41.º do EBF – pelo Decreto-Lei n.º 162/2014, de 31 de Outubro, que aprovou o CFI –, que regulamentava os benefícios fiscais contratuais, condicionados e temporários, susceptíveis de concessão ao abrigo do disposto no mencionado artigo 41.º, tendo os mesmos sido integralmente transferidos e então alterados em sede do CFI[17];

b) O novo *Regime Fiscal de Apoio ao Investimento* (RFAI), nos artigos 22.º a 26.º, sendo revogado o anterior, aprovado pelo Decreto-Lei n.º 249/2009, de 23 de Setembro[18];

[15] Com excepção de bens de luxo, supérfluos, mera decoração e benfeitorias voluntárias. Pelo decreto legislativo regional que aprova o Orçamento são determinados, entre os sectores estratégicos da economia da Região Autónoma dos Açores, os lucros comerciais, industriais e agrícolas beneficiários da dedução à colecta.

[16] Na importância correspondente a: 20% para os investimentos realizados nas ilhas de São Miguel e Terceira, que terão ainda uma majoração de 25% nos investimentos concretizados nos concelhos de Nordeste e Povoação; 30% para os investimentos realizados nas ilhas de São Jorge, Faial e Pico; 40% para os investimentos realizados nas ilhas de Santa Maria, Graciosa, Flores e Corvo.

[17] Pretendeu-se aumentar o limite máximo do crédito de imposto em sede de IRC, bem como as majorações previstas para investimentos realizados em regiões com um poder de compra *per capita* significativamente inferior à média nacional, que proporcionem a criação ou a manutenção de postos de trabalho, contribuam para a inovação tecnológica ou para a protecção do ambiente

[18] Pretendeu-se aumentar o limite do crédito de imposto em sede de IRC, alargar o prazo da isenção de Imposto Municipal sobre Imóveis, bem como o âmbito de aplicação da isenção de Imposto

c) O *sistema de incentivos fiscais em investigação e desenvolvimento empresarial II* (SIFIDE II), nos artigos 35.º a 42.º, que estava previsto no anterior CFI[19];
d) O regime de *dedução por lucros retidos e reinvestidos* (DLRR), nos artigos 27.º a 34.º, sendo revogados os artigos 66.º-C a 66.º-L do EBF – *pelo Decreto-Lei n.º 162/2014, de 31 de Outubro, que aprovou o CFI* –, tendo o mesmo sido integralmente transferido e então alterado em sede do CFI.

2.

Quer o regime de benefícios fiscais contratuais ao investimento produtivo (artigos 2.º a 21.º) quer o RFAI (artigos 22.º a 26.º) constituem regimes de *auxílios com finalidade regional*[20]. Ou seja, surgem adaptados às disposições europeias em matéria de auxílios de Estado para o período 2014-2020, nomeadamente, às disposições constantes do Regulamento (UE) n.º 651/2014 da Comissão, de 16 de Junho de 2014 (RGIC), que define as condições sob as quais certas categorias de auxílios podem ser consideradas compatíveis com o mercado interno (nos termos dos artigos 107.º e 108.º do TFUE)[21] e às regras previstas no mapa nacio-

do Selo, incentivando o empreendedorismo, a inovação e favorecendo a criação de empresas com estruturas de capital saudáveis.

[19] Artigos 33.º a 40.º.

[20] Segundo o RGIC, "regime de auxílio" é qualquer acto com base no qual, sem que sejam necessárias outras medidas de execução, podem ser concedidos auxílios individuais a empresas nele definidas de forma geral e abstracta e qualquer acto com base no qual podem ser concedidos a uma ou mais empresas auxílios não ligados a um projecto específico, por um período de tempo indeterminado e/ou com um montante indeterminado.

[21] O artigo 107.º do TFUE (ex-artigo 87.º TCE) determina o seguinte:
1. Salvo disposição em contrário dos Tratados, são incompatíveis com o mercado interno, na medida em que afectem as trocas comerciais entre os Estados-Membros, os auxílios concedidos pelos Estados ou provenientes de recursos estatais, independentemente da forma que assumam, que falseiem ou ameacem falsear a concorrência, favorecendo certas empresas ou certas produções.
(...)
3. Podem ser considerados compatíveis com o mercado interno:
a) Os auxílios destinados a promover o desenvolvimento económico de regiões em que o nível de vida seja anormalmente baixo ou em que exista grave situação de subemprego, bem como o desenvolvimento das regiões referidas no artigo 349.º, tendo em conta a sua situação estrutural, económica e social;
(...)
c) Os auxílios destinados a facilitar o desenvolvimento de certas actividades ou regiões económicas, quando não alterem as condições das trocas comerciais de maneira que contrariem o interesse comum;
(...)
Por sua vez, o artigo 108.º (ex-artigo 88.º do TCE) determina o seguinte:

nal de auxílios estatais com finalidade regional[22] (considerado parte integrante das OAR 2014-2020). Este mapa, para o período de 1 de Junho de 2014 a 31 de Dezembro de 2021, foi aprovado pela Comissão Europeia em 11 de Junho de 2014, alterado em 10 de Outubro de 2016[23] e viu em 2 de Julho de 2020 prorrogada a sua validade até 31 de Dezembro de 2021.

3.

Podem beneficiar da DLRR[24] (artigos 27.º a 34.º), como regime de incentivos fiscais aprovado nos termos do RGIC, as *micro, pequenas e médias empresas* (PME).

1. A Comissão procederá, em cooperação com os Estados-Membros, ao exame permanente dos regimes de auxílios existentes nesses Estados. A Comissão proporá também aos Estados-Membros as medidas adequadas, que sejam exigidas pelo desenvolvimento progressivo ou pelo funcionamento do mercado interno.
2. Se a Comissão, depois de ter notificado os interessados para apresentarem as suas observações, verificar que um auxílio concedido por um Estado ou proveniente de recursos estatais não é compatível com o mercado interno nos termos do artigo 107.º, ou que esse auxílio está a ser aplicado de forma abusiva, decidirá que o Estado em causa deve suprimir ou modificar esse auxílio no prazo que ela fixar.
Se o Estado em causa não der cumprimento a esta decisão no prazo fixado, a Comissão ou qualquer outro Estado interessado podem recorrer directamente ao Tribunal de Justiça da União Europeia, em derrogação do disposto nos artigos 258.º e 259.º.
A pedido de qualquer Estado-Membro, o Conselho, deliberando por unanimidade, pode decidir que um auxílio, instituído ou a instituir por esse Estado, deve considerar-se compatível com o mercado interno, em derrogação do disposto no artigo 107.º ou nos regulamentos previstos no artigo 109.º, se circunstâncias excepcionais justificarem tal decisão. Se, em relação a este auxílio, a Comissão tiver dado início ao procedimento previsto no primeiro parágrafo deste número, o pedido do Estado interessado dirigido ao Conselho terá por efeito suspender o referido procedimento até que o Conselho se pronuncie sobre a questão.Todavia, se o Conselho não se pronunciar no prazo de três meses a contar da data do pedido, a Comissão decidirá.
3. Para que possa apresentar as suas observações, deve a Comissão ser informada atempadamente dos projectos relativos à instituição ou alteração de quaisquer auxílios. Se a Comissão considerar que determinado projecto de auxílio não é compatível com o mercado interno nos termos do artigo 107.º, deve sem demora dar início ao procedimento previsto no número anterior. O Estado-Membro em causa não pode pôr em execução as medidas projectadas antes de tal procedimento haver sido objecto de uma decisão final.
4. A Comissão pode adoptar regulamentos relativos às categorias de auxílios estatais que, conforme determinado pelo Conselho nos termos do artigo 109.º, podem ficar dispensadas do procedimento previsto no n.º 3 do presente artigo.

[22] *Maxime*, o artigo 43.º.

[23] No âmbito da revisão intercalar de 2016.

[24] O regime da DLRR foi instituído pela Lei n.º 93-C/2013, de 31 de Dezembro, através da introdução dos artigos 66.º-C a 66.º L do EBF. Posteriormente, este regime foi incluído no CFI, aquando da sua alteração e republicação pelo Decreto-Lei n.º 162/2014, de 31 de Outubro, tendo sido objecto de alterações por via da Lei n.º 114/2017, de 29 de Dezembro.

Haverá que atender ao disposto no Decreto-Lei n.º 372/2007, de 6 de Novembro, que cria a certificação electrónica do estatuto de micro, pequena e média empresas (PME)[25].

A categoria das PME é constituída por empresas que empregam menos de 250 efectivos e cujo volume de negócios anual não exceda 50 milhões de euros ou cujo balanço total anual não exceda 43 milhões de euros. Existindo ainda duas subcategorias: a pequena empresa (entidade que empregue menos de 50 efectivos e cujo volume de negócios anual ou balanço total anual não exceda 10 milhões de euros); a microempresa (entidade que empregue menos de 10 efectivos e cujo volume de negócios anual ou balanço total anual não exceda 2 milhões de euros)[26].

CAPÍTULO II – Benefícios fiscais contratuais ao investimento produtivo

SECÇÃO I – Âmbito de aplicação

ARTIGO 2.º
Âmbito objectivo

1 – Até 31 de Dezembro de 2021, podem ser concedidos benefícios fiscais, em regime contratual, com um período de vigência até 10 anos a contar da conclusão do projecto de investimento, aos projectos de investimento, tal como são caracterizados no presente capítulo, cujas aplicações relevantes sejam de montante igual ou superior a €3.000.000.

2 – Os projectos de investimento referidos no número anterior devem ter o seu objecto compreendido, nomeadamente, nas seguintes actividades económicas, respeitando o âmbito sectorial de aplicação das orientações relativas aos auxílios com finalidade regional para o período 2014-2020,

[25] Seguindo os conceitos e critérios previstos na Recomendação n.º 2003/361/CE, da Comissão, de 6 de Maio de 2003, relativa à definição de micro, pequenas e médias empresas.
A certificação como PME, da competência do IAPMEI, foi criada com o objectivo de simplificar e acelerar o tratamento administrativo dos processos nos quais se requer o estatuto PME, bem como garantir que as medidas e apoios destinados às PME se apliquem apenas às empresas que demonstrem esta qualidade.

[26] Já para efeitos contabilísticos deverá ser aferida a categoria da entidade nos termos do disposto no Decreto-Lei n.º 158/2009, de 13 de Julho, que aprova o Sistema de Normalização Contabilística (SNC), por forma a determinar qual o normativo contabilístico que a entidade poderá vir a adoptar, sem prejuízo da possibilidade de opção pela aplicação do SNC, no caso de pequenas empresas, ou do SNC ou do SNC-PE, no caso de micro entidades.

publicadas no Jornal Oficial da União Europeia, n.º C 209, de 23 de Julho de 2013 (OAR) e do RGIC:

a) Indústria extractiva e indústria transformadora;
b) Turismo, incluindo as actividades com interesse para o turismo;
c) Actividades e serviços informáticos e conexos;
d) Actividades agrícolas, aquícolas, piscícolas, agropecuárias e florestais;
e) Actividades de investigação e desenvolvimento e de alta intensidade tecnológica;
f) Tecnologias da informação e produção de audiovisual e multimédia;
g) Defesa, ambiente, energia e telecomunicações;
h) Actividades de centros de serviços partilhados.

3 – Por portaria dos membros do Governo responsáveis pelas áreas das finanças e da economia são definidos os códigos de actividade económica (CAE) correspondentes às actividades referidas no número anterior.

O regime de benefícios fiscais contratuais ao investimento produtivo, previsto nos artigos 2.º a 21.º, estava antes regulamentado no artigo 41.º do EBF, revogado *pelo Decreto-Lei n.º 162/2014, de 31 de Outubro, que aprovou o CFI. Segundo o artigo 6.º n.º* 1 deste Decreto-Lei, este regime aplica-se aos projectos de investimento cujas candidaturas sejam apresentadas a partir de 1 de Julho de 2014, inclusive, mantendo-se relativamente aos contratos anteriores os regimes legais ao abrigo dos quais os mesmos foram celebrados.

Com a sua transferência para o CFI, o regime surge alterado, tendo-se pretendido aumentar o limite máximo do crédito de imposto em sede de IRC bem como as majorações previstas para investimentos realizados em regiões com um poder de compra *per capita* significativamente inferior à média nacional, que proporcionem a criação ou a manutenção de postos de trabalho, contribuam para a inovação tecnológica ou para a protecção do ambiente.

Tratando-se de um auxílio com finalidade regional, são benefícios fiscais dependentes de reconhecimento, o qual tem lugar por acordo entre a Administração e os interessados, com efeito meramente declarativo (artigo 5.º n.ºs 1 e 2 do EBF). São benefícios fiscais de natureza mista, pois, o aproveitamento do incentivo fiscal está dependente da verificação de requisitos de natureza subjectiva relacionados com os condicionalismos a satisfazer pelos sujeitos passivos enunciados no artigo 3.º e também de requisitos objectivos ligados ao tipo e natureza dos projectos de investimento (artigo 4.º).

Dado se tratar de benefícios não automáticos, os benefícios fiscais contratuais podem ser transmitidos por ocasião de uma operação de fusão, cisão ou entrada de activos a que seja aplicado o regime especial de neutralidade fiscal (artigo 74.º do CIRC), aproveitando à sociedade beneficiária (artigo 75.º-A do mesmo Código), mediante autorização do Ministro das Finanças, desde que no transmissário se verifiquem os pressupostos dos benefícios e fique assegurada a tutela dos interesses públicos com eles prosseguidos (artigo 15.º n.º 3 do EBF).

O artigo 2.º vem estabelecer a âmbito objectivo de aplicação dos benefícios fiscais contratuais ao investimento produtivo. Tenha-se presente que o artigo 5.º n.º 2 do EBF determina que o reconhecimento dos benefícios fiscais que dele dependam pode ter lugar por acordo entre a administração tributária e os interessados, tendo, em ambos os casos, efeito meramente declarativo. A administração tributária pode subordinar a atribuição de benefícios fiscais, que não sejam de concessão inteiramente vinculada, ao cumprimento de condições por parte do sujeito passivo, inclusivamente, nos casos previstos na lei, por meio de contratos fiscais (artigo 36.º n.º 5 da LGT).

1.

Uma vez concluído o projecto de investimento, seguindo o disposto nos artigo 2.º a 21.º do CFI, e desde que as suas aplicações relevantes sejam de montante igual ou superior a €3.000.000[27], podem ao mesmo ser concedidos benefícios fiscais, em regime contratual, até 31 de Dezembro de 2021, com um período de vigência até 10 anos[28].

A redacção actual foi introduzida pela Lei n.º 21/2021, de 20 de Abril[29], na sequência da prorrogação da validade do mapa nacional de auxílios estatais com finalidade regional (considerado parte integrante das OAR 2014-2020)[30] até 31 de Dezembro de 2021[31].

[27] O Decreto-Lei n.º 191/2014, de 31 de Dezembro, estabelece um regime especial de contratação de apoios e incentivos exclusivamente aplicável a grandes projectos de investimento enquadráveis no âmbito das atribuições da AICEP, E.P.E (isto é, projectos cujo valor de investimento exceda €25.000.000). Estes contratos podem incluir benefícios fiscais, benefícios financeiros e benefícios de outra ordem, a contratar caso a caso pela AICEP, em nome do Estado. Os benefícios fiscais que podem ser concedidos são os previstos nos artigos 2.º a 21.º do CFI.

[28] Nos termos do artigo 14.º n.º 2 do EBF, os benefícios fiscais, quando temporários, caducam pelo decurso do prazo por que foram concedidos.

[29] Esta Lei produz efeitos desde 1 de Janeiro de 2021.

[30] 2013/C 209/01.

[31] Na redacção anterior, os benefícios fiscais em regime contratual poderiam ser concedidos até 31 de Dezembro de 2020.

2.

Para poderem ser elegíveis para os benefícios fiscais, em regime contratual, os projectos de investimento – seguindo o disposto nos artigos 2.º a 21.º do CFI, e desde que as suas aplicações relevantes sejam de montante igual ou superior a €3.000.000 –, têm que se inscrever no âmbito sectorial de aplicação das OAR[32] e do RGIC[33] e da aprovação, por Portaria dos membros do Governo responsáveis

[32] Definem as condições em que os Estados-Membros podem conceder auxílios estatais às empresas para fins de desenvolvimento regional. Segundo as OAR, os auxílios com finalidade regional aos sectores siderúrgico e das fibras sintéticas não serão considerados compatíveis com o mercado interno. A Comissão aplicará os princípios estabelecidos nas presentes orientações aos auxílios com finalidade regional em todos os sectores de actividade económica, com excepção da pesca e da aquicultura, da agricultura e dos transportes, que estão sujeitos a regras especiais previstas em instrumentos jurídicos específicos, susceptíveis de derrogar total ou parcialmente as presentes orientações. A Comissão aplicará estas orientações à transformação e comercialização de produtos agrícolas em produtos não agrícolas. As presentes orientações aplicam-se a medidas de auxílio em apoio de actividades fora do âmbito do artigo 42.º do TFUE, mas abrangidas pelo regulamento relativo ao desenvolvimento rural, e cofinanciadas pelo Fundo Europeu Agrícola de Desenvolvimento Rural ou concedidas como um financiamento nacional em suplemento dessas medidas cofinanciadas, salvo previsão em contrário das regras sectoriais.

[33] Regulamento (UE) n. ° 651/2014 da Comissão, de 16 de Junho de 2014, que declara certas categorias de auxílio compatíveis com o mercado interno, em aplicação dos artigos 107.º e 108.º do TFUE.

Segundo o artigo 13.º, excluem-se do âmbito de aplicação dos auxílios com finalidade regional:

a) Auxílios que promovam actividades dos sectores siderúrgico, do carvão, da construção naval, das fibras sintéticas, dos transportes e das infraestruturas conexas, da produção, distribuição e infraestruturas energéticas;

b) Auxílios com finalidade regional sob a forma de regimes orientados para um número limitado de sectores específicos de actividade económica; os regimes destinados a actividades turísticas, infraestruturas de banda larga ou comercialização e transformação de produtos agrícolas não são considerados orientados para sectores específicos da actividade económica;

c) Auxílios com finalidade regional sob a forma de regimes que compensem os custos de transporte de mercadorias produzidas nas regiões ultraperiféricas ou em zonas escassamente povoadas e concedidos a favor de:

   i) actividades na produção, transformação e comercialização dos produtos enumerados no anexo I do TFUE; ou

   ii) actividades classificadas no Regulamento (CE) n.º 1893/2006 do Parlamento Europeu e do Conselho, de 20 de Dezembro de 2006, que estabelece a nomenclatura estatística das actividades económicas NACE Revisão 2 e que altera o Regulamento (CEE) n.º 3037/90 do Conselho, assim como certos regulamentos CE relativos a domínios estatísticos específicos como a agricultura, a silvicultura e a pesca (secção A da nomenclatura estatística das actividades económicas NACE Rev. 2), as indústrias extractivas (secção B da NACE Rev. 2) e a distribuição de electricidade, gás, vapor e ar condicionado (secção D da NACE Rev. 2); ou

   iii) transporte de mercadorias por condutas;

pelas áreas das finanças e da economia, dos CAE correspondentes às actividades referidas (*vide* o n.º 3)[34].

As actividades são descritas de forma exemplificativa, que não taxativa ou exaustiva, como surge inculcado pelo advérbio "nomeadamente". O mesmo é dizer, têm que se inscrever no âmbito sectorial da lista prevista no n.º 2[35], composto pelas seguintes *actividades*: a) Indústria extractiva e indústria transformadora; b) Turismo, incluindo as actividades com interesse para o turismo; c) Actividades e serviços informáticos e conexos; d) Actividades agrícolas, aquícolas, piscícolas, agropecuárias e florestais; e) Actividades de investigação e desenvolvimento e de alta intensidade tecnológica; f) Tecnologias da informação e produção de audiovisual e multimédia; g) Defesa, ambiente, energia e telecomunicações; h) Actividades de centros de serviços partilhados.

3.

Os *códigos de actividade económica (CAE)* correspondentes às actividades elencadas no n.º 2 são definidos por portaria dos membros do Governo responsáveis pelas áreas das finanças e da economia. Não é, portanto, sobre a definição de tais actividades, propriamente dita, que versa tal portaria, mas tão só dos respectivos CAE.

Trata-se da *Portaria n.º 282/2014, de 30 de Dezembro*. Segundo esta, as actividades económicas elegíveis para a concessão de benefícios fiscais aos projectos de investimento[36], nos termos do artigo 2.º n.º 2 do CFI, correspondem aos

d) Auxílios regionais individuais ao investimento concedidos a um beneficiário que encerrou a mesma actividade ou uma actividade semelhante no Espaço Económico Europeu nos dois anos que antecedem o seu pedido de auxílio regional ao investimento ou que, na altura do pedido de auxílio, tenha planos concretos para encerrar essa actividade no prazo máximo de dois anos após a conclusão do investimento inicial, para o qual o auxílio é requerido na zona em causa;
e) Auxílios regionais ao funcionamento concedidos a empresas cuja actividade principal se insere na secção K «Actividades financeiras e de seguros» da NACE Rev. 2 ou a empresas que desempenham actividades intragrupo e cujas actividades principais se inserem nas subdivisões 70.10 «Actividades das sedes sociais» ou 70.22 «Actividades de consultoria para os negócios e outra consultoria para a gestão» da NACE Rev. 2.

[34] Portaria n.º 282/2014, de 30 de Dezembro, que define os códigos de actividade económica (CAE) correspondentes a várias actividades.

[35] Como surge reiterado na Portaria n.º 282/2014, de 30 de Dezembro.

[36] Sem prejuízo de não serem elegíveis para a concessão de benefícios fiscais os projectos de investimento que tenham por objecto as actividades económicas dos sectores siderúrgico, do carvão, da pesca e da aquicultura, da produção agrícola primária, da transformação e comercialização de produtos agrícolas enumerados no anexo I do TFUE, da silvicultura, da construção naval,

seguintes códigos da Classificação Portuguesa de Actividades Económicas, Revisão 3 (CAE-Rev.3)[37]: a) Indústrias extractivas – divisões 05 a 09; b) Indústrias transformadoras – divisões 10 a 33; c) Alojamento – divisão 55;

d) Restauração e similares – divisão 56; e) Actividades de edição – divisão 58; f) Actividades cinematográficas, de vídeo e de produção de programas de televisão – grupo 591; g) Consultoria e programação informática e actividades relacionadas – divisão 62; h) Actividades de processamento de dados, domiciliação de informação e actividades relacionadas e portais Web – grupo 631; i) Actividades de investigação científica e de desenvolvimento – divisão 72; j) Actividades com interesse para o turismo – subclasses 77210, 90040, 91041, 91042, 93110, 93210, 93292, 93293 e 96040; k) Actividades de serviços administrativos e de apoio prestados às empresas – classes 82110 e 82910.

A mesma Portaria esclarece que, em conformidade com as OAR e com o RGIC, não são elegíveis para a concessão de benefícios fiscais os projectos de investimento que tenham por objecto as actividades económicas dos sectores siderúrgico, do carvão, da pesca e da aquicultura, da produção agrícola primária, da transformação e comercialização de produtos agrícolas[38], da silvicultura, da construção naval, das fibras sintéticas, dos transportes e das infraestruturas conexas e da produção, distribuição e infraestruturas energéticas.

Segundo a Portaria n.º 94/2015, de 27 de Março, que procede à regulamentação do regime de benefícios fiscais contratuais ao investimento produtivo, para efeitos da determinação do âmbito sectorial de aplicação do regime de benefícios fiscais contratuais estabelecido na Portaria n.º 282/2014, de 30 de Dezembro aplicam-se as definições relativas a actividades económicas estabelecidas no artigo 2.º do RGIC.

JURISPRUDÊNCIA:

Decisão Arbitral do CAAD, de 30 de Junho de 2021 (Proc. n.º 434/2020-T)
Investimento inicial. Criação de postos de trabalho.

Tendo sido objectivo do legislador que aprovou o CFI assegurar a conformidade com as disposições europeias em matéria de auxílios de Estado para o período 2014-2020,

das fibras sintéticas, dos transportes e das infraestruturas conexas e da produção, distribuição e infraestruturas energéticas.

[37] Nos termos do artigo 142.º do CIRC. A *Classificação Portuguesa de Actividades Económicas* (CAE) foi aprovada pelo Decreto-Lei n.º 381/2007, de 14 de Novembro, e constitui o quadro comum de classificação de actividades económicas a adoptar a nível nacional e é elaborada pelo Instituto Nacional de Estatística.

[38] Enumerados no anexo I do TFUE.

nomeadamente, com as disposições constantes do Regulamento Geral de Isenção por Categoria, como ressalta do artigo 2.º, n.º 2, desse diploma, e tendo sido essa também a finalidade da Portaria n.º 282/2014, como se depreende da respectiva nota preambular, as suas disposições não podem deixar de ser interpretadas em conformidade com o direito europeu.

Com efeito, na medida em que dizem respeito à matéria europeia dos auxílios de Estado, o CFI (e a regulação que dele consta do RFAI) e a Portaria n.º 282/2014 devem ser entendidos como instrumentos de execução, efectivação e aplicação dos princípios e regras contidos nos artigos 107.º a 109.º do TFUE, no RGIC e nas OAR, e nesse sentido a Portaria não pode ser tida como um mero regulamento de complementação do n.º 2 do artigo 2.º do CFI, mas como um diploma de execução de disposições de direito europeu.

Não há motivo, por conseguinte, para fazer prevalecer a regra que consta do artigo 1.º da Portaria sobre a falada disposição do artigo 1.º, n.º 3, alínea c), do RGIC.

Decisão Arbitral do CAAD, de 22 de Janeiro de 2021 (Proc. n.º 82/2020-T)
Investimento inicial. Criação de postos de trabalho.

Embora seja o entendimento da jurisprudência (CAAD Processo n.º 545/2018-T), que a lista do n.º 2 do artigo 2 do CFI, não é exaustiva, a mesma, porém, tem de estar dentro do âmbito sectorial da lista aí prevista.

Entendimento, que é preconizado na Portaria, "o regime de benefícios fiscais aprovado pelo Código Fiscal do Investimento aplica-se a projectos de investimento produtivo cujo objecto esteja compreendido nas actividades económicas previstas no n.º 2 do art.º 2.º".

Para o efeito, é necessário ter em consideração, não só princípio da verdade material, como a obrigação de demonstrar do sujeito passivo, prevista no artigo 6.º da Portaria, que para o presente caso, devemos aplicar no sentido não só de que o sujeito passivo automaticamente beneficia deste Benefício fiscal, por ter o CAE previsto na Portaria, como tão pouco é excluído por não ter o CAE.

O que realmente releva para efeitos de atribuição é se o sujeito passivo desenvolve uma actividade económica no âmbito sectorial, tal como previsto no n.º 2 do art.º 2.º do CFI.

Acórdão do Tribunal Constitucional, de 6 de Outubro de 2020 (Proc. n.º 385/20)
Definição dos códigos de actividade económica (CAE).

3. A recorrente, ora reclamante, faz assentar o recurso de constitucionalidade no pressuposto – não aceite pelo tribunal *a quo* – de que o artigo 2.º, n.ºs 2 e 3, do Código Fiscal de Investimento (CFI), aprovado pelo Decreto-Lei (autorizado) n.º 162/2014, de 31 de Outubro, *atribui* um benefício fiscal a projectos de investimento em determinadas áreas económicas, entre elas a das telecomunicações (n.º 2, alínea g)), devendo os códigos de actividade económica (CAE) correspondentes às áreas económicas beneficiadas ser definidos por portaria. Dai entender aquela que a *omissão* da indicação do

CAE correspondente às telecomunicações no artigo 2.º da Portaria n.º 282/2014, de 30 de Dezembro – o diploma correspondente à previsão do n.º do artigo 2.º do CFI – é *inconstitucional* (cfr. os n.ºs 7.º e 8.º do requerimento de interposição do recurso de constitucionalidade e a conclusão 7. da presente reclamação).

Todavia, e independentemente de se concordar ou não com o acórdão recorrido, designadamente na parte em que entende que «o elenco de actividades constante [do artigo 2.º, n.º 2, do CFI] não é exaustivo, visto que se limita a enunciar o conjunto de actividades económicas abrangidas pelos projectos de investimento a título meramente exemplificativo [e que] por outro lado, a elegibilidade dos projectos fica dependente, em concreto, da especificação dos [CAE] que o legislador remeteu para diploma regulamentar daquele preceito» e que, portanto, «a norma do artigo 2.º, n.º 2, do CFI tem a natureza de um reenvio normativo, remetendo para regulamento a definição de aspectos complementares de regulação que não poderiam ser densificados no texto da lei», a verdade é que a invocada inconstitucionalidade da mencionada norma regulamentar resulta necessariamente de, segundo a ora reclamante, a Portaria n.º 282/2014 não ter cumprido integralmente o artigo 2.º do CFI. Ou seja, e como se referiu na decisão sumária reclamada, a haver inconstitucionalidade, a mesma será tão-só *indirecta* (e não "consequente", como erroneamente se refere na conclusão 8. da reclamação).

Ora, o conhecimento de tal questão extravasa a competência deste Tribunal (cf. os artigos 280.º, n.º 2, e 70.º, n.º 1, da Constituição e da LTC, respectivamente).

A reclamante discorda deste entendimento, mas os argumentos apresentados não infirmam os fundamentos em que assentou a decisão reclamada.

4. Na sua reclamação a recorrente até reforça aquela ideia, reafirmando que um dos "vícios de inconstitucionalidade" que imputou ao artigo 2.º da Portaria n.º 282/2014 resulta de «ter o Governo exorbitado os limites das suas *funções administrativas*, restringindo, por *via regulamentar*, as actividades legalmente elegíveis para efeitos de concessão do benefício fiscal previsto nos artigos 2.º, n.º 2 e 22.º a 26.º do CFI, nos termos dos artigos 112.º, n.º 5 e 7, e 199.º, alínea e), da CRP» (cf. conclusão 2, (i), da reclamação; itálicos acrescentados). Isto é, o problema colocado resulta, em primeira linha, de uma alegada contrariedade entre o artigo 2.º da Portaria n.º 282/2014 e os referidos preceitos do CFI, e somente por via de tal contrariedade é que existiria uma violação da Constituição.

O que o recorrente pretende, em suma, é que este Tribunal confronte aquela norma regulamentar com os preceitos legais habilitantes, no sentido de apreciar se a norma sindicada viola estes últimos – isto é, se padece do *vício de ilegalidade* – para, considerando verificado tal vício, concluir que há violação das normas constitucionais que estabelecem uma relação hierárquica entre lei e regulamento nos termos de a primeira preceder necessariamente e preferir aos segundos.

Ora, esta *legalidade-limite* relativamente ao direito infralegal decorre da Constituição (cf. os artigos 199.º, alíneas c) e e), 112.º, n.º 7, e 266.º, n.º 2, todos da Constituição; v. o ponto 4 da decisão sumária reclamada). A mesma constitui o pressuposto da própria *ilegalidade*; daí ela não ser directa e imediatamente afrontada pela ocorrência de violações de leis por acto infralegais. É-o apenas indirectamente, ou seja, por via da violação do acto legislativo por acto que, em razão da preferência inerente àquela dimensão de limite, o deveria respeitar. Fala-se, então, de simples inconstitucionalidade indirecta.

5. Por outro lado, e conforme resulta do respectivo teor, o artigo 112.º, n.º 5, da Constituição constitui uma norma de acção dirigida exclusivamente ao legislador, não à Administração. Consequentemente, a Portaria n.º 282/2014 jamais poderia violar tal preceito (cf. o ponto 5 da decisão ora reclamada).

No que se refere à invocada violação do n.º 7 do mesmo artigo por parte da Portaria ora em análise, para além de a hipotética existência de uma violação não se poder reportar especificamente ao artigo que integra o objecto material do recurso de constitucionalidade – ou seja, o artigo 2.º da Portaria n.º 282/2014 –, certo é que esta última cumpre o comando constitucional, especificando o seu preâmbulo que a mesma é emanada «ao abrigo do n.º 3 do artigo 2.º do [CFI], aprovado pelo Decreto-Lei n.º 162/2014, de 31 de Outubro, e nos termos e para os efeitos previstos no n.º 2 do artigo 2.º do mesmo Código».

6. Alega ainda a recorrente que imputou à norma do artigo 2.º da Portaria n.º 282/2014 outro vício de inconstitucionalidade decorrente de a mesma norma disciplinar matéria relativa ao campo de incidência dos benefícios fiscais, invadindo por isso o âmbito da reserva relativa de competência legislativa da Assembleia da República, contrariando o disposto nos artigos 103.º, n.º 2, e 165.º, n.º 1, alínea i), da CRP (cf. conclusões 2, ponto (ii), e 19 a 22 da reclamação). Nesse sentido, defende que tal vício se traduz uma preterição directa de uma norma constitucional relativa a matérias de reserva de lei, a qual, não só é independente do vício de desconformidade constitucional previamente descrito, como não pode deixar de ser compreendida no escopo de competências deste Tribunal.

Também nesta parte as razões invocadas pela recorrente não abalam os fundamentos em que assentou a decisão reclamada.

Com efeito, conforme se salientou em tal decisão (cf. o ponto 3 da mesma), o presente recurso tem por objecto «o artigo 2.º da Portaria n.º 282/2014, de 30 de Dezembro, na parte em que altera/restringe/revoga o conteúdo do artigo 2.º, n.º 2, do CFI» (cf. o ponto 8 do requerimento de interposição do recurso de constitucionalidade). Acresce que o problema de constitucionalidade colocado pela recorrente assenta na circunstância de o artigo 2.º da citada Portaria, ao indicar os CAE correspondentes às actividades económicas previstas no n.º 2 do artigo 2.º do CFI, *omitir* a indicação do CAE referente ao sector das telecomunicações e, em face disso, segundo a recorrente, "*alterar/restringir/revogar*", por via regulamentar, as actividades elegíveis para efeitos de concessão de benefício fiscal, uma vez que o sector das telecomunicações se encontra previsto, para esse efeito, na alínea g) do mencionado preceito do CFI.

Contudo, e como demonstrado *supra* no ponto 3, a invocada violação dos artigos 103.º, n.º 2, 165.º, n.º 1, alínea i), da Constituição decorrente de tal omissão só existiria porque, previamente, segundo a perspectiva da ora reclamante, a lei incluiu a actividade económica omitida entre aquelas que *deveriam* beneficiar de um tratamento fiscal mais favorável.

A invocada inconstitucionalidade decorre, assim, imediata e necessariamente da (alegada) contradição com a lei.

Sucede que, por força do princípio constitucional da primazia ou prevalência da lei (*Vorrang des Gesetzes*) – a já mencionada *legalidade-limite* –, nenhuma lei pode ser desrespeitada por um regulamento. Por isso, a contradição directa entre o "direito infralegal" e o "direito da lei" resolve-se exclusivamente com base no *princípio da hierarquia* (não há "espaço" para a intervenção do princípio da competência nas suas diferentes modalidades).

Assim, dispondo o n.º 3 do artigo 2.º do CFI que «[p]or portaria dos membros do Governo responsáveis pelas áreas das finanças e da economia são definidos os [CAE] correspondentes às actividades referidas no número anterior», a omissão, em tal portaria, do CAE correspondente à actividade de telecomunicações (referida na al. g) do n.º 2 do mencionado artigo), a perfilhar-se o entendimento da ora reclamante, apenas poderia originar um vício de *ilegalidade* (por omissão). Atenta a diferença de grau hierárquico entre actos legislativos e actos regulamentares, o artigo 2.º da Portaria n.º 282/2014 não pode ser considerado isoladamente e, em função da matéria em causa, directamente confrontado com os parâmetros constitucionais que estabelecem uma reserva de lei parlamentar, desconsiderando a norma legal vinculativa do poder regulamentar ao abrigo da qual a mesma Portaria foi emanada.

III. Decisão

Pelo exposto, decide-se indeferir a reclamação apresentada e condenar a reclamante nas custas, fixando-se a taxa de justiça em 20 (vinte) UC's, ponderados os critérios referidos no artigo 9.º, n.º 1, do Decreto-Lei n.º 303/98, de 7 de Outubro (cfr. o artigo 7.º do mesmo diploma).

Decisão Arbitral do CAAD, de 23 de Maio de 2019 (Proc. n.º 545/2018-T)
Benefícios fiscais e Auxílios de Estado.

3.2.9. ( ) [I]mporta ter presente que o elenco de actividades constante do art.º 2.º n.º 2 do CFI não é exaustivo, pois que se diz que os projectos de investimento "devem ter o seu objecto compreendido, nomeadamente, nas seguintes actividades económicas". Por outro lado, observa-se que a sua concreta elegibilidade fica dependente, em concreto, do respeito pelo âmbito sectorial de aplicação das orientações relativas aos auxílios com finalidade regional para o período 2014-2020, publicadas no Jornal Oficial da União Europeia, n.º C 209, de 23 de Julho de 2013 (OAR) e do RGIC, e da aprovação, por Portaria dos membros do Governo responsáveis pelas áreas das finanças e da economia, dos CAE correspondentes às actividades referidas.

3.2.10. À luz do presente quadro normativo, é pertinente questionar se o Governo é obrigado a especificar CAE correspondentes a todas as actividades elencadas art.º

2.º n.º 2 do CFI. No caso de que nos ocupamos, verifica-se que no âmbito do regime fiscal de apoios ao investimento, o teor literal das disposições em apreço, ao fazer alusão à elegibilidade dos projectos de investimento relacionados com as diferentes áreas de actividade, menciona expressamente a actividade de telecomunicações, seguindo-se a referida remissão genérica da definição dos CAE correspondentes para Portaria do Governo.

3.2.11. De tais dados normativos decorreria, aparentemente, ser o sector das telecomunicações elegível para efeitos do incentivo fiscal em apreço [cf. art.º 2.º, n.º 2, alínea g), do CFI]. No entanto, é indesmentível que a Portaria n.º 282/2014, de 30 de Dezembro, não define nenhum CAE correspondente às telecomunicações, colocando assim a questão de saber qual a margem de manobra de que o Governo disporia nesta matéria. Importa por isso indagar se, apesar de se reconhecer ao Governo alguma margem de manobra para escolher os CAE elegíveis, o mesmo podia deixar de escolher ao menos um CAE para cada um dos sectores económicos referidos no n.º 2 do art.º 2.º do CFI, excluindo por essa via o sector das telecomunicações.

3.2.12. Como se demonstrará a seguir, a resposta a esta questão deve ser de sentido positivo. Com efeito, para beneficiar dos incentivos estabelecidos (...) é necessário que os CAE que venham a ser especificados por Portaria respeitem o âmbito sectorial de aplicação das orientações relativas aos auxílios com finalidade regional para o período 2014-2020, publicadas no Jornal Oficial da União Europeia, n.º C 209, de 23 de Julho de 2013 (OAR) e do RGIC. Se não o fizerem, não serão aceites como válidos, à luz do direito da União Europeia, mesmo que digam respeito a actividades, como as telecomunicações, constantes do n.º 2 do art.º 2.º do CFI.

3.2.13. A remissão legal expressa para as OAR e o RGIC permite sustentar a presunção, de indiscutível relevância hermenêutica e metódica – que deve ser acolhida pelos tribunais nacionais – de que o Estado português quis acima de tudo, no exercício das suas competências legislativas e regulamentares, cumprir plenamente todas as obrigações resultantes do espírito e da letra das OAR e do RGIC. Aos tribunais nacionais caberá levar a cabo uma interpretação das normas do CFI (...) que permita efectivar e optimizar, tanto quanto possível, o teor literal e o propósito dos referidos instrumentos europeus, tanto mais quanto é certo que isso resulta das próprias normas legais e regulamentares em causa.

3.2.14. A não inclusão de um CAE relativo às telecomunicações poderia parecer surpreendente tendo em conta a importância do sector nos planos de investimento da União Europeia e do país. Com efeito, a Agenda Digital apresenta uma relevância indiscutível, tanto a nível europeu como nacional. Como observa a Requerente, há poucos sectores económicos onde o investimento em inovação seja tão acentuado como no das telecomunicações. Em 2014 o mesmo terá produzido cerca de 1,6% do Valor Acrescentado Bruto ("VAB") total em Portugal. Como é igualmente sublinhado pela Requerente, a aposta na economia digital não é apenas do Governo português, mas também da União Europeia. Veja-se, por exemplo, a comunicação da Comissão Europeia intitulada "Uma Agenda Digital para a Europa", onde se lê:

"O objectivo desta agenda é definir um roteiro que maximize o potencial social e económico das TIC, com destaque para a Internet, um recurso fundamental da actividade económica e social [...] o sector das TIC é directamente responsável por 5% do PIB europeu, mas contribui em muito maior percentagem para o crescimento geral da produtividade (20% directamente do sector das TIC e 30% dos investimentos nestas tecnologias). A razão prende-se com os altos níveis de dinamismo e inovação inerentes ao sector e com o papel que o sector desempenha na mudança do modo como outros sectores realizam as suas actividades [...]. Há que fazer mais para garantir a implantação e o acesso à banda larga para todos, a débitos cada vez maiores, através não só das tecnologias fixas como também das sem fios, e facilitar o investimento nas novas redes Internet muito rápidas, abertas e concorrenciais, que serão as artérias da futura economia. A nossa acção deve concentrar-se no fornecimento dos incentivos adequados para estimular o investimento o privado.".

(...)

3.2.16. A centralidade das telecomunicações no quadro integração europeia é uma realidade indesmentível há várias décadas. A Comunidade Económica Europeia, por iniciativa da Comissão, começou a interessar-se activamente pela electrónica, a inovação e as telecomunicações principalmente nos anos 80 do século XX, vendo nelas um sector estratégico para o desenvolvimento tecnológico e o crescimento económico. As telecomunicações subsistiam, então, num contexto fortemente dominado por monopólios nacionais. O principal objectivo da Comissão – em boa medida impulsionado pelas políticas de desregulação levadas a cabo pelos Estados Unidos nos anos 80 – consistia em reduzir os "custos da não-Europa" no sector das telecomunicações, incentivando a investigação e o desenvolvimento, definindo standards técnicos e infraestruturais à escala europeia e abrindo o sector à iniciativa e concorrência de empresas privadas. O acento tónico era colocado em temas como liberalização, privatização, desregulação e controlo dos abusos de posição dominante e das concentrações.

3.2.17. O simples facto de a União Europeia mostrar ainda hoje um forte interesse no desenvolvimento do sector das telecomunicações não implica necessariamente uma autorização genérica à concessão de auxílios de Estado ao mesmo. Pelo contrário, o desenvolvimento do sector depende, acima de tudo, da garantia da concorrência não falseada – nomeadamente em matéria de monopólios públicos ou auxílios de Estado. Exactamente porque o sector das telecomunicações é, desde há várias décadas, considerado estratégico a nível europeu é que a livre concorrência, sem distorções, deve ser a regra e os auxílios de Estado devem ser a excepção.

3.2.18. Isso não significa que não possa haver alguma margem para auxílios de Estado no domínio das telecomunicações. No entanto, o curso de acção a adoptar não fica inteiramente na disponibilidade dos Estados-Membros. As autoridades europeias têm incentivado os Estados-Membros a garantir a implantação e o acesso à banda larga para todos – a débitos cada vez maiores –, através de estímulos ao investimento privado. Fazem-no, contudo, de acordo com os princípios estabelecidos em matéria de livre concorrência no mercado interno, nos art.º 107.º a 109.º do TFUE e no direito secundário que procede à respectiva execução e concretização, de entre os quais assume centralidade o princípio da proibição de auxílios (Beihilfenverbot).

3.2.19. Nos termos do art.º 3.º do Tratado da União Europeia (TUE), o estabelecimento das regras de concorrência necessárias ao funcionamento do mercado interno integra a reserva de competência exclusiva da União Europeia. Aí se situam as normas que disciplinam os auxílios de Estado, concretizando os art.º 107.º a 109.º do TFUE. De acordo com o art.º 2.º n.º 1 do TFUE, em matérias de competência exclusiva da UE, só esta pode legislar e adoptar actos juridicamente vinculativos, cabendo aos Estados-Membros apenas legislar quando habilitados pela UE ou a fim de dar execução a actos da União. Isso significa que toda a legislação e regulamentação nacional nestas matérias mais não pode fazer do que executar as normas europeias. É neste contexto institucional e normativo que devem ser interpretados e aplicados o CFI (...) e a Portaria n.º 282/2014, de 30 de Dezembro.

3.2.20. Em matéria de auxílios de Estado, vigora não apenas o princípio geral da primazia do direito da União Europeia – com o seu corolário mais restrito da primazia de aplicação – mas também o do respeito pelo esquema de repartição das competências entre a União e os Estados-Membros definido pelos Tratados. Neste domínio vigora o princípio da cooperação leal (v.g. art.º 4.º n.º 3 do TUE), – a refracção europeia do princípio *pacta sunt servanda* – segundo o qual os Estados-Membros devem adoptar todas as medidas que permitam o cumprimento das obrigações que decorram do direito primário e secundário da União Europeia e abster-se de todas as condutas que ameacem a prossecução dos objectivos da União.

3.2.21. O princípio da cooperação leal implica, nomeadamente, o dever de cada Estado-Membro emanar, interpretar e aplicar todos os actos jurídicos – normativos e individuais – de maneira a garantir a plena vigência e a eficácia do direito da União Europeia. Ao legislador nacional (parlamentar ou executivo) e à administração cabe executar as normas juridicamente vinculativas emanadas pelas instituições europeias competentes e abster-se de as violar, sob pena de o Estado incorrer em infração ao direito da União Europeia e em responsabilidade.

3.2.22. Aos órgãos jurisdicionais nacionais, na sua qualidade de tribunais europeus em sentido amplo, incumbe assegurar a plena efectividade das normas jurídicas europeias, devendo desaplicar o direito nacional que lhes seja contrário ou, sempre que isso seja possível, interpretá-lo e aplicá-lo em conformidade com o direito da União Europeia. Por outras palavras, o direito nacional só deve ser desaplicado quando a sua interpretação e aplicação em conformidade com o direito da União Europeia não for possível.

3.2.23. Nisso se consubstanciam os princípios, intimamente relacionados, da primazia de aplicação do direito da União Europeia e da interpretação do direito nacional em conformidade com o direito da União Europeia. Se aquele se preocupa com a existência de contradições entre o direito nacional e o direito da União Europeia no plano normativo, já este se situa no plano interpretativo, excluindo uma interpretação do direito nacional que, ainda que compatível com o respectivo teor literal, se revele incompatível com o direito da União Europeia.

3.2.24. Uma norma nacional que possa ser interpretada e aplicada em conformidade com o direito da União Europeia permanece aplicável. Rejeitada será apenas a interpretação que se revele incompatível com ele. Por seu lado, o princípio da primazia de aplicação conduz à desaplicação das normas nacionais que se revelem de todo incompatíveis com o direito da União Europeia. O dever de interpretação europeia do direito nacional aplica-se a todas as suas normas, independentemente de saber se as mesmas tiveram por objectivo a efectivação do direito da União Europeia.

3.2.25. O Tribunal de Justiça da União Europeia (TJUE) fala, a este propósito, de uma obrigação geral de interpretação do direito nacional em conformidade com o direito da União Europeia imanente ao respectivo direito primário. Este princípio requer que essa interpretação tenha em consideração, não apenas o sentido de cada um dos actos normativos nacionais isoladamente considerados, mas que adopte uma perspectiva global acerca da relação que eles estabelecem uns com os outros e com o direito da União Europeia. Isso significa, no caso, que a interpretação em conformidade com o direito da União Europeia das normas constantes do art.º 112.º da Constituição, do CFI (...) e da Portaria n.º 282/2014, de 30 de Dezembro, deve ter em conta a relação normativa que os mesmos diplomas estabelecem entre si e com as OAR, o RGIC e os art.º 107.º a 109.º do TFUE.

3.2.26. Na medida em que dizem respeito à matéria europeia dos auxílios de Estado, tanto o CFI, como (...) a Portaria n.º 282/2014, devem ser considerados, acima de tudo, como instrumentos de execução, efectivação e aplicação dos princípios e regras contidos nas OAR, no RGIC e nos art.º 107.º a 109.º do TFUE, traduzindo as correspondentes limitações à soberania orçamental e fiscal nacional. Ou seja, longe de se ver a Portaria n.º 282/2014 como norma de execução apenas do n.º 2 do art.º 2.º do CFI, deve-se ler-se a Portaria n.º 282/2014 e o n.º 2 do art.º 2.º do CFI como normas de execução e concretização dos princípios e regras da OAR e do RGIC, sempre em conformidade com os art.º 107.º a 109.º do TFUE .

3.2.27. Neste contexto, importa ter presentes as "Orientações relativas aos auxílios estatais com finalidade regional para 2014-2020 (OAR)", onde a Comissão deixa bem claras as directrizes que devem ser seguidas neste domínio:

"Os auxílios com finalidade regional só podem desempenhar um papel eficaz se forem empregues com parcimónia e de forma proporcionada e se concentrarem nas regiões mais desfavorecidas da União Europeia".

E esclarece-se ainda:

"A importância atribuída aos efeitos positivos do auxílio é susceptível de variar em função da derrogação ao art.º 107.º n.º 3, do Tratado aplicada, pelo que pode ser aceite uma maior distorção da concorrência no caso das regiões mais desfavorecidas abrangidas pelo art.º 107.º, n.º 3, alínea a), do que no das abrangidas pelo art.º 107.º, n.º 3, alínea c)".

3.2.28. Um pouco mais adiante, a OAR refere-se especificamente a área da banda larga, sem nunca ir ao ponto de referir expressamente a área das telecomunicações no seu todo, dizendo:

"1. ÂMBITO DE APLICAÇÃO E DEFINIÇÕES

1.1. Âmbito de aplicação dos auxílios com finalidade regional

10. Os auxílios ao investimento com finalidade regional a redes de banda larga podem ser considerados compatíveis com o mercado interno se, para além das condições gerais estabelecidas nas presentes orientações, respeitarem também as seguintes condições específicas: i) os auxílios são concedidos apenas a regiões onde não existem redes da mesma categoria (quer de banda larga de base quer NGA) e onde nenhuma é susceptível de ser desenvolvida no futuro próximo; ii) o operador de rede subvencionado oferece acesso activo e passivo por grosso em condições equitativas e não-discriminatórias com a possibilidade de desagregação eficaz e total; iii) os auxílios devem ser atribuídos com base num processo de selecção concorrencial em conformidade com o ponto 78, alíneas c) e d), das Orientações relativas a redes de banda larga".

3.2.29. Nesta linha, o Regulamento (UE) n.º 651/2014 da Comissão na sua Secção 10, prevê a concessão de auxílios a infraestruturas de banda larga. Mas em lugar algum se vislumbra uma autorização genérica aos auxílios de Estado no sector das telecomunicações. Na verdade, mesmo no que toca especificamente aos investimentos no domínio da banda larga, o Regulamento (UE) n.º 651/2014 da Comissão, é bastante restritivo. Aí se diz, entre outras coisas, que "são elegíveis os custos investimento para a instalação de uma infraestrutura de banda larga passiva, obras de engenharia civil relacionadas com a banda larga, instalação de redes de banda larga básica e instalação de redes de acesso da nova geração («NGA»)."

3.2.30. Acrescenta-se, além do mais, que o investimento deve estar localizado em zonas onde não existam infraestruturas da mesma categoria (redes de banda larga básica ou redes NGA), nem seja provável que esse tipo de infraestrutura venha a ser desenvolvido em condições comerciais no prazo de três anos a contar do momento da publicação da medida de auxílio planeada, o que deve igualmente ser objecto de verificação através de uma consulta pública aberta. Também se dispõe, por exemplo, que os auxílios devem ser concedidos com base num processo de selecção aberto, transparente e não discriminatório respeitando o princípio da neutralidade tecnológica.

3.2.31. O RGIC, como sucede com os demais regulamentos da União Europeia, contém normas gerais e abstractas vigentes em toda a União Europeia, tendo valor de lei em sentido material nas ordens jurídicas dos Estados-Membros, gozando de primazia sobre o direito interno e vinculando juridicamente os particulares. Ele é obrigatório em todos os seus elementos (v.g. forma, fins, meios) e directamente aplicável em todos os Estados-Membros, não necessitando de incorporação no direito interno ou interposição legislativa ou regulamentar nacional. Na verdade, qualquer tentativa de incorporação ou interposição diante de um regulamento da UE pode ser mesmo ilegal, a menos que seja por ele expressa ou implicitamente requerida. Ele está pronto para ser devidamente interpretado, executado e aplicado aos casos concretos.

3.2.32. Importa sublinhar que o CFI (...) [contém] normas de incidência fiscal onde se faz sentir uma forte caracterização europeia. Daqui resulta que os cânones hermenêuticos e metódicos relevantes para a sua interpretação e aplicação devem ser procurados não necessariamente no direito constitucional ou no direito civil – como uma abordagem clássica do problema deixaria antever – mas no próprio direito da União Europeia, sempre relevante quando se esteja diante de normas nacionais que pretendam executar ou concretizar as suas disposições ou constituam uma ameaça à sua primazia. No caso concreto, o CFI e o RFAI devem ser interpretados em conformidade com as políticas públicas europeias e as correspondentes normas sobre auxílios de Estado.

3.2.33. Os art.º 107.º a 109.º do TFUE, relativos aos auxílios de Estado, constituem uma trave mestra do direito da concorrência que, juntamente com as liberdades fundamentais de circulação de trabalhadores, mercadorias, serviços e capitais, estrutura o mercado interno. Os mesmos procuram criar um quadro normativo que responda à tendência dos Estados-Membros para concederem benefícios a empresas locais ou de maneira a atrair empresas de fora, favorecendo determinados concorrentes, sectores ou regiões, tendo em vista criar ou manter postos de trabalho.

3.2.34. Ainda que as liberdades fundamentais fossem asseguradas e fossem proibidos os acordos entre empresas, os abusos de posição dominante e as contracções, isso de pouco ou nada aproveitaria – como salvaguarda do mercado interno – se os Estados-Membros tivessem uma ampla liberdade para concederem auxílios a empresas, sectores ou regiões. Por outras palavras, a União Europeia nunca se tornaria um mercado interno.

3.2.35. Porque assim é, o direito da União Europeia desenvolveu um conceito amplo de auxílio de Estado. O art.º 107.º n.º 1 do TFUE dispõe:

"1. Salvo disposição em contrário dos Tratados, são incompatíveis com o mercado interno, na medida em que afectem as trocas comerciais entre os Estados-Membros, os auxílios concedidos pelos Estados ou provenientes de recursos estatais, independentemente da forma que assumam, que falseiem ou ameacem falsear a concorrência, favorecendo certas empresas ou certas produções.".

3.2.36. Estabelece-se assim uma regra geral de incompatibilidade dos auxílios com o direito da União Europeia, adoptando-se conceitos amplos de "auxílio de Estado", "auxílio" e "Estado", de maneira a abranger todas as modalidades de utilização de recursos públicos. Esta orientação desconsidera a forma e o nome do auxílio, a estrutura institucional através da qual ele é concedido. A mesma não exige que haja uma distorção directa e actual da concorrência, contentando-se com o carácter indirecto ou potencial da mesma. Semelhante conceito amplo resulta naturalmente de uma leitura teleológica e sistemática das normas de direito da concorrência que estruturam o mercado interno.

3.2.37. Neste sentido, a definição dos CAE pela Portaria n.º 282/2014, de 30 de Dezembro, não é meramente executiva e complementar do art.º 2.º n.º 2 do CFI. Ela constitui, acima de tudo, e em articulação com o CFI, um instrumento de execução e concretização das orientações relativas aos auxílios de Estado com finalidade regional para o período 2014-2020, publicadas no Jornal Oficial da União Europeia, n.º C 209, de 23 de Julho de 2013 (OAR) e do RGIC, estando em última análise sujeita aos art.º 107.º a 109.º do TFUE. Este entendimento deve ser articulado com o designado princípio-cascata (Kaskadenprinzip), válido no âmbito do sistema jurídico europeu, segundo o qual, numa série de actos hierárquico-normativamente estruturados, os actos jurídicos normativamente superiores determinam o sentido da interpretação e aplicação dos actos jurídicos que lhes estejam imediatamente subordinados.

3.2.38. Assim se compreende que o Governo se possa abster de especificar CAE relativamente às actividades elencadas no art.º 2.º n.º 2 do CFI – sem que se possa falar de ilegalidade por omissão – se a isso se opuserem as orientações relativas aos auxílios de Estado com finalidade regional para o período 2014-2020, publicadas no Jornal Oficial da União Europeia, n.º C 209, de 23 de Julho de 2013 (OAR) e do RGIC, expressamente referidas nesse mesmo artigo, estando a actividade do legislador e da administração nacionais em última análise sujeitas aos art.º 107.º a 109.º do TFUE. O parâmetro de controlo da legalidade negativa e positiva da actuação do Governo na especificação dos CAE é dado, não apenas pelo CFI (...), mas também, a acima de tudo, pelo direito da União Europeia que os mesmos visam observar, executar e concretizar.

3.2.39. Do que se trata, em última análise, não é apenas de assegurar que a Portaria n.º 282/2014 executa o art.º 2.º n.º 2 CFI, mas sim de garantir que tanto o art.º 2.º n.º 2 do CFI como a Portaria n.º 282/2014, de 30 de Dezembro, se conformam com o sentido, o alcance e os limites do regime jurídico da União Europeia sobre auxílios de Estado, que vinculam os poderes legislativo, executivo e judicial dos Estados-Membros. Mais importante do que garantir o sentido útil das normas legais, é assegurar que nem as normas legais nem as disposições regulamentares sejam interpretadas e aplicadas com um sentido contrário aos objectivos normativos do direito da União Europeia.

3.2.40. No caso em apreço, de modo algum se pode concluir que a não inclusão de nenhum CAE correspondente à actividade de telecomunicações significa que todos se devem considerar incluídos, ainda que implicitamente, alargando (...) [os benefícios fiscais] a toda a matéria respeitante às telecomunicações (v.g. com fio, sem fio, satélite) e não apenas à banda larga. Diante da natureza excepcional os auxílios de Estado, tal como resulta claramente do TFUE, das OAR e do RGIC, dificilmente se poderia sustentar que a inexistência de uma previsão de CAE para o sector das telecomunicações deixaria presumir que todos os CAE a ele correspondentes se encontram incluídos. Pelo contrário, como se viu anteriormente, mesmo a aceitação de auxílios de Estado no domínio específico da banda larga se apresenta fortemente condicionada.

3.2.41. O (...) [legislador] ao declarar o respectivo regime aplicável aos sujeitos passivos de IRC que exerçam uma actividade nos sectores especificamente previstos no n.º 2 do art.º 2.º do CFI, tendo em consideração os CAE a definir pela portaria prevista no n.º 3 do referido artigo, excepciona expressamente as actividades excluídas do âmbito sectorial de aplicação das OAR e do RGIC. Ou seja, o próprio teor literal do art.º 2.º n.º 2 e n.º 3 do CFI coloca a definição dos CAE sob reserva de conformidade com o direito da União Europeia e de decisão dos membros do Governo responsáveis pelas áreas das finanças e da economia. Daí que não se possa dizer, em caso algum, que exista uma expectativa digna de tutela de que sejam definidos CAE que não se enquadrem devidamente nas OAR e no RGIC.

3.2.42. Estes membros do Governo, tendo assento e participação activa no Conselho da União Europeia e no Conselho de Ministros, o legislador executivo nacional, encontram-se numa posição de adequação institucional privilegiada para poderem conformar, conhecer, interpretar e aplicar correctamente o direito as normas europeias sobre auxílios de Estado, especificando os CAE da maneira que melhor sirva o interesse nacional e esteja em conformidade com o espírito e a letra do art.º 107.º do TFUE, das OAR e do RGIC, prevenindo situações de violação dos Tratados e responsabilidade.

3.2.43. Assim, não se está perante uma transferência de competências legislativas para funcionários administrativos de baixo estalão, pondo em causa o entendimento clássico o princípio da separação de poderes, na medida em que os membros do governo referenciados, para além de estarem vinculados por um padrão normativo supranacional, integram não apenas o legislador executivo nacional, mas também – num quadro institucional europeu caracterizado pelo desdobramento funcional – o Conselho, a instituição a quem o TFUE atribui, acima mesmo da Comissão, a função político-económica europeia de garantia de que os auxílios concedidos pelos Estados-Membros não falseiam as condições de concorrência no mercado interno.

3.2.44. Acresce que embora o TJUE e a Comissão tenham, respectivamente, um papel definitivo e decisivo no controlo dos auxílios de Estado, deve advertir-se que a Comissária da Concorrência Margarethe Vestager tem vindo a chamar a atenção para a importância crescente e cada vez mais exigente da actuação dos Estados-Membros na salvaguarda da integridade do mercado interno e no controlo preventivo dos auxílios de Estado – à semelhança do que sucede noutros domínios do direito europeu da concorrência –, destacando o papel que deve ser desempenhado pela administração económica e tributária, numa óptica de responsabilidade partilhada e cooperação institucional.

3.2.45. Em face do exposto, uma interpretação não formalista das normas pertinentes, atenta à substância da realidade material e institucional, dificilmente permitirá sustentar que o art.º 2.º n.º 2 e n.º 3 do CFI procede a uma verdadeira e própria deslegalização da matéria aí tratada, em termos que o art.º 112.º n.º 5 da CRP – com as correspondentes exigências de legalidade e tipicidade – visa proscrever. O que se passa efectivamente é que aquele preceito remete os membros do executivo responsáveis pela definição dos CAE para um padrão normativo supranacional dotado de primazia normativa sobre a legislação e a regulamentação nacional.

3.2.46. Importa ter presente que uma lei deslegalizadora cumpre, a um tempo, uma função de abaixamento de grau, mediante a revogação da disciplina jurídica existente, e uma função de devolução/autorização da disciplina material por regulamento administrativo. Ora, no caso concreto, nenhuma dessas funções está realmente presente. O art.º 2.º n.º 2 e n.º 3 do CFI, ao apontar para as OAR e o RGIC, remete expressamente para um grau normativo superior e para uma disciplina material pré-existente, dotada de primazia e de vinculatividade directa relativamente a todos os Estados da União, não se podendo falar de deslegalização para efeitos do art.º 115.º n.º 5 da CRP. Por outras palavras, o preceito em apreço não visa promover a adopção de uma disciplina inovadora ou contrária a uma anterior normação de nível superior, mas sim impedir a sua ocorrência.

3.2.47. Ao remeter expressamente a actividade de definição dos CAE para as OAR e o RGIC, o n.º 2 e n.º 3 do art.º 2.º do CFI, longe de estar a admitir a retracção do domínio da lei, está simplesmente a reconhecer e a efectivar a primazia normativa do direito da UE nesta matéria – a par do correspectivo carácter subordinado da legislação e regulamentação nacional – e, bem assim, o dever que impende sobre os Estados-Membros, num quadro de cooperação leal, de prevenir e reprimir quaisquer distorções ao funcionamento concorrencial do mercado interno potencialmente geradoras de infracção e responsabilidade.

3.2.48. Esse dever – inerente ao princípio da efectividade do direito da União Europeia – encontra expressão no art.º 8.º n.º 4 da CRP, segundo o qual "as disposições dos tratados que regem a União Europeia e as normas emanadas das suas instituições, no exercício das respectivas competências, são aplicáveis na ordem interna, nos termos definidos pelo direito da União, com respeito pelos princípios fundamentais do Estado de direito democrático." Considerando que estes princípios fundamentais estão hoje amplamente consagrados e consolidados no TUE, no TFUE e na Carta de Direitos Fundamentais da União Europeia, é nestes e à luz destes instrumentos, e no quadro do sistema normativo e institucional por eles estruturado – e não no âmbito do direito nacional – que devem ser discernidos os critérios últimos de interpretação, aplicação e efectivação do direito secundário da UE e do direito nacional a eles subordinado, não se podendo por isso assacar qualquer inconstitucionalidade à Portaria n.º 282/2014. A mesma atua dentro da margem de discricionariedade que foi cometida ao Governo, plenamente enquadrada pelo art.º 2.º n.º 2 do CFI, pelas OAR, pelo RGIC e, como veremos no ponto seguinte, pela pertinente Lei de Autorização.

3.2.49. Acerca do Decreto-Lei n.º 162/2014, de 31 de Outubro, que aprova o CFI, sendo um decreto-lei autorizado, e por esse motivo materialmente condicionado, mais facilmente se poderia dizer que padece do vício de excesso de autorização, já que a respectiva lei delegante, a Lei n.º 44/2014, de 11 de Julho, nenhuma referência faz ao sector das telecomunicações. Faz referência sim, logo no art.º 1.º, quando cuida do seu objecto, à necessidade de aprovar um novo CFI que se adapte "às novas regras europeias aplicáveis em matéria de auxílios de Estado para o período 2014 -2020".

3.2.50. No n.º 2 do seu art.º 2.º, dispõe a Lei n.º 44/2014, de 11 de Julho, que a autorização tem como sentido e extensão adaptar o regime às disposições europeias em matéria de auxílios de Estado para o período 2014-2020, nomeadamente às disposições constantes do RGIC – onde não se mencionam as telecomunicações – e às regras previstas no mapa nacional dos auxílios estatais com finalidade regional. Este aparente excesso de autorização reveste-se de grande importância, na medida em que nos situamos num domínio – o dos auxílios de Estado – onde a actuação do legislador nacional se deve limitar a assegurar a efectividade do direito da União Europeia, não podendo ser legitimadas quaisquer expectativas de sentido contrário. No caso concreto, torna-se ainda mais premente a interpretação das normas jurídicas relevantes no seu todo em conformidade com o direito da UE.

3.2.51. O princípio hermenêutico da conformidade funcional, à luz do qual as normas constitucionais e legais devem ser interpretadas e aplicadas de maneira a não subverter ou perturbar o esquema organizatório-funcional constitucionalmente estabelecido, deve ser hoje redimensionado de forma a incluir a interdependência orgânica, funcional e pessoal que se estabelece entre as instituições europeias e os órgãos constitucionais de soberania nacionais e a repartição de competências entre a União Europeia e os Estados-Membros.

3.2.52. Importa salientar, como se mencionou há pouco, que os membros do Governo responsáveis pela aprovação da Portaria n.º 282/2014 de 30 de Dezembro integram pessoalmente o Conselho de ministros da União Europeia, instituição que participa activamente no exercício do poder legislativo, delegando poderes normativos na Comissão, estando nessa qualidade obrigados – como decorre, além do mais, do princípio da cooperação leal consagrado no art.º 4.º n.º 3 do TUE – à adequada observância e execução das normas legais e regulamentares da União Europeia, sob pena de responsabilidade do Estado, sem que possam invocar as normas constitucionais e legais internas como impedimento para o fazerem.

3.2.53. Semelhante posição afigura-se a única compatível com a força normativa do direito primário e secundário da UE, incluindo os respectivos regulamentos. Servindo estes, em primeira linha, uma função de unificação das normas jurídicas à escala europeia, compreende-se que, quando claras e determinadas, as respectivas normas sejam imediatamente operativas na ordem jurídica dos Estados-Membros, sem lei, contra a lei e em vez da lei. Os Estados-Membros, no exercício das suas competências legislativas, administrativas e jurisdicionais, devem procurar assegurar a uniformidade e efectividade da sua interpretação e aplicação, em articulação com as instituições europeias, abstendo-se de incorrer em infracções do direito da União Europeia, sem prejuízo do controlo a posteriori da Comissão e o TJUE.

3.2.54. No caso em discussão, não se torna necessário desaplicar o art.º 2.º n.º 2 do CFI e a Portaria n.º 282/2014, de 30 de Dezembro, visto ambos exprimirem inequivocamente a subordinação da concessão dos auxílios às OAR e ao programa normativo do RGIC, em conformidade com o art.º 107.º do TFUE. O art.º 2.º n. 2 do CFI afirma-se expressamente como instrumento de execução do RGIC e é nesse mesmo contexto de execução que o n.º 3 anuncia a emissão de uma Portaria para a definição dos CAE.

3.2.55. O art.º 2.º n.º 2 do CFI e a Portaria n.º 282/2014, não padecendo de qualquer inconstitucionalidade, podem e devem ser objecto de interpretação e aplicação em conformidade com o Direito da UE, devendo por conseguinte dar-se por validamente efectuada e suficientemente fundamentada, respectivamente, a autoliquidação de Imposto sobre o Rendimento das Pessoas Colectivas ("IRC") do exercício de 2015 (relativa à Modelo 22 de IRC identificada com o n.º 3344-C5630-16) e a decisão da AT de indeferimento da reclamação graciosa apresentada .

4. Decisão

Termos em que, por maioria, o presente Tribunal:

A) Julga a presente acção improcedente, por não provada, absolvendo a Requerida dos pedidos, com as demais consequências legais;

B) Mantém no ordenamento jurídico a autoliquidação de Imposto sobre o Rendimento das Pessoas Colectivas ("IRC") do exercício de 2015 (relativa à Modelo 22 de IRC identificada com o n.º...) e a decisão de indeferimento da reclamação graciosa.

SECÇÃO II – Condições de elegibilidade

ARTIGO 3.º
Condições subjectivas

1 – Os projectos de investimento são elegíveis quando:

a) Os promotores possuam capacidade técnica e de gestão;

b) Os promotores demonstrem uma situação financeira equilibrada, determinada nos termos do número seguinte;

c) Os promotores disponham de contabilidade regularmente organizada de acordo com as disposições legais em vigor e que seja adequada às análises requeridas para a apreciação e o acompanhamento do projecto e permita autonomizar os efeitos do mesmo;

d) O lucro tributável dos promotores não seja determinado por métodos indirectos de avaliação;

e) A contribuição financeira dos promotores, a partir dos seus recursos próprios ou mediante financiamento externo que assuma uma forma isenta de qualquer apoio público, corresponda, pelo menos, a 25% dos custos elegíveis;

f) As empresas beneficiárias não sejam consideradas empresas em dificuldade nos termos das orientações relativas aos auxílios estatais de emergência e à reestruturação concedidos a empresas não financeiras em dificuldade, publicada no Jornal Oficial da União Europeia, n.º C 249, de 31 de Julho de 2014;

g) Os promotores apresentem a situação fiscal e contributiva regularizada;

h) Os promotores não estejam sujeitos a uma injunção de recuperação na sequência de uma decisão da Comissão que declare um auxílio ilegal e incompatível com o mercado interno.

2 – Para efeitos do disposto na alínea b) do número anterior, considera-se que a situação financeira é equilibrada quando a autonomia financeira, medida pelo rácio entre o capital próprio e o total do activo líquido, seja igual ou superior a 0,2.

3 – Para efeitos do disposto no número anterior, podem ser considerados capitais próprios os montantes de suprimentos ou empréstimos de sócios, desde que os mesmos venham a ser incluídos no capital social antes da assinatura do contrato referido no artigo 16.º

Nos termos do artigo 36.º n.º 5 da LGT, a administração tributária pode subordinar a atribuição dos benefícios fiscais ao cumprimento de condições por parte do sujeito passivo, como é o caso dos contratos fiscais. O artigo 3.º do CFI trata das condições subjectivas para a elegibilidade dos projectos de investimento, em regime contratual, designadamente, no que tange aos promotores e entidades beneficiárias.

1.

A elegibilidade dos projectos de investimento para os benefícios em regime contratual está dependente de que os *promotores* dos mesmos possuam capacidade técnica e de gestão e demonstrem uma situação financeira equilibrada – isto é, que a autonomia financeira, medida pelo rácio entre o capital próprio e o total do activo líquido, seja igual ou superior a 0,2 (artigo 3.º n.º 2) – e que disponham de contabilidade regularmente organizada de acordo com as disposições legais em vigor e que seja adequada às análises requeridas para a apreciação e o acompanhamento do projecto e permita autonomizar os efeitos do mesmo. Sendo que o lucro tributável dos promotores não pode ser determinado por métodos indirectos de avaliação: tal compreende-se, uma vez que a matéria tributável é, primacialmente, avaliada ou calculada directamente segundo os critérios próprios do IRC, visando a determinação do valor real dos rendimentos sujeitos a tributação[39].

[39] Não obstante o princípio da tributação do rendimento real (artigo 104.º n.º 2 da Constituição), o legislador prevê uma solução para quando a capacidade contributiva do sujeito passivo não é revelada à administração tributária (conforme estabelecido nos artigos 57.º a 62.º do CIRC). Assim o impõe o princípio da igualdade.
A avaliação indirecta da matéria tributável, visando a determinação do valor dos rendimentos tributáveis a partir de indícios, presunções ou outros elementos de que a administração tributária disponha, surge configurada como verdadeiramente excepcional e subsidiária relativamente à avaliação directa, pois esta visa antes a determinação do valor real dos rendimentos ou bens (artigos 83.º e 85.º da LGT).

A contribuição financeira dos promotores, a partir dos seus recursos próprios ou mediante financiamento externo[40] que assuma uma forma isenta de qualquer apoio público, tem que corresponder, pelo menos, a 25% dos custos elegíveis para o projecto de investimento em causa[41].

Ademais, os promotores têm que apresentar a situação fiscal e contributiva regularizada[42]. Nos termos do artigo 177.º-A do CPPT[43], tal verifica-se quando se verifique um dos seguintes requisitos (n.º 1): não seja devedor de quaisquer impostos ou outras prestações tributárias e respectivos juros; esteja autorizado ao pagamento da dívida em prestações, desde que exista garantia constituída, nos termos legais[44]; tenha pendente meio de contencioso adequado à discussão da legalidade ou exigibilidade da dívida exequenda e o processo de execução fiscal tenha garantia constituída, nos termos legais[45]; tenha a execução fiscal suspensa, nos termos do artigo 169.º n.º 2 do CPPT, havendo garantia constituída, nos termos legais.

Os promotores não poderão estar sujeitos a uma injunção de recuperação na sequência de uma decisão da Comissão que declare um auxílio ilegal e incompatível com o mercado interno[46].

Por outro lado, as *empresas beneficiárias* não podem ser consideradas empresas em dificuldade nos termos das orientações relativas aos auxílios estatais de emergência e à reestruturação concedidos a empresas não financeiras em dificuldade (2014/C 249/01). Recorde-se que, nestas Orientações, a Comissão define as condições em que os auxílios estatais de emergência e à reestruturação

[40] No CFI anterior não se previa expressamente que a contribuição financeira dos promotores pudesse ter origem em financiamento externo.

[41] Na esteira do requisito mínimo de auto-financiamento previsto no RGIC.

[42] A validade de uma certidão comprovativa de situação tributária regularizada, passada pela administração tributária, é de 3 meses, não prorrogável, e não constituindo documento de quitação (artigo 24.º n.ºs 4 a 6 do CPPT).

[43] Aditado pela Lei n.º 82-B/2014, de 31 de Dezembro.

[44] A Lei n.º 7-A/2016, de 30 de Março, pelo seu artigo 178.º, veio introduzir, para os pedidos de pagamentos em prestações apresentados até 31 de Dezembro de 2016, a dispensa de prestação de garantia prevista em pagamentos até 12 prestações, a qual determina a suspensão da execução fiscal das dívidas abrangidas pelo plano de pagamento em prestações, considerando-se que o devedor tem a situação tributária regularizada relativamente às mesmas dívidas, enquanto estiver vigente o plano prestacional.

[45] Ou seja, nos termos do artigo 169.º n.º 13 do CPPT.
À constituição de garantia é equiparada, para estes efeitos, a sua dispensa e a sua caducidade (artigo 177.º-A n.º 2).

[46] Conforme previsto no RGIC [Regulamento (UE) n.º 651/2014, da Comissão, de 16 de Junho de 2014].

a empresas não financeiras em dificuldade podem ser considerados compatíveis com o mercado interno com base no artigo 107.º n.º 3 alínea c) do TFUE[47].

2.

A elegibilidade dos projectos de investimento para os benefícios em regime contratual, está dependente de que os promotores demonstrem uma *situação financeira equilibrada* [n.º 1 alínea b)], ou seja, que a autonomia financeira, medida pelo rácio entre o capital próprio e o total do activo líquido, seja igual ou superior a 0,2. Tal reveste-se de um significado económico: evidencia a percentagem do activo que é financiada por capitais próprios, medindo o esforço dos promotores no financiamento da empresa. Quanto maior o grau de autonomia financeira maior a capacidade da empresa para fazer face aos seus compromissos de médio e longo prazo (indicador de risco), maior o grau de independência financeira em relação aos seus credores (menor o grau de endividamento) e maior a autonomia na gestão do *cash-flow* que liberta da sua actividade.

[47] Segundo a Portaria n.º 94/2015, de 27 de Março, que procede à regulamentação do regime de benefícios fiscais contratuais ao investimento produtivo, para efeitos do disposto no artigo 3.º n.º 1 alínea f) do CFI, o conceito de "empresa em dificuldade" deve ser interpretado nos termos do parágrafo 18 do artigo 2.º do RGIC.
Assim, uma empresa é considerada em dificuldade quando, sem intervenção do Estado, será quase certamente condenada a desaparecer a curto ou médio prazo. Considera-se, por conseguinte, que uma empresa está em dificuldade quando se verificar pelo menos uma das seguintes circunstâncias:

a) Se se tratar de uma empresa de responsabilidade limitada, quando mais de metade do seu capital social tiver desaparecido devido a perdas acumuladas. Trata-se do caso em que a dedução das perdas acumuladas das reservas (e todos os outros elementos geralmente considerados como uma parte dos fundos próprios da empresa) conduz a um montante cumulado negativo que excede metade do capital social subscrito;
b) Se se tratar de uma empresa em que pelo menos alguns sócios tenham responsabilidade ilimitada relativamente às dívidas da empresa, quando mais de metade do seu capital, conforme indicado na contabilidade da empresa, tiver desaparecido devido às perdas acumuladas;
c) Quando a empresa for objecto de um processo colectivo de insolvência ou preencher, de acordo com o respectivo direito nacional, os critérios para ser submetida a um processo colectivo de insolvência a pedido dos seus credores;
d) Sempre que uma empresa tiver recebido um auxílio de emergência e ainda não tiver reembolsado o empréstimo ou terminado a garantia, ou tiver recebido um auxílio à reestruturação e ainda estiver sujeita a um plano de reestruturação;
e) Se se tratar de uma empresa que não é uma PME e onde, nos dois últimos anos: i) o rácio dívida contabilística/fundos próprios da empresa foi superior a 7,5, e ii) o rácio de cobertura dos juros da empresa, calculado com base em EBTIDA, foi inferior a 1,0.

3.

Uma situação financeira equilibrada – entendida, nos termos do n.º 2, como autonomia financeira, medida por um rácio igual ou superior a 0,2, entre o capital próprio e o total do activo líquido – deve ser demonstrada pelos promotores do projecto de investimento [n.º 1 alínea b)]. Ou seja, trata-se de um requisito a aferir quanto aos promotores e não quanto ao projecto de investimento[48].

Ora, o n.º 3 vem esclarecer que, para tais efeitos, podem ser considerados *capitais próprios* os montantes de suprimentos[49] ou empréstimos de sócios[50], desde que os mesmos venham a ser incluídos no capital social[51] antes da assinatura do contrato de concessão dos benefícios fiscais previsto no artigo 16.º.

ARTIGO 4.º
Condições objectivas

1 – Podem ter acesso a benefícios fiscais contratuais ao investimento produtivo os projectos de investimento inicial, cuja realização não se tenha iniciado antes da candidatura prevista no artigo 15.º que demonstrem ter viabilidade técnica, económica e financeira, proporcionem a criação ou manutenção de postos de trabalho e que preencham, pelo menos, uma das seguintes condições:

a) Sejam relevantes para o desenvolvimento estratégico da economia nacional;

b) Sejam relevantes para a redução das assimetrias regionais;

48 O CFI anterior exigia este requisito quanto aos promotores e ao projecto de investimento.

49 Nos termos do artigo 243.º n.ºs 1, 2 e 6 do CSC, considera-se contrato de *suprimento* o contrato pelo qual o sócio empresta à sociedade dinheiro ou outra coisa fungível, ficando aquela obrigada a restituir outro tanto do mesmo género e qualidade desde que se estipule um prazo de reembolso superior a 1 ano, sendo que a validade do contrato não depende de qualquer forma especial, pelo que não terá, forçosamente, de ser reduzido a escrito. A celebração deste contrato, de acordo com o artigo 244.º n.º 3 do CSC, não depende de prévia deliberação dos sócios, salvo disposição contratual em contrário.

50 Nos termos do artigo 1142.º do Código Civil, mútuo (ou empréstimo) é o contrato pelo qual uma das partes empresta à outra dinheiro ou outra coisa fungível, ficando a segunda obrigada a restituir outro tanto do mesmo género e qualidade. No artigo 1143.º determina-se que o contrato de mútuo de valor superior a 20.000 euros só é válido se for celebrado por escritura pública, e o de valor superior a 2.000 euros se o for por documento assinado pelo mutuário. Podemos, pois, considerar como sendo o contrato efectuado por um período inferior a 1 ano.

51 Veja-se, por exemplo, o disposto no artigo 87.º n.º 4 do CSC, no tocante ao sócio controlador (com pelo menos 3/4 do capital social). Para assegurar a efectividade do capital social, nos termos gerais do artigo 28.º do CSC, as entradas em espécie (incluindo créditos) devem ser verificadas por um revisor oficial de contas independente.

c) Contribuam para impulsionar a inovação tecnológica e a investigação científica nacional, para a melhoria do ambiente ou para o reforço da competitividade e da eficiência produtiva.

2 – Consideram-se projectos de investimento inicial os investimentos relacionados com a criação de um novo estabelecimento, o aumento da capacidade de um estabelecimento já existente, a diversificação da produção de um estabelecimento no que se refere a produtos não fabricados anteriormente nesse estabelecimento, ou uma alteração fundamental do processo global de produção de um estabelecimento existente.

3 – Para efeitos do disposto no presente regime, considera-se que o início da realização de um projecto de investimento se reporta à data da primeira factura emitida às empresas promotoras, relativa a débitos efectuados pelos fornecedores no âmbito do projecto, com excepção da aquisição de terrenos e trabalhos preparatórios como a obtenção de licenças e a realização de estudos prévios, bem como os adiantamentos para sinalização, relacionados com o projecto, até ao valor de 50% do custo de cada aquisição.

4 – Nas regiões elegíveis para auxílios nos termos da alínea c) do n.º 3 do artigo 107.º do Tratado sobre o Funcionamento da União Europeia, constantes da tabela do artigo 43.º, no caso de empresas que não se enquadrem na categoria das micro, pequenas e médias empresas, tal como definidas na Recomendação n.º 2003/361/CE, da Comissão, de 6 de Maio de 2003, apenas podem beneficiar do regime dos benefícios fiscais contratuais ao investimento produtivo os projectos de investimento que respeitem a investimentos em novos activos tangíveis e intangíveis relacionados com a criação de um novo estabelecimento, ou com a diversificação da actividade de um estabelecimento, na condição de a nova actividade não ser a mesma ou uma actividade semelhante à anteriormente exercida no estabelecimento.

5 – O Conselho de Ministros pode aprovar, sob proposta do Conselho previsto no artigo 14.º, a concessão de benefícios fiscais em regime contratual a projectos de investimento que não preencham as condições previstas na parte final do número anterior, desde que respeitem as regras comunitárias aplicáveis aos auxílios *ad hoc*.

O artigo 4.º trata das condições objectivas para a elegibilidade dos projectos de investimento, em regime contratual. O apoio ao investimento produtivo surge como o interesse público extrafiscal relevante considerado superior aos interesses da própria tributação que os benefícios fiscais impedem (artigo 2.º n.º 1 do EBF).

1.

Para acederem aos benefícios fiscais contratuais ao investimento produtivo, os projectos de investimento inicial não podem ter iniciado a sua realização antes da apresentação da respectiva candidatura junto da AICEP[52] ou do IAPMEI (artigo 15.º).

O início da realização tem-se como reportado à data da primeira factura emitida às empresas promotoras, relativa a débitos efectuados pelos fornecedores no âmbito do projecto, com excepção da aquisição de terrenos e trabalhos preparatórios como a obtenção de licenças e a realização de estudos prévios, bem como os adiantamentos para sinalização, relacionados com o projecto, até ao valor de 50% do custo de cada aquisição (n.º 3).

Os referidos projectos devem, comprovadamente, ter viabilidade técnica, económica e financeira, e proporcionar a criação ou manutenção de postos de trabalho[53]. Quanto a este último requisito [artigo 9.º n.º alínea b)], no que se refere às grandes empresas, haverá que atender, relativamente ao ano de 2021, ao disposto no regime extraordinário e transitório de incentivo à manutenção de postos de trabalho, previsto no artigo 403.º da Lei n.º 75-B/2020, de 31 de Dezembro, bem como na Portaria n.º 295/2021, de 23 de Julho, que regulamenta o aludido regime, o qual condiciona o acesso aos benefícios, relativamente aos novos contratos, à manutenção do nível de emprego[54].

[52] Quando os projectos de investimento se enquadrem no regime contratual de investimento previsto no Decreto-Lei n.º 191/2014, de 31 de Dezembro, que estabelece um regime especial de contratação de apoios e incentivos exclusivamente aplicável a grandes projectos de investimento enquadráveis no âmbito das atribuições da AICEP.

[53] Segundo o RGIC, "aumento líquido do número de trabalhadores" é o aumento líquido do número de trabalhadores no estabelecimento em causa em comparação com a média durante um determinado período de tempo, devendo os postos de trabalho suprimidos durante esse período ser, por conseguinte, deduzidos e o número de trabalhadores a tempo inteiro, a tempo parcial e sazonais ser considerado segundo as respectivas fracções de trabalho anual. No que tange aos auxílios regionais ao investimento, o projecto de investimento deve conduzir a um aumento líquido do número de trabalhadores do estabelecimento em causa, em comparação com a média dos 12 meses anteriores, ou seja, qualquer perda de postos de trabalho deve ser deduzida do número aparente de postos de trabalho criados nesse período.

[54] O incumprimento dos requisitos levará à respectiva suspensão durante o período de tributação de 2021.

Consideram-se sujeitas ao regime extraordinário as entidades empregadoras com sede ou direcção efectiva em território português, bem como as entidades empregadoras não residentes com estabelecimento estável neste território, que exerçam, a título principal, uma actividade de natureza comercial, industrial ou agrícola, e que preencham, cumulativamente, as seguintes condições: a) Não sejam consideradas micro, pequenas ou médias empresas, nos termos previstos no artigo 2.º do anexo ao Decreto-Lei n.º 372/2007, de 6 de Novembro; b) Tenham registado um

Para além do mais, os projectos devem preencher, pelo menos, uma das seguintes condições: relevância para o desenvolvimento estratégico da economia nacional; relevância para a redução das assimetrias regionais; contributo para impulsionar a inovação tecnológica e a investigação científica nacional, para a melhoria do ambiente ou para o reforço da competitividade e da eficiência produtiva.

resultado líquido positivo no período contabilístico respeitante ao ano civil de 2020 ou, caso o ano contabilístico não coincida com o civil, respeitante ao período contabilístico que inicie em ou após 1 de Janeiro de 2020, depois de aprovadas as respectivas contas pelos órgãos sociais, nos termos da legislação aplicável.
Assim, o acesso aos incentivos fiscais depende da observância da manutenção do nível de emprego, considerando-se como tal a circunstância de, no ano de 2021, a entidade ter ao seu serviço um número médio de trabalhadores igual ou superior ao nível observado em 1 Outubro de 2020.
Segundo este regime extraordinário, a concessão dos incentivos fiscais determina para as entidades beneficiárias a proibição de fazer cessar contratos de trabalho ao abrigo das modalidades de despedimento colectivo, de despedimento por extinção do posto de trabalho, ou de despedimento por inadaptação, bem como de iniciar os respectivos procedimentos, até ao final do ano de 2021, e o dever de manutenção do nível de emprego até ao final de 2021, a verificar trimestralmente de forma oficiosa. Para efeitos da verificação do nível de emprego são considerados os trabalhadores por conta de outrem, bem como os trabalhadores independentes economicamente dependentes ao serviço da empresa e os que se encontrem ao serviço de qualquer outra entidade que esteja em relação de domínio ou grupo com a entidade sujeita ao regime, desde que tenha sede ou direcção efectiva em território português ou possua um estabelecimento estável neste território. Não são contabilizados, nomeadamente, os trabalhadores que tenham cessado os respectivos contratos de trabalho por sua própria iniciativa, por motivo de morte, de reforma por velhice ou invalidez, de despedimento com justa causa promovido pela entidade empregadora, ou de caducidade de contratos a termo para execução de tarefa ocasional ou serviço determinado precisamente definido e não duradouro, ou para execução de obra, projecto ou outra actividade definida e temporária, incluindo a execução, direcção ou fiscalização de trabalhos de construção civil, obras públicas, montagens e reparações industriais, em regime de empreitada ou em administração directa, bem como os respectivos projectos ou outra actividade complementar de controlo e acompanhamento, se a tarefa ocasional ou serviço determinado precisamente definido e não duradouro, a obra, projecto ou outra actividade definida e temporária tenham comprovadamente cessado, a confirmar pela entidade empregadora.
O incumprimento da manutenção dos níveis de emprego determina a imediata cessação dos apoios públicos ou incentivos fiscais referidos, com a consequente reposição automática da tributação-regra no período de tributação de 2021 e a restituição ou pagamento dos montantes já recebidos ou isentados, respectivamente, ao organismo competente. A verificação do nível de emprego, para efeitos do presente regime, é efectuada de forma oficiosa, designadamente com base na informação prestada pelo Instituto da Segurança Social, à Autoridade Tributária e Aduaneira ou ao organismo competente para a atribuição do apoio público.

2.

Na esteira do RGIC[55], o legislador deixa claro que são projectos de *investimento inicial* os investimentos em activos tangíveis[56] e intangíveis[57] relacionados com a criação de um novo estabelecimento, o aumento da capacidade de um estabelecimento já existente, a diversificação da produção de um estabelecimento no que se refere a produtos não fabricados anteriormente nesse estabelecimento, ou uma alteração fundamental do processo global de produção global de um estabelecimento existente[58].

3.

Nos termos do n.º 1, os projectos de investimento inicial não podem ter iniciado a sua realização antes da apresentação da respectiva candidatura junto da AICEP ou do IAPMEI (artigo 15.º).

Ora, considera-se que o início da realização se reporta à data da primeira factura emitida às empresas promotoras, relativa a débitos efectuados pelos fornecedores no âmbito do projecto. Segundo o RGIC, "início dos trabalhos" equivale quer ao início dos trabalhos de construção relacionados com o investimento quer ao primeiro compromisso firme de encomenda de equipamentos ou qualquer outro compromisso que torne o investimento irreversível, consoante o que acontecer primeiro[59]. Excepcionando-se os débitos efectuados com a aquisição de terrenos e os trabalhos preparatórios como a obtenção de licenças e a realização de estudos prévios (ex.: sobre a viabilidade)[60], bem como os adiantamentos para sinalização, relacionados com o projecto, até ao valor de 50% do custo de cada aquisição.

[55] Regulamento (UE) n.º 651/2014 da Comissão, de 16 de Junho de 2014, que declara certas categorias de auxílio compatíveis com o mercado interno, em aplicação dos artigos 107.º e 108.º do TFUE.

[56] Exs.: terrenos, edifícios e instalações, máquinas e equipamentos.

[57] Activos sem qualquer materialização física ou financeira (exs.: patentes, licenças, *know-how* ou outros tipos de propriedade intelectual).

[58] O RGIC considera ainda como "investimento inicial" uma aquisição de activos pertencentes a um estabelecimento que tenha fechado ou teria fechado se não tivesse sido adquirido, desde que seja adquirido por um investidor não vinculado ao vendedor e exclua a mera aquisição das acções de uma empresa.

[59] No caso de aquisições, por «início dos trabalhos», entende-se o momento da aquisição dos activos directamente ligados ao estabelecimento adquirido.

[60] Segundo o RGIC não são considerados "início dos trabalhos".
"Estudo de viabilidade" é a avaliação e análise do potencial de um projecto, com o objectivo de apoiar o processo de tomada de decisões, revelando de forma objectiva e racional os seus pontos fortes e fracos, oportunidades e ameaças, e de identificar os recursos exigidos para a sua realização e, em última instância, as suas perspectivas de êxito.

4.

Nas regiões elegíveis para auxílios nos termos do artigo 107.º n.º 3 alínea c) do TFUE[61], constantes da tabela do artigo 43.º n.º 1 do CFI – a saber, *Algarve, Grande Lisboa (Mafra, Loures, Vila Franca de Xira, S. João das Lampas e Terrugem)* e *Península de Setúbal*[62] –, não se tratando de empresas enquadradas na categoria das micro, pequenas e médias empresas[63], somente podem beneficiar do regime dos benefícios fiscais contratuais ao investimento produtivo os projectos de investimento que respeitem a investimentos em novos activos tangíveis e intangíveis relacionados com a criação de um novo estabelecimento, ou com a diversificação da actividade de um estabelecimento (na condição de a nova actividade não ser a mesma ou uma actividade semelhante à anteriormente exercida no estabelecimento[64]).

[61] Segundo o qual, podem ser considerados compatíveis com o mercado interno os auxílios destinados a facilitar o desenvolvimento de certas actividades ou regiões económicas, quando não alterem as condições das trocas comerciais de maneira que contrariem o interesse comum.

[62] Artigo 43.º do CFI. Os auxílios estatais com finalidade regional definem essas regiões como áreas de um Estado-Membro desfavorecidas em relação à média da União Europeia ou à média nacional.

[63] Tal como definidas na Recomendação n.º 2003/361/CE, da Comissão, de 6 de Maio de 2003. Segundo o Decreto-Lei n.º 372/2007, de 6 de Novembro, que cria a certificação electrónica do estatuto de micro, pequena e média empresas (PME), esta categoria é constituída por empresas que empregam menos de 250 efectivos e cujo volume de negócios anual não exceda 50 milhões de euros ou cujo balanço total anual não excede 43 milhões de euros. Existindo ainda duas subcategorias: a pequena empresa (entidade que empregue menos de 50 efectivos e cujo volume de negócios anual ou balanço total anual não exceda 10 milhões de euros); a microempresa (entidade que empregue menos de 10 efectivos e cujo volume de negócios anual ou balanço total anual não exceda 2 milhões de euros).
Os dados considerados para o cálculo dos efectivos e dos montantes financeiros são os do último exercício contabilístico encerrado, calculados numa base anual. Os dados são tidos em conta a partir da data de encerramento das contas e o montante do volume de negócios considerado é calculado com exclusão do Imposto sobre o Valor Acrescentado (IVA) e de outros impostos indirectos (artigo 4.º n.º 1 do Anexo do Decreto-Lei n.º 372/2007, de 6 de Novembro). E, se uma empresa verificar, na data de encerramento das contas, que superou ou ficou aquém, numa base anual, do limiar de efectivos ou dos limiares financeiros indicados no artigo 2.º do Anexo, esta circunstância não a faz adquirir ou perder a qualidade de média, pequena ou micro empresa, salvo se tal se repetir durante 2 exercícios consecutivos (artigo 4.º n.º 2 do Anexo).

[64] Segundo o artigo 5.º n.º 3 da Portaria n.º 94/2015, de 27 de Março, que procede à regulamentação do regime de benefícios fiscais contratuais ao investimento produtivo, considera-se "a mesma actividade ou actividade semelhante", uma actividade que se insere na mesma classe, composta por quatro dígitos, da Classificação Portuguesa de Actividades Económicas, Revisão 3 (CAE-Rev. 3), aprovada pelo Decreto-Lei n.º 381/2007, de 14 de Novembro.

O RGIC considera ainda como "investimento inicial a favor de uma nova actividade económica" a aquisição dos activos pertencentes a um estabelecimento que tenha fechado ou teria fechado se não tivesse sido adquirido, desde que seja adquirido por um investidor não vinculado ao vendedor, na condição de a nova actividade a efectuar com os activos adquiridos não ser a mesma actividade ou uma actividade semelhante à anteriormente exercida no estabelecimento antes da aquisição.

5.

Mediante proposta do Conselho de Coordenação dos Incentivos Fiscais ao Investimento[65], relativamente a projectos de investimento que não reúnam as condições previstas no n.º 4 – respeitarem a investimentos em novos activos tangíveis e intangíveis relacionados com a criação de um novo estabelecimento, ou com a diversificação da actividade de um estabelecimento (na condição de a nova actividade não ser a mesma ou uma actividade semelhante à anteriormente exercida no estabelecimento) –, pode ainda assim o Conselho de Ministros aprovar a concessão de benefícios fiscais em regime contratual.

Não obstante, uma tal concessão de benefícios fiscais depende da observância das regras comunitárias aplicáveis aos auxílios *ad hoc*. Ou seja, auxílios individuais, sujeitos aos mesmos requisitos que os auxílios individuais concedidos com base num regime, salvo indicação em contrário[66].

ARTIGO 5.º
Efeito de incentivo

Constitui condição de elegibilidade a demonstração do efeito de incentivo dos benefícios fiscais, a efectuar através de formulário a aprovar por portaria dos membros do Governo responsáveis pelas áreas das finanças e da economia.

Os benefícios fiscais objecto da candidatura – na qualidade de auxílios com finalidade regional – só podem ser considerados compatíveis com o mercado interno, e assim passíveis de aprovação, se tiverem um *efeito de incentivo*. Apenas existe um efeito de incentivo quando o benefício fiscal, individualmente considerado ou em conjunto com outros auxílios de Estado com finalidade regional, altera o comportamento de uma empresa de um modo que a leve a exercer

[65] Previsto no artigo 14.º.
[66] OAR (2013/C 209/01).

uma actividade adicional que contribui para o desenvolvimento da região onde pretende realizar o investimento, actividade que não realizaria na ausência do auxílio ou que realizaria apenas de forma limitada ou diferente ou num outro local. Em conclusão: os benefícios fiscais a atribuir não devem subvencionar os custos de uma actividade que a empresa teria, em todo o caso, suportado, nem compensar o risco comercial normal da actividade económica a desenvolver.

Para que sejam elegíveis os projectos de investimento, deve ser feita a demonstração do efeito de incentivo dos benefícios fiscais, através de formulário a aprovar por portaria dos membros do Governo responsáveis pelas áreas das finanças e da economia.

Trata-se da Portaria n.º 94/2015, de 27 de Março, que procede à regulamentação do regime de benefícios fiscais contratuais ao investimento produtivo. O mencionado formulário surge publicado em anexo à Portaria e, por outro lado, corresponde ao Anexo III do formulário que integra o processo de candidatura aos benefícios fiscais, previsto no artigo 15.º do CFI.

Segundo a Portaria n.º 94/2015, de 27 de Março (artigo 2.º), nos casos em que o "montante ajustado dos auxílios"[67] ultrapasse o limiar para um investimento com custos elegíveis de 100 milhões de euros[68], bem como nos casos previstos no artigo 5.º da mesma Portaria[69], deve ser demonstrado que, relativamente aos benefícios fiscais, se verifica um dos seguintes cenários:

a) O benefício fiscal, individualmente considerado ou em conjunto com outros auxílios de Estado com finalidade regional concedidos ao investimento ou projecto de investimento em questão, incentiva a adopção de uma decisão de investimento positiva, uma vez que, de outra forma, o investimento não seria suficientemente rentável para que o promotor o realizasse na região em causa (Cenário 1 – Decisão de investimento); ou

[67] Calculado de acordo com o mecanismo definido no parágrafo 20 do artigo 2.º do RGIC. Assim, trata-se do montante máximo admissível do auxílio para um grande projecto de investimento, calculado de acordo com a seguinte fórmula: montante máximo do auxílio = R × (A + 0,50 × B + 0 × C) Em que: R é a intensidade máxima de auxílio aplicável na zona em causa estabelecida num mapa aprovado de auxílios com finalidade regional em vigor na data em que o auxílio é concedido, excluindo a maior intensidade de auxílio para as PME; A são os 50 milhões de euros iniciais de custos elegíveis, B é a parte dos custos elegíveis entre 50 milhões e 100 milhões de euros e C é a parte dos custos elegíveis acima de 100 milhões de euros.

[68] Artigo 4.º n.º 1 alínea a) do RGIC. Acima do referido limiar não tem aplicação o RGIC. O limiar não deve ser contornado por meio de uma divisão artificial dos regimes de auxílio ou projectos de auxílio.

[69] *Maxime*, os previstos no artigo 7.º do CFI.

b) O benefício fiscal, individualmente considerado ou em conjunto com outros auxílios de Estado com finalidade regional concedidos ao investimento ou projecto de investimento em questão, incentiva a realização do investimento projectado na região em causa em detrimento de outra, visto compensar as desvantagens e os custos líquidos associados à respectiva implantação nessa região (Cenário 2 – Decisão de localização).

Se o benefício fiscal, individualmente considerado ou em conjunto com outros auxílios do Estado com finalidade regional, não alterar o comportamento da empresa incentivando investimentos (adicionais) na região em causa, pode considerar-se que o mesmo investimento teria sido nela realizado, mesmo na ausência do benefício fiscal. Esse benefício fiscal carece de efeito de incentivo para alcançar o objectivo regional e não pode ser aprovado como compatível com o mercado interno.

Para efeitos da demonstração do efeito de incentivo, o promotor deve preencher o formulário[70], devendo seleccionar o cenário aplicável de entre os atrás referidos, bem como justificar a selecção efectuada[71]. Mais apresentando uma descrição detalhada do cenário contrafactual, do qual conste informação sobre a situação em que não houvesse lugar à concessão dos auxílios de Estado com finalidade regional, demonstrando a existência do efeito de incentivo mediante a apresentação de informações relativas ao cenário contrafactual[72] – designadamente no que se refere ao investimento, financiamento, demonstração de resultados[73], taxa de retorno e demais elementos: a) Que comprovem que o

[70] A que alude o artigo 5.º do CFI, e que surge aprovado em anexo à Portaria n.º 94/2015, de 27 de Março.
A justificação do efeito de incentivo dever ser preenchida caso o projecto se candidate apenas a benefícios fiscais. No caso de o projecto se candidatar também a incentivos financeiros, a demonstração do efeito de incentivo deve ser efectuada no formulário de candidatura a incentivos financeiros, nos termos nele definidos.

[71] No Anexo III – 1 o promotor deverá incluir um texto com uma explicação relativa à selecção efectuada.

[72] Anexos III – 2 e Anexo III – 3.
Dependendo da selecção efectuada e caso o projecto seja notificado à Comissão Europeia, nos termos previstos no RGIC.

[73] No que se refere à demonstração de resultados o promotor deverá fornecer uma explicação de cada um dos valores constantes desta assim como da sua evolução ao longo do tempo. Por outro lado, deverá referir em que documentos se baseou para a elaboração da análise contrafactual seleccionada.
Entre estes documentos, podem ser utilizados documentos oficiais do conselho de administração, avaliações de risco (nomeadamente avaliações do risco inerente a localizações específicas), relatórios financeiros, planos de actividades internos das empresas, pareceres de peritos e outros estudos relacionados com o projecto de investimento em apreciação. A apresentação de docu-

investimento não seria suficientemente rentável sem os benefícios fiscais, individualmente considerados ou em conjunto com outros auxílios de Estado com finalidade regional concedidos ao investimento ou projecto de investimento em questão, quando seja aplicável o Cenário 1 – Decisão de Investimento[74]; ou b) Que comparem os custos e os benefícios inerentes à localização na região em causa com os inerentes a uma região alternativa, quando esteja em causa o Cenário 2 – Decisão de localização[75].

As empresas que não se enquadrem na categoria das micro, pequenas e médias empresas[76], relativa à definição de micro, pequenas e médias empresas devem apresentar documentos que comprovem o cenário contrafactual, juntamente com a candidatura aos benefícios fiscais (artigo 15.º do CFI).

mentos que contenham previsões sobre a procura e os custos ou previsões financeiras, bem como de documentos transmitidos a um comité de investimento em que são analisados os diversos cenários de investimento, ou ainda de documentos dirigidos às instituições financeiras, poderá também contribuir para demonstrar o efeito do incentivo.

[74] No caso da Decisão de investimento (Cenário 1), a rendibilidade do projecto deve ser comparada com as taxas de retorno normais aplicadas pela empresa noutros projectos do investimento semelhantes. Quando essas taxas não estiverem disponíveis, a rendibilidade do projecto deve ser comparada com o custo de capital da empresa no seu conjunto ou com as taxas de retorno normalmente observadas no sector em causa.
Refira-se que o montante do auxílio não deve ultrapassar o mínimo necessário para tomar o projecto suficientemente rentável, por exemplo, para aumentar a sua taxa interna de retorno (TIR) para além das taxas de retorno normais aplicadas pela empresa em causa noutros projectos de investimento semelhantes ou, se for caso disso, para além do custo de capital da empresa no seu conjunto ou das taxas de retomo normalmente observadas no sector em causa.

[75] No caso da Decisão de localização (Cenário 2) o valor actual líquido do investimento na região visada deve ser comparado com o valor actual líquido do investimento na localização alternativa. Todos os custos e benefícios relevantes devem ser tidos em conta, incluindo, por exemplo, os custos administrativos, os custos de transporte, os custos de formação não cobertos por auxílios a formação e também as diferenças salariais. Todavia, se a localização alternativa se encontrar no Espaço Económico Europeu (EEE), não devem ser tidas em conta as subvenções concedidas nessa outra localização.
O promotor declara não ter encerrado a mesma actividade, ou uma actividade semelhante, no EEE nos 2 anos que antecedem a data de candidatura ou que não tem, à data de candidatura, planos concretos para encerrar essa actividade no prazo máximo de 2 anos após a conclusão do projecto a apoiar, conforme previsto no artigo 13.º alínea d) do RGIC.
Note-se quo o montante de auxílio não deve ultrapassar a diferença entre o valor actual líquido do investimento na região visada e o valor actual iquido do investimento na localização alternativa.

[76] Tal como definidas na Recomendação n.º 2003/361/CE, da Comissão, de 6 de Maio de 2003. Importará ter presente o disposto no Decreto-Lei n.º 372/2007, de 6 de Novembro, que cria a certificação electrónica do estatuto de micro, pequena e média empresas (PME).

A AICEP e o IAPMEI podem solicitar aos promotores informações adicionais, bem como documentação, susceptíveis de comprovar que se encontram preenchidos os requisitos previstos nos parágrafos 69 a 93 das OAR[77].

ARTIGO 6.º
Obrigações dos promotores

1 – Além das condições previstas nos artigos anteriores, os promotores ficam sujeitos às seguintes obrigações:

a) Disponibilizar todos os elementos que lhe forem solicitados pelas entidades competentes para efeitos de acompanhamento, controlo e fiscalização do projecto de investimento, nos prazos por estas estabelecidos;

b) Comunicar às entidades competentes qualquer alteração ou ocorrência que ponha em causa os pressupostos relativos à aprovação do projecto, a sua realização pontual, bem como as obrigações decorrentes do contrato previsto no artigo 16.º;

c) Cumprir atempadamente as obrigações legais a que estejam vinculados, designadamente as tributárias e contributivas;

d) Manter as condições legais necessárias ao exercício da respectiva actividade, nomeadamente quanto à sua situação em matéria de licenciamento;

e) Manter a actividade económica e os investimentos na região por um período mínimo de três anos a contar da data da conclusão do projecto de investimento, no caso de micro, pequenas e médias empresas tal como definidas na Recomendação n.º 2003/361/CE, da Comissão, de 6 de Maio de 2003, ou cinco anos, nos restantes casos, excepto quando se tratar de substituição de equipamento obsoleto em razão de evolução tecnológica rápida, e desde que a actividade económica seja mantida na região durante o período necessário para completar aqueles prazos;

f) Manter uma situação financeira equilibrada determinada nos termos do n.º 2 do artigo 3.º durante a vigência do contrato.

2 – Nos casos em que o promotor pretenda obter benefícios fiscais em sede de imposto municipal sobre imóveis (IMI) e/ou de imposto municipal sobre as transmissões onerosas de bens imóveis (IMT), a atribuição destes

[77] 2013/C 209/01.

benefícios fica condicionada à respectiva aceitação pelo órgão municipal competente nos termos da Lei n.º 169/99, de 18 de Setembro, alterada pelas Leis n.ºs 5-A/2002, de 11 de Janeiro, e 67/2007, de 31 de Dezembro, pela Lei Orgânica n.º 1/2011, de 20 de Novembro, e pela Lei n.º 75/2013, de 12 de Setembro, e demais legislação aplicável.

3 – A prova da aceitação referida no número anterior é feita através da junção ao processo de uma declaração de aceitação dos benefícios em causa, emitida pelo órgão municipal competente.

4 – O não cumprimento da obrigação prevista na alínea e) do n.º 1 determina a perda total dos benefícios fiscais concedido nos termos do presente Código e ainda a obrigação de, no prazo de 30 dias a contar da data da respectiva notificação e independentemente do tempo entretanto decorrido desde a data da verificação dos respectivos factos geradores de imposto, pagar nos termos da lei as importâncias correspondentes às receitas fiscais não arrecadadas, acrescidas de juros compensatórios nos termos da Lei Geral Tributária (LGT), aprovada pelo Decreto-Lei n.º 398/98, de 17 de Dezembro, havendo lugar a procedimento executivo, verificando-se a falta de pagamento até ao termo daquele prazo de 30 dias.

5 – Os beneficiários dos regimes previstos no presente capítulo devem evidenciar o imposto que deixe de ser pago em resultado da dedução a que se refere o artigo 8.º, mediante menção do valor correspondente no anexo às demonstrações financeiras relativa ao período de tributação em que se efectua a dedução, na contabilidade dos sujeitos passivos de imposto sobre o rendimento das pessoas colectivas (IRC).

Para além das condições prévias para a elegibilidade do projecto de investimento, enunciadas nos artigos 2.º a 5.º, o legislador estabelece outras *condições*, a cargo dos promotores, já após a aprovação do projecto ou no decurso da sua realização pontual e da execução do respectivo contrato. Recorde-se que, nos termos do artigo 36.º n.º 5 da LGT, a administração tributária pode subordinar a atribuição de benefícios fiscais, que não sejam de concessão inteiramente vinculada, ao cumprimento de condições por parte do sujeito passivo, inclusivamente, nos casos previstos na lei, por meio de contratos fiscais.

1.

Os promotores estão vinculados ao cumprimento das seguintes *obrigações*: disponibilizar todos os elementos que lhe forem solicitados pela Autoridade Tributária e Aduaneira ou o Conselho de Coordenação dos Incentivos Fiscais ao Investimentos[78] (artigo 17.º), para efeitos de acompanhamento, controlo e fiscalização do projecto de investimento, nos prazos por aquelas entidades estabelecidos[79]; comunicar às entidades competentes qualquer alteração ou ocorrência que ponha em causa os pressupostos relativos à aprovação do projecto, a sua realização pontual, bem como as obrigações decorrentes do contrato (artigo 16.º)[80]; cumprir atempadamente as obrigações legais a que estejam vinculados, designadamente as tributárias e contributivas[81]; manter as condições legais necessárias ao exercício da respectiva actividade, nomeadamente quanto à sua situação em matéria de licenciamento; manter a actividade económica e os investimentos na região por um período mínimo de 3 anos a contar da data da conclusão do projecto de investimento, no caso de micro, pequenas e médias empresas[82], ou 5 anos, nos restantes casos, excepto quando se tratar de substituição de equipamento obsoleto em razão de evolução tecnológica rápida, e desde que a actividade económica seja mantida na região durante o período necessário para completar aqueles prazos; manter uma situação financeira equilibrada (artigo 3.º n.º 2)[83] durante a vigência do contrato.

[78] A quem compete a verificação do cumprimento, pelos promotores, dos contratos de concessão de benefícios fiscais ao investimento.

[79] Nos termos do artigo 14.º n.º 2 da LGT, os titulares de benefícios fiscais de qualquer natureza são sempre obrigados a revelar ou a autorizar a revelação à administração tributária dos pressupostos da sua concessão, ou a cumprir outras obrigações previstas na lei ou no instrumento de reconhecimento do benefício, sob pena de os referidos benefícios ficarem sem efeito.
Por outro lado, conforme previsto no artigo 2.º n.º 2 alínea h) do RCPITA, a inspecção tributária compreende também a informação sobre os pressupostos de facto dos benefícios fiscais que dependam de concessão ou reconhecimento da administração tributária.

[80] O contrato pode ser objecto de renegociação a pedido de qualquer das partes, caso ocorra algum evento que altere substancialmente as circunstâncias em que as partes fundaram a sua vontade de contratar (artigo 19.º n.º 1).

[81] Nos termos do artigo 177.º-A do CPPT, a *situação tributária regularizada* verifica-se com um dos seguintes requisitos (n.º 1): não seja devedor de quaisquer impostos ou outras prestações tributárias e respectivos juros; esteja autorizado ao pagamento da dívida em prestações, desde que exista garantia constituída, nos termos legais; tenha pendente meio de contencioso adequado à discussão da legalidade ou exigibilidade da dívida exequenda e o processo de execução fiscal tenha garantia constituída, nos termos legais; tenha a execução fiscal suspensa, nos termos do artigo 169.º n.º 2 do CPPT, havendo garantia constituída, nos termos legais.

[82] Tal como definidas na Recomendação n.º 2003/361/CE, da Comissão, de 6 de Maio de 2003. Haverá que atender ao disposto no Decreto-Lei n.º 372/2007, de 6 de Novembro, que cria a certificação electrónica do estatuto de micro, pequena e média empresas (PME)

[83] Ou seja, que a autonomia financeira, medida pelo rácio entre o capital próprio e o total do activo líquido, seja igual ou superior a 0,2.

2.

Quando o promotor pretenda obter benefícios fiscais em sede de *IMI* e/ou de *IMT*, a atribuição destes benefícios fica condicionada à respectiva aceitação pelo órgão municipal competente nos termos da Lei n.º 169/99, de 18 de Setembro[84] (alterada pelas Leis n.ºs 5-A/2002, de 11 de Janeiro, e 67/2007, de 31 de Dezembro, pela Lei Orgânica n.º 1/2011, de 20 de Novembro, e pelas Leis n.º 75/2013, de 12 de Setembro, 7-A/2016, de 30 de Março[85], 71/2018, de 31 de Dezembro[86] e 69/2021, de 20 de Outubro[87]) e demais legislação aplicável. A prova de tal aceitação faz-se nos termos estabelecidos no n.º 3.

Recorde-se que, conforme preceitua o artigo 8.º n.º 1 alíneas b) e c), aos projectos de investimento podem ser concedidos os benefícios fiscais da isenção ou redução de IMI (durante a vigência do contrato, relativamente aos prédios utilizados pelo promotor no âmbito do projecto de investimento) e de IMT (relativamente às aquisições de prédios incluídas no plano de investimento e realizadas durante o período de investimento).

3.

A prova da aceitação dos benefícios fiscais em sede de IMI e/ou de IMT, nos termos do n.º 2, pelo órgão municipal competente nos termos da Lei n.º 169/99, de 18 de Setembro – que estabelece o quadro de competências, assim como o regime jurídico de funcionamento, dos órgãos dos municípios e das freguesias –, é feita por meio de junção ao processo de uma *declaração de aceitação* dos benefícios em causa, emitida pelo referido órgão municipal.

4.

Nos termos do n.º 1 alínea e), os promotores estão obrigados a manter a actividade económica e os investimentos na região por um período mínimo de 3 anos a contar da data da conclusão do projecto de investimento, no caso de micro, pequenas e médias empresas[88], ou 5 anos, nos restantes casos, exceto quando se tratar de substituição de equipamento obsoleto em razão de evolução

[84] Estabelece o quadro de competências, assim como o regime jurídico de funcionamento, dos órgãos dos municípios e das freguesias.

[85] Não mencionada na redacção do n.º 2.

[86] *Idem.*

[87] *Idem.*

[88] Tal como definidas na Recomendação n.º 2003/361/CE, da Comissão, de 6 de Maio de 2003. Haverá que atender ao disposto no Decreto-Lei n.º 372/2007, de 6 de Novembro, que cria a certificação electrónica do estatuto de micro, pequena e média empresas (PME).

tecnológica rápida, e desde que a actividade económica seja mantida na região durante o período necessário para completar aqueles prazos.

Não cumprida esta obrigação, a consequência é a *perda total dos benefícios fiscais*. Extintos os benefícios fiscais, tem lugar uma reposição automática da tributação-regra (artigo 14.º n.º 1 do EBF), donde que, no prazo de 30 dias a contar da data da respectiva notificação[89] – e independentemente do tempo entretanto decorrido desde a data da verificação dos respectivos factos geradores de imposto – deverão ser pagas nos termos da lei as importâncias correspondentes às receitas fiscais não arrecadadas, acrescidas de *juros compensatórios* nos termos do artigo 35.º da LGT[90].

Não sendo paga a dívida de imposto – na qual, nos termos do artigo 35.º n.º 8 da LGT, se integram os juros compensatórios – no referido prazo de 30 dias, começam a correr imediatamente *juros de mora* sobre o valor da dívida[91], havendo lugar a *procedimento de execução fiscal* (artigos 103.º da LGT e 148.º e seguintes do CPPT).

5.

As entidades beneficiárias devem evidenciar o imposto que deixe de ser pago em resultado da dedução prevista no artigo 8.º, fazendo menção ao valor correspondente no anexo às demonstrações financeiras[92] relativa ao período de tributação em que se efectua a dedução, na contabilidade dos sujeitos passivos de IRC[93].

Recorde-se que, o artigo 8.º n.º 1 alínea a) estabelece que aos projectos de investimento pode ser concedido um crédito de imposto, determinado com base

[89] Artigo 110.º n.º 1 do CIRC. A notificação é feita nos termos do CPPT (n.º 2).

[90] Os *juros compensatórios* visam compensar o Estado pelo retardamento da liquidação ou entrega do imposto, sendo uma componente da dívida global de imposto, não podendo tal encargo ser dedutível para efeitos da determinação do lucro tributável [artigo 23.º-A n.º 1 alínea e) do CIRC]. Recorde-se que a competência para a liquidação do IRC pertence, originariamente, ao próprio sujeito passivo (autoliquidação), cabendo à administração tributária, subsidiariamente, realizar a liquidação oficiosa ou adicional, em caso de omissão do sujeito passivo no cumprimento da sua obrigação declarativa (artigos 89.º e 90.º do CIRC). Ao montante do imposto acresce então juros compensatórios à taxa fixada nos termos do artigo 559.º n.º 1, do Código Civil, isto é, à taxa de 4% (artigo 35.º n.º 10 da LGT).

[91] A uma taxa de 1% ao mês ou fracção.

[92] Constituem um referencial que contempla a informação a apresentar pelas entidades. Trata-se do Anexo 6, constante da Portaria n.º 220/2015, de 24 de Julho, que aprova os modelos de demonstrações financeiras para as diferentes entidades que aplicam o SNC, aplicável aos períodos que se iniciem em ou após 1 de Janeiro de 2016.

[93] Artigo 2.º do CIRC.

na aplicação de uma percentagem, compreendida entre 10% e 25% das aplicações relevantes do projecto de investimento efectivamente realizadas (artigo 11.º). Este crédito é deduzido ao montante da colecta do IRC apurada com base na declaração periódica de rendimentos de IRC (mod. 22) entregue pelo sujeito passivo e que funda a autoliquidação do imposto[94], nos termos do artigo 90.º n.º 1 alínea a) do CIRC.

ARTIGO 7.º
Notificação à Comissão Europeia

Nos termos da legislação europeia, é notificada à Comissão Europeia a concessão de benefícios fiscais que preencham as condições definidas nessa legislação, designadamente aqueles em que o montante ajustado dos auxílios, calculado de acordo com o mecanismo definido no parágrafo 20 do artigo 2.º do RGIC, ultrapasse o limiar de notificação previsto no ponto 20 alínea n) das OAR.

Nos termos da legislação europeia, é *notificada à Comissão Europeia* a concessão de benefícios fiscais que preencham as condições definidas nessa legislação, designadamente aqueles em que o *montante ajustado dos auxílios,* calculado de acordo com o mecanismo definido no parágrafo 20 do artigo 2.º do RGIC[95], ultrapasse o limiar de notificação previsto no ponto 20 alínea n) das OAR[96].

Destarte, o montante máximo admissível do auxílio para um grande projecto de investimento, calculado de acordo com a seguinte fórmula:

- Montante máximo do auxílio = R[97] × (A[98] + 0,50 × B[99] + 0 × C[100]).

Por limiar de notificação, previsto no ponto 20 alínea n) das OAR, deve entender-se os montantes de auxílio que excedem os seguintes limiares:

[94] Artigos 102.º e 122.º do CIRC.

[95] Regulamento (UE) n.º 651/2014 da Comissão, de 16 de Junho de 2014, que declara certas categorias de auxílio compatíveis com o mercado interno, em aplicação dos artigos 107.º e 108.º do TFUE.

[96] 2013/C 209/01.

[97] R é a intensidade máxima de auxílio aplicável na zona em causa estabelecida num mapa aprovado de auxílios com finalidade regional em vigor na data em que o auxílio é concedido, excluindo a maior intensidade de auxílio para as PME.

[98] A são os €50.000.000 iniciais de custos elegíveis.

[99] B é a parte dos custos elegíveis entre €50.000.000 e €100.000.000.

[100] C é a parte dos custos elegíveis acima de €100.000.000.

Intensidade de auxílio[101]	Limiar de notificação (€)
10%	7.500.000
15%	11.250.000
25%	18.750.000
35%	26.250.000
50%	37.500.000

Segundo o artigo 6.º n.º 2 da Portaria n.º 94/2015, de 27 de Março, que procede à regulamentação do regime de benefícios fiscais contratuais ao investimento produtivo, nas situações previstas no artigo 7.º do CFI, tratando-se de um grande projecto de investimento, o montante total dos auxílios de Estado com finalidade regional[102] não pode exceder o limite previsto na alínea c) do parágrafo 20 das OAR, salvo quando obtida autorização da Comissão Europeia.

Nos termos do artigo 5.º da mesma Portaria, para efeitos do disposto no artigo 7.º do CFI é ainda notificada à Comissão Europeia:

a) A concessão de benefícios fiscais a uma empresa que tenha encerrado a mesma actividade ou uma actividade semelhante[103] no Espaço Económico Europeu (EEE)[104] nos 2 anos que antecedem a apresentação da candidatura[105] ou, na data de apresentação da mesma, tenha planos concretos para encerrar essa actividade no prazo máximo de 2 anos após a conclusão do investimento inicial para o qual os benefícios fiscais são requeridos na região em causa[106];

[101] Montante bruto de auxílio expresso em percentagem dos custos elegíveis, antes da dedução de impostos ou outros encargos.

[102] Os benefícios fiscais contratuais ao investimento produtivo e o RFAI (artigo 1.º n.º 2 do CFI).

[103] Considera-se "a mesma actividade ou actividade semelhante", uma actividade que se insere na mesma classe, composta por quatro dígitos, da Classificação Portuguesa de Actividades Económicas, Revisão 3 (CAE-Rev. 3), aprovada pelo Decreto-Lei n.º 381/2007, de 14 de Novembro.

[104] De que fazem parte a Noruega, o Liechtenstein, a Islândia e os Estados-Membros da União Europeia.

[105] Prevista no artigo 15.º do CFI.

[106] Conforme previsto no parágrafo 23 das OAR e no artigo 13.º alínea d) do RGIC, nos termos do artigo 108.º n.º 3 do TFUE.
É preenchida a declaração no Anexo III do formulário da candidatura, aprovado pela Portaria n.º 94/2015, de 27 de Março.
A concessão de benefícios fiscais é notificada à Comissão Europeia ainda que as situações se verifiquem ou se tenham verificado relativamente a outra empresa do mesmo grupo da empresa beneficiária. Considera-se que duas ou mais empresas pertencem a um mesmo grupo quando, em resultado de uma relação de participação, de contrato, ou de outros factos, actuem como uma única entidade económica sujeita a um controlo comum.

b) A concessão de benefícios fiscais a uma empresa que não se enquadre na categoria das micro, pequenas e médias empresas[107], para a diversificação de um estabelecimento através da produção de novos produtos ou da adopção de inovações nos processos produtivos numa das regiões elegíveis para auxílios nos termos da alínea c) do n.º 3 do artigo 107.º do TFUE[108], constantes da tabela do artigo 43.º do CFI[109].

A Portaria n.º 94/2015, de 27 de Março, esclarece que são elegíveis para concessão de benefícios fiscais os projectos de investimento que tenham por objecto as actividades económicas da construção, reparação ou transformação navais[110].

SECÇÃO III – Benefícios

ARTIGO 8.º
Benefícios fiscais

1 – Aos projectos de investimento previstos nos artigos anteriores podem ser concedidos, cumulativamente, os seguintes benefícios fiscais:

a) Crédito de imposto, determinado com base na aplicação de uma percentagem, compreendida entre 10% e 25% das aplicações relevantes

[107] Tal como definidas na Recomendação 2003/361/CE, da Comissão, de 6 de Maio de 2003. Haverá que atender ao disposto no Decreto-Lei n.º 372/2007, de 6 de Novembro, que cria a certificação electrónica do estatuto de micro, pequena e média empresas (PME).

[108] Segundo o qual, podem ser considerados compatíveis com o mercado interno os auxílios destinados a facilitar o desenvolvimento de certas actividades ou regiões económicas, quando não alterem as condições das trocas comerciais de maneira que contrariem o interesse comum.
Nos termos do parágrafo 24 das OAR, os auxílios ao investimento, concedidos a uma grande empresa para diversificar a produção de um estabelecimento existente numa região «c» com produtos novos, permanecem sujeitos à obrigação de notificação nos termos do artigo 108.º n.º 3 do TFUE.
Segundo o artigo 4.º n.º 4 do CFI, estas empresas apenas podem beneficiar do regime dos benefícios fiscais contratuais ao investimento produtivo os projectos de investimento que respeitem a investimentos em novos activos tangíveis e intangíveis relacionados com a criação de um novo estabelecimento, ou com a diversificação da actividade de um estabelecimento, na condição de a nova actividade não ser a mesma ou uma actividade semelhante à anteriormente exercida no estabelecimento.

[109] A saber, Algarve, Grande Lisboa (Mafra, Loures, Vila Franca de Xira, S. João das Lampas e Terrugem) e Península de Setúbal.

[110] Tal como definidas nos termos do Enquadramento dos auxílios estatais à construção naval (2011/C 364/06).
Nos termos do parágrafo 10 das OAR, são elegíveis para concessão de benefícios fiscais os projectos de investimento que tenham por objecto as actividades económicas da construção, reparação ou transformação navais.

do projecto de investimento efectivamente realizadas, a deduzir ao montante da colecta do IRC apurada nos termos da alínea a) do n.º 1 do artigo 90.º do Código do IRC;

b) Isenção ou redução de IMI, durante a vigência do contrato, relativamente aos prédios utilizados pelo promotor no âmbito do projecto de investimento;

c) Isenção ou redução de IMT, relativamente às aquisições de prédios incluídas no plano de investimento e realizadas durante o período de investimento;

d) Isenção de Imposto do Selo, relativamente a todos os actos ou contratos necessários à realização do projecto de investimento.

2 – A dedução prevista na alínea a) do número anterior é efectuada na liquidação de IRC respeitante ao período de tributação em que foram realizadas as aplicações relevantes, podendo ainda essa dedução ser utilizada, nas mesmas condições, na liquidação dos períodos de tributação até ao termo da vigência do contrato referido no artigo 16.º, quando não o tenha sido integralmente efectuada naquele período de tributação.

3 – A dedução prevista na alínea a) do n.º 1 tem os seguintes limites:

a) No caso de criação de empresas, a dedução anual pode corresponder ao total da colecta apurada em cada período de tributação;

b) No caso de projectos em sociedades já existentes, a dedução máxima anual não pode exceder o maior valor entre 25% do total do benefício fiscal concedido ou 50% da colecta apurada em cada período de tributação.

4 – A comprovação da isenção do imposto previsto na alínea b) do n.º 1 é efectuada mediante a apresentação do contrato referido no artigo 16.º à entidade competente para a respectiva liquidação, não dependendo de qualquer outra formalidade.

5 – As isenções dos impostos previstos nas alíneas c) e d) do n.º 1 são comprovadas mediante apresentação do contrato referido no artigo 16.º à entidade competente pela respectiva liquidação, no momento da realização do acto sobre o qual essas isenções incidem.

6 – O disposto nos n.ºs 4 e 5 deve estar devidamente documentado e justificado no processo de documentação fiscal previsto no artigo 130.º do Código do IRC.

O artigo 8.º estabelece quais os benefícios fiscais contratuais ao investimento produtivo a que poderão, cumulativamente, aceder os projectos de investimento previstos no artigo 2.º n.º 2 do CFI. Surgem instituídos em sede de impostos sobre o rendimento (neste caso, o IRC) e de impostos sobre o património (IMI, IMT e Selo).

Os benefícios contratuais, quer em sede de IRC quer em sede dos impostos sobre o património, são cumuláveis entre si, mas, naturalmente, que a sua concessão está dependente da relação com o projecto de investimento, na medida em que estamos perante benefícios de natureza contratual.

1.

Os benefícios fiscais contratuais ao investimento produtivo, temporários e condicionados, respeitam a diversos impostos e podem ser atribuídos cumulativamente.

Assim, aos projectos de investimento pode ser concedido um *crédito de imposto em sede de IRC*, determinado com base na aplicação de uma percentagem, compreendida entre 10% e 25% das aplicações relevantes[111] do projecto de investimento efectivamente realizadas[112]. Este crédito é deduzido ao montante da colecta do IRC[113] apurada nos termos do artigo 90.º n.º 1 alínea a) do CIRC[114], e seguirá as condições e limites estabelecidos nos n.ºs 2 e 3[115]. Este benefício fiscal

[111] Artigo 11.º.

[112] O contrato fiscal de investimento compreende um incentivo fiscal até um determinado montante máximo (devidamente fixado), correspondente a uma percentagem do investimento realizado (até 25% das aplicações relevantes), mediante o cumprimento de objectivos definidos contratualmente até uma determinada data.

[113] Campo 355, do quadro 10, da declaração mod. 22 de IRC.
Trata-se de uma minoração efectuada após o cálculo do imposto resultante da aplicação das taxas de tributação visando beneficiar certa categoria de operações.

[114] Em face do artigo 59.º do CPPT, o procedimento de liquidação instaura-se com as declarações dos contribuintes ou, na falta ou vício destas, com base em todos os elementos de que disponha ou venha a obter a entidade competente (n.º 1). O apuramento da matéria tributável far-se-á com base nas declarações dos contribuintes, desde que estes as apresentem nos termos previstos na lei e forneçam à administração tributária os elementos indispensáveis à verificação da sua situação tributária (n.º 2).
Portanto, em face do disposto no artigo 89.º alínea a) do CIRC, a competência originária para a liquidação pertence ao próprio sujeito passivo (*autoliquidação*), tendo esta por base a declaração periódica de rendimentos (artigos 120.º e 122.º do CIRC), a qual funda a determinação da matéria colectável, sem prejuízo do seu controlo pela administração tributária (artigo 16.º n.º 1 do mesmo Código).

[115] Tenha-se presente que, nos termos do artigo 90.º n.º 9 do CIRC, no cálculo do imposto, como o total do IRC liquidado tem de ser positivo ou nulo, o total das deduções não pode ser superior ao montante da colecta total. Assim, só pode ser efectuadas, pela ordem indicada, o montante das deduções correspondentes à dupla tributação jurídica internacional (artigo 91.º), à dupla tributação económica internacional (artigo 91.º-A), aos benefícios fiscais e ao pagamento especial

encontra-se excluído do âmbito de aplicação do disposto quanto ao resultado da liquidação [artigo 92.º n.º 2 alínea a) do CIRC].

Os projectos podem também beneficiar de *isenção*[116] *ou* de uma taxa preferencial (*redução*) de *IMI* – durante a vigência do contrato, relativamente aos prédios utilizados pelo promotor no âmbito do projecto de investimento[117] –, de *IMT* – relativamente às aquisições de prédios incluídas no plano de investimento e realizadas durante o período de investimento[118] – ou de *isenção* quanto ao *Imposto do Selo* – relativamente a todos os actos ou contratos necessários à realização do projecto de investimento[119].

2.

Em sede de IRC, o benefício fiscal contratual traduz-se na dedução, ao montante da colecta do IRC apurada nos termos do artigo 90.º n.º 1 alínea a) do CIRC, de um *crédito de imposto,* com os limites estabelecidos no artigo 8.º n.º 3 do CFI[120].

Esta dedução é efectuada na liquidação de IRC respeitante ao *período de tributação* em que foram realizadas as aplicações relevantes[121]. Não obstante, quando não o tenha sido integralmente efectuada naquele período de tributação, a dedução poderá ainda ser utilizada, nas mesmas condições, na liquidação dos períodos de tributação seguintes, até ao termo da vigência do contrato fiscal de investimento[122].

por conta (artigos 93.º e 106.º) até ao *valor da colecta total,* a qual é composta pelo somatório do IRC propriamente dito e da derrama estadual (artigo 87.º-A).

[116] Uma isenção impede a constituição da obrigação do imposto (total ou parcialmente). Pode ser total ou parcial, sendo fixada até a um determinado montante máximo (em euros) e comprovada nos termos do n.º 4.

[117] Nos termos do artigo 1.º n.º 1 do CIMI, este imposto incide sobre o valor patrimonial tributário dos prédios rústicos e urbanos situados no território português, constituindo receita dos municípios onde os mesmos se localizam.

[118] Nos termos do artigo 2.º n.º 1 do CIMT, este imposto incide sobre as transmissões, a título oneroso, do direito de propriedade ou de figuras parcelares desse direito, sobre bens imóveis situados no território nacional.

[119] Nos termos do artigo 1.º n.º 1 do CIS, este imposto incide sobre todos os actos, contratos, documentos, títulos, papéis e outros factos ou situações jurídicas previstos na Tabela Geral, incluindo as transmissões gratuitas de bens.

[120] As deduções relativas a benefícios fiscais que operam por dedução à colecta devem ser discriminadas no quadro 07, do anexo D, da declaração mod. 22 de IRC.

[121] Artigo 11.º.

[122] Referido no artigo 16.º do CFI.

Tenha-se presente que no cálculo do imposto, como o total do IRC liquidado[123] tem de ser positivo ou nulo, o total das deduções[124] não pode ser superior ao montante da colecta total[125] (artigo 90.º n.º 9 do CIRC), devendo as mesmas ser feitas pela ordem indicada no n.º 2 deste mesmo artigo 90.º. Ou seja, pela seguinte ordem: dupla tributação jurídica internacional (artigo 91.º), dupla tributação económica internacional (artigo 91.º-A), *benefícios fiscais* e pagamento especial por conta (artigos 93.º e 106.º) até ao valor da colecta total[126].

No quadro 07[127] do Anexo D (Benefícios fiscais) da declaração periódica de rendimentos de IRC (mod. 22)[128], o sujeito passivo deverá indicar o montante do benefício deduzido no período, a incluir no campo 721 do quadro 075 (total das deduções), que deve coincidir com o valor a deduzir à colecta inscrito no campo 355 do quadro 10 da declaração mod. 22. No quadro 071[129] do mesmo Anexo D (Benefícios fiscais) – para as declarações referentes aos períodos de tributação de 2018 e seguintes – são inscritas tantas linhas quantos os diferentes períodos de tributação em que os benefícios fiscais foram obtidos, que se encontram por utilizar e/ou que caducaram[130].

[123] Campo 358, do quadro 10, da declaração mod. 22.

[124] Campo 357, do quadro 10, da declaração mod. 22.

[125] Campo 378, do quadro 10, da declaração mod. 22.

[126] A qual é composta pelo somatório do IRC propriamente dito e da derrama estadual (artigo 87.º-A do CIRC).

[127] Obrigatoriamente preenchido pelas entidades que pretendam aproveitar de benefícios desta natureza para efeitos de apuramento do imposto do período (campo 355 do quadro 10 da declaração mod. 22 de IRC) e também pelas entidades que tenham saldos de benefícios que transitem de períodos anteriores ainda por utilizar e/ou saldos que caducam, mesmo que tenham apurado prejuízo fiscal ou não tenham colecta para deduzir os benefícios fiscais no período de tributação a que respeita a declaração.

[128] Artigo 120.º do CIRC.

[129] Preenchido pelas sociedades sujeitas ao regime geral de tributação ou ao regime de redução de taxa e, bem assim, pela sociedade dominante de um grupo de sociedades abrangido pelo regime especial de tributação de grupos de sociedades (RETGS), na respectiva declaração do grupo, e por todas as sociedades que integram o perímetro do grupo (dominante e dominadas), neste último caso numa perspectiva individual, em cumprimento do disposto no artigo 120.º n.º 6 alínea b) do CIRC, ou seja, como se o regime não fosse aplicável.

[130] O campo 700 é apenas preenchido pela sociedade dominante na *declaração do grupo* e destina-se apenas a evidenciar os NIF de todas as sociedades com benefícios desta natureza que integram o grupo tributado pelo RETGS (artigos 69.º a 71.º do CIRC). Todos os restantes campos deste quadro são preenchidos pela sociedade dominante relativamente a cada uma das sociedades que integram o perímetro do grupo, identificada no campo 700.
No campo 01 é seleccionado o diploma legal a que cada benefício fiscal diz respeito [os benefícios fiscais contratuais, previstos nos artigos 2.º a 21.º do CFI – código 003, ou nos artigos 2.º

Por sua vez, o subquadro 071-A[131], referente ao RETGS (Informação adicional – utilização do benefício no âmbito do grupo), é apenas preenchido nas declarações individuais das sociedades que integram o perímetro de um grupo tributado pelo RETGS, para evidenciar a movimentação dos seus benefícios fiscais na colecta do grupo e apurar os saldos que transitam para o período de tributação seguinte.

a 21.º do RFAI da Região Autónoma da Madeira, aprovado pelo Decreto-Legislativo Regional n.º 24/2016/M, de 28 de Junho – código 006].
No campo 02 é inscrito o período de tributação em que se adquiriu o direito ao benefício, por diploma legal (este campo só deve ser preenchido para os períodos de tributação de 2018 e seguintes).
No campo 03 é inscrito o montante do benefício que caducou no final do período de tributação anterior, por diploma legal (CFI ou CFI-RAM).
No campo 701 é inscrito o montante do saldo não deduzido no período anterior, por diploma legal (CFI ou CFI-RAM) e período a que respeita o benefício.
No campo 702 é inscrito o montante do benefício obtido no período de tributação a que respeita a declaração (dotação do período). No caso de declaração de grupo de sociedades abrangido pelo RETGS, a entregar pela sociedade dominante, o montante da "dotação do período" a inscrever neste campo 702, num determinado período de tributação, tem de corresponder ao montante das dotações do período evidenciado nas declarações individuais das sociedades que compõem o perímetro do grupo.
No campo 703 é inscrito o montante deduzido à colecta no período de tributação, por diploma legal (CFI ou CFI-RAM) e período a que respeita o benefício.
No campo 704 é inscrito o do saldo dos benefícios que transita para o período seguinte, por diploma legal (CFI ou CFI-RAM) e período a que respeita o benefício, ainda que o mesmo já não possa ser deduzido por estar ultrapassado o período temporal de dedução.

[131] O subquadro 071-A é preenchido no âmbito do RETGS pelas sociedades dominante e dominadas, numa perspectiva de grupo, ou seja, dando a conhecer os montantes dos respectivos benefícios fiscais que foram efectivamente utilizados no âmbito do grupo e os saldos efectivamente reportados ou caducados por cada uma das sociedades. De facto, como na declaração individual a sociedade indica, no quadro 071 a utilização dos benefícios fiscais a que tem direito como se não estivesse abrangida pelo RETGS, neste subquadro 071-A é dada a conhecer a utilização efectiva do benefício no âmbito deste regime, uma vez que os benefícios são deduzidos, efectivamente, à colecta do grupo e não à colecta individual da sociedade a que respeitam. Consequentemente, o montante do benefício efectivamente utilizado e os saldos que reportam para os períodos seguintes ou os que caducam, inscritos neste subquadro 071-A podem ser diferentes dos inscritos no quadro 071, consoante a perspectiva seja a da sociedade individual ou a do grupo.
Os benefícios evidenciados no quadro 071 e subquadro 071-A devem ser obrigatoriamente declarados no período em que foram obtidos, e caso não sejam objecto de dedução integral à colecta desse período, devem ser evidenciados os saldos que transitam para o período seguinte. Assim, estes quadros também devem ser preenchidos nos períodos seguintes, sempre que transite saldo não deduzido no período anterior e que ainda se encontre dentro do prazo de dedução, ou que se encontre caducado o benefício por ter sido esgotado o respectivo período temporal de dedução.

3.

A dedução ao montante da colecta do IRC de um *crédito de imposto*, prevista no artigo 8.º n.º 1 alínea a) do CFI[132] tem *limites*, conforme se esteja perante uma empresa criada *ex novo* ou uma empresa já existente.

Assim, no caso de criação de empresas a dedução anual pode corresponder ao total da colecta[133] apurada em cada período de tributação[134], havendo que ter presente o disposto no artigo 90.º n.º 9 do CIRC. Mas, no caso de projectos em sociedades já existentes, a dedução máxima anual não pode exceder o maior valor entre 25% do total do benefício fiscal concedido ou 50% da colecta apurada em cada período de tributação.

4.

A *comprovação da isenção de IMI*, durante a vigência do contrato fiscal de investimento (artigo 16.º), relativamente aos prédios utilizados pelo promotor no âmbito do projecto de investimento, efectua-se mediante a apresentação do referido contrato à entidade competente para a respectiva liquidação – isto é, a Autoridade Tributária e Aduaneira[135] –, não dependendo de qualquer outra formalidade.

Tenha-se presente que o IMI é liquidado anualmente, com base nos valores patrimoniais tributários dos prédios e em relação aos sujeitos passivos que constem das matrizes em 31 de Dezembro do ano a que o mesmo respeita (artigo 113.º n.º 1 do CIMI), sendo a referida liquidação efectuada nos meses de Fevereiro e Abril do ano seguinte (n.º 2 do mesmo artigo).

5.

A *comprovação da isenção de IMT* – relativamente às aquisições de prédios incluídas no plano de investimento e realizadas durante o período de investimento [n.º 1 alínea c)] – ou de *Imposto do Selo* – relativamente a todos os actos ou contratos necessários à realização do projecto de investimento [n.º 1 alínea d)] – é efectuada mediante apresentação do contrato fiscal de investimento (artigo

[132] As deduções relativas a benefícios fiscais que operam por dedução à colecta devem ser discriminadas no quadro 07, do anexo D, da declaração mod. 22 de IRC.

[133] Campo 378, do quadro 10, da declaração mod. 22.

[134] Como vimos, a propósito do n.º 2, a dedução pode ainda ser utilizada, nas mesmas condições, na liquidação dos períodos de tributação até ao termo da vigência do contrato fiscal de investimento, quando não o tenha sido integralmente efectuada naquele período de tributação.

[135] Artigos 113.º n.º 1 do CIMI e 6.º n.º 2 alínea e) da Portaria n.º 320-A/2011, de 30 de Dezembro, que estabelece a estrutura nuclear da Autoridade Tributária e Aduaneira e as competências das respectivas unidades orgânicas.

16.º) à entidade competente pela respectiva liquidação, no momento da realização do acto sobre o qual essas isenções incidem. *Maxime*, junto dos serviços centrais da Autoridade Tributária e Aduaneira[136].

6.

A comprovação da isenção do IMI (n.º 4) ou do IMT e do Imposto do Selo (n.º 5) deve estar devidamente documentada e justificada no processo de documentação fiscal relativo a cada período de tributação, conforme previsto no artigo 130.º do CIRC, por cada período de tributação[137]. Este processo ("*dossier fiscal*"), que o sujeito passivo deve manter em boa ordem durante o prazo de 10 anos, é um instrumento que serve, ao abrigo do princípio da cooperação (artigo 59.º n.º 4 da LGT), para justificar ou fundamentar práticas assumidas em situações concretas, caso venha a ocorrer um procedimento de inspecção tributária.

A falta ou atraso na apresentação ou a não exibição, no prazo fixado pela administração tributária, são puníveis como contra-ordenação com coima (artigos 117.º, n.º 1 e 26.º n.º 4, ambos do RGIT).

ARTIGO 9.º

Critérios de determinação dos benefícios fiscais

1 – O benefício fiscal a conceder aos projectos de investimento corresponde a 10% das aplicações relevantes do projecto efectivamente realizadas.

2 – A percentagem estabelecida no número anterior pode ser majorada da seguinte forma:

a) Até 12%, em função do índice *per capita* de poder de compra da região em que se localize o projecto, de acordo com os seguintes escalões:

i) Em 8%, caso o projecto se localize numa região NUTS 2 que, à data de apresentação da candidatura, não apresente um índice *per capita* de poder de compra superior a 90% da média nacional nos dois últimos apuramentos anuais publicados pelo Instituto Nacional de Estatística, I. P. (INE, I. P.); ou

136 Artigos 21.º n.º 1 do CIMT, 23.º e 25.º do CIS, e 7.º n.º e) da Portaria n.º 320-A/2011, de 30 de Dezembro, que estabelece a estrutura nuclear da Autoridade Tributária e Aduaneira e as competências das respectivas unidades orgânicas.

137 De acordo com os elementos previstos na Portaria 51/2018, de 16 de Fevereiro (Anexo I). Este dossier deve estar constituído até ao dia 15 de Julho do ano seguinte, isto é, ao termo do prazo para entrega da declaração anual de informação contabilística e fiscal (artigo 121.º do CIRC).

ii) Em 10%, caso o projecto se localize numa região NUTS 3 que, à data da candidatura, não apresente um índice *per capita* de poder de compra superior a 90% da média nacional nos dois últimos apuramentos anuais publicados pelo INE, I. P.; ou

iii) Em 12%, caso o projecto se localize num concelho que, à data da candidatura, não apresente um índice *per capita* de poder de compra superior a 80% da média nacional nos dois últimos apuramentos anuais publicados pelo INE, I. P.;

b) Até 8%, caso o projecto proporcione a criação de postos de trabalho ou a sua manutenção até ao final da vigência do contrato referido no artigo 20.º de acordo com os oito escalões seguintes:
1% – (igual ou maior que) 50 postos de trabalho;
2% – (igual ou maior que) 100 postos de trabalho;
3% – (igual ou maior que) 150 postos de trabalho;
4% – (igual ou maior que) 200 postos de trabalho;
5% – (igual ou maior que) 250 postos de trabalho;
6% – (igual ou maior que) 300 postos de trabalho;
7% – (igual ou maior que) 400 postos de trabalho;
8% – (igual ou maior que) 500 postos de trabalho;

c) Até 6%, em caso de excepcional contributo do projecto para as condições enunciadas no n.º 1 do artigo 4.º

3 – No caso de ao projecto ser reconhecida relevância excepcional para a economia nacional, pode ser atribuída, através de resolução do Conselho de Ministros, uma majoração até 5%.

4 – As percentagens de majoração previstas nos números anteriores podem ser atribuídas cumulativamente, respeitando o limite total de 25% das aplicações relevantes.

5 – O benefício fiscal total corresponde à quantia resultante da aplicação das percentagens referidas neste artigo ao valor das aplicações relevantes efectivamente realizadas.

O legislador estabelece, neste artigo 9.º, os critérios de determinação dos benefícios fiscais contratuais ao investimento produtivo, designadamente quanto ao *crédito de imposto*, determinado com base na aplicação de uma percentagem, compreendida entre 10% e 25% das aplicações relevantes do projecto de investimento efectivamente realizadas, a deduzir ao montante da colecta do IRC [artigo 8.º n.º 1 alínea a)].

1.

O benefício fiscal a conceder aos projectos de investimento corresponde a 10% das aplicações relevantes (despesas enunciadas no artigo 11.º) associadas aos projectos de investimento que tenham sido efectivamente realizadas. Esta percentagem pode ser objecto de majorações (n.ºs 2 e 3).

2.

A percentagem de 10% das aplicações relevantes a que corresponde o benefício fiscal concedido aos projectos de investimentos (n.º 1) pode ser objecto de *majorações*[138], de atribuição cumulativa (n.º 4).

Assim, pode ter lugar uma majoração até 12%, em função do índice *per capita* de poder de compra da região em que se localize o projecto, de acordo com os seguintes escalões[139]:

i) Em 8%, caso o projecto se localize numa região NUTS II[140] que, à data de apresentação da candidatura, não apresente um índice *per capita* de poder de compra superior a 90% da média nacional nos dois últimos apuramentos anuais publicados pelo INE[141];

ii) Em 10%, caso o projecto se localize numa região NUTS III[142] que, à data da candidatura, não apresente um índice *per capita* de poder de compra superior a 90% da média nacional nos dois últimos apuramentos anuais publicados pelo INE[143]; ou

iii) Em 12%, caso o projecto se localize num concelho que, à data da candidatura, não apresente um índice *per capita* de poder de compra superior a 80% da média nacional nos dois últimos apuramentos anuais publicados pelo INE[144].

No caso de o projecto de investimento proporcionar a criação de postos de trabalho ou a sua manutenção até ao final da vigência do contrato fiscal de investimento (artigo 20.º), a percentagem de 10% das aplicações relevantes a que corresponde o benefício fiscal concedido aos projectos de investimentos (n.º 1) pode ser objecto de uma majoração até 8%, de acordo com os seguintes escalões:

[138] A actual redacção foi introduzida pela Lei n.º 71/2018, de 31 de Dezembro.

[139] Na redacção anterior à Lei n.º 71/2018, de 31 de Dezembro, a majoração tinha como limite os 10%.

[140] Artigo 43.º n.º 1.

[141] Na redacção anterior à Lei n.º 71/2018, de 31 de Dezembro, a majoração era de 6%.

[142] Artigo 43.º n.º 1.

[143] Na redacção anterior à Lei n.º 71/2018, de 31 de Dezembro, a majoração era de 8%.

[144] Na redacção anterior à Lei n.º 71/2018, de 31 de Dezembro, a majoração era de 10%.

Majoração	N.º de postos de trabalho
1%	≥ 50 postos de trabalho
2%	≥ 100 postos de trabalho
3%	≥ 150 postos de trabalho
4%	≥ 200 postos de trabalho
5%	≥ 250 postos de trabalho
6%	≥ 300 postos de trabalho
7%	≥ 400 postos de trabalho
8%	≥ 500 postos de trabalho

Relativamente a 2021, para as grandes empresas, haverá que atender ao disposto no artigo 403.º da Lei n.º 75-B/2020, de 31 de Dezembro, que aprovou o regime extraordinário e transitório de incentivo à manutenção de postos de trabalho, bem como a Portaria n.º 295/2021, de 23 de Julho, que regulamenta o mencionado regime[145].

145 Consideram-se sujeitas ao regime extraordinário as entidades empregadoras com sede ou direcção efectiva em território português, bem como as entidades empregadoras não residentes com estabelecimento estável neste território, que exerçam, a título principal, uma actividade de natureza comercial, industrial ou agrícola, e que preencham, cumulativamente, as seguintes condições: a) Não sejam consideradas micro, pequenas ou médias empresas, nos termos previstos no artigo 2.º do anexo ao Decreto-Lei n.º 372/2007, de 6 de Novembro; b) Tenham registado um resultado líquido positivo no período contabilístico respeitante ao ano civil de 2020 ou, caso o ano contabilístico não coincida com o civil, respeitante ao período contabilístico que inicie em ou após 1 de Janeiro de 2020, depois de aprovadas as respectivas contas pelos órgãos sociais, nos termos da legislação aplicável.
Assim, o acesso aos incentivos fiscais depende da observância da manutenção do nível de emprego, considerando-se como tal a circunstância de, no ano de 2021, a entidade ter ao seu serviço um número médio de trabalhadores igual ou superior ao nível observado em 1 Outubro de 2020.
Segundo este regime extraordinário, a concessão dos incentivos fiscais determina para as entidades beneficiárias a proibição de fazer cessar contratos de trabalho ao abrigo das modalidades de despedimento colectivo, de despedimento por extinção do posto de trabalho, ou de despedimento por inadaptação, bem como de iniciar os respectivos procedimentos, até ao final do ano de 2021, e o dever de manutenção do nível de emprego até ao final de 2021, a verificar trimestralmente de forma oficiosa. Para efeitos da verificação do nível de emprego são considerados os trabalhadores por conta de outrem, bem como os trabalhadores independentes economicamente dependentes ao serviço da empresa e os que se encontrem ao serviço de qualquer outra entidade que esteja em relação de domínio ou grupo com a entidade sujeita ao regime, desde que tenha sede ou direcção efectiva em território português ou possua um estabelecimento estável neste território. Não são contabilizados, nomeadamente, os trabalhadores que tenham cessado os respectivos contratos de trabalho por sua própria iniciativa, por motivo de morte, de reforma por velhice ou invalidez, de despedimento com justa causa promovido pela entidade empregadora, ou de caducidade de

Por sua vez, em caso de excepcional contributo do projecto de investimento para o desenvolvimento estratégico da economia nacional, a redução das assimetrias regionais ou o impulso da inovação tecnológica e da investigação científica nacional, a melhoria do ambiente ou o reforço da competitividade e da eficiência produtiva (artigo 4.º n.º 1), a percentagem de 10% das aplicações relevantes a que corresponde o benefício fiscal concedido (n.º 1) pode ser majorada até 6%.

3.

A percentagem de 10% das aplicações relevantes a que corresponde o benefício fiscal contratual (n.º 1) pode ainda ser objecto de uma majoração até 5% no caso de ao projecto de investimento ser reconhecida *relevância excepcional para a economia nacional* através de resolução do Conselho de Ministros. Esta majoração pode ser atribuída cumulativamente, em relação às percentagens do n.º 2.

4.

As percentagens de majoração previstas nos n.ºs 2 e 3 podem ser atribuídas *cumulativamente*. Porém, não poderão exceder o limite total de 25% das aplicações relevantes (artigo 11.º).

5.

O legislador vem esclarecer que o *benefício fiscal total* corresponde à quantia resultante da aplicação das percentagens referidas no artigo 9.º ao valor das aplicações relevantes (artigo 11.º) efectivamente realizadas.

contratos a termo para execução de tarefa ocasional ou serviço determinado precisamente definido e não duradouro, ou para execução de obra, projecto ou outra actividade definida e temporária, incluindo a execução, direcção ou fiscalização de trabalhos de construção civil, obras públicas, montagens e reparações industriais, em regime de empreitada ou em administração directa, bem como os respectivos projectos ou outra actividade complementar de controlo e acompanhamento, se a tarefa ocasional ou serviço determinado precisamente definido e não duradouro, a obra, projecto ou outra actividade definida e temporária tenham comprovadamente cessado, a confirmar pela entidade empregadora.
O incumprimento da manutenção dos níveis de emprego determina a imediata cessação dos apoios públicos ou incentivos fiscais referidos, com a consequente reposição automática da tributação-regra no período de tributação de 2021 e a restituição ou pagamento dos montantes já recebidos ou isentados, respectivamente, ao organismo competente. A verificação do nível de emprego, para efeitos do presente regime, é efectuada de forma oficiosa, designadamente com base na informação prestada pelo Instituto da Segurança Social, à Autoridade Tributária e Aduaneira ou ao organismo competente para a atribuição do apoio público.

ARTIGO 10.º
Limites máximos aplicáveis

1 – Os benefícios fiscais concedidos ao abrigo do presente capítulo devem respeitar os limites máximos aplicáveis aos auxílios com finalidade regional em vigor na região na qual o investimento seja efectuado, nos termos do artigo 43.º

2 – Caso os projectos de investimento beneficiem de outros auxílios de Estado, o cálculo dos limites referidos no número anterior deve ter em consideração o montante total dos auxílios de Estado com finalidade regional concedidos ao investimento ou projecto de investimento em questão, proveniente de todas as fontes, assim como outras regras de cumulação previstas na legislação comunitária.

Assumindo os auxílios estatais um carácter de excepcionalidade e, quando se considerem compatíveis com o Direito da União Europeia, carecem os mesmos de ser aplicados limitadamente. O artigo 10.º trata dos limites máximos para os benefícios fiscais contratuais ao investimento produtivo, tendo em atenção o disposto no artigo 43.º.

1.

Os benefícios fiscais contratuais ao investimento produtivo devem respeitar os limites máximos aplicáveis aos auxílios com finalidade regional em vigor na região na qual o investimento seja efectuado, em conformidade com o mapa nacional de auxílios estatais com finalidade regional para o período de 1 de Junho de 2014 a 31 de Dezembro de 2021[146], nos termos do artigo 43.º.

2.

O cálculo dos limites máximos aplicáveis aos auxílios com finalidade regional em vigor na região na qual o investimento seja efectuado, nos termos do artigo 43.º, deve ter em consideração o montante total dos auxílios de Estado com finalidade regional concedidos ao investimento ou projecto de investimento em questão, proveniente de todas as fontes, assim como outras regras de cumulação

[146] O referido mapa define as regiões portuguesas que são elegíveis para beneficiar dos auxílios ao investimento regional em conformidade com as regras da União Europeia na matéria e estabelece os auxílios estatais máximos admissíveis ("intensidade de auxílio") a prestar às empresas em regiões elegíveis.

previstas na legislação da União Europeia, no caso de os projectos de investimento beneficiem de *outros auxílios de Estado*[147].

Para efeitos do apuramento destes limites máximos, o artigo 6.º da Portaria n.º 94/2015, de 27 de Março, que procede à regulamentação do regime de benefícios fiscais contratuais ao investimento produtivo, determina que qualquer investimento inicial[148] iniciado pelo mesmo beneficiário (incluindo qualquer empresa do mesmo grupo), num período de 3 anos a contar da data de início dos trabalhos de um outro projecto de investimento relativamente ao qual tenham sido concedidos benefícios fiscais ou qualquer outro auxílio de Estado com finalidade regional na mesma região da NUTS III[149] deve ser considerado parte de um projecto de investimento único.

Segundo a mesma Portaria, o valor dos benefícios fiscais concedidos nos termos do contrato[150] bem como das aplicações relevantes[151] corresponde ao seu valor actualizado reportado ao momento da celebração do contrato. Este valor actualizado dos benefícios fiscais é determinado com base nas taxas de actualização aplicáveis nos vários momentos em que os benefícios fiscais são utilizados[152].

147 A análise de uma candidatura a benefícios fiscais só é iniciada após a decisão da candidatura a incentivos financeiros, por forma a determinar o montante máximo de benefício fiscal a conceder. O RGIC prevê que quando as diferentes fontes de auxílio estão relacionadas com os mesmos custos elegíveis identificáveis (parcial ou totalmente sobrepostos), a cumulação deve ser permitida até à intensidade ou montante máximos de auxílio aplicáveis a esse auxílio nos termos desse regulamento.

148 Na esteira do RGIC, o artigo 4.º n.º 2 do CFI esclarece que são projectos de *investimento inicial* os investimentos em activos tangíveis e intangíveis relacionados com a criação de um novo estabelecimento, o aumento da capacidade de um estabelecimento já existente, a diversificação da produção de um estabelecimento no que se refere a produtos não fabricados anteriormente nesse estabelecimento, ou uma alteração fundamental do processo global de produção global de um estabelecimento existente. O RGIC considera ainda como "investimento inicial" uma aquisição de activos pertencentes a um estabelecimento que tenha fechado ou teria fechado se não tivesse sido adquirido, desde que seja adquirido por um investidor não vinculado ao vendedor e exclua a mera aquisição das acções de uma empresa.

149 Nomenclatura das Unidades Territoriais para Fins Estatísticos. *Vide* o artigo 43.º.

150 Artigo 16.º.

151 Artigo 11.º.

152 Tal como estabelecido na Comunicação da Comissão sobre a revisão do método de fixação das taxas de referência e de actualização (2008/C 14/02).

Nas situações previstas no artigo 7.º do CFI[153] bem como nos casos previstos no artigo 5.º n.ºs 1 e 2 da Portaria n.º 94/2015, de 27 de Março[154], tratando-se de um grande projecto de investimento, o montante total dos auxílios de Estado com finalidade regional[155] não pode exceder o limite previsto na alínea c) do parágrafo 20 das OAR[156]. Este limite é o "montante ajustado do auxílio", ou seja, o montante máximo admissível do auxílio para um grande projecto de investimento, calculado de acordo com a seguinte fórmula:

- montante máximo do auxílio = R[157] × (50 + 0,50 × B[158] + 0,34 × C[159]).

ARTIGO 11.º
Aplicações relevantes

1 – Consideram-se aplicações relevantes, para efeitos de cálculo dos benefícios fiscais, as despesas associadas aos projectos de investimento e relativas a:

a) Activos fixos tangíveis afectos à realização do projecto, com excepção de:

[153] O qual, recorde-se, preceitua que nos termos da legislação europeia, é notificada à Comissão Europeia a concessão de benefícios fiscais que preencham as condições definidas nessa legislação, designadamente aqueles em que o montante ajustado dos auxílios, calculado de acordo com o mecanismo definido no parágrafo 20 do artigo 2.º do RGIC, ultrapasse o limiar de notificação previsto no ponto 20 alínea n) das OAR.

[154] Recorde-se:

1) A concessão de benefícios fiscais a uma empresa que tenha encerrado a mesma actividade ou uma actividade semelhante no EEE nos 2 anos que antecedem a apresentação da candidatura ou, na data de apresentação da mesma, tenha planos concretos para encerrar essa actividade no prazo máximo de 2 anos após a conclusão do investimento inicial para o qual os benefícios fiscais são requeridos na região em causa;
2) A concessão de benefícios fiscais a uma empresa que não se enquadre na categoria das micro, pequenas e médias empresas, para a diversificação de um estabelecimento através da produção de novos produtos ou da adopção de inovações nos processos produtivos numa das regiões elegíveis para auxílios nos termos do 107.º n.º 3 alínea c) do TFUE, constantes da tabela do artigo 43.º do CFI;
3) A concessão de benefícios fiscais aos projectos de investimento que tenham por objecto as actividades económicas da construção, reparação ou transformação navais.

[155] Os benefícios fiscais contratuais ao investimento produtivo e o RFAI (artigo 1.º n.º 2 do CFI).

[156] 2013/C 209/01.

No entanto, este limite pode ser ultrapassado quando obtida autorização da Comissão Europeia.

[157] R é a intensidade máxima do auxílio aplicável na região em causa, excluindo o aumento da intensidade do auxílio para as PME.

[158] B é a parte dos custos elegíveis entre 50 milhões e 100 milhões de euros.

[159] C é a parte dos custos elegíveis superior a 100 milhões de euros.

i) Terrenos que não se incluam em projectos do sector da indústria extractiva, destinados à exploração de concessões minerais, águas de mesa e medicinais, pedreiras, barreiras e areeiros;
ii) Edifícios e outras construções não directamente ligados ao processo produtivo ou às actividades administrativas essenciais;
iii) Viaturas ligeiras ou mistas;
iv) Outro material de transporte no valor que ultrapasse 20 do total das aplicações relevantes;
v) Mobiliário e artigos de conforto ou decoração, salvo equipamento hoteleiro afecto a exploração turística;
vi) Equipamentos sociais;
vii) Outros bens de investimento que não sejam afectos à exploração da empresa, salvo equipamentos produtivos destinados à utilização, para fins económicos, dos resíduos resultantes do processo de transformação produtiva ou de consumo em Portugal, desde que de reconhecido interesse industrial e ambiental;

b) Activos intangíveis, constituídos por despesas com transferência de tecnologia, nomeadamente através da aquisição de direitos de patentes, licenças, «*know-how*» ou conhecimentos técnicos não protegidos por patente.

2 – No caso de sujeitos passivos de IRC que não se enquadrem na categoria das micro, pequenas e médias empresas, tal como definidas na Recomendação n.º 2003/361/CE, da Comissão, de 6 de Maio de 2003, as despesas de investimento a que se refere a alínea b) do número anterior não podem exceder 50% das aplicações relevantes.

3 – Os activos previstos na alínea a) do número anterior podem ser adquiridos em regime de locação financeira, nos termos definidos na alínea b) do parágrafo 6 do artigo 14.º do RGIC, desde que seja exercida a opção de compra prevista no respectivo contrato durante o período de vigência do contrato de concessão de benefícios fiscais.

4 – Para efeitos do disposto nos números anteriores, excluem-se da noção de aplicações relevantes as relativas a equipamentos usados e investimento de substituição.

5 – As aplicações relevantes previstas na alínea a) do n.º 1 e no n.º 2 devem ser contabilizadas no activo fixo das empresas promotoras dos projectos de investimento, devendo estes bens permanecer no activo da empresa durante o período de vigência do contrato de concessão de benefícios fiscais, excepto se a respectiva alienação for autorizada mediante

despacho dos membros do Governo responsáveis pelas áreas das finanças e da economia, respeitados os limites previstos no n.º 5 do artigo 14.º do RGIC.

6 – São elegíveis os adiantamentos relacionados com o projecto, até ao valor de 50% do custo de cada aquisição, desde que realizados há menos de um ano antes da data de candidatura a benefícios fiscais.

7 – São elegíveis as despesas relativas aos estudos directamente relacionados com o projecto de investimento, contabilizadas como activo intangível, desde que realizados há menos de um ano antes da data de candidatura a benefícios fiscais.

Nos termos do artigo 2.º n.º 1, até 31 de Dezembro de 2021, podem ser concedidos benefícios fiscais, em regime contratual, com um período de vigência até 10 anos a contar da conclusão do projecto de investimento, aos projectos de investimento, tal como são caracterizados no presente capítulo, cujas *aplicações relevantes* (ou seja, despesas associadas aos projectos de investimento) sejam de montante igual ou superior a €3.000.000[160].

Neste artigo 11.º delimitam-se quais as despesas associadas aos projectos de investimento que podem ser consideradas aplicações relevantes, para efeitos de cálculo dos benefícios fiscais.

1.

Para efeitos de cálculo dos benefícios fiscais, são de considerar aplicações relevantes, para efeitos de cálculo dos benefícios fiscais, as despesas associadas aos projectos de investimento e relativas a *activos fixos tangíveis*[161] afectos à realização do projecto.

No entanto, são excluídos os seguintes activos fixos tangíveis: terrenos que não se incluam em projectos do sector da indústria extractiva, destinados à exploração de concessões minerais, águas de mesa e medicinais, pedreiras, barreiras e areeiros; edifícios e outras construções não directamente ligados ao processo produtivo ou às actividades administrativas essenciais; viaturas ligeiras ou

[160] Podendo ser concedido um crédito de imposto, determinado com base na aplicação de uma percentagem, compreendida entre 10% e 25% das aplicações relevantes do projecto de investimento efectivamente realizadas, a deduzir ao montante da colecta do IRC (artigo 8.º n.º 1). O benefício fiscal a conceder corresponde a 10% das aplicações relevantes do projecto efectivamente realizadas, com possibilidade de majorações (artigo 9.º).

[161] Activos detidos para uso na produção ou fornecimento de bens ou serviços, para arrendamento a outros ou para fins administrativos e se espera que sejam usados durante mais do que um período.

mistas; outro material de transporte no valor que ultrapasse 20% do total das aplicações relevantes; mobiliário e artigos de conforto ou decoração (salvo equipamento hoteleiro afecto a exploração turística)[162]; equipamentos sociais[163]; outros bens de investimento que não sejam afectos à exploração da empresa (salvo equipamentos produtivos destinados à utilização, para fins económicos, dos resíduos resultantes do processo de transformação produtiva ou de consumo em Portugal, desde que de reconhecido interesse industrial e ambiental)[164].

São também de considerar as despesas relativas a *activos intangíveis*[165], constituídos por despesas com transferência de tecnologia, nomeadamente através da aquisição de direitos de patentes, licenças, «know-how» ou conhecimentos técnicos não protegidos por patente. Segundo o artigo 7.º n.º 3 da Portaria n.º 94/2015, de 27 de Março[166], independentemente da forma que assuma o projecto de investimento inicial[167], apenas se consideram aplicações relevantes os mencionados activos intangíveis que sejam exclusivamente utilizados no estabelecimento objecto dos benefícios fiscais, amortizáveis, nos termos das regras contabilísticas em vigor e adquiridos em condições de mercado a terceiros não relacionados com o adquirente[168].

Corroborando o teor do RGIC, a mesma Portaria vem estabelecer que, nos casos em que o projecto de investimento inicial respeite a uma alteração fundamental do processo de produção[169], o montante das aplicações relevantes deve exceder o montante das amortizações[170] e depreciações[171] dos activos associados à actividade a modernizar contabilizadas nos 3 períodos de tributação anteriores

[162] Segundo a Declaração de Retificação n.º 49/2014, de 1 de Dezembro.

[163] *Idem.*

[164] *Idem.*

[165] Activos não monetários identificáveis sem substância física.

[166] Que procede à regulamentação do regime de benefícios fiscais contratuais ao investimento produtivo.

[167] Na esteira do RGIC, o legislador deixa claro que são projectos de *investimento inicial* os investimentos em activos tangíveis e intangíveis relacionados com a criação de um novo estabelecimento, o aumento da capacidade de um estabelecimento já existente, a diversificação da produção de um estabelecimento no que se refere a produtos não fabricados anteriormente nesse estabelecimento, ou uma alteração fundamental do processo global de produção global de um estabelecimento existente (artigo 4.º n.º 2 do CFI).

[168] Sobre as relações especiais, veja-se o disposto no artigo 63.º n.º 4 do CIRC.

[169] Conforme previsto no artigo 4.º n.º 2 do CFI.

[170] Trata-se da imputação sistemática da quantia depreciável (amortizável) de um activo intangível durante a sua vida útil.

[171] Trata-se da imputação sistemática da quantia depreciável de um activo tangível durante a sua vida útil.

ao do início da realização do projecto de investimento (n.º 1). Já nos casos em que o projecto de investimento inicial consista na diversificação da actividade de um estabelecimento existente[172], as aplicações relevantes devem exceder em, pelo menos, 200% o valor líquido contabilístico dos activos que são reutilizados, tal como registado no período de tributação anterior ao do início da realização do projecto de investimento (n.º 2).

2.

No que se refere a despesas de investimento com *activos intangíveis* – constituídos por despesas com transferência de tecnologia, nomeadamente através da aquisição de direitos de patentes, licenças, «know-how» ou conhecimentos técnicos não protegidos por patente [n.º 1 alínea b)] –, o legislador consagra um limite, tratando-se de grandes empresas[173], sujeitos passivos de IRC[174]: tais despesas não poderão exceder 50% das aplicações relevantes.

3.

No que concerne às despesas com activos fixos tangíveis afectos à realização do projecto [n.º 1 alínea a)], permite-se que os mesmos possam ser adquiridos em regime de *locação financeira*[175], desde que seja exercida a opção de compra prevista no respectivo contrato durante o período de vigência do contrato de concessão de benefícios fiscais. O legislador faz uma remissão expressa para o artigo 14.º parágrafo 6 alínea b) do RGIC[176], o qual determina que os custos relacionados com a locação de activos fixos tangíveis podem ser tidos em conta desde que, no caso de instalações ou máquinas, a locação assuma a forma de uma locação financeira e preveja a obrigação de o beneficiário do auxílio adquirir o activo no termo do contrato de locação.

[172] Conforme previsto no artigo 4.º n.º 2 do CFI.

[173] Tal como definidas na Recomendação n.º 2003/361/CE, da Comissão, de 6 de Maio de 2003, relativa à definição de micro, pequenas e médias empresas. Haverá que atender ao disposto no Decreto-Lei n.º 372/2007, de 6 de Novembro, que cria a certificação electrónica do estatuto de micro, pequena e média empresas.

[174] Artigo 2.º do CIRC.

[175] Locação que transfere substancialmente todos os riscos e vantagens inerentes à posse de um activo.

[176] Regulamento (UE) n.º 651/2014 da Comissão, de 16 de Junho de 2014, que declara certas categorias de auxílio compatíveis com o mercado interno, em aplicação dos artigos 107.º e 108.º do TFUE.

4.

Consideram-se aplicações relevantes, para efeitos de cálculo dos benefícios fiscais, apenas as despesas associadas aos projectos de investimento e relativas a *activos adquiridos como novos*. Ou seja, não poderão tratar-se de equipamentos usados e investimento de substituição.

5.

As aplicações relevantes relacionadas com activos fixos tangíveis [n.º 1 alínea a)] ou, tratando-se de grandes empresas[177], com activos intangíveis (n.º 2), deverão as mesmas ser contabilizadas no *activo fixo* das empresas promotoras dos projectos de investimento.

Tais bens deverão permanecer no activo da empresa durante o período de vigência do contrato de concessão de benefícios fiscais. Excepcionalmente, poderá a sua alienação ser autorizada mediante despacho dos membros do Governo responsáveis pelas áreas das finanças e da economia, desde que o investimento seja mantido na zona beneficiária durante pelo menos 5 anos[178], ou pelo menos 3 anos no caso das micro, pequenas e médias empresas (PME), após a conclusão do investimento. No entanto, este facto não impede a substituição de uma unidade de produção ou de equipamento obsoleto ou avariado no decurso deste período, desde que essa actividade económica seja mantida na zona em causa durante o período mínimo pertinente (artigo 14.º n.º 5 do RGIC).

6.

Desde que realizados há menos de 1 ano antes da data de candidatura a benefícios fiscais (artigo 15.º), os *adiantamentos* relacionados com o projecto são elegíveis, mas até ao valor de 50% do custo de cada aquisição. Tenha-se presente que, nos termos do artigo 4.º n.º 1, o legislador estabelece a condição objectiva de apenas poderem ter acesso a benefícios fiscais contratuais ao investimento produtivo os projectos de investimento inicial, cuja realização não se tenha iniciado antes da candidatura.

[177] Recomendação n.º 2003/361/CE, da Comissão, de 6 de Maio de 2003, e Decreto-Lei n.º 372/2007, de 6 de Novembro.

[178] No caso de activos intangíveis, tratando-se de grandes empresas (n.º 2).

7.

Desde que realizados há menos de 1 ano antes da data de candidatura a benefícios fiscais, são elegíveis as despesas relativas aos *estudos* directamente relacionados com o projecto de investimento, contabilizadas como activo intangível. Segundo o RGIC, a realização de estudos de viabilidade não se integra no conceito de "início dos trabalhos", uma vez que torna, por si só, o investimento como irreversível.

ARTIGO 12.º
Simplificação de procedimentos aduaneiros

1 – Os promotores dos projectos de investimento produtivo beneficiam de dispensa de prestação de garantia dos direitos de importação e demais imposições eventualmente devidos pelas mercadorias não comunitárias sujeitas aos regimes de entreposto aduaneiro, aperfeiçoamento activo em sistema suspensivo e destino especial, durante o período de vigência do contrato ou até à sua resolução, nos termos previstos, respectivamente, nos artigos 16.º e 20.º

2 – Os promotores que pretendam requerer o estatuto de operador económico autorizado para simplificações aduaneiras, devem formular o respectivo pedido junto da Autoridade Tributária e Aduaneira (AT), o qual é apreciado e decidido no prazo de 50 dias contados a partir da respectiva apresentação.

3 – A contagem do prazo referido no número anterior é suspensa quando forem requeridos esclarecimentos adicionais, os quais devem ser apresentados no prazo de 30 dias, findo o qual, na ausência de resposta imputável ao promotor, se considera haver desistência do pedido.

Os promotores dos projectos de investimento produtivo ficam habilitados a beneficiar de determinadas simplificações nos termos da legislação aduaneira.

1.

Durante o período de vigência do contrato (artigo 16.º) ou até à sua resolução (artigo 20.º), os promotores dos projectos de investimento produtivo beneficiam de uma *dispensa de prestação de garantia* dos direitos de importação e demais imposições eventualmente devidos pelas mercadorias não comunitárias sujeitas aos regimes de *entreposto aduaneiro*[179], *aperfeiçoamento activo em sistema suspensivo*[180] e/ou *destino especial*[181].

2.

Os promotores que pretendam requerer o estatuto de *operador económico autorizado* (AEO) para *simplificações aduaneiras*, devem formular o respectivo pedido junto da Autoridade Tributária e Aduaneira (AT), o qual é apreciado e decidido no prazo de 50 dias contados a partir da respectiva apresentação. Ou seja, beneficiam de um prazo mais célere, dado que o prazo-regra é de 120 dias (artigo 22.º n.º 3 do CAU).

O operador económico autorizado tem de ser um operador económico[182] estabelecido no território aduaneiro da União Europeia[183], para se poder candi-

[179] Um entreposto aduaneiro é um regime especial que permite o armazenamento de mercadorias – que chegaram a Portugal através de operações de importação, bem como de bens que serão enviados para fora do país, no âmbito de operações de exportação – num armazém alfandegado, em regime de suspensão de impostos.
Segundo o artigo n.º 240 do CAU, ao abrigo do regime de entreposto aduaneiro, as mercadorias não-UE podem ser armazenadas em instalações ou quaisquer outros locais autorizados para esse regime pelas autoridades aduaneiras, sujeitos a fiscalização aduaneira.

[180] Permite a importação de matérias-primas ou de componentes a utilizar em mercadorias a exportar, com suspensão ou reembolso dos direitos aduaneiros e demais imposições. Este regime visa favorecer a capacidade competitiva das empresas europeias que transformam ou reparam matérias-primas ou componentes de países terceiros e cujas mercadorias produzidas são destinadas principalmente à exportação. Tem como uma das suas modalidades o regime suspensivo, o qual permite a utilização no território aduaneiro da União Europeia, em uma ou mais operações de aperfeiçoamento das mercadorias não comunitárias destinadas à reexportação do território aduaneiro da União, sob a forma de produtos compensadores, sem que tais mercadorias sejam sujeitas a direitos de importação nem a medidas de política comercial. Em regra, o titular da autorização deverá constituir uma garantia de 5% dos direitos e taxas suspensas.

[181] O regime dos destinos especiais é mais uma medida de carácter pautal e não um regime aduaneiro. Consiste numa redução ou numa suspensão do direito aduaneiro aplicável a uma determinada mercadoria na condição desta ser utilizada num destino especial previsto na regulamentação comunitária. É o caso, a título de exemplo, das peças destinadas a aeronaves civis ou de algumas mercadorias destinadas à transformação. Quando estiver previsto que as mercadorias introduzidas em livre prática com benefício de um tratamento pautal favorável ou de uma taxa de direitos reduzida ou nula em função do seu destino especial, essas mercadorias estarão sujeitas à fiscalização aduaneira do destino especial. Deve ser prestada uma garantia, sempre que as autoridades aduaneiras o considerem necessário.

[182] Isto é, que no exercício da sua actividade profissional esteja envolvida em actividades abrangidas pela legislação aduaneira.

[183] Ou seja, que tenha a sua sede social, a sua administração central ou um estabelecimento permanente no território aduaneiro da União Europeia.

datar-se a esse estatuto. O pedido deve ser feito directamente no portal eAEO (*https://customs.ec.europa.eu/gtp/eaeo_stp*)[184] e ser acompanhado obrigatoriamente do questionário de auto-avaliação (QAA) e de vários documentos[185]. Tal pedido deve ser um só, abrangendo todos os estabelecimentos permanentes[186] do operador económico no território aduaneiro da União.

Para efeitos do estatuto AEO, são tomados em consideração os seguintes critérios: ausência de infracções graves ou recidivas à legislação aduaneira e às regras de tributação (incluindo a inexistência de registo de infracções penais graves relacionadas com a actividade económica); sistema de gestão dos registos comerciais e, se for caso disso, dos registos de transportes, que permita controlos aduaneiros adequados; solvabilidade financeira comprovada; normas práticas de competência ou qualificações profissionais.

Após uma avaliação positiva sobre o cumprimento de um conjunto de critérios por parte da administração aduaneira, pode ser considerado como um operador fiável e de confiança, podendo usufruir de vários benefícios em toda a União Europeia e, no caso de ter optado por aderir ao reconhecimento mútuo, usufruirá também de benefícios nos países parceiros que assinaram acordos de reconhecimento mútuo com a União Europeia. *Maxime*, beneficia de um processamento mais rápido das mercadorias, nomeadamente, através de menores controlos[187],

[184] No entanto, estando cometida à Direcção de Serviços de Regulação Aduaneira (DSRA) a atribuição de instrução do processo relativo ao pedido de concessão do estatuto AEO, o pedido deve ser sempre endereçado para o código PT000900.

[185] Indicação do código de acesso à certidão permanente no respectivo sítio da Internet ou digitalização da certidão do registo comercial válida à data de entrega do pedido; Pacto social; Organograma simples e funcional; Indicação de consentimento para consulta da situação contributiva pelo titular dos dados, no respectivo sítio da Internet ou fotocópia simples da declaração emitida pela Segurança Social, comprovativa de que se encontram regularizadas as respectivas contribuições, válida à data da entrega do pedido; Registos criminais, válidos à data de entrega do pedido, do requerente; das pessoas responsáveis pela requerente ou que exerçam controlo sobre sua gestão (exs.: gerentes ou administradores), funcionário responsável pelas questões aduaneiras; plano de contas; relatórios anuais de contas dos últimos 3 anos; certificação de contas, se for caso disso; rácios económico-financeiros dos últimos 3 anos da empresa e do sector fornecidos pela Central de Balanços do Banco de Portugal caso existam; plantas das instalações com memória descritiva, se for caso disso.

[186] Entidades sem personalidade jurídica própria (artigo 26.º n.º 2 do AD-CAU).

[187] Menos controlos físicos e documentais relacionados com a segurança e protecção, notificação prévia em caso de selecção para controlo aduaneiro relacionado com a segurança e protecção, tratamento prioritário em caso de selecção para controlo, possibilidade de solicitar um local específico para os controlos, outros benefícios (indirectos como, por exemplo, o reconhecimento como um parceiro seguro e fiável, a possibilidade de alargar a carteira de clientes a empresas que exigem que os seus parceiros comerciais sejam AEO, a melhoria no relacionamento com

o que se traduz em economia de tempo e custos[188]. Ao estatuto AEO pode então corresponder a autorização para *simplificações aduaneiras* (AEOC)[189].

3.

A Autoridade Tributária e Aduaneira (AT) deve apreciar e decidir num prazo de 50 dias, a contar da respectiva apresentação, o pedido de estatuto de operador económico autorizado (AEO) apresentado pelos promotores dos projectos de investimento produtivo. No entanto, tal prazo é suspenso quando a administração tributária solicitar esclarecimentos complementares que sejam considerados necessários para a tomada de decisão[190].

Tais esclarecimentos ou informações deverão então ser apresentados no prazo de 30 dias, sob pena de, caso a ausência de resposta seja imputável ao promotor, se considere haver desistência do pedido pelo mesmo.

ARTIGO 13.º
Exclusividade dos benefícios fiscais

1 – Sem prejuízo do disposto no número seguinte, os benefícios fiscais contratuais relativos às aplicações relevantes do projecto discriminadas no respectivo contrato não são cumuláveis, com quaisquer outros benefícios

as autoridades aduaneiras e outras autoridades governamentais, menores atrasos nas remessas, melhorias no processo de planeamento).

188 O conceito de operador económico autorizado (AEO) faz parte do pilar relacionado com a parceria Alfândega-Empresa, do "*SAFE Framework of Standards*" da Organização Mundial das Alfândegas (OMA), o qual visa promover a segurança e facilitar o comércio global.
A legislação relevante para efeitos do AEO é a seguinte: Regulamento (UE) n.º 952/2013 do Parlamento Europeu e do Conselho, de 9 de Outubro de 2013 que estabelece o CAU; Regulamento Delegado (UE) 2015/2446 da Comissão, de 28 de Julho que completa o Regulamento (UE) n.º 952/2013 do Parlamento Europeu e do Conselho (AD-CAU); Regulamento de Execução (UE) 2015/2447 da Comissão, de 24 de Novembro que estabelece determinadas regras de execução de determinadas disposições do Regulamento (UE) n.º 952/2013 do Parlamento Europeu e do Conselho (AE-CAU); Regulamento Delegado (UE) n.º 2016/341 da Comissão, de 17 de Dezembro, que completa o Regulamento (UE) n.º 952/2013 do Parlamento Europeu e do Conselho, no que diz respeito a regras transitórias para certas disposições do Código Aduaneiro da União nos casos em que os sistemas electrónicos pertinentes não estejam ainda operacionais.

189 O operador poderá, através do número de autorização, invocar o estatuto AEO nas declarações aduaneiras. Esta autorização pode ser cumulada com a autorização para segurança e protecção (AEOS).

190 Por *suspensão* do prazo deve-se entender uma paragem na contagem do prazo que, quando e se voltar a correr, recomeçará de onde parou. O prazo para a prática do acto será devolvido ao interessado pelo quanto faltava para o seu termo (artigo 328.º do Código Civil).

fiscais da mesma natureza relativamente às mesmas aplicações relevantes, incluindo os benefícios fiscais de natureza não contratual, previstos neste ou noutros diplomas legais.

2 – Os benefícios fiscais contratuais previstos nos artigos anteriores são cumuláveis com a DLRR, desde, e na medida em que, não sejam ultrapassados os limites máximos aplicáveis previstos no artigo 10.º

O artigo 13.º trata da cumulatividade dos benefícios fiscais contratuais ao investimento produtivo com outros benefícios fiscais, incluindo o RFAI (artigos 22.º a 26.º).

Note-se, porém, que estes benefícios contratuais – quer em sede de IRC quer em sede dos impostos sobre o património – são cumuláveis entre si, mas, naturalmente, que a sua concessão está dependente da relação com o projecto de investimento, na medida em que estamos perante benefícios de natureza contratual.

1.

Por regra, quanto aos benefícios fiscais ao investimento produtivo relativos às aplicações relevantes (artigo 11.º) discriminadas no respectivo contrato (artigo 16.º), impera a regra da *exclusividade*, uma vez que não se trata de diferentes custos elegíveis identificáveis. Portanto, estes benefícios fiscais não são cumuláveis com quaisquer outros benefícios fiscais da mesma natureza – ou seja, em que há similitude quanto ao interesse público extrafiscal relevante – relativamente às mesmas aplicações relevantes, incluindo o RFAI (artigos 22.º a 26.º)[191] ou o SIFIDE II (artigos 35.º a 42.º)[192]. No n.º 2 consagra-se uma excepção, quanto à DLRR (artigos 27.º a 34.º)[193].

Nos termos do artigo 6.º n.º 4 do Decreto-Lei n.º 162/2014, de 31 de Outubro, que aprovou o CFI, determinou-se que o sentido dado à norma constante do n.º 1 do artigo 13.º do CFI seria de aplicar aos benefícios fiscais concedidos ao abrigo do anterior CFI[194].

[191] *Vide* o artigo 24.º.

[192] *Vide* o artigo 42.º.

[193] *Vide* o artigo 31.º n.º 2.

[194] Aprovado pelo Decreto-Lei n.º 249/2009, de 27 de Setembro, e alterado pela Lei n.º 20/2012, de 14 de Maio, pelo Decreto-Lei n.º 82/2013, de 17 de Junho, e pela Lei n.º 83-C/2013, de 31 de Dezembro.

2.

Como excepção à regra da exclusividade dos benefícios fiscais ao investimento produtivo relativos às aplicações relevantes (artigo 11.º) discriminadas no respectivo contrato (artigo 16.º), enunciada no n.º 1, o legislador admite que os mesmos sejam cumuláveis com a *DLRR* (artigos 27.º a 34.º).

No entanto, tal cumulação tem que se inscrever nos limites máximos aplicáveis previstos no artigo 10.º, ou seja, aqueles que vigoram na região na qual o investimento seja efectuado (artigo 43.º). Sendo que, caso os projectos de investimento beneficiem de outros auxílios de Estado, o cálculo dos limites deve ter em consideração o montante total dos auxílios de Estado com finalidade regional concedidos ao investimento ou projecto de investimento em questão, proveniente de todas as fontes, assim como outras regras de cumulação previstas na legislação da União Europeia.

SECÇÃO IV – Procedimento

ARTIGO 14.º
Conselho de Coordenação dos Incentivos Fiscais ao Investimento

1 – O Conselho de Coordenação dos Incentivos Fiscais ao Investimento, abreviadamente designado por Conselho, tem as seguintes competências, no âmbito do regime de benefícios fiscais contratuais ao investimento produtivo:

a) Acompanhamento da aplicação das disposições relativas a este tipo de benefícios;

b) Verificação do cumprimento das condições de acesso e de elegibilidade dos projectos de investimento;

c) Pronúncia sobre o interesse dos projectos de investimento quanto aos objectivos visados pelos benefícios fiscais;

d) Avaliação das aplicações relevantes;

e) Avaliação do enquadramento dos projectos de investimento, não estando vinculado a quaisquer medições prefixadas de mérito, para além do disposto no presente Código;

f) Análise do processo e remessa da proposta para aprovação nos termos do artigo 16.º;

g) Emissão de parecer quanto à matéria relativa aos benefícios fiscais;

h) Verificação do cumprimento pelos promotores dos contratos de concessão de benefícios fiscais ao investimento.

2 – O Conselho é presidido por um representante do Ministério das Finanças e integra:

a) Um representante da Agência para o Investimento e Comércio Externo de Portugal, E. P. E. (AICEP, E. P. E.);

b) Um representante do IAPMEI, I. P. – Agência para a Competitividade e Inovação, I. P. (IAPMEI, I. P.);

c) Dois representantes da AT.

3 – Os membros do Conselho referidos no número anterior são nomeados por despacho dos membros do Governo responsáveis pelas áreas das finanças e da economia.

4 – O exercício de funções no Conselho nesta disposição não confere aos nomeados quaisquer abonos ou remunerações.

Para efeitos do procedimento relativo aos benefícios fiscais contratuais ao investimento produtivo, o legislador instituiu o Conselho de Coordenação dos Incentivos Fiscais ao Investimento, a que atribuiu competências diversificadas, relativas aos procedimentos associados à concessão, acompanhamento, renegociação, resolução e fiscalização do cumprimento dos contratos de benefícios fiscais ao investimento produtivo.

1.

No âmbito do regime de benefícios fiscais contratuais ao investimento produtivo, o *Conselho de Coordenação dos Incentivos Fiscais ao Investimento* surge investido das seguintes competências: acompanhamento da aplicação das disposições relativas a este tipo de benefícios; verificação do cumprimento das condições de acesso e de elegibilidade dos projectos de investimento; pronúncia sobre o interesse dos projectos de investimento quanto aos objectivos visados pelos benefícios fiscais; avaliação das aplicações relevantes; avaliação do enquadramento dos projectos de investimento (não estando vinculado a quaisquer medições prefixadas de mérito, para além do disposto no CFI); análise do processo e remessa da proposta para aprovação (nos termos do artigo 16.º); emissão de parecer quanto à matéria relativa aos benefícios fiscais; verificação do cumprimento pelos promotores dos contratos de concessão de benefícios fiscais ao investimento (artigo 17.º)[195].

[195] Cumpre recordar que no artigo 14.º n.º 2 da LGT se encontra estabelecido que os titulares dos benefícios fiscais de qualquer natureza são sempre obrigados a revelar ou a autorizar a revelação à administração tributária dos pressupostos da sua concessão, ou a cumprir outras obrigações

Recorde-se que, nos termos do artigo 15.º, o Conselho de Coordenação dos Incentivos Fiscais ao Investimento pronuncia-se após a submissão do processo de candidatura, pela AICEP[196] ou pelo IAPMEI[197], acompanhado do parecer de uma destas entidades. E, conforme previsto no artigo 17.º n.º 2, para efeitos de controlo da verificação dos pressupostos dos benefícios fiscais respectivos e do cumprimento das obrigações impostas aos titulares do direito aos benefícios, recebem anualmente da AICEP e do IAPMEI os relatórios de verificação do cumprimento dos objectivos previstos nos contratos de concessão de benefícios fiscais (artigo 7.º do EBF).

2.

A *composição* do Conselho de Coordenação dos Incentivos Fiscais ao Investimento é a seguinte: um representante do Ministério das Finanças (que preside); um representante da AICEP; um representante do IAPMEI; dois representantes da Autoridade Tributária e Aduaneira.

3.

Os membros do Conselho de Coordenação dos Incentivos Fiscais ao Investimento (n.º 2) são nomeados por *despacho* conjunto dos membros do Governo responsáveis pelas áreas das finanças e da economia[198].

4.

O exercício de funções no Conselho, como membros (n.ºs 2 e 3), não confere aos nomeados quaisquer abonos ou remunerações.

previstas na lei ou no instrumento de reconhecimento do benefício, sob pena de os referidos benefícios ficarem sem efeito.

[196] Quando os projectos de investimento se enquadrem no regime contratual de investimento previsto no Decreto-Lei n.º 191/2014, de 31 de Dezembro, que estabelece um regime especial de contratação de apoios e incentivos exclusivamente aplicável a grandes projectos de investimento enquadráveis (que revogou o Decreto-Lei 203/2003, de 10 Setembro).

[197] Nos restantes casos que não os abrangidos pela Lei n.º 191/2014, de 31 de Dezembro (*vide* a nota anterior).

[198] Vejam-se os Despachos n.º 5584/2015, 19 de Maio de 2015 (publicado no Diário da República n.º 102/2015, Série II, de 27 de Maio de 2015) e n.º 7568/2020, de 11 de Março de 2020 (publicado no Diário da República n.º 148/2020, Série II, de 31 de Julho de 2020).

ARTIGO 15.º
Candidatura e apreciação dos processos

1 – Os promotores dos projectos de investimento devem apresentar, devidamente caracterizado e fundamentado, o processo de candidatura aos benefícios fiscais junto das seguintes entidades:

a) AICEP, E. P. E., quando os projectos de investimento se enquadrem no regime contratual de investimento previsto no Decreto-Lei n.º 203/2003, de 10 de Setembro;

b) IAPMEI, I. P., nos restantes casos.

2 – As candidaturas são apresentadas por via electrónica.

3 – Sempre que os projectos de investimento tenham implicações sectoriais que o justifiquem, devem ser consultadas as entidades públicas ou privadas competentes, que se pronunciam no prazo de 10 dias úteis.

4 – A entidade referida no n.º 1 pode, no decurso da fase de verificação das candidaturas, solicitar aos promotores dos projectos de investimento esclarecimentos complementares, os quais devem ser apresentados no prazo de 10 dias úteis, sob pena de se considerar haver desistência do procedimento.

5 – A entidade referida no n.º 1 submete o processo devidamente instruído, por via electrónica, acompanhado do respectivo parecer técnico, ao Conselho, no prazo de 40 dias úteis contados a partir da data da apresentação da candidatura, que é suspenso nos casos previstos nos n.ºs 3 e 4.

6 – O Conselho pronuncia-se no prazo de 60 dias úteis a contar da data de submissão do processo nos termos referidos no número anterior.

7 – O Conselho pode solicitar esclarecimentos adicionais às entidades referidas no n.º 1, caso em que o prazo previsto no número anterior se suspende.

O artigo 15.º estabelece a tramitação dos processos de candidatura aos benefícios fiscais contratuais ao investimento produtivo, sendo que os requisitos e os prazos fixados visam garantir a celeridade na apreciação.

1.

Por regra, o reconhecimento dos benefícios fiscais dependentes de reconhecimento (artigo 5.º n.º 1 do EBF) parte da iniciativa dos interessados, mediante requerimento dirigido especificamente a esse fim, o cálculo, quando obrigatório, do benefício requerido e a prova da verificação dos pressupostos do reconhecimento nos termos da lei (artigo 64.º n.º 1 do CPPT).

Assim, o processo de *candidatura* aos benefícios fiscais ao investimento produtivo deve ser apresentado pelos promotores, devidamente caracterizado e fundamentado, junto da AICEP – quando os projectos de investimento se enquadrem no regime contratual de investimento previsto no Decreto-Lei n.º 191/2014, de 31 de Dezembro[199] – ou do IAPMEI – nos restantes casos.

O *formulário* conterá a caracterização do promotor (instalações actuais, dados históricos, apoios fiscais e financeiros recebidos, benefícios fiscais a que se candidata, identificação dos regimes de apoio de incentivos financeiros a que concorra para o mesmo investimento, evolução da empresa) e do projecto (descrição do projecto, pressupostos e critérios utilizados na autonomização do projecto, méritos do projecto, plano de investimento detalhado, plano global de investimento, aplicações relevantes, financiamento do projecto, quadro de pessoal pré-projecto e ano cruzeiro, instalações do projecto, outras informações, demonstração de resultados do projecto, mapa de *cash flows* do projecto, demonstração de resultados histórica e previsional da empresa, balanços históricos e previsionais da empresa, valor acrescentado da empresa, balança de pagamentos da empresa, listagem dos prédios utilizados no âmbito do projecto, listagem dos imóveis a adquirir destinados ao exercício da actividade no âmbito do projecto e listagem dos actos ou contratos previstos, sujeitos a imposto de selo, a efectuar no âmbito do projecto).

Em anexo ao formulário, conforme o caso, deverão ser juntos os seguintes documentos: Anexo I – Requerimento de declaração de aceitação dos benefícios em sede de IMI e/ou de IMT (artigo 6.º)[200]; Anexo II[201] – Declaração do promotor [condições de elegibilidade subjectivas (artigo 3.º)[202], condições de elegibilidade objectivas (artigo 4.º)[203], obrigações das entidades beneficiárias (artigo 6.º)[204], elementos a anexar ao formulário (cópia da declaração mod.

[199] Que estabelece um regime especial de contratação de apoios e incentivos exclusivamente aplicável a grandes projectos de investimento enquadráveis no âmbito das atribuições da AICEP. Pelo seu artigo 13.º veio revogar o Decreto-Lei n.º 203/2003, de 10 de Setembro.

[200] Por exemplo, dirigido ao Presidente da Câmara.

[201] Na linha do Anexo V das OAR.

[202] O promotor não apenas declara que tomou conhecimento das condições de elegibilidade subjetivas (artigo 3.º), como também que cumpre ou está em condições de cumpri-las nos prazos fixados, sob pena de operar a caducidade e consequente anulação da candidatura.

[203] O promotor declara que tomou conhecimento das condições de elegibilidade objectivas (artigo 4.º), que as cumpre ou está em condições de as cumprir nos prazos fixados, bem como está em condições de comprovar o seu cumprimento, sob pena de se poder vir a operar a caducidade da decisão e consequente anulação dos apoios que venham a ser atribuídos ao projecto.

[204] O promotor declara que tomou conhecimento e declara estar em condições de cumprir com as obrigações dos promotores de acordo com o artigo 6.º.

22 do IRC do último período[205], cópia do cartão de pessoa colectiva[206], certidões comprovativas de situação regularizada perante a Autoridade Tributária e Aduaneira e a Segurança Social[207], Informação Empresarial Simplificada - IES do último período[208]), termo de responsabilidade[209]]; Anexo III - Efeito de incentivo (justificação)[210].

2.
As candidaturas são apresentadas por *via electrónica*.

No caso dos projectos que são objecto de acompanhamento por parte da AICEP, as candidaturas são apresentadas após registo, através da área de cliente *MY AICEP*, e com o apoio do Gestor de Cliente.

No caso dos projectos que são objecto de acompanhamento por parte do IAPMEI, as candidaturas são apresentadas por via electrónica, para o email *info@iapmei.pt*, anexando o formulário de candidatura, devidamente preenchido, bem como toda a documentação complementar indicada no próprio formulário.

3.
Quando os projectos de investimento sujeitos a candidatura tenham *implicações sectoriais* que o justifiquem, devem ser consultadas as entidades públicas ou privadas competentes, que se pronunciam no prazo de 10 dias úteis. Tal tem efeito suspensivo sobre o prazo que a entidade gestora do processo (AICEP ou IAPMEI) tem para submeter o mesmo ao Conselho de Coordenação dos Incentivos Fiscais ao Investimento (n.º 5).

4.
No decurso da fase de verificação das candidaturas, a entidade gestora do processo (AICEP ou IAPMEI) pode solicitar aos promotores do projecto de

205 Artigo 120.º do CIRC.
206 No caso de se tratar de criação de uma empresa.
207 Os comprovativos da situação regularizada podem ser obtidos, respectivamente, no Portal das Finanças (*https://www.portaldasfinancas.gov.pt*) e na Segurança Social Directa (*https://app.seg-social.pt/sso/login*). No entanto, o promotor pode dar o consentimento para consulta.
208 Artigo 121.º do CIRC.
209 Os promotores solicitam a concessão dos benefícios fiscais referidos no formulário, a que se candidatam, e declaram ser verdadeiras todas as informações constantes do formulário de candidatura, incluindo a veracidade dos pressupostos utilizados na definição do projecto de investimento apresentado. Assinando quem tenha poderes para obrigar a entidade.
210 Artigo 5.º.

investimento *esclarecimentos complementares*, os quais devem ser apresentados no prazo de 10 dias úteis. Tal tem efeito suspensivo sobre o prazo que a entidade gestora do processo (AICEP ou IAPMEI) tem para submeter o mesmo ao Conselho de Coordenação dos Incentivos Fiscais ao Investimento (n.º 5).

Se, transcorrido o referido prazo de 10 dias úteis sem terem sido prestados tais esclarecimentos adicionais, considera-se haver desistência do procedimento.

5.

A entidade gestora do processo (AICEP ou IAPMEI) tem 40 dias úteis contados a partir da data da apresentação da candidatura para submeter o mesmo, devidamente instruído, por via electrónica, acompanhado do respectivo parecer técnico, ao *Conselho de Coordenação dos Incentivos Fiscais ao Investimento* (artigo 14.º).

No entanto, o referido prazo é suspenso quando tenham sido consultadas as entidades públicas ou privadas competentes por o projecto de investimento ter implicações sectoriais que o justifiquem (n.º 3)[211] ou quando tenham sido solicitados aos promotores esclarecimentos complementares (n.º 4)[212].

6.

Uma vez recebido o processo de candidatura, submetido pela entidade gestora (AICEP ou IAPMEI) e devidamente instruído e acompanhado do respectivo parecer técnico (n.º 5), cabe ao Conselho de Coordenação dos Incentivos Fiscais ao Investimento *pronunciar-se* no prazo de 60 dias úteis a contar da data de submissão do mesmo, o qual ficará suspenso em caso de solicitação de esclarecimentos adicionais à entidade gestora (n.º 7).

Recorde-se que, nos termos do artigo 14.º n.º 1 alínea f), o Conselho tem entre as suas competências a da análise do processo de candidatura e remessa da proposta para aprovação em sede de contrato de concessão (artigo 16.º).

7.

O Conselho de Coordenação dos Incentivos Fiscais ao Investimento pode solicitar esclarecimentos adicionais às entidades gestoras do processo de candidatura (AICEP ou IAPMEI, conforme os casos). Neste caso, o prazo de 60 dias úteis a contar da data de submissão do processo (n.º 6) que tem para emitir pronúncia fica suspenso.

[211] As entidades públicas ou privadas competentes devem-se pronunciar no prazo de 10 dias úteis.
[212] Os quais devem ser apresentados no prazo de 10 dias úteis.

ARTIGO 16.º
Contrato de concessão dos benefícios fiscais

1 – A concessão dos benefícios fiscais é objecto de contrato, aprovado por resolução do Conselho de Ministros, do qual constam, designadamente, os objectivos e as metas a cumprir pelo promotor e os benefícios fiscais concedidos, e que tem um período de vigência até 10 anos a contar da conclusão do projecto de investimento.

2 – Os contratos de concessão dos benefícios fiscais são celebrados pelas entidades previstas no n.º 1 do artigo anterior na qualidade de representante do Estado Português.

3 – Os aditamentos aos contratos de concessão de benefícios fiscais, dos quais não resulte um aumento dos benefícios ou da intensidade do apoio, são aprovados através de despacho dos membros do Governo responsáveis pelas áreas das finanças e da economia.

4 – A aprovação dos contratos ou de aditamentos aos contratos, nos termos dos números anteriores, deve ocorrer no prazo de 60 dias úteis a contar da data da pronúncia prevista no n.º 6 do artigo anterior.

O contrato de concessão outorga um benefício fiscal, dependente de reconhecimento por acordo (artigo 5.º n.ºs 1 e 2 do EBF), e de modo condicionado. Este benefício pressupõe o cumprimento das obrigações contratualmente estabelecidas, sob pena de, em caso de incumprimento, ocorrer a resolução do direito ao mesmo benefício (artigo 20.º do CFI).

O reconhecimento por acordo (contrato de concessão) tem efeito meramente declarativo, devendo o direito aos benefícios fiscais reportar-se à data da verificação dos respectivos pressupostos (artigos 5.º n.º 2 e 12.º do EBF).

Por regra, as normas que alterem benefícios fiscais convencionais, condicionados ou temporários, não são aplicáveis aos contribuintes que já aproveitem do direito ao benefício fiscal respectivo, em tudo que os prejudique (artigo 11.º n.º 1 do EBF)[213].

[213] A lei nova não pode aplicar-se aos benefícios fiscais que resultam de um contrato celebrado anteriormente. A norma do artigo 11.º n.º 1 do EBF tem de ser interpretada como uma proibição de diminuição do benefício convencionado entre as partes, ou seja, o benefício de que o contribuinte desfruta não pode ser reduzido por lei posterior. Deste modo sendo concretizando o princípio da proibição da retroactividade da lei fiscal previsto no artigo 103.º n.º 3 da Constituição.

1.

A concessão dos benefícios fiscais ao investimento produtivo é outorgada por *contrato*, aprovado por resolução do Conselho de Ministros[214] e tem um período de vigência até 10 anos a contar da conclusão do projecto de investimento[215].

Do contrato de concessão terão que constar, designadamente, os objectivos e as metas a cumprir pelo promotor e os benefícios fiscais concedidos.

A resolução do Conselho de Ministros contém o sentido da decisão e as razões de facto e de direito que a motivaram, isto é, a sua fundamentação (artigos 125.º do CPA e 77.º n.º 1 da LGT).

O contrato não é revogável, nem pode rescindir-se o respectivo acordo de concessão, ou ainda diminuir-se, por acto unilateral da administração tributária, os direitos adquiridos, salvo se houver inobservância imputável ao beneficiário das obrigações impostas, ou se o benefício tiver sido indevidamente concedido, caso em que aquele acto pode ser revogado (artigo 14.º n.º 4 do EBF e artigo 20.º do CFI).

2.

Os contratos de concessão dos benefícios fiscais têm como partes, na qualidade de representante do Estado Português a *AICEP* – quando os projectos de investimento se enquadrem no regime contratual de investimento previsto no Decreto-Lei n.º 191/2014, de 31 de Dezembro[216] – ou o *IAPMEI* – nos restantes casos –, e a entidade beneficiária.

3.

Em resultado de alterações substanciais dos pressupostos que fundaram a celebração de determinado contrato de concessão de benefícios fiscais ao investimento produtivo, poderá verificar-se a necessidade de proceder a ajustamentos. Assim, poderá ser feito, posteriormente, um *aditamento* ao contrato, desde que do mesmo não resulte um aumento dos benefícios ou da intensidade

[214] Segundo o Decreto-Lei n.º 191/2014, de 31 de Dezembro, que estabelece um regime especial de contratação de apoios e incentivos exclusivamente aplicável a grandes projectos de investimento enquadráveis no âmbito das atribuições da AICEP, o contrato de investimento é aprovado por resolução do Conselho de Ministros sempre que haja lugar à atribuição de benefícios fiscais ao investimento (artigo 5.º n.º 1).

[215] Conforme estabelecido no artigo 14.º n.º 2 do EBF, os benefícios fiscais, quando temporários, caducam pelo decurso do prazo por que foram concedidos.

[216] Que estabelece um regime especial de contratação de apoios e incentivos exclusivamente aplicável a grandes projectos de investimento enquadráveis no âmbito das atribuições da AICEP. Pelo seu artigo 13.º veio revogar o Decreto-Lei n.º 203/2003, de 10 de Setembro.

do apoio[217]. O aditamento é aprovado através de despacho dos membros do Governo responsáveis pelas áreas das finanças e da economia e passa a constituir parte integrante do contrato antes outorgado.

4.

A *aprovação* dos contratos – por resolução do Conselho de Ministros (n.º 1) – ou de aditamentos aos contratos – por despacho dos membros do Governo responsáveis pelas áreas das finanças e da economia (n.º 3) – deve ocorrer no prazo de 60 dias úteis a contar da data da pronúncia pelo Conselho de Coordenação dos Incentivos Fiscais ao Investimento (artigo 15.º n.º 6).

JURISPRUDÊNCIA:

Acórdão do Supremo Tribunal Administrativo, de 18 de Novembro de 2020 (Proc. n.º 0940/13)
Acção administrativa. Resolução. Incumprimento.

I – No contrato de concessão de um benefício fiscal, o objecto é um benefício fiscal, ou seja, um elemento essencial do imposto que concorre na sua determinação para o desagravamento do *quantum* daquela obrigação, sendo esta obrigação de base legal e estritamente vinculada, e o mesmo sucedendo com o benefício fiscal, que apenas pode ser concedido nos termos da lei e na medida da lei, contratualizando-se apenas a medida do benefício (o seu *quantum*) e os pressupostos em que radica o reconhecimento do mesmo.

II – Nos contratos de concessão de benefícios fiscais o Estado visa apenas conceder um estímulo financeiro por via fiscal aos investidores, "comprometendo-se", mediante vínculo contratual, a reconhecer-lhes um crédito fiscal, o qual depende de os investidores co-contratantes conseguirem atingir os objectivos contratualmente fixados, pois caso não o consigam, o Estado resolve o contrato por incumprimento.

III – Nos contratos de concessão de benefícios fiscais não há partilha de risco e a gestão do contrato, a admitir-se, terá de realizar-se nos estritos termos previstos na lei que prevê a contratualização do benefício fiscal em causa.

ARTIGO 17.º
Fiscalização e acompanhamento

1 – Sem prejuízo das competências próprias da AT em matéria de fiscalização e acompanhamento, a verificação do cumprimento, pelos promotores, dos contratos de concessão de benefícios fiscais ao investimento, compete ao Conselho previsto no artigo 14.º

[217] Segundo o RGIC, "intensidade de auxílio" é o montante bruto de auxílio expresso em percentagem dos custos elegíveis, antes da dedução de impostos ou outros encargos.

2 – Para efeitos do cumprimento do disposto no artigo 7.º do Estatuto dos Benefícios Fiscais, aprovado pelo Decreto-Lei n.º 215/89, de 1 de Julho, a AICEP, E.P.E., e o IAPMEI, I. P., enviam anualmente ao Conselho os relatórios de verificação do cumprimento dos objectivos previstos nos contratos de concessão de benefícios fiscais.

Em face do disposto no artigo 7.º n.º 1 do EBF, todas as pessoas, singulares ou colectivas, de direito público ou de direito privado, a quem sejam concedidos benefícios fiscais, incluindo os dependentes de reconhecimento, ficam sujeitas a fiscalização da Autoridade Tributária e Aduaneira, da Direcção Regional dos Assuntos Fiscais (Região Autónoma da Madeira) e das demais entidades competentes, para controlo da verificação dos pressupostos dos benefícios fiscais respectivos e do cumprimento das obrigações impostas aos titulares do direito aos benefícios. O artigo 17.º do EBF trata da matéria da fiscalização e acompanhamento da execução e cumprimento do contrato de concessão dos benefícios fiscais ao investimento produtivo.

1.

O artigo 14.º n.º 2 da LGT estabelece que os titulares de benefícios fiscais de qualquer natureza são sempre obrigados a revelar ou a autorizar a revelação à Autoridade Tributária e Aduaneira dos pressupostos da sua concessão, ou a cumprir outras obrigações previstas na lei ou no instrumento de reconhecimento do benefício, nomeadamente as relativas aos impostos sobre o rendimento, a despesa ou o património, ou às normas do sistema de Segurança Social, sob pena de os referidos benefícios ficarem sem efeito. Recorde-se que, de entre as actuações compreendidas na inspecção tributária, consta a informação sobre os pressupostos de facto dos benefícios fiscais que dependam de concessão ou reconhecimento da administração tributária ou de direitos que o sujeito passivo, outros obrigados tributários e demais interessados invoquem perante aquela [artigo 2.º n.º 2 alínea h) do RCPITA). Como, por outro lado, sem prejuízo das sanções contra-ordenacionais aplicáveis, a manutenção dos efeitos de reconhecimento do benefício dependem de o contribuinte facultar à administração fiscal todos os elementos necessários ao controlo dos seus pressupostos de que esta não disponha (artigo 65.º n.º 5 do CPPT).

Caso o sujeito passivo tenha empresas parceiras ou associadas – nos termos do artigo 3.º do Anexo I do RGIC e do artigo 3.º do Anexo ao Decreto-Lei n.º 372/2007, de 6 de Novembro, e tenha usufruído de benefícios fiscais contratuais ao investimento, deve preencher o quadro 11-A do Anexo D da declaração mod. 22 de IRC, identificando o NIF daquelas empresas, donde que poderão também ser sujeitas a diligências inspectivas.

Sem prejuízo destas competências próprias da Autoridade Tributária e Aduaneira em matéria de fiscalização e acompanhamento, a verificação do cumprimento, pelos promotores, dos contratos de concessão de benefícios fiscais ao investimento, compete ao Conselho de Coordenação dos Incentivos Fiscais ao Investimento, conforme previsto no artigo 14.º n.º 1 alínea h)[218].

Segundo o artigo 6.º n.º 1 alínea a) do CFI, sobre os promotores impende a obrigação de disponibilizar todos os elementos que lhe forem solicitados pelas entidades competentes para efeitos de acompanhamento, controlo e fiscalização do projecto de investimento, nos prazos por aquelas entidades estabelecidos.

2.

Em face do disposto no artigo 7.º n.º 1 do EBF, todas as pessoas, singulares ou colectivas, de direito público ou de direito privado, a quem sejam concedidos benefícios fiscais, incluindo os dependentes de reconhecimento, ficam sujeitas a fiscalização da Autoridade Tributária e Aduaneira, da Direcção Regional dos Assuntos Fiscais (Região Autónoma da Madeira) e das demais entidades competentes, para controlo da verificação dos pressupostos dos benefícios fiscais respectivos e do cumprimento das obrigações impostas aos titulares do direito aos benefícios. Para efeitos do cumprimento desta disposição legal, a AICEP e o IAPMEI, conforme o caso, remetem anualmente ao Conselho de Coordenação dos Incentivos Fiscais ao Investimento os relatórios de verificação do cumprimento dos objectivos previstos nos contratos de concessão de benefícios fiscais [artigo 14.º n.º 1 alínea h)].

ARTIGO 18.º
Direito de audição

1 – Caso verifique alguma situação susceptível de conduzir à resolução do contrato, nos termos do disposto no artigo 20.º, o Conselho comunica à entidade beneficiária dos benefícios fiscais a sua intenção de propor a resolução do contrato, podendo esta responder, querendo, no prazo de 30 dias.

2 – Analisada a resposta à comunicação, ou decorrido o prazo para a sua emissão, o Conselho emite um parecer fundamentado, no prazo de

[218] Sobre controlo dos benefícios fiscais contratuais ao investimento, vejam-se os Pareceres sobre a Conta Geral do Estado (2016 e 2015), do Tribunal de Contas.

60 dias, no qual propõe, se for o caso, a resolução do contrato de concessão de benefícios fiscais.

O artigo 18.º vem estabelecer que nos casos em que haja fundamento para a resolução do contrato, nos termos do artigo 20.º do CFI, antes de ocorrer a mesma é comunicada tal intenção à entidade beneficiária, por meio de um projecto ou proposta de resolução.

Seguindo as regras do procedimento tributário e também em obediência a um dever de colaboração e cooperação, é concedido ao contribuinte o direito a, querendo, exercer o direito ao contraditório[219] face ao referido projecto ou proposta, por via do exercício do direito de audição. O direito de audição é uma garantia atribuída aos contribuintes de participarem na formação das decisões que lhes digam respeito, tal como se encontra previsto no artigo 267.º n.º 5 da Constituição.

1.

No âmbito da competência prevista no artigo 14.º n.º 1 alínea h), quando o Conselho de Coordenação dos Incentivos Fiscais ao Investimento verificar alguma situação susceptível de conduzir à resolução do contrato de concessão dos benefícios fiscais ao investimento produtivo (artigo 16.º) – não cumprimento dos objectivos e obrigações estabelecidos no contrato, nos prazos aí fixados, por facto imputável ao promotor[220]; não cumprimento atempado das obrigações fiscais e contributivas por parte do promotor; ou, prestação de informações falsas sobre a situação do promotor ou viciação de dados fornecidos na apresentação, apreciação e acompanhamento dos projectos (artigo 20.º n.º 1) –, deve notificar a entidade beneficiária de um projecto ou proposta de resolução do contrato e sua fundamentação (artigo 60.º n.º 5 da LGT), concedendo um prazo de 30 dias para exercício do direito de audição[221]. A notificação deverá ser efectuada por

[219] O princípio do contraditório tem vindo a ser considerado pela nossa Jurisprudência como um «princípio estruturante do ordenamento jurídico português que visa assegurar ás partes a possibilidade de participarem efectivamente no desenvolvimento de todo o litígio, isto é, assegurar a possibilidade da parte influenciar a formação da decisão quer na parte relativa á matéria de facto, quer em sede probatória quer, por fim, no plano estritamente jurídico ou de direito» [Acórdão do Tribunal Central Administrativo do Sul, de 28 de Abril de 2016 (Proc. n.º 09251/15)].

[220] Devendo ter-se em atenção o grau de cumprimento dos objectivos contratuais (GCC) acordado contratualmente (artigo 20.º n.º 2).

[221] Neste caso, o legislador prevê um prazo mais alargado do que o prazo-regra, previsto no artigo 60.º n.º 6 da LGT.

carta registada a enviar para o domicílio fiscal do contribuinte (artigo 60.º n.º 4 da LGT).

A contagem do prazo para o exercício de audição deverá atender, quanto ao seu termo inicial, ao disposto no artigo 39.º n.º 1 do CPPT, que estabelece que será de presumir feita a notificação no 3.º dia posterior ao do registo ou no 1.º dia útil seguinte a esse, quando esse dia não seja útil[222]. Por força do disposto no artigo 57.º n.º 3 da LGT e observado ainda o disposto no artigo 20.º n.º 1 do CPPT, no procedimento tributário os prazos são contínuos, e contam-se nos termos do artigo 279.º do Código Civil.

Recorde-se que, nos termos do artigo 60.º n.º 1 alínea c) da LGT, a participação dos contribuintes na formação das decisões que lhes digam respeito pode efectuar-se pelo direito de audição antes da revogação de qualquer benefício fiscal.

2.

Tenha – caso em que terá que ser analisado –, ou não, sido exercido pela entidade beneficiária o direito de audição ante o projecto de proposta de resolução do contrato, o Conselho de Coordenação dos Incentivos Fiscais ao Investimento (artigo 14.º) deve emitir no prazo de 60 dias um *parecer*, fundamentado, no qual poderá propor, se for esse o caso, a resolução do contrato de concessão de benefícios fiscais. A decisão final acerca da resolução ou não do contrato é da competência do Conselho de Ministros (artigo 20.º).

Caso tenham sido suscitados elementos novos suscitados na audição, devem os mesmos ser tidos obrigatoriamente em conta na fundamentação do parecer e da decisão[223].

ARTIGO 19.º
Renegociação

1 – O contrato pode ser objecto de renegociação a pedido de qualquer das partes, caso ocorra algum evento que altere substancialmente as circunstâncias em que as partes fundaram a sua vontade de contratar.

2 – Qualquer alteração contratual decorrente da renegociação referida no número anterior é submetida a aprovação nos termos dos artigos 15.º e 16.º

[222] Esta presunção só pode ser ilidida pelo notificado quando não lhe seja imputável o facto de a notificação ocorrer em data posterior à presumida, devendo para o efeito a administração tributária, com base em requerimento do interessado, requerer aos correios informação sobre a data efectiva da recepção (artigo 39.º n.º 2 do CPPT).

[223] Artigo 60.º n.º 7 da LGT.

Qualquer uma das partes pode recorrer à renegociação do contrato fiscal de investimento quando ocorram factos que possam alterar significativamente os objectivos e condições a que as mesmas se propuseram cumprir, devendo ser efectuados os procedimentos como se de um novo projecto se tratasse.

Qualquer alteração terá que levar em conta o disposto nos artigos 15.º e 16.º, previstos para o contrato originário.

Não se aplica em princípio, por força do disposto no artigo 280.º do Código dos Contratos Públicos (CCP), aprovado pelo Decreto-Lei n.º 18/2008, de 29 de Janeiro, o regime da extinção dos contratos em geral, do Capítulo VIII, previsto nos artigos 330.º a 335.º do mesmo CCP.

1.

Caso tenha ocorrido uma alteração substancial das circunstâncias[224] em que as partes fundaram a sua vontade de celebrar o contrato de concessão de benefícios fiscais ao investimento produtivo (artigo 16.º), qualquer uma das partes – o Estado, representado pela AICEP ou pelo IAPMEI, conforme os casos, ou a entidade beneficiária – pode pedir a *renegociação* do contrato, de modo a ajustá-lo à actual configuração do projecto de investimento em causa[225].

Consequentemente, a renegociação do contrato poderá dar lugar a um aditamento (artigo 16.º n.º 3) que passará a integrar o mesmo.

2.

O procedimento das alterações ao contrato de concessão de benefícios fiscais ao investimento produtivo decorrentes de renegociação em virtude de alteração substancial das circunstâncias (n.º 1) segue as mesmas regras previstas para o contrato originário. Ou seja, se a iniciativa pertencer aos promotores dos projectos de investimento, devem os mesmos apresentar, devidamente caracterizado e fundamentado, a proposta de alterações da entidade gestora (a AICEP ou o IAPMEI, conforme os casos), que submeterá depois o processo devidamente instruído, acompanhado do respectivo parecer técnico, ao Conselho de

[224] Por exemplo, por razões de novas tendências do mercado, reestruturação da linha de produção com vista a aumentos de capacidade, diversificação de produtos, entrada em novos mercados, novas formas de comércio, reestruturação do grupo económico no plano accionista e da sua estrutura industrial com consequente alteração das actividades económicas das várias empresas.

[225] Segundo estabelece o artigo 6.º n.º 1 alínea b), os promotores devem comunicar às entidades competentes qualquer alteração ou ocorrência que ponha em causa os pressupostos relativos à aprovação do projecto, a sua realização pontual, bem como as obrigações decorrentes do contrato (artigo 16.º).

Coordenação dos Incentivos Fiscais ao Investimento, para que este se venha a pronunciar (artigo 15.º). As alterações –, tendo por partes a AICEP ou o IAPMEI, conforme os casos, na qualidade de representante do Estado Português, e os promotores – são aprovadas por Resolução do Conselho de Ministros[226] (artigo 16.º).

JURISPRUDÊNCIA:

Acórdão do Supremo Tribunal Administrativo, de 18 de Novembro de 2020 (Proc. n.º 0940/13)
Acção administrativa. Resolução. Incumprimento.

[P]recisamente por não estarmos no domínio dos contratos administrativos colaborativos e sim de contratos formais e legalmente conformados, o único instrumento de gestão que existe no âmbito da execução destes contratos é a *renegociação*, prevista no artigo 11.º do Decreto-Lei n.º 409/99, que pode ser pedida por qualquer das partes *"caso ocorra algum evento que altere substancialmente as circunstâncias em que as partes fundaram a sua vontade de contratar"*.

Assim, a existirem os fundamentos que a A. alega para determinar a modificação do contrato por alteração das circunstâncias, a única possibilidade seria solicitar à AT a renegociação do contrato. A A. chega a alegar que tentou exercer este direito, mas que o mesmo lhe foi vedado por um comportamento da AT violador do princípio da boa fé (artigo 102.º da p. i.). Contudo, a A. não alega factos que pudessem sustentar esta alegação de violação da boa fé a conhecer neste processo por via incidental para aquilatar da ilegalidade do acto, designadamente, não prova que tenha efectivamente requerido *junto da AT* a renegociação do contrato, *dentro do respectivo prazo de vigência* e *de forma expressa* (*v.* ponto J da matéria de facto, de onde resulta um pedido não inequívoco de pretensa renegociação do contrato endereçado a entidade diversa do Ministro das Finanças e enviado depois de terminado o prazo do contrato).

Em suma, o acto de *resolução* impugnado não se confunde com a *resolução sancionatória* determinada pela *culpa* do contraente privado pelo não cumprimento das obrigações contratuais; neste caso trata-se apenas da resolução decorrente do accionamento da condição contratual pela imputação objectiva do resultado de não cumprimento contratual nos termos da cláusula sétima do contrato de outorga do benefício fiscal.

Improcede, por isso, também o segundo argumento da A.

[226] Segundo o Decreto-Lei n.º 191/2014, de 31 de Dezembro, que estabelece um regime especial de contratação de apoios e incentivos exclusivamente aplicável a grandes projectos de investimento enquadráveis no âmbito das atribuições da AICEP, as alterações contratuais de que resulte um aumento do montante ou da intensidade de apoio dos benefícios fiscais concedidos são aprovadas por resolução do Conselho de Ministros (artigo 6.º n.º 4).

ARTIGO 20.º
Resolução do contrato

1 – A resolução do contrato é declarada por resolução do Conselho de Ministros nos seguintes casos:

a) Não cumprimento dos objectivos e obrigações estabelecidos no contrato, nos prazos aí fixados, por facto imputável ao promotor;

b) Não cumprimento atempado das obrigações fiscais e contributivas por parte do promotor;

c) Prestação de informações falsas sobre a situação do promotor ou viciação de dados fornecidos na apresentação, apreciação e acompanhamento dos projectos.

2 – Para efeitos da verificação da causa de resolução prevista na alínea a) do número anterior, deve ter-se em atenção o grau de cumprimento dos objectivos contratuais (GCC) acordado contratualmente.

Uma vez apresentada a proposta de resolução do contrato de concessão de benefícios fiscais prevista no artigo 18.º n.º 2, cabe ao Conselho de Ministros declarar a resolução do contrato desde que se verifique alguma das situações previstas no artigo 20.º.

O acto de resolução do contrato poderá ser impugnado pelo sujeito passivo através de uma acção administrativa [artigo 37.º n.º 1 alínea a) do Código de Processo nos Tribunais Administrativos (CPTA), contra a Presidência do Conselho de Ministros e o Ministério das Finanças (Autoridade Tributária e Aduaneira)[227], pedindo a condenação ao cumprimento do mesmo contrato.

1.

Nos termos do artigo 437.º n.º 1 do Código Civil, em caso de alteração anormal das circunstâncias em que as partes fundaram a decisão de contratar, e desde que a exigência das obrigações assumidas afecte gravemente os princípios da boa-fé e não esteja coberta pelos riscos próprios do contrato, a parte lesada tem direito à *resolução do contrato*[228]. A concessão de benefícios fiscais ao investimento produtivo por via do contrato (artigo 16.º) está sujeita a uma condição resolutiva[229].

[227] Artigo 1.º n.º 3 da LGT.

[228] Requerida a resolução, a parte contrária pode opor-se ao pedido, declarando aceitar a modificação do contrato segundo juízos de equidade (n.º 2).

[229] Nos termos do artigo 270.º do Código Civil, as partes podem subordinar a um acontecimento futuro e incerto a resolução do negócio jurídico. Estamos perante o exercício de um direito potestativo, de origem convencional.

Assim, a resolução do contrato de concessão de benefícios fiscais ao investimento produtivo, declarada por resolução do Conselho de Ministros, pode ocorrer quando se verifique o não cumprimento dos objectivos[230] e obrigações estabelecidos no contrato, nos prazos fixados neste último, por facto imputável ao promotor[231]. Recorde-se que, nos termos do artigo 14.º n.º 2 do EBF, os benefícios fiscais, quando condicionados, caducam pela verificação dos pressupostos da respectiva condição resolutiva ou pela inobservância das obrigações impostas, imputável ao beneficiário. Esta resolução também poderá ocorrer quando se verifique uma renúncia aos benefícios fiscais em causa pelo promotor (artigo 14.º n.º 8 do EBF).

O não cumprimento atempado das obrigações fiscais e contributivas por parte do promotor também é motivo para a resolução do contrato fiscal de investimento. Nos termos do artigo 177.º-A do CPPT, considera-se que o contribuinte tem a situação tributária regularizada quando se verifique um dos seguintes requisitos: a) Não seja devedor de quaisquer impostos ou outras prestações tributárias e respectivos juros; b) Esteja autorizado ao pagamento da dívida em prestações, desde que exista garantia constituída, nos termos legais; c) Tenha pendente meio de contencioso adequado à discussão da legalidade ou exigibilidade da dívida exequenda e o processo de execução fiscal tenha garantia constituída, nos termos legais; d) Tenha a execução fiscal suspensa, nos termos do n.º 2 do artigo 169.º, havendo garantia constituída, nos termos legais. Sendo que, à constituição de garantia é equiparada, para estes efeitos, a sua dispensa e a sua caducidade.

Outrossim, a resolução do contrato poderá também ocorrer quando se verifique a prestação de informações falsas sobre a situação do promotor ou viciação de dados fornecidos na apresentação, apreciação e acompanhamento dos projectos[232].

O promotor, caso não se conforme, poderá intentar uma acção administrativa[233] com vista à anulação do acto administrativo consubstanciado na reso-

230 Haverá a ter em conta o grau de cumprimento dos objectivos contratuais acordado contratualmente (n.º 2).

231 Terá que verificar-se um nexo de causalidade entre a actuação do promotor e o não cumprimento dos objectivos e obrigações estabelecidos no contrato e essa actuação possa ser censurável a título de dolo ou negligência.

232 Quem, por meio de falsas declarações, falsificação ou viciação de documento fiscalmente relevante ou outros meios fraudulentos, determinar a administração tributária a efectuar atribuições patrimoniais das quais resulte enriquecimento do agente é punido pela prática do crime de burla tributária (artigo 87.º do RGIT).

233 A acção administrativa, prevista nos artigos 37.º e seguintes do CPTA, é o meio processual adequado para sindicar os actos administrativos em matéria tributária, que não comportem a

lução de contrato de concessão de benefícios fiscais nos termos da resolução do Conselho de Ministros, cumulando este pedido com o pedido de condenação ao cumprimento, total ou parcial, do contrato fiscal de investimento[234].

2.
No caso da verificação do não cumprimento dos objectivos e obrigações estabelecidos no contrato, nos prazos aí fixados, por facto imputável ao promotor como causa resolutiva do contrato de concessão de benefícios fiscais ao investimento produtivo [n.º 1 alínea a)], deverá atender-se ao grau de cumprimento dos objectivos contratuais (GCC) acordado contratualmente.

ARTIGO 21.º
Efeitos da resolução do contrato

1 – A resolução do contrato nos termos do artigo anterior implica a perda total dos benefícios fiscais concedidos desde a data de aprovação do mesmo, e ainda a obrigação de, no prazo de 30 dias a contar da respectiva notificação, e independentemente do tempo entretanto decorrido desde a data da verificação dos respectivos factos geradores de imposto, pagar, nos termos da lei, as importâncias correspondentes às receitas fiscais não arrecadadas, acrescidas de juros compensatórios, nos termos do artigo 35.º da LGT.

2 – Na falta de pagamento dentro do prazo de 30 dias, referido no número anterior, há lugar a procedimento executivo.

O contrato de investimento e os benefícios fiscais fazem parte de um mesmo negócio jurídico, são pressuposto um do outro. Os objectivos a prosseguir com o contrato de investimento são implementados mediante os benefícios fiscais que os tem como objecto.

Assim, o artigo 21.º estabelece as consequências derivadas da resolução do contrato de concessão de benefícios fiscais. Assim, uma vez resolvido o con-

apreciação da legalidade do acto de liquidação, nos termos do disposto no artigo 97.º n.º 1 alíneas d) e p) e n.º 2 do CPPT.

[234] Segundo o Decreto-Lei n.º 191/2014, de 31 de Dezembro, que estabelece um regime especial de contratação de apoios e incentivos exclusivamente aplicável a grandes projectos de investimento enquadráveis no âmbito das atribuições da AICEP, para dirimir os litígios emergentes da interpretação e aplicação dos contratos de investimento, podem as partes convencionar o recurso à via arbitral, com excepção do que diga respeito a matéria relativa aos benefícios fiscais (artigo 9.º n.º 1).

trato, verifica-se a perda total de todos os benefícios fiscais concedidos desde a data de celebração do referido contrato.

Este artigo segue a regra geral do artigo 14.º n.º 1 do EBF, nos termos da qual a extinção dos benefícios fiscais tem por consequência a reposição automática da tributação-regra. Sucede que a revogação dos benefícios tem efeitos retroactivos. Contudo, neste caso, não podemos considerar que a segurança jurídica e as legítimas expectativas do sujeito passivo se tenham por feridas, na medida em que os benefícios fiscais decorrentes de contrato se constituem com a celebração do mesmo mas apenas se tornam eficazes com o cumprimento do mesmo, o que implica que, caso haja incumprimento do contrato, os benefícios fiscais não se tornam eficazes e consequentemente não devem ser criadas expectativas ditas legítimas para o usufruto de tais benefícios fiscais.

1.

Como consequência da resolução do contrato de concessão (artigo 20.º), opera-se a *perda total dos benefícios fiscais* concedidos desde a data de aprovação do mesmo[235].

A extinção destes benefícios fiscais, condicionados, por resolução, devido à inobservância das obrigações impostas, imputável ao beneficiário (artigo 14.º n.º 2 do EBF), acarreta, correlativamente e *ex tunc*, a reposição automática da tributação-regra (artigo 14.º n.º 1 do EBF)[236]. Portanto, a entidade beneficiária tem que, no prazo de 30 dias a contar da respectiva notificação[237], e independentemente do tempo entretanto decorrido desde a data da verificação dos respectivos factos geradores de imposto, pagar, nos termos da lei[238], as importâncias correspondentes às receitas fiscais não arrecadadas, acrescidas de juros compensatórios[239].

[235] Data da resolução do Conselho de Ministros (artigo 15.º).

[236] O artigo 37.º n.º 1 da LGT determina que, caso os benefícios fiscais sejam constituídos por contrato fiscal, a tributação depende da sua resolução nos termos previstos na lei (ou seja, nos termos dos artigos 20.º e 21.º do CFI).

[237] Segundo o artigo 38.º n.º 1 do CPPT, as notificações são efectuadas obrigatoriamente por carta registada com aviso de recepção, sempre que tenham por objecto actos ou decisões susceptíveis de alterarem a situação tributária dos contribuintes.

[238] Constitui pagamento voluntário de dívidas de impostos e demais prestações tributárias o efectuado dentro do prazo estabelecido nas leis tributárias (artigo 84.º n.º 1 do CPPT).

[239] O artigo 35.º da LGT preceitua que são devidos juros compensatórios quando, por facto imputável ao sujeito passivo, for retardada a liquidação da totalidade do imposto devido (n.º 1). Os juros compensatórios contam-se dia a dia desde o termo do prazo de apresentação da declaração, até ao suprimento, correcção ou detecção da falta que motivou o retardamento da liquidação (n.º 3). Os juros compensatórios integram-se na própria dívida do imposto, com a qual são conjuntamente

Não por acaso, o legislador determina que o prazo de caducidade do direito de liquidação de imposto[240] suspende-se em caso de benefícios fiscais de natureza contratual, desde o início até à resolução do contrato ou durante o decurso do prazo dos benefícios [artigo 46.º n.º 2 alínea b) da LGT]. Tal justifica-se, plenamente, na medida em que estamos perante benefícios fiscais condicionados que pressupõem que sejam cumpridas as obrigações que se encontram previstas no contrato para que se verifique a eficácia constitutiva do benefício fiscal. Mais acrescentando o legislador que, em caso de aplicação de sanções da perda de benefícios fiscais de qualquer natureza, o prazo de caducidade suspende-se desde o início do respectivo procedimento criminal[241] ou contra-ordenacional[242] tributário até ao trânsito em julgado da decisão final (artigo 46.º n.º 3 da LGT).

2.

Uma vez concretizada a notificação da resolução do Conselho de Ministros, caso a entidade beneficiária não proceda, no prazo de 30 dias, ao pagamento das importâncias correspondentes às receitas fiscais não arrecadadas, acrescidas de juros compensatórios, é instaurado um *processo de execução fiscal*, com vista à cobrança da dívida tributária[243].

A LGT estabelece que o processo de execução fiscal tem natureza judicial (artigo 103.º n.º 1). Este é instaurado e corre na administração tributária, a que é então reconhecida competência, reservando-se o poder judicial apenas aos casos em, por iniciativa do executado, a lei admite que possam ser sindicados os actos de execução praticados pela administração[244]. No fundo, o juiz não intervém de modo permanente mas apenas eventualmente, a pedido do executado e

liquidados (n.º 8). A liquidação deve sempre evidenciar claramente o montante principal da prestação e os juros compensatórios, explicando com clareza o respectivo cálculo e distinguindo-os de outras prestações devidas (n.º 9). A taxa dos juros compensatórios é equivalente à taxa dos juros legais fixados nos termos do artigo 559.º n.º 1 do Código Civil (n.º 10).

240 O prazo-regra é de 4 anos (artigo 45.º n.º 1 da LGT). Sobre o IMI veja-se o artigo 116.º do CIMI, sobre o IMT veja-se o artigo 35.º do CIMT e sobre o Imposto do Selo veja-se o artigo 39.º do CIS.

241 Por exemplo, no âmbito do crime de burla tributária (artigo 87.º do RGIT).

242 Por exemplo, no âmbito da contra-ordenação por falsificação, viciação e alteração de documentos fiscalmente relevantes (artigo 118.º do RGIT).

243 Findo o prazo de pagamento voluntário, começarão a vencer-se *juros de mora* (artigo 86.º n.º 1 do CPPT). No título executivo surge indicada a data a partir da qual são devidos e a importância sobre que incidem (artigo 163.º n.º 2 do mesmo Código).

244 É um meio processual tributário o recurso dos actos praticados na execução fiscal, no próprio processo ou, nos casos de subida imediata, por apenso (artigo 101.º da LGT). Compete ao tribunal tributário de 1.ª instância da área do domicílio ou sede do devedor, depois de ouvido o Ministério Público, decidir os incidentes, os embargos, a oposição, incluindo quando incida sobre os

quando a lei lho permita, consagrando-se um modelo misto, que se traduz numa coexistência de elementos dos modelos jurisdicional e administrativo.

JURISPRUDÊNCIA:

Acórdão do Supremo Tribunal Administrativo, de 18 de Novembro de 2020 (Proc. n.º 0940/13)
Acção administrativa. Resolução. Incumprimento.

IV – Os benefícios fiscais decorrentes de contrato constituem-se com a celebração do mesmo mas apenas adquirem eficácia com o cumprimento do contrato, o que significa que, em caso de incumprimento, essa eficácia nunca se desencadeia e, como tal, não se fundam expectativas legítimas do co-contratante à titularidade daqueles benefícios.

V – Na caducidade do direito à liquidação em caso de contratualização de benefícios fiscais aplica-se o disposto na al. b) do n.º 2 do artigo 46.º da LGT, ou seja, o prazo de caducidade suspende-se, desde o início do mesmo até à resolução do contrato.

VI – A fundamentação do acto de resolução do contrato deve considerar-se cumprida nos casos em que a mesma resulte de remissão para o Relatório do CICIFI, sempre que o co-contratante tenha sido notificado do mesmo e revele ter conhecido, integralmente, o iter lógico em o mesmo se sustenta.

Acórdão do Supremo Tribunal Administrativo, de 4 de Março de 2020 (Proc. n.º 0410/14)
Execução fiscal. Sociedade insolvente. Benefício fiscal contratualmente condicionado.

Na sentença recorrida considerou-se que só a partir da data da liquidação, "a dívida tributária se torna certa, exigível e líquida, podendo assim ser objecto de execução fiscal, à semelhança do que sucede, aliás, com a generalidade das obrigações jurídicas, nos termos do art.º 713.º do CPC. (Vide, no sentido exposto, J. L. Saldanha Sanches, in Manual de Direito Fiscal, 2007, 3.ª edição, Coimbra Editora, págs. 255 e 256; José lebre de Freitas e Armindo Ribeiro Mendes, in Código de Processo Civil Anotado, Vol. 3.º, 2003, Coimbra Editora, págs. 243 e 244; acórdão do Pleno da Secção do CT, de 15.04.2015, processo n.º 01087/14; e, acórdãos do STA, de 29.02.2012, processo n.º 0885/11, e, de 04.03.2015, processo n.º 0903/14), disponíveis em www.dgsi.pt)".

Ora, as recorrentes invocam quanto ao crédito em causa não se encontrar vencido à data da declaração de insolvência, o acórdão do T.C.A. Norte de 12-1-2011, proferido no processo 01096/11.5BEBRG, segundo o qual, "quanto a todas as obrigações da Insolvente, geradas em data anterior à declaração de insolvência e não subordinadas a condição suspensiva, consideram-se vencidas na data da declaração da insolvência", bem como que a relação tributária está constituída com o facto tributário (art. 36.º no 1 da L.G.T.), ou seja, "sempre que o crédito tributário se tenha verificado em momento anterior à declaração de insolvência" é de considerar vencido.

pressupostos da responsabilidade subsidiária, e a reclamação dos actos praticados pelos órgãos da execução fiscal (artigo 151.º n.º 1 do CPPT).

Vejamos.

No caso do "IS" (imposto de selo) que veio a ser liquidado, o mesmo encontrava-se abrangido por benefício fiscal contratualmente condicionado ao desenvolvimento de projecto, a executar pela 1.ª recorrente até 31-12-2009, sob pena de rescisão contratual em caso de incumprimento, conforme resulta das alíneas B) a E) da matéria de facto.

Acontece que esta rescisão veio a ocorrer, em data posterior à declaração de insolvência que é de 3-2-2009, conforme consta ainda das alíneas J) e L) da matéria de facto.

Ora, trata-se de situação bem diversa da apreciada no acórdão proferido pelo T.C.A. Norte, no qual, aliás, se salvaguarda os créditos sujeitos a condição suspensiva, conforme previsto no art. 102.º do C.I.R.E.

Com efeito, neste artigo 102.º encontram-se regulados "os efeitos sobre os negócios em curso", os quais ficam sujeitos a um princípio geral que é aplicável a "qualquer contrato bilateral em que, à data da declaração de insolvência, não haja ainda total cumprimento nem pelo insolvente nem pela outra parte": o de "o cumprimento ficar suspenso até que o administrador declare optar pela execução ou recusar o cumprimento".

Ora, as recorrentes não invocam que tal tenha ocorrido, nem tal resulta da alínea R) da matéria de facto, pese embora aí figurar que o dito administrador considera que o crédito ora em causa devia ter sido reclamado no processo de insolvência.

Contudo, nada aí se adianta quanto a ter exercido ou não a dita opção, sem a qual a consequência é, conforme acima referido, o cumprimento ficar suspenso.

Esta era a situação em que se mantinha o contrato referente a benefícios fiscais até que veio a ser rescindido, nos termos da alínea L da matéria de facto.

Ou seja, a declaração de insolvência não determinou o vencimento da obrigação em causa do insolvente, nos termos do art. 91.º do C.I.R.E., regra que apenas era aplicável "a obrigações não subordinadas a uma condição suspensiva".

Aliás, de acordo com o art. 50.º n.º 1 do C.I.R.E., "consideram-se créditos sob condição suspensiva aqueles cuja verificação ou subsistência se encontrem sujeitos à verificação (...) de um acontecimento futuro e incerto", o que é aplicável a "contratos bilaterais em curso à data da declaração de insolvência.

Conforme Maria do Rosário Epifânio considera em Manual de Direito da Insolvência, ed. Almedina, 2014, a pág. 177-179, no quadro do art. 102.º do C.I.R.E. várias hipóteses são possíveis: o administrador da insolvência exercer a dita opção, a fim de que o crédito fique englobado na massa insolvente; nada dizer, podendo a outra parte requerer que seja fixado prazo para aquele tomar posição, nos termos do n.º 2 do art. 102.º; ou recusar o cumprimento, aplicando-se então o previsto no art. 102.º n.º 3.

No caso não resulta que o "IS" em causa se tenha vencido com a declaração de insolvência, nem por opção do administrador de insolvência.

Impõe-se, pois, confirmar o decidido quanto a se tratar de crédito vencido posteriormente àquela declaração, bem como que o "processo de execução fiscal aqui em causa, instaurado em nome da Oponente foi devidamente instaurado e, bem assim, que o mesmo deve prosseguir os seus normais termos, em conformidade com o disposto no art.º 180.º, n.º 6, do CPPT."

Trata-se de um regime em que "nada obsta a que após a declaração de insolvência sejam instauradas execuções fiscais contra a sociedade insolvente, possibilidade que constitui um regime especial para os processos de execução fiscal (afastando a regra geral do art.º 88.º, n.º 1, do CIRE)", conforme se fundamenta na sentença recorrida.

Reitera-se o entendimento do S.T.A. quanto a após a declaração de insolvência ser possível a instauração de processos de execução fiscal "se forem penhorados bens não apreendidos naquele processo" – assim, no acórdão de 6-4-2011 proferido no processo 0981/10, citado pelas próprias recorrentes nas suas a legações. Aliás, de acordo com o n.º 3 do art. 88.º do C.I.R.E., a execução fiscal destina-se então aos "efeitos do exercício do direito de reversão legalmente previsto".

Assim, e sem necessidade de outras considerações, conclui-se que não assiste razão às recorrentes.

CAPÍTULO III – Regime fiscal de apoio ao investimento

ARTIGO 22.º
Âmbito de aplicação e definições

1 – O RFAI é aplicável aos sujeitos passivos de IRC que exerçam uma actividade nos sectores especificamente previstos no n.º 2 do artigo 2.º, tendo em consideração os códigos de actividade definidos na portaria prevista no n.º 3 do referido artigo, com excepção das actividades excluídas do âmbito sectorial de aplicação das OAR e do RGIC.

2 – Para efeitos do disposto no presente regime, consideram-se aplicações relevantes os investimentos nos seguintes activos, desde que afectos à exploração da empresa:

a) Activos fixos tangíveis, adquiridos em estado de novo, com excepção de:

i) Terrenos, salvo no caso de se destinarem à exploração de concessões mineiras, águas minerais naturais e de nascente, pedreiras, barreiros e areeiros em investimentos na indústria extractiva;

ii) Construção, aquisição, reparação e ampliação de quaisquer edifícios, salvo se forem instalações fabris ou afectos a actividades turísticas, de produção de audiovisual ou administrativas;

iii) Viaturas ligeiras de passageiros ou mistas;

iv) Mobiliário e artigos de conforto ou decoração, salvo equipamento hoteleiro afecto a exploração turística;

v) Equipamentos sociais;

vi) Outros bens de investimento que não estejam afectos à exploração da empresa;

b) Activos intangíveis, constituídos por despesas com transferência de tecnologia, nomeadamente através da aquisição de direitos de patentes, licenças, «know-how» ou conhecimentos técnicos não protegidos por patente.

3 – No caso de sujeitos passivos de IRC que não se enquadrem na categoria das micro, pequenas e médias empresas, tal como definidas na Recomendação n.º 2003/361/CE, da Comissão, de 6 de Maio de 2003, as aplicações relevantes a que se refere a alínea b) do número anterior não podem exceder 50% das aplicações relevantes.

4 – Podem beneficiar dos incentivos fiscais previstos no presente capítulo os sujeitos passivos de IRC que preencham cumulativamente as seguintes condições:

a) Disponham de contabilidade regularmente organizada, de acordo com a normalização contabilística e outras disposições legais em vigor para o respectivo sector de actividade;

b) O seu lucro tributável não seja determinado por métodos indirectos;

c) Mantenham na empresa e na região durante um período mínimo de três anos a contar da data dos investimentos, no caso de micro, pequenas e médias empresas tal como definidas na Recomendação n.º 2003/361/CE, da Comissão, de 6 de Maio de 2003, ou cinco anos nos restantes casos, os bens objecto do investimento ou, quando inferior, durante o respectivo período mínimo de vida útil, determinado nos termos do Decreto Regulamentar n.º 25/2009, de 14 de Setembro, alterado pelas Leis n.ºs 64-B/2011, de 30 de Dezembro, e 2/2014, de 16 de Janeiro, ou até ao período em que se verifique o respectivo abate físico, desmantelamento, abandono ou inutilização, observadas as regras previstas no artigo 31.º-B do Código do IRC;

d) Não sejam devedores ao Estado e à segurança social de quaisquer contribuições, impostos ou quotizações ou tenham o pagamento dos seus débitos devidamente assegurado;

e) Não sejam consideradas empresas em dificuldade nos termos da comunicação da Comissão – Orientações relativas aos auxílios estatais de emergência e à reestruturação concedidos a empresas não financeiras em dificuldade, publicada no Jornal Oficial da União Europeia, n.º C 249, de 31 de Julho de 2014;

f) Efectuem investimento relevante que proporcione a criação de postos de trabalho e a sua manutenção até ao final do período mínimo de manutenção dos bens objecto de investimento, nos termos da alínea c).

5 – Considera-se investimento realizado o correspondente às adições, verificadas em cada período de tributação, de activos fixos tangíveis e activos intangíveis e bem assim o que, tendo a natureza de activo fixo tangível e não dizendo respeito a adiantamentos, se traduza em adições aos investimentos em curso.

6 – Para efeitos do disposto no número anterior, não se consideram as adições de activos que resultem de transferências de investimentos em curso transitado de períodos anteriores, excepto se forem adiantamentos.

7 – Nas regiões elegíveis para auxílios nos termos da alínea c) do n.º 3 do artigo 107.º, do Tratado sobre o Funcionamento da União Europeia constantes da tabela do artigo 43.º, no caso de empresas que não se enquadrem na categoria das micro, pequenas e médias empresas, tal como definidas na Recomendação n.º 2003/361/CE, da Comissão, de 6 de Maio de 2003, apenas podem beneficiar do RFAI os investimentos que respeitem a uma nova actividade económica, ou seja, a um investimento em activos fixos tangíveis e intangíveis relacionados com a criação de um novo estabelecimento, ou com a diversificação da actividade de um estabelecimento, na condição de a nova actividade não ser a mesma ou uma actividade semelhante à anteriormente exercida no estabelecimento.

O CFI estabelece, como um dos regimes ou sistemas de benefícios fiscais ao investimento, o novo *Regime Fiscal de Apoio ao Investimento* (RFAI), nos artigos 22.º a 26.º, sendo revogado o anterior, aprovado pelo Decreto-Lei n.º 249/2009, de 23 de Setembro.

Segundo o artigo 6.º n.º 2 do Decreto-Lei n.º 162/2014, de 31 de Outubro, este regime fiscal é aplicável aos períodos de tributação iniciados em ou após 1 de Janeiro de 2014. Isto, sem prejuízo de, no período de tributação que se inicie em ou após essa data, para efeitos do apuramento do limite máximo dos benefícios fiscais concedidos no âmbito do RFAI, serem aplicáveis, relativamente aos investimentos relevantes realizados entre o início do período de tributação e 30 de Junho de 2014, as regras previstas no artigo 32.º do anterior CFI[245] (n.º 3 do referido artigo 6.º).

[245] Aprovado pelo Decreto-Lei n.º 249/2009, de 23 de Setembro, e alterado pela Lei n.º 20/2012, de 14 de Maio, pelo Decreto-Lei n.º 82/2013, de 17 de Junho, e pela Lei n.º 83-C/2013, de 31 de Dezembro.

Trata-se de um regime de benefícios fiscais automáticos, uma vez que estes resultam directa e imediatamente da lei (artigo 5.º n.º 1 do EBF). O benefício fiscal é gerado com o investimento.

O RFAI constitui um regime de auxílios com finalidade regional[246], donde que surge adaptado às disposições europeias em matéria de auxílios de Estado para o período 2014-2020, nomeadamente, às disposições constantes do Regulamento (UE) n.º 651/2014 da Comissão, de 16 de Junho de 2014 (RGIC)[247] e às regras previstas no mapa nacional de auxílios estatais com finalidade

[246] Segundo o RGIC, "regime de auxílio" é qualquer acto com base no qual, sem que sejam necessárias outras medidas de execução, podem ser concedidos auxílios individuais a empresas nele definidas de forma geral e abstracta e qualquer acto com base no qual podem ser concedidos a uma ou mais empresas auxílios não ligados a um projecto específico, por um período de tempo indeterminado e/ou com um montante indeterminado.

[247] Que define as condições sob as quais certas categorias de auxílios podem ser consideradas compatíveis com o mercado interno (nos termos dos artigos 107.º e 108.º do TFUE).
O artigo 107.º do TFUE (ex-artigo 87.º TCE) determina o seguinte:
1. Salvo disposição em contrário dos Tratados, são incompatíveis com o mercado interno, na medida em que afectem as trocas comerciais entre os Estados-Membros, os auxílios concedidos pelos Estados ou provenientes de recursos estatais, independentemente da forma que assumam, que falseiem ou ameacem falsear a concorrência, favorecendo certas empresas ou certas produções.
(...)
3. Podem ser considerados compatíveis com o mercado interno:
a) Os auxílios destinados a promover o desenvolvimento económico de regiões em que o nível de vida seja anormalmente baixo ou em que exista grave situação de subemprego, bem como o desenvolvimento das regiões referidas no artigo 349.º, tendo em conta a sua situação estrutural, económica e social;
(...)
c) Os auxílios destinados a facilitar o desenvolvimento de certas actividades ou regiões económicas, quando não alterem as condições das trocas comerciais de maneira que contrariem o interesse comum;
(...)
Por sua vez, o artigo 108.º (ex-artigo 88.º do TCE) determina o seguinte:
1. A Comissão procederá, em cooperação com os Estados-Membros, ao exame permanente dos regimes de auxílios existentes nesses Estados. A Comissão proporá também aos Estados-Membros as medidas adequadas, que sejam exigidas pelo desenvolvimento progressivo ou pelo funcionamento do mercado interno.
2. Se a Comissão, depois de ter notificado os interessados para apresentarem as suas observações, verificar que um auxílio concedido por um Estado ou proveniente de recursos estatais não é compatível com o mercado interno nos termos do artigo 107.º, ou que esse auxílio está a ser aplicado de forma abusiva, decidirá que o Estado em causa deve suprimir ou modificar esse auxílio no prazo que ela fixar.
Se o Estado em causa não der cumprimento a esta decisão no prazo fixado, a Comissão ou qualquer outro Estado interessado podem recorrer directamente ao Tribunal de Justiça da União Europeia, em derrogação do disposto nos artigos 258.º e 259.º.

regional[248] (considerado parte integrante das OAR 2014-2020)[249]. Sendo visada pelo regime a coesão económica, social e territorial das regiões mais desfavorecidas, conhece diferentes limites e montantes de benefícios conforme a região onde o investimento seja concretizado. A dimensão da empresa é relevante ao nível do cálculo do benefício e do período de manutenção dos investimentos. Não tem montante mínimo de investimento.

Para além do CFI, há que atender ao disposto na Portaria n.º 297/2015, de 21 de Setembro, que procede à regulamentação do RFAI, bem como no RGIC e nas OAR[250].

A pedido de qualquer Estado-Membro, o Conselho, deliberando por unanimidade, pode decidir que um auxílio, instituído ou a instituir por esse Estado, deve considerar-se compatível com o mercado interno, em derrogação do disposto no artigo 107.º ou nos regulamentos previstos no artigo 109.º, se circunstâncias excepcionais justificarem tal decisão. Se, em relação a este auxílio, a Comissão tiver dado início ao procedimento previsto no primeiro parágrafo deste número, o pedido do Estado interessado dirigido ao Conselho terá por efeito suspender o referido procedimento até que o Conselho se pronuncie sobre a questão.
Todavia, se o Conselho não se pronunciar no prazo de três meses a contar da data do pedido, a Comissão decidirá.
3. Para que possa apresentar as suas observações, deve a Comissão ser informada atempadamente dos projectos relativos à instituição ou alteração de quaisquer auxílios. Se a Comissão considerar que determinado projecto de auxílio não é compatível com o mercado interno nos termos do artigo 107.º, deve sem demora dar início ao procedimento previsto no número anterior. O Estado-Membro em causa não pode pôr em execução as medidas projectadas antes de tal procedimento haver sido objecto de uma decisão final.
4. A Comissão pode adoptar regulamentos relativos às categorias de auxílios estatais que, conforme determinado pelo Conselho nos termos do artigo 109.º, podem ficar dispensadas do procedimento previsto no n.º 3 do presente artigo.

[248] *Maxime*, o artigo 43.º.

[249] 2013/C 209/01.
Este mapa, para o período de 1 de Junho de 2014 a 31 de Dezembro de 2021, foi aprovado pela Comissão Europeia em 11 de Junho de 2014, alterado em 10 de Outubro de 2016 e viu em 2 de Julho de 2020 prorrogada a sua validade até 31 de Dezembro de 2021.

[250] Definem as condições em que os Estados-Membros podem conceder auxílios estatais às empresas para fins de desenvolvimento regional. Segundo as OAR, os auxílios com finalidade regional aos sectores siderúrgico e das fibras sintéticas não serão considerados compatíveis com o mercado interno. A Comissão aplicará os princípios estabelecidos nas presentes orientações aos auxílios com finalidade regional em todos os sectores de actividade económica, com excepção da pesca e da aquicultura, da agricultura e dos transportes, que estão sujeitos a regras especiais previstas em instrumentos jurídicos específicos, susceptíveis de derrogar total ou parcialmente as presentes orientações. A Comissão aplicará estas orientações à transformação e comercialização de produtos agrícolas em produtos não agrícolas. As presentes orientações aplicam-se a medidas de auxílio em apoio de actividades fora do âmbito do artigo 42.º do TFUE, mas abrangidas pelo regulamento relativo ao desenvolvimento rural, e cofinanciadas pelo Fundo Europeu Agrícola de

O benefício fiscal em sede do RFAI não pode ser transmitido por ocasião de uma operação de fusão, cisão ou entrada de activos a que seja aplicado o regime especial de neutralidade (artigo 74.º do CIRC), não aproveitando à sociedade beneficiária (artigo 75.º-A do mesmo Código). Isto porque, sendo um benefício fiscal automático, tem lugar a aplicação da regra da intransmissibilidade, dado que o RFAI não se enquadra nas excepções do artigo 15.º n.ºs 2 e 3 do EBF.

1.

No que respeita ao âmbito sectorial, importa aferir da elegibilidade da actividade (principal e/ou secundária) desenvolvida pela empresa e transparecida no investimento.

Assim, o RFAI é aplicável aos sujeitos passivos de IRC[251] que exerçam uma *actividade* nos seguintes sectores: a) Indústria extractiva e indústria transformadora; b) Turismo, incluindo as actividades com interesse para o turismo; c) Actividades e serviços informáticos e conexos; d) Actividades agrícolas, aquícolas, piscícolas, agropecuárias e florestais; e) Actividades de investigação e desenvolvimento e de alta intensidade tecnológica; f) Tecnologias da informação e produção de audiovisual e multimédia; g) Defesa, ambiente, energia e telecomunicações; h) Actividades de centros de serviços partilhados.

O legislador faz uma remissão expressa para o artigo 2.º n.º 2 do CFI[252], no qual constam as actividades acima referidas, numa enunciação exemplificativa, que não taxativa ou exaustiva, como surge denunciado pelo advérbio "nomeadamente". Sendo também de tomar em consideração os códigos da Classificação Portuguesa de Actividades Económicas (CAE)[253] definidos na portaria dos membros do Governo responsáveis pelas áreas das finanças e da economia – a saber, presentemente, trata-se da Portaria n.º 282/2014, de 30 de Dezembro.

Exceptuam-se as actividades excluídas do âmbito sectorial de aplicação das OAR e do RGIC[254]. Trata-se de uma exclusão cumulativa. Portanto, as normas

Desenvolvimento Rural ou concedidas como um financiamento nacional em suplemento dessas medidas cofinanciadas, salvo previsão em contrário das regras sectoriais.

[251] Artigo 2.º do CIRC.

[252] Que vale para os benefícios fiscais contratuais ao investimento produtivo.

[253] Revisão 3 (CAE-Rev.3). A classificação foi aprovada pelo Decreto-Lei n.º 381/2007, de 14 de Novembro.

[254] Regulamento (UE) n.º 651/2014 da Comissão, de 16 de Junho de 2014, que declara certas categorias de auxílio compatíveis com o mercado interno, em aplicação dos artigos 107.º e 108.º do TFUE.

A Portaria n.º 297/2015, de 21 de Setembro, que procede à regulamentação do RFAI, determina que, para efeitos da determinação do âmbito sectorial estabelecido na Portaria n.º 282/2014, de 30 de Dezembro, aplicável ao RFAI por remissão do artigo 22.º n.º do CFI, aplicam-se as definições relativas a actividades económicas estabelecidas no artigo 2.º do RGIC.

Segundo o artigo 13.º do RGIC, excluem-se do âmbito de aplicação dos auxílios com finalidade regional:

f) Auxílios que promovam actividades dos sectores siderúrgico, do carvão, da construção naval, das fibras sintéticas, dos transportes e das infraestruturas conexas, da produção, distribuição e infraestruturas energéticas;

g) Auxílios com finalidade regional sob a forma de regimes orientados para um número limitado de sectores específicos de actividade económica; os regimes destinados a actividades turísticas, infraestruturas de banda larga ou comercialização e transformação de produtos agrícolas não são considerados orientados para sectores específicos da actividade económica;

h) Auxílios com finalidade regional sob a forma de regimes que compensem os custos de transporte de mercadorias produzidas nas regiões ultraperiféricas ou em zonas escassamente povoadas e concedidos a favor de:

   iv) actividades na produção, transformação e comercialização dos produtos enumerados no anexo I do TFUE; ou

   v) actividades classificadas no Regulamento (CE) n.º 1893/2006 do Parlamento Europeu e do Conselho, de 20 de Dezembro de 2006, que estabelece a nomenclatura estatística das actividades económicas NACE Revisão 2 e que altera o Regulamento (CEE) n.º 3037/90 do Conselho, assim como certos regulamentos CE relativos a domínios estatísticos específicos como a agricultura, a silvicultura e a pesca (secção A da nomenclatura estatística das actividades económicas NACE Rev. 2), as indústrias extractivas (secção B da NACE Rev. 2) e a distribuição de electricidade, gás, vapor e ar condicionado (secção D da NACE Rev. 2); ou

   vi) transporte de mercadorias por condutas;

i) Auxílios regionais individuais ao investimento concedidos a um beneficiário que encerrou a mesma actividade ou uma actividade semelhante no Espaço Económico Europeu nos dois anos que antecedem o seu pedido de auxílio regional ao investimento ou que, na altura do pedido de auxílio, tenha planos concretos para encerrar essa actividade no prazo máximo de dois anos após a conclusão do investimento inicial, para o qual o auxílio é requerido na zona em causa;

j) Auxílios regionais ao funcionamento concedidos a empresas cuja actividade principal se insere na secção K «Actividades financeiras e de seguros» da NACE Rev. 2 ou a empresas que desempenham actividades intragrupo e cujas actividades principais se inserem nas subdivisões 70.10 «Actividades das sedes sociais» ou 70.22 «Actividades de consultoria para os negócios e outra consultoria para a gestão» da NACE Rev. 2.

Por sua vez, a Portaria n.º 297/2015, de 21 de Setembro (que procede à regulamentação do CFI), determina que, sem prejuízo do disposto no artigo 1.º da Portaria n.º 282/2014, de 30 de Dezembro [que define os códigos de actividade económica (CAE) correspondentes a várias actividades], nos termos do parágrafo 10 das OAR, são elegíveis para concessão de benefícios fiscais os investimentos que tenham por objecto as actividades económicas da construção, reparação ou transformação navais, tal como definidas nos termos do Enquadramento dos auxílios estatais à construção naval (2011/C 364/06).

dos artigos 2.º n.º 2 e 22.º n.º 1 do CFI, bem como da Portaria n.º 282/2014, de 30 de Dezembro, são normas de execução e de concretização dos princípios e regras das OAR e do RGIC, em conformidade com os artigo 107.º a 109.º do TFUE.

A Portaria n.º 282/2014, logo no artigo 1.º, determina que, em conformidade com as OAR e com o RGIC, não são elegíveis para a concessão de benefícios fiscais os projectos de investimento que tenham por objecto as actividades económicas dos sectores siderúrgico, do carvão, da pesca e da aquicultura, da produção agrícola primária, da transformação e comercialização de produtos agrícolas enumerados no anexo I do TFUE[255], da silvicultura, da construção naval, das fibras sintéticas, dos transportes e das infraestruturas conexas e da produção, distribuição e infraestruturas energéticas. E, sem prejuízo destas restrições, no artigo 2.º elenca os CAE correspondentes às actividades económicas elegíveis para o RFAI: a) Indústrias extractivas – divisões 05 a 09; b) Indústrias transformadoras – divisões 10 a 33; c) Alojamento – divisão 55; d) Restauração e similares – divisão 56; e) Actividades de edição – divisão 58; f) Actividades cinematográficas, de vídeo e de produção de programas de televisão – grupo 591; g) Consultoria e programação informática e actividades relacionadas – divisão 62; h) Actividades de processamento de dados, domiciliação de informação e actividades relacionadas e portais Web – grupo 631; i) Actividades de investigação científica e de desenvolvimento – divisão 72; j) Actividades com interesse para o turismo – subclasses 77210, 90040, 91041, 91042, 93110, 93210, 93292, 93293 e 96040; k) Actividades de serviços administrativos e de apoio prestados às empresas – classes 82110 e 82910.

2.

O n.º 2 trata das condições objectivas (estado e natureza) ao nível das aplicações relevantes para a concretização do investimento em ordem ao benefício fiscal. Para efeitos do RFAI, consideram-*se aplicações relevantes* os investimentos em *activos fixos tangíveis*[256], adquiridos em "estado de novo" (ou não usados)[257],

[255] Tem-se entendido que a candidatura ao Plano de Desenvolvimento Rural indicia que o sujeito passivo estará excluído do âmbito sectorial do RFAI. Vejam-se os artigos 38.º do TFUE e 1.º n.º 3 do RGIC, bem como o ponto 10 das OAR.

[256] Activos detidos para uso na produção ou fornecimento de bens ou serviços, para arrendamento a outros ou para fins administrativos e se espera que sejam usados durante mais do que um período.

[257] O artigo 14.º n.º do RGIC afasta a exigência do requisito de aquisição de bens em estado novo quanto às micro, pequenas e média empresas.

A definição do " estado de novo" não nos é dada pelo CFI nem pelo RGIC. A Autoridade Tributária e Aduaneira tem vindo a considerar como um activo fixo tangível em estado de novo aquele que não integrou anteriormente o activo não corrente do próprio sujeito passivo que pretende

desde que afectos à exploração da empresa. Exceptuam-se os seguintes activos: terrenos (salvo no caso de se destinarem à exploração de concessões mineiras, águas minerais naturais e de nascente, pedreiras, barreiros e areeiros em investimentos na indústria extractiva)[258]; construção, aquisição, reparação e ampliação de quaisquer edifícios (salvo se forem instalações fabris[259] ou afectos a actividades turísticas, de produção de audiovisual ou administrativas); viaturas ligeiras de passageiros ou mistas; mobiliário e artigos de conforto ou decoração (salvo equipamento hoteleiro afecto a exploração turística); equipamentos sociais; outros bens de investimento que não estejam afectos à exploração da empresa.

Consideram-se também aplicações relevantes os investimentos em *activos intangíveis*[260], constituídos por despesas com transferência de tecnologia, nomeadamente através da aquisição de direitos de patentes, licenças, «know-how» ou conhecimentos técnicos não protegidos por patente. Neste caso, em face do disposto na Portaria n.º 297/2015, de 21 de Setembro, que procede à regulamentação do RFAI, independentemente da forma que assuma o investimento inicial, apenas se consideram aplicações relevantes os activos que: sejam exclusivamente utilizados no estabelecimento objecto dos benefícios fiscais; sejam amortizáveis, nos termos das regras contabilísticas em vigor; sejam adquiridos em condições de mercado a terceiros não relacionados com o adquirente; e permaneçam associados ao investimento a favor do qual o auxílio é concedido durante pelo menos 5 anos, ou 3 anos no caso de micro, pequenas e médias empresas[261] (artigo 3.º n.º 3).

3.

No que se refere a despesas de investimento com *activos intangíveis* – constituídos por despesas com transferência de tecnologia, nomeadamente através

usufruir do benefício fiscal ou de outro sujeito passivo a quem tenha adquirido esse activo (exs.: aquisição a locador financeiro após utilização ou a senhorio após arrendamento).

[258] Estão excluídas do benefício fiscal as propriedades de investimento (parágrafo 5 da NCRF 11), ainda que reconhecidas na contabilidade.
A limitação quanto aos terrenos não se aplica no caso dos benefícios fiscais municipais em sede de isenções totais ou parciais de IMI ou IMT (artigo 23.º-A n.º 3).

[259] A jurisprudência tem associado este conceito ao processo produtivo (cariz funcional), afastando o critério de a edificação se integrar num complexo fAbril ou industrial.

[260] Activos não monetários identificáveis sem substância física.

[261] Tal como definidas na Recomendação n.º 2003/361/CE, da Comissão, de 6 de Maio de 2003, relativa à definição de micro, pequenas e médias empresas. Haverá que atender ao disposto no Decreto-Lei n.º 372/2007, de 6 de Novembro, que cria a certificação electrónica do estatuto de micro, pequena e média empresas.

da aquisição de direitos de patentes, licenças, «know-how» ou conhecimentos técnicos não protegidos por patente [n.º 2 alínea b)] –, o legislador consagra um limite, tratando-se os sujeitos passivos de IRC de grandes empresas[262]: tais despesas não poderão exceder 50% das aplicações relevantes.

4.

Para poderem beneficiar dos incentivos fiscais no âmbito do RFAI os sujeitos passivos de IRC terão que preencher, cumulativamente, várias condições: i) disporem de contabilidade regularmente organizada, de acordo com a normalização contabilística e outras disposições legais em vigor para o respectivo sector de actividade; ii) o seu lucro tributável não pode ser determinado por métodos indirectos[263]; iv) não serem devedores ao Estado e à Segurança Social de quaisquer contribuições, impostos ou quotizações ou terem o pagamento dos seus débitos devidamente assegurado[264]; v) não serem consideradas empresas em dificuldade[265].

[262] Nos termos do Decreto-Lei n.º 372/2007, de 6 de Novembro, que cria a certificação electrónica do estatuto de micro, pequena e média empresas (PME), os dados considerados para o cálculo dos efectivos e dos montantes financeiros são os do último exercício contabilístico encerrado, calculados numa base anual. Os dados são tidos em conta a partir da data de encerramento das contas e o montante do volume de negócios considerado é calculado com exclusão do imposto sobre o valor acrescentado (IVA) e de outros impostos indirectos (artigo 4.º n.º 1 do Anexo). E, se uma empresa verificar, na data de encerramento das contas, que superou ou ficou aquém, numa base anual, do limiar de efectivos ou dos limiares financeiros indicados no artigo 2.º do Anexo do referido Decreto-Lei, esta circunstância não a faz adquirir ou perder a qualidade de média, pequena ou micro empresa, salvo se tal se repetir durante 2 exercícios consecutivos (artigo 4.º n.º 2 do Anexo).

[263] Não obstante o princípio da tributação do rendimento real (artigo 104.º n.º 2 da Constituição), o legislador prevê uma solução para quando a capacidade contributiva do sujeito passivo não é revelada à administração tributária (conforme estabelecido nos artigos 57.º a 62.º do CIRC). Assim o impõe o princípio da igualdade.
A avaliação indirecta da matéria tributável, visando a determinação do valor dos rendimentos ou bens tributáveis a partir de indícios, presunções ou outros elementos de que a administração tributária disponha, surge configurada como verdadeiramente excepcional e subsidiária relativamente à avaliação directa, pois esta visa antes a determinação do valor real dos rendimentos ou bens (artigos 83.º e 85.º da LGT).

[264] Por exemplo, caso esteja autorizado ao pagamento da dívida em prestações, desde que exista garantia constituída, nos termos legais.
Portanto, deverá ser apresentada uma situação fiscal e contributiva regularizada (artigo 177.º-A do CPPT).

[265] Nos termos das orientações relativas aos auxílios estatais de emergência e à reestruturação concedidos a empresas não financeiras em dificuldade (2014/C 249/01), com base no artigo 107.º n.º 3 alínea c) do TFUE, uma empresa é considerada em dificuldade quando, sem intervenção

O investimento efectuado pelos sujeitos passivos deverá proporcionar a *criação de postos de trabalho* e a sua *manutenção* até ao final do período mínimo de manutenção dos bens objecto de investimento[266]. Este nexo de causalidade entre o investimento realizado e os postos de trabalho criados[267] deverá estar

do Estado, será quase certamente condenada a desaparecer a curto ou médio prazo. Por sua vez, a Portaria n.º 297/2015, de 21 de Setembro, que procede à regulamentação do CFI, determina que o conceito de «empresa em dificuldade» deve ser interpretado nos termos do parágrafo 18 do artigo 2.º do RGIC.

Considera-se, por conseguinte, que uma empresa está em dificuldade quando se verificar pelo menos uma das seguintes circunstâncias:

a) No caso de uma empresa de responsabilidade limitada (anexo I da Directiva 2013/34/EU) – que não uma PME que exista há menos de 3 anos ou, para efeitos de elegibilidade para o auxílio ao financiamento de risco, uma PME que, no prazo de 7 anos a contar da sua primeira venda comercial, se qualifica para investimentos de financiamento de risco, após exame pormenorizado levado a cabo pelo intermediário financeiro seleccionado –, quando mais de metade do seu capital social tiver desaparecido devido a perdas acumuladas. Trata-se do caso em que a dedução das perdas acumuladas das reservas (e todos os outros elementos geralmente considerados como uma parte dos fundos próprios da empresa) conduz a um montante cumulado negativo que excede metade do capital social subscrito;

b) Se se tratar de uma empresa em que pelo menos alguns sócios tenham responsabilidade ilimitada relativamente às dívidas da empresa (anexo II da Directiva 2013/34/EU) – que não uma PME que exista há menos de 3 anos ou, para efeitos de elegibilidade para o auxílio ao financiamento de risco, uma PME que, no prazo de 7 anos a contar da sua primeira venda comercial, se qualifica para investimentos de financiamento de risco, após exame pormenorizado levado a cabo pelo intermediário financeiro seleccionado –, quando mais de metade do seu capital, conforme indicado na contabilidade da empresa, tiver desaparecido devido às perdas acumuladas;

c) Sempre que a empresa for objecto de um processo colectivo de insolvência ou preencher, de acordo com o respectivo direito nacional, os critérios para ser submetida a um processo colectivo de insolvência a pedido dos seus credores;

d) Sempre que uma empresa tiver recebido um auxílio de emergência e ainda não tiver reembolsado o empréstimo ou terminado a garantia, ou tiver recebido um auxílio à reestruturação e ainda estiver sujeita a um plano de reestruturação;

e) Se se tratar de uma empresa que não seja uma PME, sempre que, nos 2 últimos anos: i) o rácio dívida contabilística/fundos próprios da empresa seja superior a 7,5, e ii) o rácio de cobertura dos juros da empresa, calculado com base em EBTIDA, seja inferior a 1,0.

266 *Vide* o n.º 4 alínea c).

267 A administração tributária tem entendido que apenas pode integrar o conceito de "criação de postos de trabalho" a admissão de trabalhadores através da celebração de contrato de trabalho sem termo ou por tempo indeterminado (e não a tempo parcial ou mediante subcontratação), abrangendo a admissão de trabalhadores novos e de trabalhadores que já estivessem na empresa mas ao abrigo de um contrato com termo.

Esta condição considera-se cumprida quando, à data de 31 de Dezembro do ano em que o investimento é concluído (considerando que o período de tributação do sujeito passivo coincide com

demonstrado no processo de documentação fiscal (artigo 130.º do CIRC), por cada período de tributação[268]. A criação e manutenção de postos de trabalho surge como o interesse público extrafiscal relevante considerado superior aos interesses da própria tributação que os benefícios fiscais impedem (artigo 2.º n.º 1 do EBF).

O posto de trabalho deverá ser criado pela empresa que efectuou o investimento, e não por uma outra empresa do grupo que venha futuramente a imputar os respectivos custos à empresa que efectuou o investimento.

Relativamente a 2021, para as grandes empresas, haverá que atender ao disposto no artigo 403.º da Lei n.º 75-B/2020, de 31 de Dezembro, que aprovou o regime extraordinário e transitório de incentivo à manutenção de postos de trabalho, bem como a Portaria n.º 295/2021, de 23 de Julho, que regulamenta o mencionado regime, o qual condiciona o acesso aos benefícios à manutenção do nível de emprego[269].

o ano civil), se verifique um aumento líquido do número de trabalhadores relativamente à média dos 12 meses precedentes ao início desse investimento. Esse aumento líquido pode acontecer com admissão de um único trabalhador.
A saída de um trabalhador, por uma das causas legalmente previstas que não a da extinção do posto de trabalho, e a posterior admissão para o mesmo posto de trabalho de um outro trabalhador, nas mesmas condições, não põe em causa a manutenção do posto de trabalho.
[Informação Vinculativa com Despacho de 27 de Outubro de 2010, do Director-Geral (Proc. n.º 2853/2010)].

[268] De acordo com os elementos previstos na Portaria 51/2018, de 16 de Fevereiro (Anexo I). Este dossier deve estar constituído até ao dia 15 de Julho do ano seguinte, isto é, ao termo do prazo para entrega da declaração anual de informação contabilística e fiscal (artigo 121.º do CIRC).

[269] O incumprimento dos requisitos levará à respectiva suspensão durante o período de tributação de 2021.
Consideram-se sujeitas ao regime extraordinário as entidades empregadoras com sede ou direcção efectiva em território português, bem como as entidades empregadoras não residentes com estabelecimento estável neste território, que exerçam, a título principal, uma actividade de natureza comercial, industrial ou agrícola, e que preencham, cumulativamente, as seguintes condições: a) Não sejam consideradas micro, pequenas ou médias empresas, nos termos previstos no artigo 2.º do anexo ao Decreto-Lei n.º 372/2007, de 6 de Novembro; b) Tenham registado um resultado líquido positivo no período contabilístico respeitante ao ano civil de 2020 ou, caso o ano contabilístico não coincida com o civil, respeitante ao período contabilístico que inicie em ou após 1 de Janeiro de 2020, depois de aprovadas as respectivas contas pelos órgãos sociais, nos termos da legislação aplicável.
Assim, o acesso aos incentivos fiscais depende da observância da manutenção do nível de emprego, considerando-se como tal a circunstância de, no ano de 2021, a entidade ter ao seu serviço um número médio de trabalhadores igual ou superior ao nível observado em 1 Outubro de 2020.
Segundo este regime extraordinário, a concessão dos incentivos fiscais determina para as entidades beneficiárias a proibição de fazer cessar contratos de trabalho ao abrigo das modalidades de

Ademais, não basta a aquisição dos bens objecto do investimento. É necessário que os sujeitos passivos mantenham quer na empresa quer na região, durante um período mínimo de 3 anos a contar da data dos investimentos – no caso de micro, pequenas e médias empresas[270] – ou 5 anos – nos restantes casos –, os bens objecto do investimento. No entanto, o período de manutenção poderá ser inferior quando, para efeitos do Decreto Regulamentar n.º 25/2009, de 14 de Setembro[271], o respectivo período mínimo de vida útil (que se afere em

despedimento colectivo, de despedimento por extinção do posto de trabalho, ou de despedimento por inadaptação, bem como de iniciar os respectivos procedimentos, até ao final do ano de 2021, e o dever de manutenção do nível de emprego até ao final de 2021, a verificar trimestralmente de forma oficiosa. Para efeitos da verificação do nível de emprego são considerados os trabalhadores por conta de outrem, bem como os trabalhadores independentes economicamente dependentes ao serviço da empresa e os que se encontrem ao serviço de qualquer outra entidade que esteja em relação de domínio ou grupo com a entidade sujeita ao regime, desde que tenha sede ou direcção efectiva em território português ou possua um estabelecimento estável neste território. Não são contabilizados, nomeadamente, os trabalhadores que tenham cessado os respectivos contratos de trabalho por sua própria iniciativa, por motivo de morte, de reforma por velhice ou invalidez, de despedimento com justa causa promovido pela entidade empregadora, ou de caducidade de contratos a termo para execução de tarefa ocasional ou serviço determinado precisamente definido e não duradouro, ou para execução de obra, projecto ou outra actividade definida e temporária, incluindo a execução, direcção ou fiscalização de trabalhos de construção civil, obras públicas, montagens e reparações industriais, em regime de empreitada ou em administração directa, bem como os respectivos projectos ou outra actividade complementar de controlo e acompanhamento, se a tarefa ocasional ou serviço determinado precisamente definido e não duradouro, a obra, projecto ou outra actividade definida e temporária tenham comprovadamente cessado, a confirmar pela entidade empregadora.
O incumprimento da manutenção dos níveis de emprego determina a imediata cessação dos apoios públicos ou incentivos fiscais referidos, com a consequente reposição automática da tributação-regra no período de tributação de 2021 e a restituição ou pagamento dos montantes já recebidos ou isentados, respectivamente, ao organismo competente. A verificação do nível de emprego, para efeitos do presente regime, é efectuada de forma oficiosa, designadamente com base na informação prestada pelo Instituto da Segurança Social, à Autoridade Tributária e Aduaneira ou ao organismo competente para a atribuição do apoio público.

[270] Tal como definidas na Recomendação n.º 2003/361/CE, da Comissão, de 6 de Maio de 2003. Haverá que atender ao disposto no Decreto-Lei n.º 372/2007, de 6 de Novembro, que cria a certificação electrónica do estatuto de micro, pequena e média empresas.

[271] Que estabelece o regime das depreciações e amortizações para efeitos do IRC [diploma esse alterado pelas Leis n.ºs 64-B/2011, de 30 de Dezembro, 2/2014, de 16 de Janeiro e 82-D/2014, de 31 de Dezembro – não mencionada no artigo 22.º n.º 4 alínea c) do EBF – e o Decreto Regulamentar n.º 4/2015, de 22 de Abril – também não mencionada no artigo 22.º n.º 4 alínea c) do EBF].

função das taxas máximas)[272] tiver uma duração menor[273], ou até ao período em que se verifique o respectivo abate físico, desmantelamento, abandono ou inutilização – neste último caso, desde que observadas as regras previstas no artigo 31.º-B do CIRC[274]. Em qualquer dos casos, o incumprimento desta condição de manutenção implicará uma reposição do benefício fiscal: é adicionado ao IRC relativo ao período de tributação em que o sujeito passivo alienou[275] os bens objecto do investimento o imposto que deixou de ser liquidado em virtude do presente regime[276], acrescido dos correspondentes juros compensatórios majorados em 10 pontos percentuais (artigo 26.º do CFI).

Por sua vez, a Portaria n.º 297/2015, de 21 de Setembro, que procede à regulamentação do CFI, determina que não podem beneficiar do RFAI os sujeitos passivos sujeitos a uma injunção de recuperação na sequência de uma decisão da Comissão Europeia, ainda pendente, que declare um auxílio ilegal e incompatível com o mercado interno [artigo 2.º n.º 2 alínea b)]. Mais exigindo que a contribuição financeira dos sujeitos passivos, a partir dos seus recursos próprios ou mediante financiamento externo que assuma uma forma isenta de qualquer apoio público, deve corresponder, pelo menos, a 25% das aplicações relevantes [alínea c)][277].

Segundo a referida Portaria n.º 297/2015, de 21 de Setembro, o período de manutenção dos bens objecto do investimento (3 ou 5 anos) conta-se a partir da data em que se considera concluído o mesmo investimento, considerando-se como tal o investimento relacionado com a criação de um novo estabelecimento, o aumento da capacidade de um estabelecimento já existente, a diversificação da produção de um estabelecimento no que se refere a produtos não fabricados anteriormente nesse estabelecimento, ou uma alteração fundamental do processo de produção global de um estabelecimento existente (artigo 2.º n.º 3)[278].

[272] Determinado nos termos do Decreto Regulamentar n.º 25/2009, de 14 de Setembro, que estabelece o regime das depreciações e amortizações para efeitos do IRC [diploma esse alterado pelas Leis n.ºs 64-B/2011, de 30 de Dezembro, 2/2014, de 16 de Janeiro e 82-D/2014, de 31 de Dezembro – não mencionada no artigo 22.º n.º 4 alínea c) do EBF – e o Decreto Regulamentar n.º 4/2015, de 22 de Abril – também não mencionada no artigo 22.º n.º 4 alínea c) do EBF].

[273] O bem é depreciado num período inferior a, respectivamente, 3 ou 5 anos, ainda que considerado um valor residual no cálculo.

[274] Perdas por imparidade em activos não correntes.

[275] Ou, por exemplo, efectuou uma devolução ao fornecedor.

[276] Campo 372 (reposição de benefícios fiscais) do quadro 10 da declaração mod. 22 do IRC.

[277] Conforme também surge no RGIC e nas OAR.

[278] Os benefícios fiscais previstos no artigo 23.º do CFI apenas são aplicáveis relativamente a investimentos iniciais, nos termos do artigo 2.º parágrafo 49 alínea a) do RGIC.

5.

Considera-se *investimento realizado* o que corresponda às adições, verificadas em cada período de tributação, de activos fixos tangíveis [n.º 2 alínea a)] e activos intangíveis [n.º 2 alínea b)], excluindo-se as substituições[279]. Também se considera investimento realizado o que, tendo a natureza de activo fixo tangível – e não dizendo respeito a adiantamentos –, se traduza em adições aos investimentos em curso.

Para um determinado período, não pode ser considerado como dotação do período de tributação a adição de activos resultantes de investimentos efectuados em períodos anteriores, excepto nas condições do n.º 6. Ou seja, para efeitos do cálculo da dotação de um dado período apenas pode ser considerado o valor de benefício fiscal resultante do "investimento realizado" nesse período, isto é, o correspondente às adições realizadas nesse período.

6.

Considerando-se investimento realizado o correspondente às adições, verificadas em cada período de tributação, de activos fixos tangíveis e activos intangíveis e bem assim o que, tendo a natureza de activo fixo tangível e não dizendo respeito a adiantamentos, se traduza em adições aos investimentos em curso (n.º 5), para tais efeitos não se consideram as adições de activos que resultem de transferências de investimentos em curso transitados de períodos anteriores, excepto se forem adiantamentos. Isto é, estes investimentos em curso são relevantes para efeitos de RFAI não o sendo a sua transferência para activos fixos tangíveis de investimentos em curso de anos anteriores.

Os adiantamentos efectuados no período de tributação por conta de investimentos elegíveis (activos fixos tangíveis) ou de adições de investimentos em curso a efectuar que não se concretizem nesse período, não beneficiam do RFAI, dado não assumirem a natureza de uma despesa de investimento, mas de um fluxo de caixa.

7.

Os benefícios fiscais (previstos no artigo 23.º) apenas são aplicáveis relativamente a investimentos iniciais, nos termos do artigo 2.º parágrafo 49 alínea a) do RGIC, considerando-se como tal as seguintes tipologias de investimentos: os investimentos relacionados com a criação de um novo estabelecimento[280];

[279] Exs.: substituição de viatura para mera substituição de uma já existente (não há adição mas apenas substituição de activos).

[280] Segundo o artigo 2.º parágrafo 51 alínea a) do RGIC «Investimento inicial a favor de uma nova actividade económica» é um investimento em activos corpóreos e incorpóreos relacionados com a

o aumento da capacidade de um estabelecimento já existente; a diversificação da produção de um estabelecimento[281] no que se refere a produtos não fabricados anteriormente nesse estabelecimento; ou uma alteração fundamental do processo de produção global de um estabelecimento existente [artigo 2.º n.º 1 alínea d) da Portaria n.º 297/2015, de 21 de Setembro, que procede à regulamentação do RFAI]. Segundo esta Portaria, para efeitos de justificação da dedução à colecta (artigo 25.º n.ºs 1 e 2 do CFI), os sujeitos passivos devem incluir no processo de documentação fiscal (artigo 130.º do CIRC) uma descrição do investimento inicial, indicando – para além dos objectivos, áreas de intervenção e os principais investimentos – o respectivo enquadramento numa das referidas tipologias.

Os investimentos têm necessariamente de se enquadrar e ter como finalidade a prossecução de uma actividade produtiva dentro da actividade económica prevista no artigo 2.º n.ºs 2 e 3 do CFI (aplicado ao RFAI por remissão do artigo 22.º n.º 1)[282] e o sujeito passivo tem que demonstrar qual o objecto e finalidade dos investimentos no projecto produtivo e qual a sua função nele[283].

Segundo a Portaria n.º 297/2015, de 21 de Setembro, nos casos em que o investimento inicial respeite a uma *alteração fundamental do processo de produção* o montante das aplicações relevantes deve exceder o montante das amortizações[284] e depreciações[285] dos activos associados à actividade a modernizar

criação de um novo estabelecimento, ou com a diversificação da actividade de um estabelecimento, na condição de a nova actividade não ser a mesma ou uma actividade semelhante à actividade anteriormente exercida no estabelecimento.
Por sua vez, «A mesma actividade ou actividade semelhante», uma actividade que se insere na mesma classe (código numérico de quatro dígitos) da nomenclatura estatística das actividades económicas NACE Rev. 2, nos termos do Regulamento (CE) n.º 1893/2006 do Parlamento Europeu e do Conselho, de 20 de Dezembro de 2006, que estabelece a nomenclatura estatística das actividades económicas NACE Revisão 2 e que altera o Regulamento (CEE) n.º 3037/90 do Conselho, assim como certos regulamentos CE relativos a domínios estatísticos específicos (artigo 2.º parágrafo 50 do RGIC).

281 *Idem*.

282 Ou seja, afastam-se os investimentos isolados e os investimentos de substituição. Está em causa um projecto de investimento plurianual, segundo uma estratégia global de investimento.

283 Impende sobre o sujeito passivo a prova dos factos por si invocados respeitantes aos benefícios fiscais que deseja beneficiar – em concreto as condições de acesso, a natureza e finalidade dos investimentos, projectos e produção realizada e respectiva comprovação dos mesmos (artigo 74.º n.º 1 da LGT).

284 Trata-se da imputação sistemática da quantia depreciável (amortizável) de um activo intangível durante a sua vida útil.

285 Trata-se da imputação sistemática da quantia depreciável de um activo tangível durante a sua vida útil.

contabilizadas nos 3 períodos de tributação anteriores ao do início da realização do projecto de investimento (artigo 3.º n.º 1). Já nos casos em que o investimento inicial consista na *diversificação da actividade de um estabelecimento existente,* as aplicações relevantes devem exceder em, pelo menos, 200% o valor líquido contabilístico dos activos que são reutilizados, tal como registado no período de tributação anterior ao do início da realização do investimento (n.º 2).

Ora, nas regiões elegíveis para auxílios nos termos do artigo 107.º n.º 3 alínea c) do TFUE[286] constantes da tabela do artigo 43.º, existe uma limitação para as *grandes empresas*[287]: estas somente poderão beneficiar do RFAI quando os seus investimentos respeitem a uma *nova actividade económica* – ou seja, a um investimento em activos fixos tangíveis e intangíveis relacionados com a criação de um novo estabelecimento, ou com a diversificação da actividade de um estabelecimento, na condição de a nova actividade não ser a mesma ou uma actividade semelhante[288] à anteriormente exercida no estabelecimento[289].

JURISPRUDÊNCIA:

Decisão Arbitral do CAAD, de 30 de Junho de 2021 (Proc. n.º 434/2020-T)
Investimento inicial. Criação de postos de trabalho.

Tendo sido objectivo do legislador que aprovou o CFI assegurar a conformidade com as disposições europeias em matéria de auxílios de Estado para o período 2014-2020, nomeadamente, com as disposições constantes do Regulamento Geral de Isenção por

[286] Segundo o qual podem ser considerados compatíveis com o mercado interno os auxílios destinados a facilitar o desenvolvimento de certas actividades ou regiões económicas, quando não alterem as condições das trocas comerciais de maneira que contrariem o interesse comum.

[287] Ou seja, que não se enquadrem na categoria das micro, pequenas e médias empresas, tal como definidas na Recomendação n.º 2003/361/CE, da Comissão, de 6 de Maio de 2003. Haverá que atender ao disposto no Decreto-Lei n.º 372/2007, de 6 de Novembro, que cria a certificação electrónica do estatuto de micro, pequena e média empresas.

[288] Segundo o artigo 5.º n.º 5 da Portaria n.º 297/2015, de 21 de Setembro, que procede à regulamentação do CFI, considera-se "a mesma actividade" ou "actividade semelhante", uma actividade que se insere na mesma classe, composta por 4 quatro dígitos, da Classificação Portuguesa de Actividades Económicas, Revisão 3 (CAE-Rev. 3), aprovada pelo Decreto-Lei n.º 381/2007, de 14 de Novembro, considerando-se ainda, para este feito, as actividades compreendidas nas classes 5511 e 5512 como fazendo parte da mesma classe.

[289] O RGIC e as OAR clarificam que por "investimento inicial a favor de uma nova actividade económica" se deve entender a aquisição dos activos pertencentes a um estabelecimento que tenha fechado ou teria fechado se não tivesse sido adquirido, desde que seja adquirido por um investidor não vinculado ao vendedor, na condição de a nova actividade a efectuar com os activos adquiridos não ser a mesma actividade ou uma actividade semelhante à anteriormente exercida no estabelecimento antes da aquisição.

Categoria, como ressalta do artigo 2.º, n.º 2, desse diploma, e tendo sido essa também a finalidade da Portaria n.º 282/2014, como se depreende da respectiva nota preambular, as suas disposições não podem deixar de ser interpretadas em conformidade com o direito europeu.

Com efeito, na medida em que dizem respeito à matéria europeia dos auxílios de Estado, o CFI (e a regulação que dele consta do RFAI) e a Portaria n.º 282/2014 devem ser entendidos como instrumentos de execução, efectivação e aplicação dos princípios e regras contidos nos artigos 107.º a 109.º do TFUE, no RGIC e nas OAR, e nesse sentido a Portaria não pode ser tida como um mero regulamento de complementação do n.º 2 do artigo 2.º do CFI, mas como um diploma de execução de disposições de direito europeu.

Não há motivo, por conseguinte, para fazer prevalecer a regra que consta do artigo 1.º da Portaria sobre a falada disposição do artigo 1.º, n.º 3, alínea c), do RGIC.

Decisão Arbitral do CAAD, de 25 de Junho de 2021 (Proc. n.º 574/2020-T)
Investimento inicial. Criação de postos de trabalho.

4.3.2. Questão dos activos «que não correspondem a investimento inicial» (período de 2014)

(...)

O n.º 49 do artigo 2.º do Regulamento (UE) n.º 651/2014 da Comissão, de 16 de Junho, define nestes termos o conceito de «investimento inicial», no que aqui interessa:

49) «Investimento inicial»,

a) Um investimento em activos corpóreos e incorpóreos relacionado com a criação de um novo estabelecimento, aumento da capacidade de um estabelecimento existente, diversificação da produção de um estabelecimento para produtos não produzidos anteriormente no estabelecimento ou mudança fundamental do processo de produção global de um estabelecimento existente; ou

b) Uma aquisição de activos pertencentes a um estabelecimento que tenha fechado ou teria fechado se não tivesse sido adquirido, desde que seja adquirido por um investidor não vinculado ao vendedor e exclua a mera aquisição das acções de uma empresa;".

Afigura-se que a Requerente tem razão quanto à dissonância entre o conceito de «investimento inicial» utilizado pela Autoridade Tributária e Aduaneira que restringiu o conceito de «investimento inicial» ao «investimento pela primeira vez num determinado tipo de activo fixo tangível».

Na verdade, resulta daquela alínea a) do n.º 49 do artigo 2.º que se enquadram nessa definição quaisquer investimentos relacionados com «aumento da capacidade de um estabelecimento existente, diversificação da produção de um estabelecimento para produtos não produzidos anteriormente no estabelecimento ou mudança fundamental do processo de produção global de um estabelecimento existente».

À face desta definição, que inclusivamente é citada no RIT, não é de excluir deste conceito de «investimento inicial» o «investimento de substituição», que a Autoridade Tributária e Aduaneira pretende excluir com base na aplicação analógica do n.º 4 do artigo 11.º do CFI, previsto para os benefícios fiscais contratuais ao investimento produtivo (BFCIP) e não para o RFAI.

Na verdade, estes investimentos de substituição podem ser considerados investimento inicial desde que estejam relacionados com «aumento da capacidade de um estabelecimento existente, diversificação da produção de um estabelecimento para produtos não produzidos anteriormente no estabelecimento ou mudança fundamental do processo de produção global de um estabelecimento existente».

Por isso, a correcção efectuada pela Autoridade Tributária e Aduaneira relativamente aos «activos que não correspondem a investimento inicial» enferma de vício de violação de lei por erro sobre os pressupostos de direito, por errada aplicação do conceito de «investimento inicial», vício este que justifica a anulação das correcções relativas «à aquisição de bens de substituição (bateria, servidor e UPS servidor, compressor, secador de massa térmica e micro filtros, para substituir outros já existentes) ou a reparações/melhoramentos de equipamentos usados (upgrades de moldes)».

Na verdade, para excluir estes activos de substituição do âmbito do RFAI a Autoridade Tributária e Aduaneira teria de demonstrar que não estão conexionados com qualquer das finalidades indicadas naquela alínea a) do n.º 49.

Por outro lado, as normas sobre benefícios fiscais integram-se na reserva relativa de competência legislativa da Assembleia da República, por força do preceituado no artigo 103.º, n.º 2, e 165.º, n.º 1, alínea i), da CRP, pelo que é proibida pelo artigo 11.º, n.º 4, da LGT a integração de lacunas de regulamentação através de aplicação analógica.

Assim, mesmo que se estivesse perante uma lacuna de regulamentação do CFI quanto à não indicação, relativamente ao RFAI, do afastamento da aplicação do benefício fiscal aos «investimentos de substituição», que só se prevê para os BFCIP no n.º 4 do artigo 11.º do CFI, seria ilegal a aplicação analógica deste requisito ao RFAI.

Pelo exposto, as correcções aqui em causa enfermam de erro sobre os pressupostos de direito, que justifica a sua anulação nos termos do artigo 163.º, n.º 1, do Código do Procedimento Administrativo subsidiariamente aplicável nos termos do artigo 2.º, alínea c), da LGT.

4.3.3 <u>Questão dos «Activos que não aumentam a capacidade de um estabelecimento existente, nem proporcionam a criação de postos de trabalho, nem estão directamente relacionados com o investimento produtivo» (período de 2014)</u>

Invocando a referida alínea a) do n.º 49 do artigo 2.º do Regulamento (UE) n.º 651/2014 da Comissão, de 16 de Junho, a Autoridade Tributária e Aduaneira refere o seguinte:

De entre as quatro tipologias acima descritas, o enquadramento da A..., em 2014, correspondeu à tipologia de "aumento da capacidade de um estabelecimento existente", conforme expresso na resposta à notificação do mesmo (em Anexo 13).

Uma vez que o investimento inicial tinha de estar direccionado para o aumento da capacidade do estabelecimento existente, tal significa que as aquisições de activos teriam de estar relacionados com um projecto de aumento da capacidade produtiva da empresa, de forma a serem elegíveis no âmbito do RFAI.

Por outro lado, recorde-se que o espírito subjacente à permissão destes auxílios de Estado, regulamentados pelo Regulamento (UE) n.º 651/2014 da Comissão, de 16 de Junho de 2014, insere-se num objectivo fulcral de alcançar uma melhoria do rendimento per capita nas regiões menos desenvolvidas da União Europeia.

Neste sentido, o preâmbulo do referido regulamento é peremptório, no §31, ao considerar que "ao tentar ultrapassar as desvantagens das regiões desfavorecidas, os auxílios com finalidade regional promovem a coesão económica, social e territorial dos Estados-Membros e da União no seu conjunto. Os auxílios com finalidade regional destinam-se a contribuir para o desenvolvimento das regiões mais desfavorecidas, apoiando o investimento e a criação de emprego num contexto sustentável'.

Assim, tendo em vista este desiderato, a alínea f) do n.º 4 do artigo 22.º do CFI exige que o investimento realizado, para ser elegível, "proporcione a criação de postos de trabalho e a sua manutenção até ao final do período mínimo de manutenção dos bens objecto de investimento", pois só assim se alcança o objectivo de incremento do rendimento *per capita* das regiões identificadas como desfavorecidas no desejado contexto sustentável (duradouro).

Deste modo, tem de ser o investimento inicial a gerar a necessidade de contratar trabalhadores, decorrente da criação de novo estabelecimento, da expansão da capacidade produtiva de um estabelecimento existente, da diversificação da produção ou da mudança do processo produtivo.

Ora, durante o período de 2014, o sujeito passivo concretizou a aquisição de um vasto conjunto de activos fixos tangíveis, os quais, pela sua natureza, não se enquadram no âmbito de qualquer projecto de expansão da capacidade produtiva da A..., nem são proporcionadores da criação de postos de trabalho.

Vejam-se, as aquisições de material informático, nomeadamente portáteis e acessórios: (...)

A Requerente defende o seguinte, em suma:

- exige-se que os sujeitos passivos efectuem um investimento relevante que proporcione a criação de postos de trabalho;
- atendendo ao facto de que a tónica deste pressuposto legal não é colocada no próprio investimento mas, antes, na possibilidade de o mesmo vir a ser efectuado pelo sujeito passivo com vista a proporcionar tal criação, entendemos que o conceito de investimento relevante contido na norma em causa deve ser entendido de forma global, isto é, ou todo o investimento efectuado pelo sujeito passivo é susceptível de proporcionar a criação de postos de trabalho ou, ao invés, a globalidade do investimento relevante não poderá considerar-se apto a proporcionar a criação de postos de trabalho;
- o investimento relevante efectuado apenas será susceptível de ser considerado de forma global;
- a AT considera que só será possível avaliar se determinado investimento relevante se encontra apto a proporcionar a criação de postos de trabalho quando, em caso de adições, o investimento global se encontrar concluído;

- afigura-se-nos desprovido de suporte legal o entendimento da AT no sentido de seleccionar determinados activos fixos tangíveis e considerá-los, autonomamente, como insusceptíveis de poder vir a proporcionar a criação daqueles postos;
- estamos perante investimentos na aquisição de equipamentos, sistemas e programas informáticos, em razão da entrada no mercado com um produto de forte inovação (i.e. frio comercial) e que resultou de um aumento de capacidade de um estabelecimento já existente, a AT desconsiderou estes investimentos realizados pela Requerente, o que não pode deixar de ser veementemente contestado pela Requerente;
- não se consegue compreender porque é que a aquisição de equipamentos informáticos não pode estar associada à criação de postos de trabalho;
- pelo contrário, com a informatização actual da sociedade, é natural que cada posto de trabalho tenha acesso a um terminal informático;
- o que importa é que o investimento tenha sido indutor, a nível global do sujeito passivo, da criação de postos de trabalho;
- afigura-se desprovido de suporte legal, o entendimento da AT no sentido de seleccionar determinados activos fixos tangíveis e considerá-los, autonomamente, como insusceptíveis de poder vir a proporcionar a criação daqueles postos de trabalho.

Afigura-se que a Requerente tem razão quanto ao erro de análise da Autoridade Tributária e Aduaneira ao referir, relativamente ao período de 2014, a que «aquisição de um vasto conjunto de activos fixos tangíveis, os quais, pela sua natureza, não se enquadram no âmbito de qualquer projecto de expansão da capacidade produtiva da A.., nem são proporcionadores da criação de postos de trabalho».

Na verdade, como diz a Requerente, a aferição dos requisitos de que depende a aplicação deve fazer-se globalmente, tendo em conta a globalidade dos investimentos a que se referem as aquisições, não havendo, assim, em princípio, activos fixos tangíveis que «pela sua natureza, não se enquadram no âmbito de qualquer projecto de expansão da capacidade produtiva da A..., nem são proporcionadores da criação de postos de trabalho».

De qualquer modo, mesmo que haja algum tipo de activos que, pela sua natureza, não se possa enquadrar num projecto de expansão da capacidade produtiva nem possa proporcionar a criação de postos de trabalho, não é esse o caso, seguramente, dos equipamentos informáticos, designadamente os computadores portáteis, que se destinam a ser utilizados por trabalhadores e são susceptíveis de utilização na generalidade dos projectos industriais.

Como referiu a testemunha K..., quando se faz um aumento da capacidade de produção da Requerente, toda a estrutura da empresa tem de acompanhar esse aumento, designadamente a logística, área administrativa, equipamentos informáticos e software para acompanhamento das vendas e para facturação, aquisição de matérias-primas e é do conjunto desses elementos que resulta o aumento de produção.

Neste caso, resulta do depoimento da testemunha K... que, para criar uma área de produção nova a Requerente teve de criar uma estrutura para suportar essa área de negócio e todos os equipamentos adquiridos proporcionam aumento da capacidade instalada. No mesmo sentido, aponta o depoimento da testemunha H..., que referiu que os upgrades e software são relevantes para desenvolver a actividade e aumentar a capacidade produtiva e objectivo da compra dos equipamentos foi sempre o aumento da produção, que ocorreu efectivamente.

Assim, esta correcção enferma de erro sobre os pressupostos de facto, quanto ao errado juízo que a Autoridade Tributária e Aduaneira fez a inviabilidade de os activos em causa proporcionarem aumento da capacidade, e erro sobre os pressupostos de direito, por erro de interpretação do conceito de «investimento inicial».

4.3.4. Dedução à colecta considerada indevida – Activos que não correspondem a investimento inicial (2015)

Como se refere no Relatório da Inspecção Tributária, no período de 2015, e de acordo com o expresso pela Requerente no dossier do RFAI, «o aumento da capacidade do estabelecimento já existente foi promovido pelo desenvolvimento de uma área de negócio especializada no frio comercial, até aí inexistente».

A Autoridade Tributária e Aduaneira entendeu que um conjunto de equipamentos adquiridos pela Requerente em 2015, «não potencia o aumento da capacidade produtiva apenas permite um melhor controlo organizacional».

Refere-se no RIT o seguinte:

Ora, da análise aos documentos de compra dos bens considerados elegíveis pelo sujeito passivo, em Anexo 15, com os esclarecimentos prestados pelo mesmo, em Anexo 17, permitiu identificar um conjunto de despesas que não podem corresponder a um "investimento inicial", na medida em que respeitam à aquisição de bens de substituição ou a reparações/melhoramentos de equipamentos usados (servidores (upgrade do sistema ERP SAP), storage ... e Microsoft surfasse 4 + leitor de CD's (enquanto componentes de monitorização dos servidores)), não se configurando, por isso, como um investimento pela primeira vez num determinado tipo de activo fixo tangível.

Valem aqui as considerações que se fizeram no ponto 4.3.2. deste acórdão sobre o erro da Autoridade Tributária e Aduaneira na interpretação do conceito de «investimento inicial» que, à face da definição fornecida pela alínea a) do n.º 49 do artigo 2.º do Regulamento (UE) n.º 651/2014 da Comissão, de 16 de Junho, não implica «investimento pela primeira vez num determinado tipo de activo fixo tangível».

Assim, pelas razões referidas naquele ponto 4.3.2., esta correcção enferma de vício de erro sobre os pressupostos de direito, que justifica a sua anulação, ficando, por isso, prejudicado, por ser inútil, o conhecimento da questão da possibilidade de aplicação analógica ao RFAI do preceituado no n.º4 do artigo 11.º do CFI.

4.3.5. Activos que não aumentam a capacidade de um estabelecimento existente, nem proporcionam a criação de postos de trabalho, nem estão directamente relacionados com o investimento produtivo (2015)

A Autoridade Tributária e Aduaneira entendeu que

«(...) durante o período de 2015, conforme anteriormente referido, o sujeito passivo concretizou a aquisição de um vasto conjunto de activos fixos tangíveis, os quais, pela sua natureza, não se enquadram no âmbito de qualquer projecto de expansão da capacidade produtiva da A..., nem são, nessa medida, proporcionadores da criação de postos de trabalho.

Vejam-se, as aquisições de material informático, nomeadamente portáteis:

(...)

Assim, pelo facto de não corresponderem a "investimento inicial" [n.º 41 do artigo 2.º do Regulamento (UE) n.º 651/2014 da Comissão, de 16 de Junho de 2014, alínea a) do n.º 2 do artigo 22.º e n.º 4 do artigo 11.º, ambos do CFI], considera-se que serão de excluir, da listagem dos bens de investimento elegíveis para efeitos de RFAI da A..., no período de 2015, os investimentos em activos supra identificados.

Trata-se de uma fundamentação idêntica à das correcções relativas ao exercício de 2014, referidas no ponto 4.3.3, em que a Autoridade Tributária e Aduaneira não aceita a aplicação do RFAI relativamente a activos que entende que «pela sua natureza, não se enquadram no âmbito de qualquer projecto de expansão da capacidade produtiva da A..., nem são, nessa medida, proporcionadores da criação de postos de trabalho».

Valem, assim, as considerações que se fizerem naquele ponto 4.3.3., que justificam a anulação destas correcções.

Decisão Arbitral do CAAD, de 23 de Abril de 2021 (Proc. n.º 422/2020-T)
Período de manutenção do investimento.

A Requerente adquiriu uma embarcação em 2014, tendo beneficiado do Regime Fiscal de Apoio ao Investimento (RFAI).

A Administração Tributária efectuou uma inspecção à Requerente, ao abrigo da Ordem de Serviço n.º OI2019..., da Direcção de Finanças de..., datada de 08-05-2019, tendo-se iniciado a inspecção em 14-05-2019.

No Relatório da Inspecção Tributária (RIT) dessa inspecção, a Administração Tributária entendeu, em suma, que a Requerente não podia manter o benefício fiscal, por não se ter verificado a condição prevista na alínea c) do n.º 4 do artigo 22.º do CFI, pelos seguintes razões em suma:

– o artigo 22.º, n.º 4, alínea c) do RFAI determina que:

"Podem beneficiar dos incentivos fiscais previstos no presente capítulo os sujeitos passivos de IRC que preencham cumulativamente as seguintes condições: (...)

c) Mantenham na empresa e na região durante um período mínimo de três anos a contar da data dos investimentos, no caso de micro, pequenas e médias empresas (...) os bens objecto do investimento ou, quando inferior, durante o respectivo período mínimo de vida útil, determinado nos termos do Decreto Regulamentar n.º 25/2009 (...) ou até ao período em que se verifique o respectivo abate físico, desmantelamento, abandono ou inutilização, observando as regras previstas no art.º 31-B do CIRC". (sublinhado nosso).

Conforme se percepciona da leitura dos factos relatados na presente exposição, o SP não cumpriu com este requisito, pois efectivamente alienou o bem objecto do investimento considerado para efeitos fiscais, antes de decorrido aquele período mínimo de três anos, não se enquadrando em qualquer das situações previstas para períodos inferiores (vida útil/abate físico).

Nestes termos, teria que se verificar a aplicação do disposto no art.º 26.º do RFAI, o qual define:

"Em caso de incumprimento do disposto na alínea c) do n.º 4 do art.º 22.º, é adicionado ao IRC relativo ao período de tributação em que o sujeito passivo alienou os bens objecto do investimento o imposto que deixou de ser liquidado em virtude do presente regime, acrescido dos correspondentes juros compensatórios majorados em 10 pontos percentuais.".

(...)

Pela referida factura o SP adquire a posse (na data da mesma) dos bens nela mencionados (neste caso a embarcação "..."), à semelhança do que acontece sempre que é emitido um documento daquela natureza a propósito de uma qualquer operação económica, pois de facto uma factura trata-se de um documento comercial que serve de comprovativo da transmissão e que atesta que o cliente é proprietário do bem ou bens nele mencionado(s).

A factura não só serve de prova de compra como assume carácter de especial formalismo na medida em que serve de título de aquisição dos produtos nela descritos.

Se o pagamento foi efectuado de uma única tranche ou se foi em várias, se essas tranches foram efectuadas antes ou depois da transmissão, não relevam para a análise em concreto, pois tal prende-se com os contornos do negócio, os quais podem ser variáveis, consoante a capacidade negocial dos intervenientes.

(...)

Conclui-se desta forma que não só a AT reconhece aquela factura como título de aquisição na operação em concreto, como o mesmo reconhecimento lhe é conferido pelo próprio SP, contrariamente ao acima transcrito, sendo naturalmente a opinião exposta no exercício do seu direito de audição divergente quer da inicial quer da real acepção do negócio, sendo óbvio que o momento da transmissão de propriedade se concretiza com a emissão do referido documento o qual materializa a tomada de posse do bem alienado.

Decisão Arbitral do CAAD, de 12 de Outubro de 2020 (Proc. n.º 220/2020-T)
IRC – Benefício fiscal. Deduções à colecta de IRC. Ajudas estatais; Compatibilidade com o Direito da União Europeia. Portaria de regulamentação. Inconstitucionalidade.

3.2. Apreciação das questões

A Requerente efectuou investimentos em 2015, respeitantes à construção da Adega de ... e a aquisição das antigas instalações da (i) Adega Cooperativa da ..., (ii) do B... e (iii) do C..., e em 2016, investimentos realizados com a reabilitação das antigas instalações da (i) Adega Cooperativa da ..., (ii) do B... e (iii) do C... e com a aquisição de máquinas para a montagem de uma linha de engarrafamento do vinho.

A actividade da Requerente enquadra-se na CAE 11021 «produção de vinhos comuns e licorosos» (Relatório da Inspecção Tributária e artigo 37.º do pedido de pronúncia arbitral).

A Administração Tributária entendeu que os investimentos referidos não podem beneficiar do RFAI porque, em suma,

O artigo 1.º da referida Portaria determina que, em conformidade com as OAR e o RGIC, não são elegíveis para a concessão de benefícios fiscais, os projectos de investimento que tenham por objecto as actividades económicas dos sectores (entre outros) da produção agrícola primária e da transformação e comercialização de produtos agrícolas enumerados no Anexo I do Tratado sobre o Funcionamento da União Europeia (adiante TFUE ou Tratado)»;

«a transformação de produtos agrícolas de que resulte um produto agrícola enumerado no Anexo I do Tratado encontra-se excluída do âmbito do RFAI, por força do disposto no artigo 1.º da Portaria n.º 282/2014, de 30 de Dezembro, aplicável ao RFAI por remissão do número 1 do artigo 22.º do CFI e do próprio número 1 do artigo 22.º deste diploma que, na sua parte final, excepciona do âmbito de aplicação do referido regime as actividades excluídas do âmbito sectorial de aplicação das OAR e do RGIC»;

«os produtos resultantes da actividade de produção de vinhos comuns e licorosos estão incluídos no Capítulo 22 da Nomenclatura de Bruxelas (actual posição 2204) a que se refere o Anexo I do Tratado, pelo que a actividade exercida pela empresa integra o conceito de "transformação de produtos agrícolas", em que o produto final continua a ser um produto agrícola enumerado no Anexo I do Tratado».

O fundamento das correcções efectuadas pela Administração Tributária é apenas a falta de enquadramento da actividade da Requerente no âmbito sectorial de aplicação do RFAI, por força do preceituado no artigo 1.º da Portaria n.º 282/2014, de 30 de Dezembro, por um lado, e do próprio n.º 1 do artigo 22.º do Código Fiscal do Investimento (CFI), que «excepciona do âmbito de aplicação do referido regime as actividades excluídas do âmbito sectorial de aplicação das OAR e do RGIC».

Não é invocada pela Administração Tributária a falta de qualquer outro requisito para aplicação do RFAI.

Assim, como diz a Requerente, a questão essencial que é objecto do presente processo é a de saber se a actividade da Requerente no sector da transformação e comercialização de produtos agrícolas (em concreto de vinhos comuns e licorosos) se enquadra no âmbito de aplicação do Regime Fiscal de Apoio ao Investimento (RFAI).

O Decreto-Lei n.º 162/2014 incluiu no CFI aprovou um novo RFAI, ao abrigo da autorização legislativa concedida pela alínea c) do n.º 1 do artigo 2.º da Lei n.º 44/2014, de 11 de Julho, que tinha o seguinte sentido e extensão, definidos no n.º 3 do mesmo artigo 2.º nestes termos:

3 – A autorização prevista na alínea c) do n.º 1 tem como sentido e extensão:

a) Adaptar o regime às disposições europeias em matéria de auxílios de Estado para o período 2014-2020, nomeadamente:
   i) Às disposições constantes do Regulamento geral de isenção por categoria, que define as condições sob as quais certas categorias de auxílios podem ser consideradas compatíveis com o mercado interno;
   ii) Às regras previstas no mapa nacional dos auxílios estatais com finalidade regional;
b) Prorrogar a vigência do regime até 31 de Dezembro de 2020;
c) Definir o âmbito regional e sectorial de aplicação do benefício em conformidade com as regras europeias e o mapa nacional dos auxílios estatais com finalidade regional;
d) Definir os limites dos benefícios fiscais a conceder, nomeadamente em função das regiões elegíveis ao abrigo da legislação europeia aplicável, e, no caso de empresas recém-constituídas, permitir uma dedução à colecta até à concorrência da mesma relativamente às aplicações relevantes efectuadas no período de tributação do início de actividade e nos dois períodos de tributação seguintes;
e) Prever que a parte da dedução à colecta que não possa ser deduzida por insuficiência de colecta possa ser deduzida até 10 períodos de tributação posteriores;
f) Reforçar os mecanismos de fiscalização e controlo deste regime de benefícios.

As actividades económicas relativamente às quais podem ser concedidos benefícios fiscais no âmbito do RFAI são indicadas no artigo 2.º do CFI, por remissão do seu artigo 22.º que estabelecem o seguinte, no que aqui interessa:

Artigo 2.º
Âmbito objectivo

1 – Até 31 de Dezembro de 2020, podem ser concedidos benefícios fiscais, em regime contratual, com um período de vigência até 10 anos a contar da conclusão do projecto de investimento, aos projectos de investimento, tal como são caracterizados no presente capítulo, cujas aplicações relevantes sejam de montante igual ou superior a € 3.000.000,00.

2 – Os projectos de investimento referidos no número anterior devem ter o seu objecto compreendido, nomeadamente, nas seguintes actividades económicas, respeitando o âmbito sectorial de aplicação das orientações relativas aos auxílios com finalidade regional para o período 2014-2020, publicadas no Jornal Oficial da União Europeia, n.º C 209, de 23 de Julho de 2013 (OAR) e do RGIC:

a) Indústria extractiva e indústria transformadora;
b) Turismo, incluindo as actividades com interesse para o turismo;
c) Actividades e serviços informáticos e conexos;
d) Actividades agrícolas, aquícolas, piscícolas, agropecuárias e florestais;
e) Actividades de investigação e desenvolvimento e de alta intensidade tecnológica;
f) Tecnologias da informação e produção de audiovisual e multimédia;

g) Defesa, ambiente, energia e telecomunicações;

h) Actividades de centros de serviços partilhados.

3 – Por portaria dos membros do Governo responsáveis pelas áreas das finanças e da economia são definidos os códigos de actividade económica (CAE) correspondentes às actividades referidas no número anterior.

Artigo 22.º
Âmbito de aplicação e definições

1 – O RFAI é aplicável aos sujeitos passivos de IRC que exerçam uma actividade nos sectores especificamente previstos no n.º 2 do artigo 2.º, tendo em consideração os códigos de actividade definidos na portaria prevista no n.º 3 do referido artigo, com excepção das actividades excluídas do âmbito sectorial de aplicação das OAR e do RGIC.

3.2.1. Questão do afastamento do benefício fiscal com fundamento no artigo 1.º da Portaria n.º 282/2014, de 30 de Dezembro

Como resulta da alínea c) do n.º 3 do artigo 2.º da referida lei de autorização legislativa n.º 44/2014, e do n.º 2 do artigo 2.º do CFI, visou-se «definir o âmbito regional e sectorial de aplicação do benefício em conformidade com as regras europeias e o mapa nacional dos auxílios estatais com finalidade regional», designadamente as actividades económicas que podem beneficiar de tais auxílios.

A portaria para que remete o n.º 3 do artigo 2.º do CFI veio a ser a Portaria n.º 282/2014, de 30 Setembro, que refere no seu Preâmbulo o seguinte:

Atendendo à necessidade de observar as normas e demais actos emanados das instituições, órgãos e organismos da União Europeia em matéria de auxílios estatais, nomeadamente as Orientações relativas aos auxílios estatais com finalidade regional para 2014-2020, publicadas no Jornal Oficial da União Europeia n.º C 209/1, de 27 de Julho de 2013 e o Regulamento (UE) n.º 651/2014, de 16 de Junho de 2014, que aprovou o Regulamento Geral de Isenção por Categoria, publicado no Jornal Oficial da União Europeia n.º C 187/1, de 26 de Junho de 2014, são também definidos na presente portaria os sectores de actividade excluídos da concessão de benefícios fiscais.

Concretizando este desígnio, os artigos 1.º e 2.º desta Portaria estabelecem o seguinte:

Artigo 1.º
Enquadramento comunitário

Em conformidade com as Orientações relativas aos auxílios estatais com finalidade regional para 2014-2020, publicadas no Jornal Oficial da União Europeia n.º C 209, de 27 de Julho de 2013 e com o Regulamento (UE) n.º 651/2014, de 16 de Junho de 2014, publicado no Jornal Oficial da União Europeia n.º C 187, de 26 de Junho de 2014 (Regulamento Geral de Isenção por Categoria), não são elegíveis para a concessão de benefícios fiscais os projectos de investimento que tenham por objecto as actividades económicas dos sectores siderúrgico, do carvão, da pesca e da aquicultura, da produção agrícola primária, da transformação e comercialização de produtos agrícolas enumerados no anexo i do Tratado sobre o Funcionamento da União Europeia, da silvicultura, da construção naval, das fibras sintéticas, dos transportes e das infraestruturas conexas e da produção, distribuição e infraestruturas energéticas.

Artigo 2.º
Âmbito sectorial

Sem prejuízo das restrições previstas no artigo anterior, as actividades económicas previstas no n.º 2 do artigo 2.º do Decreto-Lei n.º 162/2014, de 31 de Outubro, correspondem aos seguintes códigos da Classificação Portuguesa de Actividades Económicas, Revisão 3 (CAE-Rev.3), aprovada pelo Decreto-Lei n.º 381/2007, de 14 de Novembro:

a) Indústrias extractivas – divisões 05 a 09;
b) Indústrias transformadoras – divisões 10 a 33;
c) Alojamento – divisão 55;
d) Restauração e similares – divisão 56;
e) Actividades de edição – divisão 58;
f) Actividades cinematográficas, de vídeo e de produção de programas de televisão – grupo 591;
g) Consultoria e programação informática e actividades relacionadas – divisão 62;
h) Actividades de processamento de dados, domiciliação de informação e actividades relacionadas e portais Web – grupo 631;
i) Actividades de investigação científica e de desenvolvimento – divisão 72;
j) Actividades com interesse para o turismo – subclasses 77210, 90040, 91041, 91042, 93110, 93210, 93292, 93293 e 96040;
k) Actividades de serviços administrativos e de apoio prestados às empresas – classes 82110 e 82910.

Como resulta do teor expresso do n.º 3 do artigo 2.º do CFI, o que nele se remeteu para portaria foi apenas a definição dos «códigos de actividade económica (CAE) correspondentes às actividades referidas no número anterior» e não a definição dessas actividades, o que se compreende, por nem ser constitucionalmente admissível a definição do âmbito objectivo de benefícios é matéria integrada na reserva relativa de competência legislativa da Assembleia da República, só podendo ser regulada por lei formal ou decreto-lei autorizado, como decorre do preceituado nos artigos 103.º, n.º 2, e 165.º, n.º 1 alínea i), e 198.º, n.º 1, alínea b) da CRP.

Na verdade, «como é natural, não pode uma portaria – independentemente de qualquer qualificação jurídico-pedagógica que se lhe dê – excluir um sector de actividade que o legislador fiscal soberano expressamente decidiu dever ser beneficiado e não alterou a sua decisão através de um procedimento legislativo de igual valor (lei ou decreto-lei autorizado). Ao fazê-lo está a derrogar a lei numa matéria central da tipicidade tributária – o que nem mesmo as posições doutrinárias mais flexíveis sobre a teoria da legalidade tributária admitem». ( )

Por isso, tendo em mente que, por força do disposto no n.º 5 do artigo 112.º da CRP, «nenhuma lei pode criar outras categorias de actos legislativos ou conferir a actos de outra natureza o poder de, com eficácia externa, interpretar, integrar, modificar, suspender ou revogar qualquer dos seus preceitos», o n.º 3 do artigo 2.º do CFI não deve ser interpretado como permitindo aos membros do Governo a definição do âmbito de aplicação dos benefícios através de diploma regulamentar. Na verdade, «é a Constituição e não a lei que estabelece a hierarquia normativa. São por isso inconstitucionais as normas legais que infrinjam a proibição de delegação, sendo consequentemente ilegais os regulamentos que porventura sejam emitidos ao abrigo dessa delegação. ( )

Assim, aquele n.º 3 do artigo 2.º do CFI deve ser interpretado com o alcance, que é o que resulta do seu teor literal, de permitir que fossem definidos por portaria os «códigos de actividade económica» que se reportam às actividades que nele se indicam poderem beneficiar do RFAI e não que pudessem ser alteradas, para menos, as actividades abrangidas.

Por isso, «o âmbito regional e sectorial de aplicação do benefício em conformidade com as regras europeias e o mapa nacional dos auxílios estatais com finalidade regional» que o Governo foi autorizado a esclarecer foi definido pelos artigos 2.º, n.ºs 1 e 2, e 22.º, n.º 1, do CFI e o que nele se remeteu para portaria foi apenas a definição dos códigos das actividades que se indicaram incluir-se nesse âmbito.

Sendo assim, a Portaria n.º 282/2014 não encontra norma habilitante no n.º 3 do artigo 3.º do CFI para estabelecer, restringindo o âmbito definido no n.º 2 do mesmo artigo, que «não são elegíveis para a concessão de benefícios fiscais os projectos de investimento que tenham por objecto as actividades económicas dos sectores siderúrgico, do carvão, da pesca e da aquicultura, da produção agrícola primária, da transformação e comercialização de produtos agrícolas enumerados no anexo i do Tratado sobre o Funcionamento da União Europeia, da silvicultura, da construção naval, das fibras sintéticas, dos transportes e das infraestruturas conexas e da produção, distribuição e infraestruturas energéticas».

Na verdade, o estabelecimento destas inelegibilidades, reportadas a determinadas actividades elencadas no artigo 2.º, n.º 2 do CFI, reconduz-se ao afastamento da aplicabilidade do benefício fiscal a essas actividades, extravasando a competência objectiva que foi atribuída aos membros do Governo pelo n.º 3 do artigo 2.º do CFI, que se restringia à indicação dos Códigos das actividades definidas no n.º 2 do mesmo artigo.

É certo que os diplomas de Direito da União que são invocados no Preâmbulo da Portaria n.º 282/2014, e a «necessidade de observar as normas e demais actos emanados das instituições, órgãos e organismos da União Europeia em matéria de auxílios estatais» aí referida, poderiam constituir «um fundamento constitucional e uma habilitação legal prévia da emanação de regulamentos internos» (...), mas tal habilitação não é admissível quando «seja incompatível com a ordem material de competências constitucionalmente estabelecida (excluem-se, pois, regulamentos de actuação de directivas em matérias de reserva de lei)» ( ), o que sucede neste caso, pois a definição do âmbito dos benefícios é matéria que a lei constitucional portuguesa integra na reserva relativa de competência legislativa da Assembleia da República, nos termos dos citados artigos 103.º, n.º 2, e 165.º, n.º 1 alínea i), da CRP.

Doutra perspectiva, como defende a Requerente, sendo a delimitação do âmbito dos benefícios fiscais matéria incluída na reserva relativa de competência legislativa da Assembleia da República, o artigo 1.º, da Portaria n.º 282/2014, de 30 de Dezembro, será «inconstitucional por violação do princípio da legalidade fiscal, consagrado nos artigos 103.º e 165.º, n.º 1, alínea i), da CRP, e da proibição do reenvio normativo, consagrada no artigo 112.º, n.º 5, da CRP, na interpretação de que a Administração Tributária pode restringir o âmbito de aplicação sectorial do RFAI tal como este se encontra definido pelos artigos 22.º e 2.º do CFI, com fundamento nessa norma regulamentar».

Assim, não pode basear-se no artigo 1.º da Portaria n.º 282/2014, de 30 de Dezembro, o afastamento do benefício fiscal, por falta de habilitação legal e validade constitucional para restringir o âmbito do benefício fiscal definido no artigo 2.º, n.º 2, do CFI.

No entanto, do vício de que enferma este artigo 1.º da Portaria n.º 282/2014 não decorre necessariamente a anulação das liquidações impugnadas, pois é invocado também como seu fundamento para exclusão do benefício fiscal «o próprio número 1 do artigo 22.º deste diploma que, na sua parte final, excepciona do âmbito de aplicação do referido regime as actividades excluídas do âmbito sectorial de aplicação das OAR e do RGIC».

Com efeito, quando um acto de tributário tem mais que um fundamento, cada um deles com potencialidade para, só por si, assegurar a sua legalidade, é irrelevante que um deles seja ilegal, pois "o tribunal, para anular ou declarar a nulidade da decisão questionada, emitida no exercício de actividade vinculada da Administração, não se pode bastar com a constatação da insubsistência de um dos fundamentos invocados, pois só após a verificação da improcedência de todos eles é que o tribunal fica habilitado a invalidar o acto". ( )

Por isso, é necessário apreciar também este segundo fundamento das liquidações.

3.2.2. <u>Questão do afastamento do benefício fiscal com fundamento por se tratar de actividades excluídas do âmbito sectorial de aplicação das OAR e do RGIC</u>

Como resulta da alínea c) do n.º 3 do artigo 2.º da Lei n.º 44/2014, de 11 de Julho (autorização legislativa), visou-se com o RFAI «definir o âmbito regional e sectorial de aplicação do benefício em conformidade com as regras europeias e o mapa nacional dos auxílios estatais com finalidade regional».

O artigo 2.º do CFI elenca as actividades que podem usufruir de benefícios fiscais, entre as quais inclui a «indústria transformadora» [alínea a) do n.º 2], mas reafirmando o respeito do «âmbito sectorial de aplicação das orientações relativas aos auxílios com finalidade regional para o período 2014-2020, publicadas no Jornal Oficial da União Europeia, n.º C 209, de 23 de Julho de 2013 (OAR) e do RGIC».

O artigo 22.º, n.º 1, do CFI estabelece que «o RFAI é aplicável aos sujeitos passivos de IRC que exerçam uma actividade nos sectores especificamente previstos no n.º 2 do artigo 2.º, tendo em consideração os códigos de actividade definidos na portaria prevista no n.º 3 do referido artigo, com excepção das actividades excluídas do âmbito sectorial de aplicação das OAR e do RGIC».

A Requerente defende que apenas relevou para a aplicação do RFAI investimentos realizados na sua actividade de transformação e comercialização de produtos vinícolas (investimentos em adegas e máquina para instalação de uma linha de engarrafamento de vinho) o que está em sintonia com o afirmado pela Administração Tributária, que refere no Relatório da Inspecção Tributária que «os investimentos realizados antes referidos destinaram-se à actividade principal da empresa e consistiram essencialmente no reforço das suas instalações para vinificação e armazenagem do vinho a granel e engarrafado, fruto do elevado crescimento das vendas de vinho».

A actividade da Requerente, com o código CAE 11021, incluída na Divisão 11, grupo 110, classe 1102 o anexo ao Decreto-Lei n.º 38172007, de 14 de Novembro, é uma das indicadas na alínea b) do artigo 2.º da Portaria n.º 282/2014, de 30 de Dezembro, que abrange «Indústrias transformadoras – divisões 10 a 33». Há também acordo das Partes quanto a este enquadramento.

No entanto, a Administração Tributária defende que a actividade da Requerente é excluída do âmbito de aplicação do RFAI, porque as actividades de «transformação de produtos agrícolas de que resulte um produto agrícola enumerado no Anexo I do Tratado» são «actividades excluídas do âmbito sectorial de aplicação das OAR e do RGIC», a que se refere a parte final daquele n.º 1 do artigo 22.º do CFI.

A questão que se coloca, assim, é a de saber se a actividade da Requerente está excluída do âmbito sectorial de aplicação das OAR (Orientações relativas aos auxílios estatais com finalidade regional para 2014-2020, publicadas no Jornal Oficial da União Europeia n.º C 209/1, de 27 de Julho de 2013) e do RGIC (Regulamento Geral de Isenção por Categoria, aprovado pelo Regulamento (UE) n.º 651/2014, de 16 de Junho de 2014, publicado no Jornal Oficial da União Europeia n.º C 187/1, de 26 de Junho de 2014.

3.2.2.1. <u>Questão da exclusão do benefício fiscal pela aplicação das OAR</u>

No que concerne às OAR, a Administração Tributária entendeu que a exclusão decorre do seu ponto 10 em que se estabelece o seguinte:

10. A Comissão aplicará os princípios estabelecidos nas presentes orientações aos auxílios com finalidade regional em todos os sectores de actividade económica (9), com excepção da pesca e da aquicultura (10), da agricultura (11) e dos transportes (12), que estão sujeitos a regras especiais previstas em instrumentos jurídicos específicos, susceptíveis de derrogar total ou parcialmente as presentes orientações. A Comissão aplicará estas orientações à transformação e comercialização de produtos agrícolas em produtos não agrícolas. As presentes orientações aplicam-se a medidas de auxílio em apoio de actividades fora do âmbito do artigo 42.º do Tratado, mas abrangidas pelo regulamento relativo ao desenvolvimento rural, e cofinanciadas pelo Fundo Europeu Agrícola de Desenvolvimento Rural ou concedidas como um financiamento nacional em suplemento dessas medidas cofinanciadas, salvo previsão em contrário das regras sectoriais.

Na nota de rodapé (11), relativa à agricultura, refere-se o seguinte:

«Os auxílios estatais à produção primária, transformação e comercialização de produtos agrícolas que deem origem a produtos agrícolas enumerados no anexo I do Tratado e à silvicultura estão sujeitos às regras estabelecidas nas Orientações para os auxílios estatais no sector agrícola».

Considerando estas disposições, a Administração Tributária concluiu que, «quando está em causa a actividade de "transformação de produtos agrícolas", apenas pode beneficiar do RFAI, a transformação destes produtos desde que o produto final dela resultante não seja um produto agrícola de acordo com a definição prevista no artigo 38.º do TFUE e, como tal, não integre a lista constante do Anexo l do Tratado».

A Requerente defende, no entanto que aquele ponto 10, ao excluir «agricultura» do âmbito dos sectores de actividade a que se referem estas orientações sobre os auxílios com finalidade regional a económica, faz essa exclusão, porque «estão sujeitos a regras especiais previstas em instrumentos jurídicos específicos, susceptíveis de derrogar total ou parcialmente as presentes orientações».

E também, como salienta a Requerente, a referida nota de rodapé (11), esclarece que «os auxílios estatais à (...), transformação e comercialização de produtos agrícolas que dêem origem a produtos agrícolas enumerados no anexo I do Tratado e à silvicultura estão sujeitos às regras estabelecidas nas Orientações para os auxílios estatais no sector agrícola».

Na fundamentação que consta do Relatório da Inspecção Tributária não se encontra qualquer referência a estas especiais «Orientações para os auxílios estatais no sector agrícola», que, como se diz no ponto 10 das OAR, são susceptíveis de derrogar total o parcialmente estas Orientações.

Isto significa, desde logo, que as liquidações enfermam de um erro de direito, quanto à invocação das OAR como obstáculo à aplicação do benefício fiscal, pois era primacialmente com base nas específicas «Orientações para os auxílios estatais no sector agrícolas» que a questão tinha de ser apreciada e só se se concluísse que estas não derrogam, total ou parcialmente as OAR se poderia concluir pela exclusão do benefício fiscal com base nestas.

Por outro lado, nas «Orientações da União Europeia relativas aos auxílios estatais nos sectores agrícola e florestal e nas zonas rurais para 2014-2020», publicadas no Jornal Oficial da União Europeia, n.º C 204/1, de 01-07-2014, refere-se no ponto 33:

(33) Em virtude das especificidades do sector, não se aplicam aos auxílios à produção de produtos primários as Orientações relativas aos auxílios estatais com finalidade regional para 2014-2020 (27). Aplicam-se, no entanto, à transformação de produtos agrícolas e à comercialização de produtos agrícolas, dentro dos limites fixados nas presentes orientações.

Como resulta do teor expresso desta segunda parte do ponto (33), as OAR não se aplicam aos auxílios à produção de produtos primários, mas aplicam-se à transformação de produtos agrícolas e à comercialização de produtos agrícolas, dentro dos limites fixados nas presentes orientações relativas aos sectores agrícola e florestal.

E, na secção 1.1.1.4., ponto (168), das mesmas «Orientações da União Europeia relativas aos auxílios estatais nos sectores agrícola e florestal e nas zonas rurais para 2014-2020» estabelece-se que

(168) Os Estados-Membros podem conceder auxílios a investimentos relacionados com a transformação de produtos agrícolas e a comercialização de produtos agrícolas, desde que satisfaçam as condições de um dos seguintes instrumentos de auxílio:

(a) Regulamento (UE) n.º 651/2014 da Comissão, de 17 de Junho de 2014, que declara certas categorias de auxílios compatíveis com o mercado interno, em aplicação dos artigos 107.º e 108.º do Tratado;

(b) Orientações relativas aos auxílios estatais com finalidade regional para 2014-2020;

(c) As condições estabelecidas na presente secção.

Conclui-se, assim, que a actividade da Requerente, de transformação e comercialização de produtos agrícolas, designadamente de vinhos comuns e licorosos, não é uma das «actividades excluídas do âmbito sectorial de aplicação das OAR's» a que se refere a parte final, do artigo 22.º do CFI, e, pelo contrário, desde que satisfaçam as condições previstas no RGIC [o Regulamento (UE) n.º 651/2014, referido na alínea (a)], ou nas OAR, ou na secção em que se insere este ponto (168), são permitidos os auxílios estatais.

Assim, como bem diz em síntese a Requerente, «à luz do §10 (e da respectiva nota de rodapé 11) das OAR 2014-2020 e dos §33 e §168 das Orientações para os Auxílios Estatais no Sector Agrícola, a actividade de transformação e comercialização de vinhos comuns e licorosos não se encontra excluída do âmbito de aplicação sectorial das OAR 2014-2020, sendo, pelo contrário, abrangida por este instrumento».

Por isso, não pode, com o fundamento que foi invocado no RIT, (de a actividade da Requerente, por ser de "transformação de produtos agrícolas", pretensamente estar excluída do âmbito das OAR's), considerar-se que está excluída do benefício fiscal do RFAI.

3.2.2.2. Questão da exclusão do benefício fiscal pela aplicação do RGIC

A Administração Tributária entendeu que actividade da Requerente se integra no conceito de «transformação de produtos agrícolas» e, como o produto final desta actividade é um produto agrícola, porque enumerado no Anexo I do Tratado, esta actividade encontra-se excluída do RGIC, de acordo com o seu Considerando (11).

A Administração Tributária ponderou, em suma, que

- o número 1 do artigo 2.º da Portaria n.º 297/2015, de 21 de Setembro, que regulamenta o RFAI, refere que "Para efeitos da determinação do âmbito sectorial estabelecido na Portaria n.º 282/2014, de 30 de Dezembro, aplicável ao RFAI por remissão do número 1 do artigo 22.º do Código Fiscal do Investimento, aplicam-se as definições relativas a actividades económicas estabelecidas no artigo 2.º do RGIC";
- fazendo uma leitura do Regulamento (UE) n.º 651/2014 (RGIC), acima referido, verificamos no Considerando (11) que "O presente regulamento deve aplicar-se à transformação e comercialização de produtos agrícolas, desde que se encontrem reunidas determinadas condições. Para efeitos do presente regulamento, nem as actividades de preparação dos produtos para e primeira venda efectuadas nas

explorações agrícolas, nem a primeira venda por um produtor primário a revendedores ou a transformadores, nem qualquer actividade que prepare um produto para uma primeira venda devem ser consideradas actividades de transformação ou de comercialização".

- portanto, a preparação de um produto agrícola para a primeira venda efectuada nas explorações agrícolas, a primeira venda por um produtor primário a revendedores ou a transformadores ou qualquer actividade que prepare o produto agrícola para uma primeira venda, não se inserem no conceito de "Transformação e comercialização de produtos agrícolas". Isto porque, estas actividades integram o próprio conceito de "Produção agrícola primária". E como vimos, a produção agrícola primária é uma das actividades referidas no artigo 1.º da Portaria n.º 282/2014, excluída, portanto, do âmbito sectorial do RFAI.
- para efeitos do CFI e nos termos do ponto 9) do artigo 2.º do RGIC, entende-se por "Produção agrícola primária, a produção de produtos da terra e da criação animal, enumerados no anexo 1 do Tratado, sem qualquer outra operação que altere a natureza dos produtos".
- de acordo com o ponto 11) do mesmo preceito, "Produto agrícola [é] um produto enumerado no anexo 1 do Tratado, (...)".

A Requerente defende, em suma, que o RGIC é aplicável a auxílios previstos no CFI e que a exclusão dos auxílios concedidos no sector da transformação e comercialização de produtos agrícolas, apenas se verifica nos casos previstos na alínea c) do n.º 3 do mesmo artigo.

O RGIC identifica os auxílios estatais que estão isentos da obrigação de informação atempadamente dos projectos relativos à instituição ou alteração de quaisquer auxílios, prevista no artigo 108.º, n.º 3, do TFUE.

Por força do preceituado no artigo 1.º, n.º 1, alínea a) do RGIC, este diploma é aplicável, além do mais, aos auxílios com finalidade regional, como são os previstos no CFI, à face do preceituado no n.º 2 do seu artigo 2.º.

Relativamente aos auxílios concedidos no sector de transformação e comercialização de produtos agrícolas, o afastamento da aplicação do RGIC é estabelecido nos seguintes termos:

Artigo 1.º
Âmbito de aplicação

(...)

3. O presente regulamento não é aplicável aos seguintes auxílios:

(...)

c) Auxílios concedidos no sector da transformação e comercialização de produtos agrícolas, nos seguintes casos:

i) sempre que o montante do auxílio for fixado com base no preço ou na quantidade dos produtos adquiridos junto de produtores primários ou colocados no mercado pelas empresas em causa; ou

ii) sempre que o auxílio for subordinado à condição de ser total ou parcialmente repercutido nos produtores primários;

Depreende-se desta limitação dos auxílios excluídos do âmbito de aplicação do RGIC, que este diploma é aplicável aos auxílios concedidos no sector da transformação e comercialização de produtos agrícolas em todos os outros casos cuja exclusão não está prevista.

No caso em apreço, as Partes estão de acordo em que a actividade da Requerente é de «transformação de produtos agrícolas», que é definida na alínea 10) do artigo 2.º do RGIC] ( ); como «transformação de produtos agrícolas», entende-se, para este efeito, «qualquer operação realizada sobre um produto agrícola de que resulte um produto que continua a ser um produto agrícola, com excepção das actividades realizadas em explorações agrícolas necessárias à preparação de um produto animal ou vegetal para a primeira venda». Por outro lado, por «Produto agrícola» entende-se «um produto enumerado no anexo I do Tratado, excepto os produtos da pesca e da aquicultura constantes do anexo I do Regulamento (UE) n.º 1379/2013 do Parlamento Europeu e do Conselho, de 11 de Dezembro de 2013» [definição 11) que consta do artigo 2.º do RGIC].

Os vinhos de uvas frescas são um dos produtos enumerados no anexo I do TFUE [posição 22.05, a que corresponde a posição 2204 da Nomenclatura Combinada ( ), como se refere no Relatório da Inspecção Tributária], pelo que, à face das definições referidas, aqueles produtos se consideram «produto agrícola» e as operações a ele respeitantes são de «transformação de produtos agrícolas».

Assim, por força do disposto no artigo 3.º, n.º 1, alínea c), do RGIC, só não é permitida a concessão de auxílios estatais à actividade de transformação e de comercialização de produtos agrícolas se se verificar qualquer das situações indicadas nas suas subalíneas i) ou ii), isto é, «sempre que o montante dos auxílios for fixado com base no preço ou na quantidade dos produtos adquiridos junto de produtores primários ou colocados em empresas no mercado pelas empresas em causa» ou «sempre que o auxílio for subordinado à condição de ser total ou parcialmente repercutido nos produtores primários».

Consequentemente, não se verificando qualquer destas situações no caso em apreço, tem de se concluir que a aplicação do benefício fiscal do RFAI também não é afastada pelo RGIC.

O artigo 13.º, alínea b), do RGIC, que define o «âmbito de aplicação dos auxílios com finalidade regional», confirma a sua aplicação à actividade de transformação e comercialização de produtos agrícolas, ao excluir do seu âmbito de aplicação os «auxílios com finalidade regional sob a forma de regimes orientados para um número limitado de sectores específicos de actividade económica», mas esclarecendo que não é como tal considerada «a transformação de produtos agrícolas», nestes termos:

Artigo 13.º

Âmbito de aplicação dos auxílios com finalidade regional

A presente secção não é aplicável aos seguintes auxílios:

(...)

b) Auxílios com finalidade regional sob a forma de regimes orientados para um número limitado de sectores específicos de actividade económica; os regimes destinados a actividades turísticas, infraestruturas de banda larga ou comercialização e transformação de produtos agrícolas não são considerados orientados para sectores específicos da actividade económica;

(...)

Pelo exposto, conclui-se que a actividade da Requerente se inclui no âmbito de aplicação do RGIC, pelo que a excepção de aplicação do RFAI às actividades excluídas do âmbito sectorial de aplicação do RGIC, que se prevê na parte final do artigo 22.º, não afasta a aplicação do benefício fiscal do RFAI àquela actividade.

3.2.2.3. Conclusão

Conclui-se, assim, que as liquidações impugnadas enfermam de vício, por erro sobre os pressupostos de direito, ao terem pressuposto o entendimento de que a actividade principal da Requerente de produção de vinhos comuns não era elegível para usufruição do RFAI.

Na verdade, a indústria transformadora enquadra-se no artigo 2.º, n.º 2 do CFI e não se está perante «actividades excluídas do âmbito sectorial de aplicação das OAR e do RGIC», para efeitos do artigo 22.º, n.º 1, do CFI.

Por outro lado, a Portaria n.º 282/2014, não pode validamente afastar a aplicação de benefícios previstos em diplomas de natureza legislativa, pelo que se referiu no ponto 3.2.1.

De qualquer forma, sendo patente que a intenção legislativa subjacente ao RFAI, na versão do CFI, foi a de «definir o âmbito regional e sectorial de aplicação do benefício em conformidade com as regras europeias e o mapa nacional dos auxílios estatais com finalidade regional», enunciada na alínea c) do n.º 3 do artigo da Lei de autorização legislativa n.º 44/2014, de 11 de Julho, a Portaria, como instrumento de execução dessas regras, sempre teria de ser interpretada de forma a concretizá-las e não a afastá-las, em face da supremacia do Direito de União sobre o Direito Nacional, que resulta do n.º 4 do artigo 8.º da CRP.

Pelo exposto, tem de se concluir pela ilegalidade das liquidações impugnadas, por vício de violação de lei, que justifica a sua anulação, de harmonia com o disposto no artigo 163.º, n.º 1, do Código do Procedimento Administrativo subsidiariamente aplicável nos termos do artigo 2.º, alínea c), da LGT.

Decisão Arbitral do CAAD, de 9 de Março de 2020 (Proc. n.º 307/2019-T)
Criação de postos de trabalho.

O Regulamento (UE) n.º 651/2014 da Comissão, segue, no que para o caso importa, a mesma lógica, referindo no preâmbulo que "A fim de não favorecer o investimento em capital em relação ao investimento nos custos da mão-de-obra, deve prever-se a possibilidade de quantificar os auxílios regionais ao investimento com base quer nos custos do investimento quer nos custos salariais do emprego directamente criado por um projecto de investimento.", e dispondo no art.º 17.º que:

"2. Os custos elegíveis devem ser um dos seguintes custos ou ambos:

a) Os custos de investimento em activos corpóreos e incorpóreos;

b) Os custos salariais estimados do emprego directamente criado pelo projecto de investimento, calculados para um período de dois anos.".

No art.º 14.º também se dispõe que:

"4. Os custos elegíveis devem ser os seguintes:

a) Custos de investimento em activos corpóreos e incorpóreos;

b) Custos salariais estimados decorrentes da criação de emprego, em virtude de um investimento inicial, calculados ao longo de um período de dois anos; ou

c) Uma combinação das alíneas a) e b), que não exceda o montante de a) ou b), consoante o que for mais elevado.".

É neste contexto que o n.º 9 do mesmo art.º 14.º, citado pela AT, dispõe que:

"9. Quando os custos elegíveis são calculados por referência aos custos salariais estimados, descritos no n.º 4, alínea b), devem ser preenchidas as seguintes condições:

a) O projecto de investimento deve conduzir a um aumento líquido do número de trabalhadores do estabelecimento em causa, em comparação com a média dos 12 meses anteriores, ou seja, qualquer perda de postos de trabalho deve ser deduzida do número aparente de postos de trabalho criados nesse período;

b) Cada posto de trabalho deve ser preenchido no prazo de três anos após a conclusão dos trabalhos; e

c) Cada posto de trabalho criado através do investimento deve ser mantido na zona em causa durante um período mínimo de cinco anos a contar da data em que a vaga foi preenchida, ou três anos no caso de PME".

Ora, como se viu já, o RFAI foi sempre um apoio ao investimento, e é calculado com base nos custos de investimento em activos corpóreos e/ou incorpóreos, e não com base nos custos de investimento em postos de trabalho ou em custos salariais estimados.

Daí que não seja fundada, julga-se, a invocação do conceito de criação líquida de postos de trabalho do Regulamento em questão, para a interpretação a fazer da al. f) do n.º 4 do art.º 22.º do CFAI.

De resto, terá sido por ter noção do quanto se expôs que o legislador não utilizou a expressão "criação líquida de emprego", quando a mesma era utilizada, por exemplo, no art.º 19.º do EBF vigente à data, esse sim, um benefício fiscal que tem por base os custos de investimento em postos de trabalho.

Considerando-se, então, que a al. f) do n.º 4 do art.º 22.º do CFI, não se reporta à criação líquida de postos de trabalho, nos termos em que, por exemplo, o referido art.º 19.º do EBF e as Directivas sobre apoios de Estado o fazem, é ainda necessário densificar qual o sentido e alcance da expressão "criação de postos de trabalho", ali empregue, tem.

Tendo em conta que, pelos fundamentos expostos, não se deverá equiparar a expressão "criação de postos de trabalho" a "criação líquida de postos de trabalho", dever-se-á, em obediência ao princípio hermenêutico do legislador razoável, obter um resultado interpretativo que seja coerente com a teleologia do benefício fiscal em questão e que tenha um efectivo conteúdo prático.

Nessa perspectiva, a única interpretação que não se reconduza à "criação líquida de postos de trabalho", será, julga-se, a de que a "criação de postos de trabalho" pressuposta pelo benefício fiscal em questão se refere à criação de postos de trabalho, e a sua manutenção, causalmente associáveis ao investimento realizado, independentemente de, sob um ponto de vista global, a empresa ter verificado, ou não, um aumento do número de trabalhadores ao seu serviço.

Ou seja: o que está em causa é que o investimento realizado por determinada empresa será elegível para usufruir do benefício fiscal em questão se, e na medida em que, dele resulte, de forma causalmente adequada, a criação de, pelo menos, um posto de trabalho, e a sua manutenção.

Assim, e por exemplo, se uma determinada empresa adquirir um veículo pesado de mercadorias e contratar um motorista habilitado à sua condução, para o conduzir, verificar-se-á o pressuposto da criação de postos de trabalho, pressuposto pela al. f) do n.º 4 do art.º 22.º do CFI.

Mas uma empresa que adquira um veículo pesado de mercadorias, e já dispusesse nos seus quadros de um motorista habilitado à sua condução (que estivesse, por exemplo, afecto à condução de um veículo ligeiro de mercadorias), e contrate um colaborador para a limpeza das suas instalações, que também faça a lavagem e limpeza do veículo adquirido, não preencherá o referido pressuposto de criação de postos de trabalho, já que, embora o referido colaborador possa executar alguns serviços relacionados com o bem adquirido, não se poderá, em princípio, concluir que a sua contratação se relacione de forma causalmente adequada àquela aquisição.

Deverá ser assim este, julga-se, o critério para aferir da criação de postos de trabalho, pressuposto pela al. f) do n.º 4 do art.º 22.º do CFI.

Decisão Arbitral do CAAD, de 17 de Fevereiro de 2020 (Proc. n.º 488/2019-T)
Activos fixos tangíveis adquiridos em estado de novo.

[A Requerente] não se conforma:

1) com a desconsideração, pela AT, de um investimento no montante de €364.834,36 com o argumento de não se tratar de "activos fixos tangíveis, adquiridos em estado de novo", antes de activos "construídos", para efeitos do art.º 27.º, 2, a) do CFI 2013 e da NCRF 7 do SNC – tendo nós já visto que a Requerente sustenta que essa dicotomia não existe, dada a convergência de regimes, e que sobretudo recusa o que julga ser um entendimento escusadamente restritivo sobre o que seja "adquirido" (até porque, no entender da Requerente, os bens "construídos" também são "adquiridos", não obstante poderem não ser comprados);

(...)

Quanto aos primeiros, a AT entende, com efeito, que a alusão legal a "adquiridos em estado de novo" exclui o investimento em bens construídos pela própria Requerente, não adquiridos a terceiros, antes remunerados aos próprios trabalhadores da Requerente, e que para esse efeito não constituiriam novos activos.

(...)

Não podemos deixar de concordar com a AT relativamente à desconsideração daquilo que a própria Requerente reconheceu serem meros investimentos em reparações, benfeitorias e substituições em equipamentos já existentes, num montante total de €364.834,36: não se trata de activos "adquiridos" no verdadeiro sentido da palavra, e muito menos adquiridos "em estado de novo", como o exigia o art.º 27.º, 2, a) do CFI 2013.

Adquirir "em estado de novo" só pode significar que se obteve algo, se alcançou a sua posse, como bem acabado, como um produto oferecido pela primeira vez através de uma transacção entre alienante/vendedor e adquirente/comprador; sair disto, sustentar que aquele que produz também "adquire" o seu próprio produto, não é só ignorar conceitos básicos de Economia (como a divisão do trabalho e o mecanismo das trocas): é forçar a semântica da língua portuguesa, transgredindo os limites impostos pelos artigos 11.º da LGT e 9.º do Código Civil.

Decisão Arbitral do CAAD, de 10 de Fevereiro de 2020 (Proc. n.º 273/2019-T)
Activos fixos tangíveis adquiridos em estado de novo.

- Máquina "... 2000" (centro de ensaios) – 441.274,46 euros

Nos períodos de 2013 e 2014, o sujeito passivo procedeu à aquisição de vários componentes para proceder à montagem de uma máquina "... 2000", idêntica àquelas que vende aos seus clientes, para sua utilização interna, tendo procedido à capitalização de um conjunto de gastos, conforme já descrito no ponto III.1.1.8, a página 43.

O custo de construção da referida máquina "... 2000", registado pelo sujeito passivo, ascende a 441.274,46 euros, os quais decorrem da capitalização de um conjunto de componentes Incluídos na montagem de tal activo, os quais foram sendo registados, desde 2013, nas contas de Investimento em Curso (SNC 4533113 e SNC 4533213), para além de um componente registado na conta SNC 437111334, conforme quadro resumo seguinte:

A referida máquina "... 2000" encontra-se, nesta data, nas instalações actuais da A..., localizada ao fundo do lado direito do pavilhão, enquanto a zona de montagem das máquinas para venda aos clientes se situa ao longo do lado esquerdo do pavilhão, conforme imagem abaixo:

Conforme já referido no ponto III.1.1.8, a página 43, a referida máquina foi montada, pela primeira vez, apenas em 2015, conforme se demonstrou no referido ponto. Posteriormente, com a inauguração das novas e actuais instalações, foi ali reinstalada.

Ora, o referido activo da A... trata-se, afinal, de uma máquina comummente designada pelos funcionários e responsáveis da empresa como "training center" ou "centro de ensaios", porque efectivamente, não se destina à produção, mas sim:

- A investigação e desenvolvimento de novos processos de engenharia e electrónica para os modelos a fabricar, com a realização de testes que permitem a melhoria contínua do produto;
- A demonstração aos potenciais clientes das funcionalidades das máquinas montadas pela A..., os quais podem inclusivamente simular a utilização da máquina para os fins específicos por eles pretendidos, possível pela ligação a software CAD/CAM;
- A formação dos funcionários das empresas clientes, os quais são instruídos por um técnico da A... responsável pela formação.

Afinal, a máquina "... 2000" funcionou, no pavilhão arrendado na ..., e continua a funcionar, nas actuais instalações, como um protótipo permanente, utilizado para investigação, desenvolvimento, testes, demonstrações, simulações e formação.

Conforme se apurou junto dos responsáveis do sujeito passivo e se verificou fisicamente, tal activo nunca esteve afecto à área operacional da A.., a qual se resume à assemblagem de componentes adquiridos a terceiras, uma vez que nem sequer produz componentes a integrar nas máquinas.

Face ao exposto, a construção da referida máquina para utilização interna não potenciou a capacidade de produção do sujeito passivo, conforme impõe o disposto nos §§ 41 e 49 do artigo 2.º do RGIC.

Face à utilização efectiva dada pela empresa ao activo em causa, poderia eventualmente, ler sido ponderado pelo sujeito passivo o enquadramento no SIFIDE (Sistema de incentivos fiscais em investigação e desenvolvimento empresarial), previsto nos artigos 35.º a 42.º do CFI, e o qual contempla como aplicações relevantes, entre outras, "aquisições de activos fixos tangíveis (...) desde que criados ou adquiridos em estado novo e na proporção da sua afectação à realização de actividades de investigação e desenvolvimento" (alínea a) do n.º 1 do artigo 37.º do CFI), dependente de reconhecimento da Comissão Certificadora.

O próprio Relatório e Contas de 2014 (ver pág. 6 do Anexo 22) é peremptório ao afirmar que tal máquina servirá para:

- "dar apoio na área de Investigação e Desenvolvimento, permitindo realizar testes e desenvolvimentos de novos processos e sistemas que poderão posteriormente ser incorporados nas nossas máquinas",
- "criar melhores condições de formação para os colaboradores dos nossos clientes, que podem desta forma ter um primeiro contacto com este tipo de equipamento, antes mesmo de lhe ser fornecido";
- "fazer com que o arranque da máquina nas instalações do cliente seja mais fácil para o operador, permitindo assim que ao cliente começar a rentabilizar o investimento logo após a sua instalação".

E apesar do mesmo Relatório e Contas de 2014 referir que a máquina "... 2000" ("centro de ensaios") "permitirá uma maior integração do processo produtivo das máquinas A...", a qual se via "forçada a subcontratar um grande parte destes serviços, ficando por isso com algumas limitações, quer em termos de prazo de entrega, quer em termos de controlo do qualidade dos componentes encomendados", na verdade, o referido equipamento nunca foi potenciado para executar maquinações de componentes a integrar nas máquinas montadas pela A... E mesmo que o tenha feito, de forma residual ou pontual, tal não significaria, per s, um aumento da capacidade do estabelecimento, conforme é exigido peias disposições legais atrás referidas.

Aliás, durante o período de montagem do "centro de ensaios", finalizado nos primeiros meses de 2015, ainda nas instalações sitas em... verifica-se sim uma redução da capacidade de produção do sujeito passivo, uma vez que implicou uma diminuição da área disponível do pavilhão em causa. No espaço físico onde, antes do início da assemblagem do "centro de ensaios", era possível proceder à montagem de 3 máquinas em simultâneo, passou a ser possível montar apenas 2 máquinas, conforme se atestou aquando da verificação física de tal imóvel no decurso de reunião do dia 31 de Julho de 2018.

A reposição da capacidade de produção inicial (anterior ao início da assemblagem do 'centro de ensaios") somente foi reposta aquando da deslocalização do equipamento em causa para as instalações arrendadas sitas em... a partir de Abril de 2015.

Recorde-se que a actividade operacional do sujeito passivo se resume à assemblagem de componentes adquiridos a terceiros, sendo que a forma de potenciar a capacidade de produção passaria pela expansão da área disponível para executar a montagem integral das máquinas, a qual é sempre feita, previamente à expedição, nas instalações da A... em... Essa expansão ocorreu em 2017, quando ficou concluída a edificação de um novo estabelecimento, a partir do qual a A... passou a deter uma capacidade de montagem simultânea de 7 máquinas, ao invés das apenas 3 máquinas possíveis nas anteriores instalações em...

Por outro lado, durante os períodos de 2015 a 2017, o sujeito passivo incorreu em novos investimentos associados à construção de um novo protótipo, designado... (inicialmente...), para o desenvolvimento de um modelo de máquina de furacão e fresagem mais compacto, cujas despesas submeteu em candidatura ao SIFIDE em 2015 e 2016, o que demonstra que o enquadramento correio da máquina "... 2000" seria o mesmo e não o RFAI. Recorde-se, aliás, o aludido no Relatório e Contas de 2014, quanto às funções da máquina: "dar apoio na área de Investigação e Desenvolvimento, permitindo realizar testes e desenvolvimentos de novos processos e sistemas que poderão posteriormente ser incorporados nas nossas máquinas".

Deste modo, o investimento efectuado no "centro de ensaios" não potência a capacidade de produção do sujeito passivo, conforme impõe o disposto nos §§ 41 e 49 do artigo 2.º do RGIC.

Por outro lado, o próprio Código Fiscal do Investimento (CFI) estipula na alínea a) do n.º 2 do artigo 22.º que, para efeitos do regime do RFAI, consideram-se "aplicações relevantes os investimentos nos seguintes activos, desde que afectos à exploração da empresa: a) activos fixos tangíveis, adquiridos em estado de novo".

Esta condição pressupõe a aquisição de activos a terceiros, não contemplando, deste modo, o enquadramento como investimento elegível dos bens construídos pelas próprias entidades, como foi o caso do "centro de ensaios" da A...

Decisão Arbitral do CAAD, de 25 de Junho de 2021 (Proc. n.º 565/2018-T)
Criação de postos de trabalho.

Neste âmbito, a Requerida considera, desde logo, incumprida, a condição prevista no artigo 22.º, n.º 4, alínea f) do CFI, por não se ter mantido o aumento líquido do número total de trabalhadores a contrato sem termo no ano subsequente ao investimento (2015). Por seu turno, a Requerente, embora não conteste a redução global do número de trabalhadores, defende que este critério comparativo não tem suporte legal, pois a comparação deve ser feita por referência aos postos de trabalho especificamente criados pelo investimento realizado, sendo irrelevante que o número total de trabalhadores tenha diminuído. No tocante aos cinco postos de trabalho que afirma terem sido criados em consequência do investimento efectuado, os trabalhadores encontram-se ao seu serviço, concluindo que os mesmos estão salvaguardados.

Constituindo o RFAI uma medida excepcional de fomento à empregabilidade e de incremento do rendimento per capita das regiões desfavorecidas, no quadro de direito europeu acima assinalado, a aferição da criação e manutenção dos postos de trabalho reclamados pela alínea f) em análise deve ser efectiva, ao nível da entidade que aufere o benefício, pelo que se afigura que a comparação há-de ser feita nos moldes preconizados pela Requerida, i.e., globalmente, pois só assim se pode afirmar que o investimento tenha sido indutor da criação de postos de trabalho, pressuposto que, segundo entendemos, deve ser incremental. Aliás, a condição que a lei impõe de criação incremental de postos de trabalho no ano do investimento (2014) é medida em função do número global de trabalhadores da entidade, a 31 de Dezembro, face à média dos 12 meses anteriores, não havendo razão para adoptar critério distinto em relação à manutenção dos postos de trabalho nos anos subsequentes.

De qualquer forma, ainda que prevalecesse a interpretação da Requerente, esta não logrou demonstrar que os postos de trabalho dos cinco trabalhadores que identificou em fase contenciosa (sem que, assinale-se, o tivesse feito no procedimento de reclamação graciosa), foram criados na sequência, ou em razão, do investimento elegível para o RFAI.

Com efeito, resulta da citada alínea f) do n.º 4 do artigo 22.º do CFI, invocada na fundamentação da decisão da Reclamação Graciosa, que é condição necessária que os sujeitos passivos efectuem "investimento relevante que proporcione a criação de postos de trabalho e a sua manutenção até ao final do período mínimo de manutenção dos bens objecto de investimento".

A Requerente limitou-se a juntar (à Reclamação Graciosa) um contrato e uma lista de elementos do activo adquiridos nesse ano [2014], sem ter estabelecido qualquer elo de ligação entre o investimento e os trabalhadores cujos postos de trabalho alega terem sido criados. Ficou, pois, por demonstrar um pressuposto essencial da acessibilidade ao benefício do RFAI, o que se refere ao nexo de causalidade entre a realização de investimentos com relevância e elegíveis para o benefício do RFAI em 2014 e a criação dos postos de trabalho dos cinco colaboradores identificados, cujos contratos a termo se converteram em contratos sem termo nesse mesmo ano, bem como a sua manutenção até ao final do período mínimo de detenção dos bens objecto de investimento.

À face do exposto, improcede o pedido da Requerente, mantendo-se a autoliquidação de IRC parcialmente impugnada, por não enfermar do vício material de erro nos pressupostos que lhe foi imputado.

DOUTRINA ADMINISTRATIVA:

Informação Vinculativa com Despacho de 2 de Junho de 2021, da Directora de Serviços do IRC (Proc. n.º 873/2021)

Actividades elegíveis/criação dos postos de trabalho em investimento plurianual (momento)/critério de repartição do investimento pelas actividades elegíveis e não elegíveis/não elegibilidade do investimento em refeitório/ sujeição da DLRR aos limites do artigo 43.º do CFI quando cumulável com o RFAI.

No caso em apreço estava em causa o esclarecimento, no âmbito do benefício fiscal relativo ao RFAI, sobre um investimento com duração plurianual que a entidade se encontrava a efectuar na construção de uma fábrica.

Informou que:

- se encontrava registada fiscalmente em três actividades: CAE 28300-Fabricação de máquinas para a agricultura, CAE 25110 – Fabricação de estruturas de construções metálicas e CAE 46610-Comércio por grosso de máquinas e equipamentos agrícolas;
- a actividade de fabricação de máquinas e alfaias para a agricultura e respectiva reparação e manutenção absorve em predominância os recursos humanos e materiais (instalações e equipamentos);
- embora a actividade de comercialização de equipamentos tenha ultrapassado em valor, nos últimos períodos, a facturação da actividade produtiva/manutenção, é a actividade de produção que pretende incrementar por ser a que liberta melhor rentabilidade;
- as actividades são desenvolvidas actualmente em instalações arrendadas;
- no ano N iniciou a construção de uma fábrica que se encontra em fase de finalização e que vai integrar os seus activos, estando equipada com máquinas e instalações adquiridas em estado de novo;
- esta fábrica vem dotada com as estruturas fabris e administrativas e inclui áreas de armazenagem de matérias primas, escritórios e refeitório.

- pretende utilizar os benefícios fiscais disponíveis, tendo já aproveitado da DLRR em N-1, propondo-se aceder ao RFAI em N;
- realizou em N investimentos em equipamentos e em edificações fabris.

a) "Em que medida o desenvolvimento das actividades exploradas pela empresa condicionam ou limitam o acesso e usufruição do RFAI"

De acordo com o n.º 1 do artigo 22.º do CFI, o RFAI é aplicável aos sujeitos passivos de IRC que exerçam uma actividade nos sectores especificamente previstos no n.º 2 do artigo 2.º do CFI, tendo em consideração os códigos de actividade definidos na portaria prevista no n.º 3 do referido artigo (Portaria n.º 282/2014, de 30 de Dezembro), com excepção das actividades excluídas do âmbito sectorial de aplicação das Orientações relativas aos auxílios estatais com finalidade regional para 2014-2020 (OAR) e do Regulamento Geral de Isenção por Categoria (RGIC).

O artigo 1.º desta Portaria especifica que, em conformidade com as OAR e com o RGIC, não são elegíveis para a concessão de benefícios fiscais os projectos de investimento que tenham por objecto as actividades económicas dos sectores aí elencados.

Pelo que, no que respeita à actividade económica, para que seja possível usufruir do RFAI, é fundamental que (i) os projectos de investimento tenham por objecto uma actividade económica elegível (i.e., que não se encontre excluída do âmbito sectorial do benefício fiscal (cfr. n.º 1 do art.º 22.º do CFI e art.º 1.º da Portaria n.º 282/2014) e que (ii) essa actividade corresponda, especificamente, aos códigos CAE-Rev.3 constantes da referida Portaria.

No que respeita à actividade de "COMÉRCIO POR GROSSO DE MÁQUINAS E EQUIPAMENTOS, AGRÍCOLAS", a que corresponde o código CAE 46610, a mesma não encontra previsão legal em nenhuma das alíneas do art.º 2.º da Portaria n.º 282/2014, de 30 de Dezembro, pelo que, de acordo com o n.º 1 do art.º 22.º do CFI, tal actividade encontra-se, logo à partida, excluída do âmbito de aplicação do RFAI.

Quanto à actividade "FABR. MÁQ. TRACTORES P/ AGRICULTURA, PECUÁRIA E SILVICULTURA", a que corresponde o código CAE 28300, a mesma insere-se nas actividades transformadoras, expressamente previstas na alínea b) do art.º 2.º da Portaria n.º 282/2014, de 30 de Dezembro, portaria esta aplicável ao RFAI por força do disposto no n.º 1 do art.º 22.º do CFI e, atendendo a que os projectos de investimento que tenham por objecto esta actividade económica não se encontram excepcionados do âmbito sectorial do benefício fiscal em causa, a mesma é elegível para efeitos do RFAI.

Quanto à actividade de "FABRICAÇÃO DE ESTRUTURAS DE CONSTRUÇÕES METÁLICAS", a que corresponde o código CAE 25110, não obstante encontrar previsão legal na alínea b) do art.º 2.º da Portaria n.º 282/2014, de 30 de Dezembro, relativa a actividades transformadoras, poderia levantar-se a dúvida se a mesma se enquadraria no sector siderúrgico e desse modo os projectos de investimento que tivessem por objecto essa actividade não poderiam beneficiar do RFAI, atenta a sua exclusão do âmbito de aplicação do RFAI.

Porém, da leitura quer da definição de "sector siderúrgico", constante na legislação comunitária (OAR e RGIC), quer das notas explicativas ao documento publicado pelo INE relativo à CAE – Rev. 3, conclui-se que a actividade económica enquadrável no código CAE 25110 é uma actividade relativa à indústria transformadora que não se insere no sector siderúrgico.

Pelo que, se a actividade efectivamente exercida pela entidade se enquadrar na descrita na subclasse 25110 da CAE (Rev. 3), os projectos de investimento que tenham por objecto esta actividade são susceptíveis de beneficiar do RFAI, desde que se encontrem cumpridos os demais requisitos para o efeito.

b) "Não tendo ainda concluído a totalidade do investimento previsto para a nova unidade fAbril, quando deve ser cumprida a condição da criação dos postos de trabalho?"

De entre as condições cumulativas previstas no n.º 4 do art.º 22.º do CFI, exigidas para beneficiar do RFAI, determina a alínea f) do art.º 22.º do CFI que os sujeitos passivos têm que efectuar "investimento relevante que proporcione a criação de postos de trabalho e a sua manutenção até ao final do período mínimo de manutenção dos bens objecto de investimento, nos termos da alínea c)".

Quanto à questão de saber quando deve ser cumprida a condição da "criação" dos postos de trabalho, dado o investimento não se encontrar concluído, importa referir que, na alínea f) do n.º 4 do artigo 22.º do CFI, o legislador nacional não estabeleceu um período de tempo para que sejam criados os postos de trabalho associados aos investimentos realizados no âmbito do RFAI.

Também as normas de direito comunitário aplicáveis ao caso (RGIC e OAR) não estabelecem um período de tempo para a criação dos postos de trabalho, quando estejam em causa auxílios regionais ao investimento, em que o valor de referência para o cálculo do benefício é o montante dos investimentos em activos efectuados em regiões elegíveis (al. a) do n.4 do art.º 14.º do RGIC), como é o caso do RFAI.

Apesar de o direito ao benefício do RFAI ser anual em função das aplicações relevantes efectuadas em cada período de tributação, a entidade não concluiu a totalidade do investimento enquadrável na subalínea ii) da alínea a) do n.º 2 do artigo 22.º do CFI, previsto para a nova unidade fAbril, por estar em causa um projecto de investimento com uma duração "plurianual".

Assim, apesar da falta de previsão normativa na legislação nacional, deverá ser admitido que os requisitos exigidos quanto à "criação" dos postos de trabalho, a que se refere a alínea f) do n.º 4 do artigo 22.º do CFI, só possam vir a ser aferidos após a conclusão do projecto, ou seja, no final do período de tributação em que a nova unidade fAbril estiver concluída, sem prejuízo do dever de manutenção que a mesma alínea impõe.

c) "Se a usufruição plena do RFAI está condicionada pela função produtiva, qual a limitação ao seu usufruto, considerando a estruturação do edifício que contempla áreas de utilidade social, nomeadamente o refeitório? Quais as áreas desconsideráveis e como expurgá-las, se for o caso, do custo de construção global? Por permilagem ou percentagem s/a área bruta de construção?"

No caso em apreço a entidade informa que iniciou a construção de uma fábrica que se encontra em fase de finalização e que vai integrar os seus activos, estando equipada com máquinas e instalações adquiridas em estado de novo. E que, esta fábrica vem dotada com as estruturas fabris e administrativas e inclui áreas de armazenagem de matérias-primas, escritórios e refeitório.

Dado que a entidade desenvolve actividades elegíveis e actividades não elegíveis para efeitos do RFAI, apenas o investimento afecto às actividades elegíveis poderá beneficiar do referido beneficio fiscal.

No que respeita às aplicações relevantes, quanto ao investimento em edifícios (construção, aquisição reparação e ampliação), embora o mesmo seja afastado do referido benefício por força do disposto na primeira parte da subalínea ii) da alínea a) do n.º 2 do art.º 22.º do CFI, fica salvaguardada a sua elegibilidade se forem instalações fabris ou afectos a actividades turísticas, de produção de audiovisual ou administrativas, por força do disposto na última parte do referido normativo.

Admitindo que o investimento na unidade fAbril integra o conceito de "investimento inicial", dado que a entidade pretende incrementar a actividade de produção, e dado que se tratam de instalações fabris em estado de novo (considerando-se abrangidas as estruturas fabris e administrativas que incluem áreas de armazenagem de matérias primas e escritórios) onde irá desenvolver a sua actividade, tal investimento será de considerar elegível para efeitos do benefício fiscal relativo ao RFAI, na parte em que seja afecto às actividades elegíveis.

Também as máquinas e demais equipamentos, adquiridos em estado de novo, desde que não se encontrem excepcionados nas subalíneas da alínea a) do n.º 2 do art.º 22.º do CFI, e considerando que se tratam de activos fixos tangíveis que irão ser afectos à exploração da empresa, parecem ser de considerar aplicações relevantes para efeitos do referido benefício fiscal, na parte em que sejam afectos às actividades elegíveis.

Quanto à parte do investimento relativo ao refeitório (edifício e respectivos equipamentos), o mesmo não pode beneficiar do RFAI, porquanto, nos termos do ponto ii) da alínea a) do n.º 2 do art.º 22.º do CFI, a construção, aquisição reparação e ampliação de quaisquer edifícios, encontra-se excepcionada, salvo se forem instalações fabris ou afectos a actividades turísticas, de produção de audiovisual ou administrativas, não se enquadrando a construção de um refeitório em nenhuma delas. No que respeita aos equipamentos sociais destinados a equipar o refeitório, os mesmos encontram-se expressamente excluídos do RFAI, nos termos do ponto v) da alínea a) do n.º 2 do artigo 22.º do CFI.

Não obstante o referido nos pontos anteriores quanto à (eventual) elegibilidade dos investimentos aí referidos, importa ter em consideração que a entidade desenvolve actividades elegíveis e actividades não elegíveis, pelo que o investimento nas aplicações relevantes acima mencionadas não pode ser considerado integralmente elegível para efeitos de RFAI se se encontrar simultaneamente afecto a actividades abrangidas e não abrangidas pelo âmbito deste benefício fiscal.

Sendo esse o caso, terá de ser adoptado um critério de repartição do investimento pelas várias actividades desenvolvidas, as elegíveis e as não elegíveis.

Em face da inexistência de um normativo legal que defina os procedimentos a ter quando se verifique a utilização de um bem (elegível como aplicação relevante), simultaneamente, em actividades económicas que se encontram abrangidas pelo âmbito de aplicação do RFAI e em actividades económicas excluídas desse âmbito, é admissível qualquer critério que seja considerado razoável e objectivo, admitindo-se, nomeadamente, que a repartição do investimento efectuado pelas actividades desenvolvidas possa ser efectuada em função da área ocupada, volume de vendas, ou outro que, face à situação em concreto, se mostre mais adequado.

Importa referir que, para efeitos do disposto nos n.ºs 1 e 2 do artigo 25.º do Código Fiscal do Investimento, devem ser incluídos no processo de documentação fiscal a que se refere o artigo 130.º do Código do IRC os elementos definidos no artigo 7.º da Portaria n.º 297/2015, de 21 de Setembro, devendo também a opção por determinado critério que a entidade considere razoável e objectivo estar fundamentada no referido processo de documentação fiscal.

d) "O que deve ser considerado instalação fAbril? Exclusivamente a área em que se operam os recursos para obtenção directa de produtos ou serviços? A satisfação dos trabalhadores, com a disponibilização de áreas indispensáveis às suas necessidades básicas como a alimentação não impulsionam a produtividade, devendo ser consideradas indissociáveis do conjunto fAbril, porque não autónomas?"

Quanta a esta questão, remete-se para a resposta dada à questão anterior.

e) "A DLRR não é um regime de auxílio com finalidade regional, pelo que, só por si, não está sujeita aos limites máximos previstos no art.º 43.º do CFI. Mas se for em conjunto com o RFAI perde aquela caracterização e passa a concorrer para os ditos limites?"

Em termos gerais, um determinado benefício fiscal não é cumulável com quaisquer outros benefícios fiscais da mesma natureza, relativamente às mesmas aplicações relevantes, previstos no CFI ou noutros diplomas legais.

Esta regra geral vem, aliás, expressa no n.º 1 do art.º 24.º (para o RFAI) e no n.º 1 do art.º 31.º (para a DLRR), ambos do CFI. Porém, os n.ºs 2 destes artigos vêm prever uma exceção.

No que se refere ao RFAI, o n.º 2 do citado art.º 24.º do CFI vem permitir que este benefício fiscal seja cumulável com a DLRR, desde e na medida em que não sejam ultrapassados os limites máximos aplicáveis previstos nos n.ºs 5 e 6 do art.º 23.º do mesmo diploma.

Ora, o n.º 5 do referido art.º 23.º especifica que os benefícios fiscais devem respeitar os limites máximos aplicáveis aos auxílios com finalidade regional em vigor na região na qual o investimento é efectuado, nos termos do art.º 43.º. E, o n.º 6 do mesmo preceito determina que o cálculo desse limite deve ter em consideração o montante total dos auxílios de Estado com finalidade regional concedidos ao investimento em questão, proveniente de todas as fontes.

No que respeita à DLRR e à cumulação com o RFAI, o n.º 2 do art.º 31.º permite que estes benefícios fiscais sejam cumuláveis, nos termos e condições previstos no art.º 24.º.

Apesar de a DLRR não ter, propriamente, as características de um auxílio com finalidade regional, como acontece com o regime de benefícios fiscais contratuais ao investimento produtivo e o RFAI (ver n.ºs 2 e 3 do art.º 1.º do CFI), a sua cumulação com estes benefícios sujeita-a à limitação prevista no art.º 43.º do CFI.

Pelo que, o sujeito passivo pode beneficiar, em simultâneo, do RFAI e da DLRR relativamente às mesmas aplicações relevantes, desde que o montante total dos auxílios de Estado com finalidade regional concedidos ao investimento em questão, proveniente de todas as fontes, não ultrapasse os limites máximos aplicáveis aos auxílios estatais com finalidade regional constantes do art.º 43.º do CFI.

Informação Vinculativa com Despacho de 27 de Novembro de 2020, da Subdirectora-Geral da Área de Gestão Tributária – Impostos sobre o Rendimento (Proc. n.º 4404/2020)
Investimento em "moldes" enquadravéis na definição de "investimento inicial".

No caso em apreço, a entidade pretendia aferir da elegibilidade, em sede de RFAI, do investimento efectuado em "moldes", para passar a produzir internamente componentes que integra nos produtos finais e que anteriormente eram adquiridas a terceiros.

Informou, para o efeito, que anteriormente adquiria a terceiros determinadas peças plásticas que posteriormente assemblava nos produtos finais que comercializava, porém, decidiu endogeneizar o processo, passando a produzir internamente os referidos componentes para os quais necessita de moldes. Tratando-se, portanto, de novos moldes para a produção de peças anteriormente comercializadas pela empresa, mas não produzidas internamente, veio questionar se os investimentos realizados nos referidos "moldes" têm enquadramento na definição de "investimento inicial".

De acordo com o n.º 1 do artigo 22.º do CFI, o RFAI é aplicável aos sujeitos passivos de IRC que exerçam uma actividade nos sectores especificamente previstos no n.º 2 do artigo 2.º do CFI, tendo em consideração os códigos de actividade definidos na portaria prevista no n.º 3 do referido artigo (Portaria n.º 282/2014, de 30 de Dezembro), com exceção das actividades excluídas do âmbito sectorial de aplicação das OAR e do RGIC.

A entidade encontra-se registada para o exercício de várias actividades, algumas das quais não são elegíveis para a concessão do benefício fiscal, como é o caso das actividades correspondentes aos códigos CAE 46732, 49410 e 47591, por os mesmos não terem previsão legal nas alíneas a) a k) do artigo 2.º da Portaria n.º 282/2014, de 30 de Dezembro.

No entanto, no caso em concreto, atentos os exemplos dos componentes e dos respectivos produtos finais a que se destinam, tal actividade parece ser enquadrável quer nos códigos CAE 22230 ou 22292, quer mesmo no código CAE 28140, actividades para as quais a entidade já se encontra registada, sendo que todas se inserem nas actividades transformadoras, expressamente previstas na alínea b) do art.º 2.º da Portaria n.º 282/2014, de 30 de Dezembro e, atendendo a que os projectos de investimento que tenham por objecto estas actividades económicas não se encontram excepcionado nos termos do artigo 1.º da referida portaria (âmbito sectorial), são elegíveis para efeitos do RFAI.

O n.º 2 do artigo 22.º do CFI considera "aplicações relevantes", nos termos da alínea a), os investimentos nos (1) activos fixos tangíveis, (2) adquiridos em estado de novo, desde que (3) afectos à exploração da empresa, com exceção dos indicados nas subalíneas i) a vi) e, nos termos da alínea b), os investimentos em activos intangíveis aí especificados.

Contudo, nos termos da alínea d) do n.º 2 do artigo 2.º da Portaria n.º 297/2015, de 21 de Setembro, que procede à regulamentação do RFAI, para efeitos do disposto no artigo 23.º do CFI, apenas são elegíveis as aplicações relevantes que respeitem a "investimentos iniciais", considerando-se como tal:

(i) Os investimentos relacionados com a criação de um novo estabelecimento;
(ii) O aumento da capacidade de um estabelecimento já existente;
(iii) A diversificação da produção de um estabelecimento no que se refere a produtos não fabricados anteriormente nesse estabelecimento; ou
(iv) Uma alteração fundamental do processo de produção global de um estabelecimento já existente.

Pelo que, antes de mais, para que o investimento efectuado em aplicações relevantes seja elegível, é necessário que integre o conceito de "investimento inicial", salientando-se que não se considera aplicação relevante a "aquisição isolada" de activos que não integrem tal conceito, e, ainda, para o facto de não ser elegível como aplicação relevante o investimento na "aquisição de equipamentos de substituição".

No caso em apreço, a entidade refere que irá iniciar a produção interna de determinados componentes que anteriormente eram adquiridos a terceiros, os quais irão ser incorporados em produtos finais que já comercializava, acrescentando que "(...) a capacidade produtiva da empresa aumentou, apesar dos produtos finais comercializados serem os mesmos".

Resulta do explanado que, embora os produtos finais sejam os mesmos, irá ser aumentada a capacidade produtiva do estabelecimento, pelo que o investimento efectuado nos "moldes" necessários para iniciar a produção dos referidos componentes parece ser enquadrável na definição de "investimento inicial", na tipologia de "aumento da capacidade de um estabelecimento já existente".

Deste modo, conclui-se que o investimento inicial nos "moldes" para iniciar a produção dos componentes (anteriormente adquiridos a terceiros), que irão ser incorporados nos produtos finais que já produzia, é susceptível de beneficiar do RFAI, desde que se encontrem cumpridos os demais requisitos e condições exigíveis para que possa usufruir desse benefício.

Esclarece-se, adicionalmente, que apenas estes moldes "iniciais" constantes do projecto de investimento serão elegíveis, não sendo de considerar futuras adaptações aos mesmos e/ou aquisição de novos moldes que se venham a mostrar necessários a posteriori, no decurso do processo produtivo, dado que, nesse caso, não integram o conceito de investimento inicial.

Informação Vinculativa com Despacho de 25 de Novembro de 2020, da Subdirectora-Geral da Área de Gestão Tributária – Impostos sobre o Rendimento (Proc. n.º 4282/2020)
Não elegibilidade do investimento de substituição/reparação em pavilhão industrial (aplicação relevante).

No caso em apreço estava em causa aferir a elegibilidade, ou não, em sede de RFAI, da parte do investimento relativa à substituição de chapas na cobertura e revestimento de um pavilhão industrial (que se encontrava em construção), motivada por um incêndio.

O sujeito passivo informou que possuía um investimento inicial a decorrer entre 01/01/N e 31/12/N+3, referente à construção de nova nave/pavilhão industrial com vista ao aumento da capacidade do estabelecimento existente, e que uma parte do investimento realizado em N+3 foi ocasionada por motivo de substituição de chapas na cobertura e revestimento do pavilhão, após um incêndio, ocorrido em N+1, que destruiu uma parte que já se encontrava finalizada/pronta (mesmo ainda não estando a ser utilizada).

De acordo com o n.º 5 do art.º 22.º do CFI, "Considera-se investimento realizado o correspondente às adições, verificadas em cada período de tributação, de activos fixos tangíveis e activos intangíveis e bem assim o que, tendo a natureza de activo fixo tangível e não dizendo respeito a adiantamentos, se traduza em adições aos investimentos em curso.", pelo que, apenas se consideram elegíveis as aplicações relevantes em activos fixos tangíveis adquiridos em estado de novo que se traduzam em "adições", excluindo, portanto, os investimentos de substituição.

A reforçar este entendimento, consta das OAR, na nota de rodapé (30) para a qual remete o ponto 36, que "A obrigação de manter o investimento na região em causa por um período mínimo de cinco anos (três anos, no caso das PME) não deve impedir a substituição de instalações ou de equipamentos que se tenham tornado obsoletos ou se tenham avariado dentro desse prazo, desde que a actividade económica seja mantida na região em causa durante o período mínimo. Os auxílios com finalidade regional não podem, contudo, ser concedidos para substituir essas instalações ou equipamentos."

Pelo que, estando em causa um investimento relativo à substituição da parte do pavilhão que ficou danificada, o mesmo traduz-se num mero investimento de substituição e não numa adição e, como tal, não pode ser considerado elegível para efeitos de cálculo do valor do crédito fiscal RFAI.

A título adicional, a alínea c) do n.º 4 do art.º 22.º do CFI, impõe que os bens objecto do investimento sejam mantidos na empresa e na região por um prazo mínimo de manutenção obrigatória e que, caso o sujeito passivo procedesse ao abate físico, desmantelamento, abandono ou inutilização de bens objecto de investimento, a referida condição apenas se consideraria satisfeita se fossem observadas as regras previstas no artigo 31.º – B do Código do CIRC, sendo que, em caso negativo, seria de aplicar o disposto no art.º 26.º do CFI.

No caso em apreço, o incêndio apenas danificou "parte do bem", o qual continua a existir e foi objecto de reparação de modo a poder servir os fins a que se destinava inicialmente, pelo que, em face do teor da nota de rodapé (30) suprarreferida, parece-nos que essa obrigação de manutenção do bem não ficou prejudicada, dado que se procedeu à substituição ou reparação do bem avariado ou danificado dentro desse prazo. Porém, essa substituição ou reparação não pode beneficiar dos auxílios com finalidade regional, neste caso do RFAI.

Informação Vinculativa com Despacho de 21 de Setembro de 2020, da Directora de Serviços do IRC (Proc. n.º 2724/2020)
Não elegibilidade das actividades dos sectores da pesca e da aquicultura – CAE 10201 e CAE 46381.

1. No caso em apreço a entidade pretendia saber se a actividade exercida pela empresa se enquadra no âmbito das actividades que podem beneficiar dos benefícios fiscais relativos ao RFAI e à DLRR.

2. Informou, para o efeito, que se dedica à transformação e comercialização de produtos da pesca e que a actividade principal da empresa consiste no corte e embalamento de peixe congelado adquirido directamente aos "armadores da pesca" (CAE 10201) e como actividade secundária dedica-se à comercialização, entre outros, de peixe e mariscos congelados (CAE 46381).

3. Sem prejuízo de determinados normativos legais serem de aplicar, simultaneamente, ao RFAI e à DLRR, procedeu-se ao enquadramento das actividades desenvolvidas relativamente a cada um dos benefícios fiscais de forma individualizada.

O Regime Fiscal de Apoio ao Investimento (RFAI)

4. O Regime Fiscal de Apoio ao Investimento (RFAI), encontra-se previsto nos artigos 22.º a 26.º do novo Código Fiscal do Investimento (CFI), aprovado pelo Decreto-Lei n.º 162/2014, de 31 de Outubro, e é aplicável aos períodos de tributação iniciados em ou após 1 de Janeiro de 2014, com a ressalva da disposição transitória constante do art.º 6.º do referido decreto-lei.

5. O n.º 2 do artigo 1.º do CFI estabelece que "O regime de benefícios contratuais ao investimento produtivo e o RFAI constituem regimes de auxílio com finalidade regional aprovados nos termos do Regulamento (UE) n.º 651/2014 da Comissão, de 17 de Junho de 2014, que declara certas categorias de auxílio compatíveis com o mercado interno, em aplicação dos artigos 107.º e 108.º do Tratado, publicado no Jornal Oficial da União Europeia n.º L 187, de 26 de Junho de 2014 (adiante Regulamento Geral de Isenção por Categoria ou RGIC).".

6. E, a Portaria n.º 297/2015, de 21 de Setembro, veio proceder à sua regulamentação, assegurando a aplicação integral das regras previstas no RGIC e, quando aplicável, das Orientações relativas aos auxílios estatais com finalidade regional para 2014-2020 (OAR).

7. Assim, as questões relativas ao RFAI têm sempre de ser lidas e entendidas não só à luz da legislação interna (CFI e regulamentação constante das respectivas portarias), como também do Regulamento ao abrigo do qual foi criado (RGIC) e das OAR.

8. Quanto ao âmbito de aplicação, de acordo com o n.º 1 do artigo 22.º do CFI, o RFAI é aplicável aos sujeitos passivos de IRC que exerçam uma actividade nos sectores especificamente previstos no n.º 2 do artigo 2.º, tendo em consideração os códigos de actividade definidos na portaria prevista no n.º 3 do referido artigo, com excepção das actividades excluídas do âmbito sectorial de aplicação das OAR e do RGIC.

9. A portaria para a qual remete o n.º 1 do artigo 22.º do CFI é a Portaria n.º 282/2014, de 30 de Dezembro, a qual define os códigos da Classificação Portuguesa de Actividades Económicas (CAE- REV.3) e, é também aplicável ao RFAI.

10. A entidade encontra-se registada para as actividades de PREPARAÇÃO DE PRODUTOS DA PESCA E DA AQUICULTURA (CAE Principal 10201) e de COMÉRCIO POR GROSSO DE PEIXE, CRUSTÁCEOS E MOLUSCOS (CAE secundário 46381).

11. Quanto à actividade de "Comercialização, entre outros, de peixe e mariscos congelados" e que, segundo informa é enquadrável no código CAE 46381-COMÉRCIO POR GROSSO DE PEIXE, CRUSTÁCEOS E MOLUSCOS, não obstante se inserir no sector da pesca, a mesma não encontra previsão legal em nenhuma das alíneas do art.º 2.º da Portaria n.º 282/2014, de 30 de Dezembro, pelo que, de acordo com o n.º 1 do art.º 22.º do CFI, tal actividade encontra-se, logo à partida, excluída do âmbito de aplicação do RFAI.

12. O art.º 1.º da Portaria n.º 282/2014, de 30 de Dezembro, determina que, em conformidade com as OAR e com o RGIC, não são elegíveis para a concessão de benefícios fiscais os projectos de investimentos que tenham por objecto as actividades económicas dos sectores (entre outros), da pesca e da aquicultura.

13. Assim, quanto à actividade de "Corte e embalamento de peixe congelado adquirido directamente aos armadores da pesca", enquadrável no código CAE 10201-PREPARAÇÃO DE PRODUTOS DA PESCA E DA AQUICULTURA, embora a alínea b) do artigo 2.º da mesma portaria refira que as actividades económicas correspondentes a indústrias transformadoras com o código da CAE compreendido nas divisões 10 a 33 podem beneficiar do RFAI, o corpo do artigo é bem explícito quando refere "Sem prejuízo das restrições previstas no artigo anterior"(sublinhado nosso).

14. Consta das OAR, para as quais remete o artigo 1.º da Portaria n.º 282/2014, de 30 de Dezembro, concretamente no ponto 10 (integrado no Capitulo 1- Âmbito de aplicação e definições, subcapítulo 1.1.- Âmbito de aplicação dos auxílios com finalidade regional), que se encontram excluídos do seu âmbito de aplicação alguns sectores de actividade, entre os quais, o "sector da pesca e da aquicultura", que estão sujeitos a regras especiais previstas em instrumentos jurídicos específicos, remetendo, quanto a este sector de actividade para o Regulamento (CE) n.º 104/2000 do Conselho, de 17 de Dezembro de 1999, (entretanto revogado pelo Regulamento (UE) n.º 1379/2013 do Parlamento Europeu e do Conselho, de 11 de Dezembro de 2013) que estabelecia a organização comum de mercado no sector dos produtos da pesca e da aquicultura.

15. E, por sua vez, o RGIC estabelece, na sua alínea a) do n.º 3 do artigo 1.º, que: "O presente regulamento não é aplicável aos seguintes auxílios: a) Auxílios concedidos

no sector da pesca e da aquicultura, nos termos do Regulamento (UE) n.º 1379/2013 do Parlamento Europeu e do Conselho, de 11 de Dezembro de 2013, que estabelece a organização comum de mercado no sector dos produtos da pesca e da aquicultura (...)".

16. Ou seja, de entre as actividades excluídas do âmbito sectorial das OAR e do RGIC encontram-se a pesca e a aquicultura.

17. Nem a referida portaria, nem a restante legislação mencionada aplicável ao RFAI, definem o que se deve entender, em concreto, por sector da pesca e da aquicultura.

18. Porém, das alíneas a), b) e d) do artigo 5.º do Regulamento (UE) n.º 1379/2013 do Parlamento Europeu e do Conselho, de 11 de Dezembro de 2013, para o qual remete a alínea a) do n.º 3 do artigo 1.º do RGIC, constam as seguintes definições:

- Alínea a) – "Produtos da pesca", os organismos aquáticos resultantes de qualquer actividade de pesca ou os produtos deles derivados, indicados no Anexo I;
- Alínea b) – "Produtos da aquicultura", os organismos aquáticos resultantes de qualquer actividade de aquicultura, em qualquer estádio do seu ciclo de vida, ou os produtos deles derivados, indicados no Anexo I;
- Alínea d) – "Sector da pesca ou da aquicultura", o sector da economia que inclui todas as actividades de produção, transformação e comercialização dos produtos da pesca ou da aquicultura;

19. Ou seja, o sector da pesca e da aquicultura, é definido como o sector da economia que inclui todas as actividades de produção, transformação e comercialização dos produtos da pesca ou da aquicultura, sendo, que os produtos que devam ser classificados como tal, se encontram previstos no Anexo I do Regulamento (EU) n.º 1379/2013 do Parlamento Europeu e do Conselho, de 11 de Dezembro de 2013.

20. Atento o supra exposto, conclui-se que as actividades desenvolvidas pela entidade de "Preparação de produtos da pesca e da aquicultura" (CAE 10201), e de "Comércio por grosso de peixe, crustáceos e molusco" (CAE 46381), se enquadram no sector da pesca ou da aquicultura e, os projectos de investimento que tenham por objecto as actividades económicas dos sectores da pesca e da aquicultura, encontram-se excluídos do âmbito de aplicação sectorial das OAR e do RGIC e, consequentemente, do RFAI, pelo que não podem beneficiar do referido regime.

21. No caso da actividade secundária de "Comércio por grosso de peixe, crustáceos e molusco" (CAE 46381), para além de se enquadrar no sector da pesca (sector não elegível para efeitos do RFAI) a mesma não encontra previsão legal em nenhuma das alíneas do art.º 2.º da Portaria n.º 282/2014, de 30 de Dezembro, pelo que também por esta via estaria excluída do âmbito de aplicação do RFAI.

Informação Vinculativa com Despacho de 1 de Setembro de 2020, da Directora de Serviços do IRC (Proc. n.º 14/2020)
Elegibilidade/Não elegibilidade de actividades enquadráveis nos códigos CAE 01410, 10510 e 10520.

No caso em apreço estava em causa saber se determinadas actividades se enquadram no âmbito das actividades que podem beneficiar do Regime Fiscal de Apoio ao Investimento (RFAI) e da Dedução por Lucros Retidos e Reinvestidos (DLRR).

1. A entidade em causa exerce, a título principal, a actividade de "Criação de bovinos para produção de leite", à qual corresponde o código CAE 01410, encontrando-se ainda registada com outros códigos CAE (secundários), entre os quais se destacam, por relevarem face à questão em análise, os códigos CAE 10510 ("Industrias do leite e derivados") e 10520 ("Fabricação de gelados e sorvetes").

2. Em causa está uma empresa produtora de leite que pretende diversificar a actividade para a fabricação de queijos e gelados com o leite que produz, encontrando-se, nesse contexto a "construir um edifício para montar uma queijaria e gelataria", tendo, nesse âmbito, vindo a realizar investimentos, nomeadamente na construção do edifício e compra das máquinas.

3. A empresa irá passar a fabricar e comercializar gelados e queijos, produtos que anteriormente não faziam parte da actividade desenvolvida.

4. Os lucros que serviram para efeitos da DLRR e relativamente aos quais foi constituída a respectiva reserva especial são oriundos da actividade que ao tempo era desenvolvida pela empresa, ou seja, produção de leite, bem como recria de bezerros, sendo as fêmeas com potencial genético destinadas à substituição do efectivo e os machos com idade até seis meses comercializados.

Regime Fiscal de Apoio ao Investimento (RFAI)

5. O Regime Fiscal de Apoio ao Investimento (RFAI), previsto no novo Código Fiscal do Investimento (CFI), encontra-se previsto nos seus artigos 22.º a 26.º e é aplicável aos períodos de tributação iniciados em ou após 1 de Janeiro de 2014, encontrando-se regulamentado na Portaria n.º 297/2015, de 21 de Setembro.

6. Conforme consta do n.º 2 do artigo 1.º do CFI, o RFAI constitui um regime de auxílio com finalidade regional, aprovado nos termos do Regulamento (UE) n.º 651/2014 da Comissão, de 17 de Junho de 2014, que declara certas categorias de auxílio compatíveis com o mercado interno, em aplicação dos artigos 107.º e 108.º do Tratado do Funcionamento da União Europeia (TFUE), publicado no Jornal Oficial da União Europeia, n.º L 187, de 26 de Junho de 2014 (adiante Regulamento Geral de Isenção por Categoria ou RGIC).

7. Logo, a questão suscitada tem de ser analisada não só à luz do CFI e da regulamentação constante das portarias referentes ao RFAI como também do Regulamento ao abrigo do qual o regime foi criado (RGIC).

8. De acordo com o n.º 1 do artigo 22.º do CFI, o RFAI é aplicável aos sujeitos passivos de IRC que exerçam uma actividade nos sectores especificamente previstos no n.º 2 do artigo 2.º, tendo em consideração os códigos de actividade definidos na portaria prevista no n.º 3 do referido artigo, com excepção das actividades excluídas do âmbito sectorial de aplicação das Orientações relativas aos auxílios estatais com finalidade regional para 2014- 2020 (OAR) e do Regulamento Geral de Isenção por Categoria (RGIC).

9. Por força da remissão prevista no n.º 1 do artigo 22.º do CFI, a Portaria n.º 282/2014, de 30 de Dezembro, que definiu os códigos da Classificação Portuguesa de Actividades

Económicas (CAE- Rev. 3) relativos aos sectores de actividade elegíveis para efeitos da concessão de benefícios fiscais, é, também, aplicável ao RFAI.

10. Porém, o artigo 1.º da referida portaria determina que, em conformidade com as OAR e com o RGIC, não são elegíveis para a concessão de benefícios fiscais os projectos de investimento que tenham por objecto as actividades económicas dos sectores (entre outros) da produção agrícola primária e da transformação e comercialização de produtos agrícolas enumerados no anexo I do TFUE.

11. E, embora a alínea b) do artigo 2.º da mesma portaria refira que as actividades económicas correspondentes a indústrias transformadoras com o código da CAE compreendido nas divisões 10 a 33 podem beneficiar do RFAI, o corpo do artigo é bem explícito quando refere "Sem prejuízo das restrições previstas no artigo anterior".

12. Por outro lado o n.º 1 do artigo 2.º da Portaria n. .º 297/2015 de 21 de Setembro, que regulamenta o RFAI, refere que "Para efeitos da determinação do âmbito sectorial estabelecido na Portaria n.º 282/2014 (...) aplicam-se as definições relativas a actividades económicas estabelecidas no artigo 2.º do RGIC".

13. Fazendo uma leitura do Regulamento (UE) n.° 651/2014 (RGIC) acima referido, encontramos logo, no ponto 11) dos Considerandos, que "O presente regulamento deve aplicar-se à transformação e comercialização de produtos agrícolas, desde que se encontrem reunidas determinadas condições. Para efeitos do presente regulamento, nem as actividades de preparação dos produtos para a primeira venda efectuadas nas explorações agrícolas, nem a primeira venda por um produtor primário a revendedores ou a transformadores, nem qualquer actividade que prepare um produto para uma primeira venda devem ser consideradas actividades de transformação ou de comercialização.".

14. O artigo 2.º do RGIC dispõe, nos pontos 8), 9), 10) e 11,) que, para efeitos do referido regulamento, entende-se por:

- "«Comercialização de produtos agrícolas», a detenção ou a exposição com vista à venda, a colocação à venda, a entrega ou qualquer outra forma de colocação no mercado, excepto a primeira venda por um produtor primário a revendedores e transformadores e qualquer actividade de preparação de um produto para a primeira venda; a venda por um produtor primário aos consumidores finais deve ser considerada comercialização quando efectuada em instalações específicas reservadas a tal fim";
- "«Produção agrícola primária», a produção de produtos da terra e da criação animal, enumerados no anexo I do Tratado, sem qualquer outra operação que altere a natureza de tais produtos";
- "«Transformação de produtos agrícolas", qualquer operação realizada sobre um produto agrícola de que resulte um produto que continua a ser um produto agrícola ", e por;
- "«Produto agrícola" um produto enumerado no anexo I do Tratado(...)"

15. Também as OAR, no seu ponto 10, excluem do seu âmbito de aplicação o sector de actividade económica da agricultura, cuja remissão para a nota de rodapé (11)

esclarece que "Os auxílios estatais à produção [agrícola] primária, transformação e comercialização de produtos agrícolas que deem origem a produtos agrícolas enumerados no anexo I do Tratado e à silvicultura estão sujeitos às regras estabelecidas nas Orientações para os auxílios estatais no sector agrícola», e ainda que «A Comissão aplicará estas orientações à transformação e comercialização de produtos agrícolas em produtos não agrícolas".

16. Logo, "a contrario", as referidas OAR não são aplicáveis quando estejam em causa actividades que consistam na transformação de produtos agrícolas da qual resulte um produto que continua a ser um produto agrícola, ou seja, um produto enumerado no Anexo I do Tratado.

17. Considere-se ainda, a propósito da agricultura, o teor da nota de rodapé (11) inserida nas OAR, a qual esclarece que "Os auxílios estatais à produção [agrícola] primária, transformação e comercialização de produtos agrícolas que deem origem a produtos agrícolas enumerados no Anexo I do Tratado e à silvicultura estão sujeitos às regras estabelecidas nas Orientações para os auxílios estatais no sector agrícola".

18. Assim, da leitura destes conceitos e da referência expressa à aplicabilidade das OAR exclusivamente "à transformação e comercialização de produtos agrícolas em produtos não agrícolas", conclui-se que a transformação de produtos agrícolas apenas poderá beneficiar do RFAI se os produtos finais dela resultantes não forem um produto agrícola de acordo com a definição prevista no artigo 38.º do TFUE, isto é, não for um dos produtos enumerados no Anexo I do referido Tratado.

19. Reitera-se que, conforme refere a entidade, a actividade que tem vindo a desenvolver consiste na "produção de leite, bem como da recria de bezerros, sendo as fêmeas com potencial genético destinadas à substituição do efectivo e os machos com idade até seis meses comercializados".

20. A este propósito, refira-se, conforme definido na Classificação Portuguesa das Actividades Económicas (CAE- Rev. 3), que o código CAE 01410 – "Criação de bovinos para produção de leite" compreende tanto a criação de bovinos para a produção de leite cru, como a produção de leite nas explorações pecuárias[290].

21. Atento o supra exposto, considera-se assim que a actividade que tem vindo a ser desenvolvida pelo sujeito passivo, e que se insere no código CAE 01410, se insere no sector agrícola, consistindo, em concreto, numa actividade de produção agrícola primária, e encontrando-se, nesses termos, excluída do âmbito de aplicação do RFAI.

22. Porém, os investimentos em causa têm como objectivo a diversificação da produção, tendo em vista, mais concretamente, o início da produção de queijo e o início da produção de gelados, integrando no processo de produção o leite produzido pela

[290] O código CAE 10510, integrado na Divisão 10 da Classificação Portuguesa da Actividades Económicas compreende a produção de diversos tipos de leite, manteiga, queijo e de produtos frescos ou conservados derivados do leite, a produção de bebidas à base de leite, contudo, não inclui a produção de leite nas explorações pecuárias (esta última incluída no código CAE 01410).

própria entidade (produção inserida, respectivamente nos CAE 10510 – "Industrias do leite e derivados" e 10520 – "Fabricação de gelados e sorvetes").

23. De facto, tanto o CAE 10510 como o CAE 10520, constam da CAE- Rev. 3 como integrando a Divisão 10 – INDÚSTRIAS ALIMENTARES, a qual, por sua vez, se encontra inserida na Secção C – Indústrias Transformadores da Classificação de Actividades.

24. Ora, nas actividades incluídas na referida Divisão 10 da CAE- Rev. 3, são transformados os produtos da agricultura, da produção animal e pesca em produtos para consumo humano ou animal ou em produtos intermédios não directamente consumidos e destinados a ser integrados na cadeia produtiva doutras actividades da Secção C. As actividades desta Divisão estão relacionadas com diferentes tipos de produtos: carne, peixe, produtos hortícolas, óleos, gorduras, leite, produtos lácteos, farinhas, massas, pão, bolos e outros produtos para consumo humano e animal.

25. Assim, importará analisar se os produtos em causa (queijo e gelados) integram ou não a lista constante do Anexo I do Tratado (o qual remete para Nomenclatura de Bruxelas), devendo, nesses termos, ser considerados um produto agrícola de acordo com a definição prevista no artigo 38.º do TFUE.

26. Para se proceder à referida análise, é necessário o recurso ao Regulamento de Execução (UE) n.º 2017/1925, da Comissão, de 12 de Outubro de 2017, relativo à nomenclatura pautal e estatística e à pauta aduaneira comum (Nomenclatura combinada), que altera e substitui o texto constante do anexo do Regulamento (CEE) n.º 2658/87 do Conselho.

27. Através da consulta ao Anexo I do Regulamento de Execução (UE) n.º 2017/1925, da Comissão, verifica-se que:

- o queijo é um produto que se encontra integrado no Capitulo 4 – "Leite e Lacticínios; Ovos de aves; Mel Natural; Produtos Comestíveis de origem animal, não especificados nem compreendidos noutros capítulos", mais concretamente na posição 0406 – "Queijos e requeijão", sendo a sub posição da classificação do produto aferida de acordo com determinadas características especificas do mesmo;
- os gelados (sorvetes), com ou sem leite, encontram-se integrados no Capitulo 21 – "Preparações alimentícias diversas", mais concretamente na posição 2105 – "Sorvetes mesmo que contenham cacau", sendo a sub posição da classificação do produto aferida de acordo com determinadas características especificas do mesmo, tendo em conta, designadamente, o teor de matérias gordas provenientes do leite.

28. Conhecidas as classificações dos produtos em causa (queijos (integrados no Capitulo 4) e gelados (integrados no capitulo 21)) e consultado o Anexo I do Tratado, verifica-se que:

- o queijo (inserido no Capitulo 4), por se tratar de um produto enumerado no Anexo I do Tratado, é considerado um produto agrícola, de acordo com a definição prevista no artigo 38.º do TFUE;

- os gelados (inseridos no capitulo 21), por não se encontrarem enumerados no Anexo I Tratado, não são considerados um produto agrícola, de acordo com a definição prevista no artigo 38.º do TFUE.

29. Assim, uma vez que a actividade de produção de queijo consiste numa actividade de transformação de produtos agrícolas da qual resulta um produto agrícola, de acordo com a definição prevista no artigo 38.º do TFUE (constante do Anexo I do Tratado), não pode esta actividade ser considerada elegível para efeitos do RFAI.

30. Por outro lado, uma vez que a actividade de produção de gelados consiste numa actividade de transformação de produtos agrícolas da qual resulta um produto que não é considerado um produto agrícola, de acordo com a definição prevista no artigo 38.º do TFUE (uma vez que não consta do Anexo I do Tratado), pode esta actividade ser considerada elegível para efeitos do RFAI e consequentemente considerado o respectivo investimento, desde que, obviamente, sejam cumpridos os demais requisitos exigíveis em matéria do RFAI.

Dedução por lucros retidos e reinvestidos (DLRR)

31. Conforme resulta do n.º 3 do artigo 1.º do CFI e do artigo 26.º do mesmo diploma, a Dedução por lucros retidos e reinvestidos (DLRR) constitui um regime de incentivos fiscais ao investimento em favor de micro, pequenas e médias empresas aprovado nos termos do RGIC e encontra-se previsto nos artigos 27.º a 34.º do referido diploma (capitulo IV do CFI).

32. Quanto ao âmbito de aplicação subjectivo, define o artigo 27.º do CFI, em termos amplos, que, os sujeitos passivos de IRC residentes em território português, bem como os sujeitos passivos não residentes com estabelecimento estável neste território, que exerçam, a título principal, uma actividade de natureza comercial, industrial ou agrícola, desde que preencham, cumulativamente, as condições aí previstas, podem beneficiar da DLRR.

33. A Portaria n.º 297/2015, de 21 de Setembro, conforme definido no n.º 1 do seu artigo 1.º, procede, entre outros aspectos, à regulamentação do regime da DLRR, estabelecido no capítulo IV do CFI, assegurando a aplicação integral das regras previstas no RGIC, diploma ao abrigo do qual foi aprovado.

34. E, o n.º 1 do artigo 9.º da referida Portaria refere que, nos termos previstos nas alíneas a) e b) do n.º 3 do artigo 1.º do RGIC, o regime da DLRR não é aplicável ao reinvestimento de lucros retidos nos sectores da pesca, da aquicultura e da produção agrícola primária, tal como definida no parágrafo 9 do artigo 2.º do RGIC.

35. Como já referido anteriormente, nos termos do parágrafo 9 do artigo 2.º do RGIC, entende-se por "Produção agrícola primária" a produção de produtos da terra e da criação animal, enumerados no anexo I do Tratado, sem qualquer outra operação que altere a natureza de tais produtos.

36. Na situação em apreço, a reserva especial constituída para efeitos de DLRR, tem como base os lucros apurados em resultado da actividade anteriormente exercida de "produção de leite, bem como da recria de bezerros, sendo as fêmeas com potencial

genético destinadas à substituição do efectivo e os machos com idade até seis meses comercializados.".

37. De facto, a actividade a que corresponde o código CAE 01410, única actividade desenvolvida pela requerente no período de tributação a que respeitam os lucros retidos, consta da CAE – Rev.3 como integrando o Grupo 014 – Produção Animal, encontrando-se assim inserida na Divisão 01 – Agricultura, produção animal, caça, e Actividades dos Serviços relacionados, a qual, por sua vez, se integra na secção A – Agricultura, Produção Animal, Caça, Floresta e Pesca.

38. E, conforme se pode encontrar na CAE – Rev.3, as actividades económicas no âmbito desta Divisão encontram-se estruturadas em diversos grupos, sendo que o Grupo 014 (Produção Animal) compreende as explorações pecuárias em regime extensivo, semi-intensivo e intensivo.

39. Conforme já referido anteriormente, o ponto 9) do artigo 2.º do RGIC define "Produção agrícola primária" como "a produção de produtos da terra e da criação animal, enumerados no anexo I do Tratado, sem qualquer outra operação que altere a natureza de tais produtos".

40. Assim, atendendo a que a reserva constituída teve na sua origem os lucros que resultaram da actividade anteriormente desenvolvida, na totalidade, pela empresa, não poderá a mesma beneficiar do regime da DLRR, porquanto os lucros retidos respeitam, exclusivamente, a lucros obtidos no âmbito do sector da produção agrícola primária.

Informação Vinculativa com Despacho de 5 de Agosto de 2020, da Directora de Serviços do IRC (Proc. n.º 2028/2020)
Cumulatividade com incentivo financeiro (FEDER) – Questão prévia: Elegibilidade das actividades desenvolvidas.

1. No caso em apreço estava em causa saber se os investimentos realizados, e a realizar, ao abrigo da candidatura apresentada nos termos do aviso n.º 31/SI/2018 (FEDER), podem, também, beneficiar dos benefícios fiscais RFAI e/ou DLRR (cumulatividade).

2. A entidade tem como objecto social "Indústria e comércio de carnes, preparação e transformação de produtos de salsicharia, agricultura e pecuária" e encontra-se registada para o exercício da actividade de FABRICAÇÃO DE PRODUTOS À BASE DE CARNE, a que corresponde o código CAE Principal 10130 e de ABATE DE GADO (PRODUÇÃO DE CARNE), a que corresponde o código CAE Secundário 10110.

3. Os produtos produzidos pela empresa são os seguintes: fiambres, presunto, bacon, chouriços & chouriças, fumeiro tradicional, enchidos, fatiados, mortadela e afiambrado, congelados.

4. Informou que efectuou candidatura a incentivo financeiro ao abrigo do aviso n.º 31/SI/2018, a qual mereceu aprovação.

5. Da análise aos diversos elementos relativos à Candidatura ao referido incentivo financeiro verificou-se que:

- ✓ Na tipologia do investimento, está assinalado o campo relativo ao "Aumento da capacidade de um estabelecimento já existente";

✓ Na parte relativa à "Caracterização do beneficiário", é indicado, no que respeita à "Actividade(s) Económica(s) do Beneficiário", que a percentagem do volume de negócios (pré e pós projecto) relativa ao código CAE 10130 Fabricação de produtos à base de carne corresponde a 99,00 % e relativa ao código CAE 10110 Abate de gado (produção de carne) corresponde a 1,00%;

✓ E no quadro relativo à "Actividade económica por mercado", é mencionado o Capitulo 16 [da Nomenclatura Combinada] nestes termos: "16 – Preparações de carne, de peixes, de crustáceos e de moluscos ou de outros invertebrados aquático", referindo-se à descrição das vendas de Bem/Serviço por mercado.

6. Embora a questão suscitada se relacione com a cumulatividade dos incentivos financeiros usufruídos com os benefícios fiscais (RFAI e/ou DLRR), previamente há que analisar se, face às actividades por si exercidas e no âmbito das quais foi efectuado o investimento, pode ou não beneficiar do RFAI e/ou da DLRR.

(Não) Elegibilidade das actividades por si exercidas no âmbito do RFAI

7. O Regime Fiscal de Apoio ao Investimento (RFAI), constante dos artigos 22.º a 26.º do novo CFI, aprovado pelo Decreto-Lei n.º 162/2014, de 31 de Outubro, é aplicável aos períodos de tributação iniciados em ou após 1 de Janeiro de 2014 e encontra-se regulamentado na Portaria n.º 297/2015, de 21 de Setembro.

8. O n.º 2 do art.º 1.º do CFI estabelece que «O regime de benefícios contratuais ao investimento produtivo e o RFAI constituem regimes de auxílio com finalidade regional aprovados nos termos do Regulamento (UE) n.º 651/2014 da Comissão, de 17[291] de Junho de 2014, que declara certas categorias de auxílio compatíveis com o mercado interno, em aplicação dos artigos 107.º e 108.º do Tratado, publicado no Jornal Oficial da União Europeia n.º L 187, de 26 de Junho de 2014 (adiante Regulamento Geral de Isenção por Categoria ou RGIC)».

9. Logo, a questão suscitada tem de ser analisada não só à luz do CFI e da regulamentação constante das portarias referentes ao RFAI como também do Regulamento ao abrigo do qual o regime foi criado.

10. De acordo com o n.º 1 do artigo 22.º do CFI, «O RFAI é aplicável aos sujeitos passivos de IRC que exerçam uma actividade nos sectores especificamente previstos no n.º 2 do artigo 2.º, tendo em consideração os códigos de actividade definidos na portaria prevista no n.º 3 do referido artigo, com excepção das actividades excluídas do âmbito sectorial de aplicação das OAR [Orientações relativas aos auxílios estatais com finalidade regional para 2014-202] e do RGIC [Regulamento Geral de Isenção por Categoria]» (Sublinhado nosso).

11. De entre as actividades excluídas do âmbito sectorial de aplicação das OAR e do RGIC destacamos a produção agrícola primária e a transformação e comercialização de produtos agrícolas enumerados no Anexo I do Tratado sobre o Funcionamento da União Europeia (doravante TFUE ou Tratado).

[291] A data foi rectificada de 16 de Junho para 17 de Junho, constando a rectificação do Jornal Oficial da União Europeia n.º L 259/30, de 30 de Agosto.

12. A portaria para a qual o n.º 1 do art.º 22.º do CFI remete é a Portaria n.º 282/2014, de 30 de Dezembro, que definiu os códigos da Classificação Portuguesa de Actividades Económicas (CAE- Rev. 3) é, também, aplicável ao RFAI.

13. Ora, o artigo 1.º desta Portaria determina que, em conformidade com as OAR e com o RGIC, não são elegíveis para a concessão de benefícios fiscais os projectos de investimento que tenham por objecto as actividades económicas dos sectores (entre outros) da produção agrícola primária e da transformação e comercialização de produtos agrícolas enumerados no Anexo I do TFUE.

14. E embora a alínea b) do artigo 2.º da mesma portaria refira que as actividades económicas correspondentes a indústrias transformadoras com o código da CAE compreendido nas divisões 10 a 33 podem beneficiar do RFAI, o corpo do artigo é bem explícito quando refere "Sem prejuízo das restrições previstas no artigo anterior".

15. A legislação interna não define «transformação de produtos agrícolas» e «produto agrícola».

16. Porém, o n.º 1 do art.º 2.º da Portaria n.º 297/2015, de 21 de Setembro, estabelece que, "Para efeitos da determinação do âmbito sectorial estabelecido na Portaria n.º 282/2014, de 30 de Dezembro, aplicável ao RFAI por remissão do n.º 1 do artigo 22.º do Código Fiscal do Investimento, aplicam-se as definições relativas a actividades económicas estabelecidas no art.º 2.º do RGIC" (sublinhado nosso).

17. Recorrendo, então, ao RGIC, verifica-se que os pontos 10) e 11) do seu art.º 2.º – Definições, referem o seguinte:

«Transformação de produtos agrícolas» é «qualquer operação realizada sobre um produto agrícola de que resulte um produto que continua a ser um produto agrícola (...)».

«Produto agrícola» é «um produto enumerado no anexo I do Tratado, (...)».

18. O Anexo I do Tratado, na parte que nos interessa, inclui na sua lista o «Capítulo 2 – Carnes e miudezas, comestíveis» e o «Capítulo 16 – Preparados de carne, de peixe, de crustáceos e de moluscos» da Nomenclatura de Bruxelas.

19. Os produtos fabricados pela empresa enquadram-se nos diversos capítulos a que se refere a coluna (1) – Números da Nomenclatura de Bruxelas do anexo I do Tratado, pelo que, recorrendo ao documento sobre Nomenclatura Combinada publicado anualmente pelo Instituo Nacional de Estatística (INE) e também ao Regulamento (CEE) n.º 2658/87, do Conselho, constata-se que as carnes frescas e congeladas têm enquadramento no Capítulo 2 – "Carnes e miudezas comestíveis", os restantes produtos (fumeiro tradicional, os enchidos, os produtos cozidos (fiambre), os presuntos), têm enquadramento no Capítulo 16 – "Preparados de carne, peixes ou de crustáceos, de moluscos ou de outros invertebrados aquáticos".

20. Conclui-se, pois, que os produtos produzidos e comercializados pela requerente, estão incluídos nos Capítulos 2 e 16 da Nomenclatura de Bruxelas, a que se refere o Anexo I do Tratado sobre o Funcionamento da União Europeia, pelo que, as actividades exercidas pela requerente integram o conceito de "transformação de produtos

agrícolas", em que o produto final continua a ser um produto agrícola enumerado no Anexo I do Tratado.

21. Em síntese, em resultado da conjugação das disposições constantes do n.º 1 do art.º 22.º do CFI, do art.º 1.º e corpo do 2.º da Portaria n.º 282/2014, de 30 de Dezembro, do n.º 1 do art.º 2.º da Portaria n.º 297/2015, de 21 de Setembro, das definições presentes nos pontos 10) e 11) do art.º 2.º do RGIC e do ponto 10) das OAR, estão excluídas do âmbito de aplicação do RFAI as actividades relacionadas com a produção agrícola primária e a transformação e comercialização de produtos agrícolas enumerados no Anexo I do Tratado sobre o Funcionamento da União Europeia.

22. Ora, relativamente à entidade em causa, verifica-se que cada um dos produtos transformados, bem como o produto final resultante da transformação, integram os Capítulos 2 e 16 da Nomenclatura de Bruxelas, a que se refere o Anexo I do TFUE, sendo, portanto, considerados produtos agrícolas, de acordo com a definição constante do Regulamento UE n.º 651/2014 da Comissão, de 17 de Junho, nos termos do qual o RFAI foi aprovado (RGIC), pelo que as actividades em concreto desenvolvidas pela entidade, compreendidas nos códigos CAE 10130 e 10110, e que beneficiaram do incentivo financeiro no âmbito da candidatura nos termos do aviso n.º 31/SI/2018, integram o conceito de "transformação de produtos agrícolas" em que o produto final continua a ser um produto agrícola enumerado no anexo I do Tratado, encontrando-se excluídas do âmbito do RFAI, não podendo dele beneficiar.

<u>Actividade de "Abate de gado (produção de carne)", a que corresponde o código CAE 10110.</u>

23. No que respeita à actividade de "Abate de gado (produção de carne)" (CAE 10110, embora classificada pela CAE rev.3 como indústria transformadora, poder-se-ia questionar se à luz do RGIC (de acordo com o seu ponto 10) do art.º 2.º do RGIC[292] e com o Considerando 11)[293], a mesma poderia ser considerada como uma actividade de preparação para a primeira venda e, portanto, considerada actividade de "Produção agrícola primária" (e, consequentemente, excluída do seu âmbito de aplicação), não podendo também por essa via beneficiar do RFAI, de acordo com o art.º 1.º da Portaria n.º 282/2014, de 30 de Dezembro.

24. Porém, uma vez que a empresa desenvolve a sua actividade em torno da comercialização de carne fresca e congelada de suínos e da sua transformação em produtos de charcutaria de inspiração tradicional, pese embora quer o abate do gado propriamente

[292] «Transformação de produtos agrícolas», qualquer operação realizada sobre um produto agrícola de que resulte um produto que continua a ser um produto agrícola, com excepção das actividades realizadas em explorações agrícolas necessárias à preparação de um produto animal ou vegetal para a primeira venda; (sublinhado nosso)

[293] Considerando 11) "(...) nem as actividades de preparação dos produtos para a primeira venda efectuadas nas explorações agrícolas, nem a primeira venda por um produtor primário a revendedores ou a transformadores, nem qualquer actividade que prepare um produto para uma primeira venda devem ser consideradas actividades de transformação ou de comercialização"

dito quer as actividades subsequentes de tratamento e acondicionamento da carne possam constituir actividades de preparação dos produtos tendo em vista a primeira venda, quando esteja em causa a produção de carne e respectivas miudezas comestíveis devem ser consideradas como actividades de transformação.

Elegibilidade das actividades por si exercidas no âmbito da DLRR

25. No que respeita ao benefício fiscal designado por "Dedução por Lucros Retidos e Reinvestidos" (DLRR), o mesmo encontra-se previsto no Capitulo IV do actual CFI, aprovado pelo art.º 2.º do Decreto-Lei n.º 162/2014, de 31 de Outubro.

26. A DLRR constitui um regime de incentivos fiscais ao investimento em favor de micro, pequenas e médias empresas, nos termos do Regulamento Geral de Isenção por Categoria (RGIC), conforme prevê o n.º 3 do art.º 1.º do CFI e, bem assim, o art.º 27.º do mesmo diploma.

27. De acordo com o que dispõe o art.º 28.º do CFI, podem beneficiar da DLRR os sujeitos passivos de IRC residentes em território português, bem como os sujeitos passivos não residentes com estabelecimento estável neste território, que exerçam, a título principal, uma actividade de natureza comercial industrial ou agrícola e preencham, cumulativamente, as condições previstas nas alíneas a) a d).

28. Porém, de acordo com o art.º 9.º da Portaria n.º 297/2015, de 21 de Setembro, que procede à regulamentação de determinados aspectos do RFAI e da DLRR, nos termos previstos nas alíneas a) e b) do n.º 3 do artigo 1.º do RGIC, a DLRR não é aplicável ao reinvestimento de lucros retidos nos sectores da pesca, da aquicultura e da produção agrícola primária, tal como definida no parágrafo 9 do art.º 2.º do RGIC.

29. As actividades relativamente às quais a requerente beneficiou do incentivo financeiro, e pretende beneficiar da DLRR, são a actividade de "Fabricação de produtos à base de carne" (CAE 10113) e a actividade de "Abate de gado (produção de carne)" (CAE 10110).

30. Quanto à actividade abrangida pela CAE 10113 (que como acima referido integra o conceito de "transformação de produtos agrícolas" em que o produto final continua a ser um produto agrícola enumerado no anexo I do Tratado), a mesma não se encontra inserida em nenhum desses sectores excluídos, pelo que tal limitação não lhe é aplicável.

31. Quanto à actividade secundária abrangida pela CAE 10110, embora se pudesse colocar a dúvida se a mesma poderia ser considerada "Produção Agrícola primária", conforme atrás explanado, no caso em apreço, considera-se que tal actividade se enquadra na definição de «transformação de produtos agrícolas» [apresentada no ponto 10) do art.º 2.º do RGIC], pelo que, de acordo com o art.º 9.º da Portaria n.º 297/2015, tal actividade não se encontra excluída do âmbito de aplicação da DLRR.

32. Deste modo, no caso concreto, as actividades desenvolvidas pela entidade, abrangidas pela CAE 10113 e 10110, enquadram-se na definição de «transformação de produtos agrícolas» [apresentada no ponto 10) do art.º 2.º do RGIC], concluindo-se que as mesmas não se encontram excluídas do âmbito de aplicação da DLRR (ao contrário do que sucede com o RFAI), pelo que, desde que se encontrem cumpridos todos os requisitos e condições exigíveis, pode beneficiar da DLRR.

Da susceptibilidade de cumulação da DLRR com o incentivo financeiro.

33. Refere o n.º 1 do art.º 31.º do CFI que, "Sem prejuízo do disposto no número seguinte, a DLRR não é cumulável, relativamente às mesmas aplicações relevantes elegíveis, com quaisquer outros benefícios fiscais ao investimento da mesma natureza".

34. Assim, não sendo o Programa Operacional Competitividade e Internacionalização, apoiado pelo FEDER, um programa que estabeleça qualquer benefício fiscal, o investimento realizado ao abrigo da candidatura apresentada nos termos do aviso n.º 31/SI/2018 é susceptível de poder beneficiar também da DLRR, desde e na medida em que seja considerado aplicação relevante para esse efeito.

35. No que respeita aos limites máximos previstos no art.º 43.º do CFI, a DLRR não é um regime de auxílio com finalidade regional, pelo que, só por si, não está sujeita aos limites máximos previstos no art.º 43.º do CFI.

Informação Vinculativa com Despacho de 28 de Maio de 2020, da Directora de Serviços do IRC (Proc. n.º 1469/2020)
Não elegibilidade dos investimentos na aquisição de activos isolados.

No caso em apreço estava em causa a elegibilidade, no âmbito do RFAI, do investimento que determinada entidade efectuou em tecnologia e imagem nos seguintes activos:

a) Central telefónica digital;
b) Software de apoio à produção;
c) Musica a uma produtora, para inserir no site da empresa.

O n.º 2 do artigo 22.º do CFI considera aplicações relevantes, nos termos da alínea a) os investimentos nos activos fixos tangíveis, adquiridos em estado de novo, desde que afectos à exploração da empresa, com excepção dos indicados nas subalíneas i) a vi) e, nos termos da alínea b), os investimentos em activos intangíveis, constituídos por despesas com transferência de tecnologia, nomeadamente através da aquisição de direitos de patentes, licenças, «know-how» ou conhecimentos técnicos não protegidos por patente.

Contudo, deve ter-se em atenção que, nos termos da alínea d) do n.º 2 do artigo 2.º da Portaria n.º 297/2015, de 21 de Setembro, que procede à regulamentação do RFAI, para efeitos do disposto no artigo 23.º do CFI, apenas são elegíveis as aplicações relevantes que respeitem a "investimentos iniciais", considerando-se como tais:

(i) Os investimentos relacionados com a criação de um novo estabelecimento;
(ii) O aumento da capacidade de um estabelecimento já existente;
(iii) A diversificação da produção de um estabelecimento no que se refere a produtos não fabricados anteriormente nesse estabelecimento; ou
(iv) Uma alteração fundamental do processo de produção global de um estabelecimento já existente.

Pelo que, para que o investimento efectuado em aplicações relevantes seja elegível, é necessário que integre o conceito de "investimento inicial", não se considerando como aplicação relevante a "aquisição isolada" de activos que não integrem tal conceito e, ainda, não sendo elegível como aplicação relevante o investimento na "aquisição de equipamentos de substituição".

E, tem sido entendimento que a referida norma [alínea d) do n.º 2 do artigo 2.º da Portaria n.º 297/2015] pressupõe a existência de uma estratégia global de investimento, realidade que não se compagina com a aquisição isolada de qualquer bem do activo.

No caso, concluiu-se estar em causa a "aquisição isolada" de activos conforme resultava da informação prestada pela entidade, que referiu que a aquisição dos activos em causa não foi integrada em nenhum projecto de investimento.

De facto, não obstante os investimentos em causa terem como objectivo comum o aumento da rentabilidade da empresa, o aumento da produtividade, redução do desperdício e modernização da empresa, entre outros, não se inseriram numa estratégia global de investimento com a finalidade de atingir o fim subjacente às tipologias do investimento indicadas: "aumento da capacidade de um estabelecimento já existente" ou "diversificação da produção de um estabelecimento no que se refere a produtos não fabricados anteriormente nesse estabelecimento", atenta a actividade desenvolvida pela entidade.

Informação Vinculativa com Despacho de 24 de Março de 2020, da Subdirectora-Geral da Área de Gestão Tributária – Impostos sobre o Rendimento (Proc. n.º 4508/2019)
Abate de bens considerados aplicações relevantes para efeitos de RFAI.

No caso em apreço estava em causa aferir do cumprimento da condição prevista na alínea c) do n.º 4 do artigo 22.º do CFI quando, posteriormente à ocorrência de um sinistro (incêndio), o sujeito passivo procedeu ao abate físico de bens que ficaram destruídos na sequência do referido sinistro e que haviam sido considerados aplicações relevantes para efeitos de RFAI.

Pretendia-se, ainda, saber qual o tratamento a conferir ao referido benefício fiscal (RFAI) que o sujeito passivo já havia usufruído e que se encontrava relacionado com esses mesmos bens.

1. A alínea c) do n.º 4 do artigo 22.º do CFI impõe que os bens objecto do investimento, sejam mantidos na empresa e na região:

- durante um período mínimo de três anos a contar da data dos investimentos, no caso de micro, pequenas e médias empresas tal como definidas na Recomendação n.º 2003/361/CE, da Comissão, de 6 de Maio de 2003, ou cinco anos nos restantes casos; ou,
- quando inferior, durante o respectivo período mínimo de vida útil, determinado nos termos do Decreto Regulamentar n.º 25/2009, de 14 de Setembro, alterado pelas Leis n.º 64-B/2011, de 30 de Dezembro, e 2/2014, de 16 de Janeiro; ou ainda,
- até ao período em que se verifique o respectivo abate físico, desmantelamento, abandono ou inutilização, observadas as regras previstas no artigo 31.º -B do Código do IRC.

2. Resulta, assim, que se considera satisfeita a condição prevista na alínea c) do artigo 22.º do CFI quando, no caso de o sujeito passivo proceder ao abate físico, desmantelamento, abandono ou inutilização dos bens objecto de investimento, o mesmo proceda em conformidade com as regras previstas no artigo 31.º-B do Código do Imposto Sobre o Rendimento das Pessoas Colectivas (CIRC).

3. Atendendo ao disposto no n.º 3 do artigo 31.º-B do CIRC, "Quando os factos que determinaram as desvalorizações excepcionais dos activos e o abate físico, o desmantelamento, o abandono ou a inutilização ocorram no mesmo período de tributação, o valor líquido fiscal dos activos, corrigido de eventuais valores recuperáveis, pode ser aceite como gasto do período, desde que:

a) Seja comprovado o abate físico, desmantelamento, abandono ou inutilização dos bens, através do respectivo auto, assinado por duas testemunhas, e identificados e comprovados os factos que originaram as desvalorizações excepcionais;
b) O auto seja acompanhado de relação discriminativa dos elementos em causa, contendo, relativamente a cada activo, a descrição, o ano e o custo de aquisição, bem como o valor líquido contabilístico e o valor líquido fiscal;
c) Seja comunicado ao serviço de finanças da área do local onde aqueles activos se encontrem, com a antecedência mínima de 15 dias, o local, a data e a hora do abate físico, o desmantelamento, o abandono ou a inutilização e o total do valor líquido fiscal dos mesmos.".

4. E, estabelece o n.º 4 do mesmo artigo que "O disposto nas alíneas a) a c) do número anterior deve igualmente observar-se nas situações previstas no n.º 2, no período de tributação em que venha a efectuar-se o abate físico (...)".

5. Assim, quando em resultado da ocorrência de um sinistro se verifiquem desvalorizações excepcionais dos activos considerados aplicações relevantes para efeitos de RFAI, e posteriormente se proceda ao seu abate físico, têm que ser observadas as regras previstas no n.º 3 do artigo 31.º-B do CIRC.

6. E o facto de a ocorrência do sinistro se encontrar devidamente comprovada, não afasta a obrigatoriedade de dar cumprimento às regras previstas no n.º 3 do artigo 31.º-B.

7. O não cumprimento das regras atrás referidas, quando se verifique o abate físico dos bens que consubstanciam aplicações relevantes para efeitos de RFAI, determina que o sujeito passivo não pode beneficiar dos incentivos fiscais previstos nesse regime quanto aos referidos investimentos, por não se encontrar satisfeita a condição prevista na alínea c) do n.º 4 do artigo 22.º do CFI.

8. Assim, tendo o sujeito passivo procedido ao abate físico dos bens sem que tenham sido observadas as regras definidas no artigo 31.º-B do CIRC, não pode beneficiar do RFAI apurado nos períodos de tributação anteriores quanto aos bens que não cumpriram a referida condição, pelo que, deverá o imposto que deixou de ser liquidado por aplicação desse regime ser adicionado ao IRC relativo ao período de tributação em que o sujeito passivo deixou de dispor dos bens, ou seja, do período de tributação em que ocorreu o abate, devendo, no mesmo período de tributação, ser acrescidos os cor-

respondentes juros compensatórios majorados em 10 pontos percentuais, tal como se encontra definido no artigo 26.º do CFI.

9. De facto, apesar de o art.º 26.º do CFI apenas fazer referência ao caso da alienação dos bens, não existe justificativo para conferir um tratamento diferenciado quando verifique o incumprimento das condições nas restantes situações previstas na alínea c) do n.º 4 do artigo 22.º do mesmo diploma.

Informação Vinculativa com Despacho de 3 de Outubro de 2019, da Subdirectora-Geral da Área de Gestão Tributária - Impostos sobre o Rendimento (Proc. n.º 2452/2018)

Enquadramento das actividades de: fabricação de sumos de frutos e de produtos agrícolas; preparação e conservação de frutos e produtos hortícolas por outros processos; produção de vinhos comuns e licorosos; fabricação de aguardentes não preparadas; produção de azeite.

A questão prende-se com a interpretação dos artigos 1.º e 2.º da Portaria n.º 282/2014, de 30 de Dezembro e, consequentemente, com o enquadramento, no âmbito do Regime Fiscal de Apoio ao Investimento (RFAI), das seguintes actividades:

- Fabricação de sumos de frutos e de produtos hortícolas - CAE 10320;
- Preparação e conservação de frutos e produtos hortícolas por outros processos - CAE 10395;
- Produção de vinhos comuns e licorosos - CAE 11021;
- Fabricação de aguardentes não preparadas - CAE 11012;
- Produção de azeite - CAE 10412.

Entendimento sancionado:

1. De acordo com o n.º 1 do artigo 22.º do Código Fiscal do Investimento (CFI), o RFAI é aplicável aos sujeitos passivos de IRC que exerçam uma actividade nos sectores especificamente previstos no n.º 2 do artigo 2.º, tendo em consideração os códigos de actividade definidos na portaria prevista no n.º 3 do referido artigo, com excepção das actividades excluídas do âmbito sectorial de aplicação das Orientações relativas aos auxílios estatais com finalidade regional para 2014- 2020 (OAR) e do Regulamento Geral de Isenção por Categoria (RGIC).

2. Por força da remissão prevista no n.º 1 do artigo 22.º do CFI, a Portaria n.º 282/2014, de 30 de Dezembro, que definiu os códigos da Classificação Portuguesa de Actividades Económicas (CAE - Rev. 3) relativos aos sectores de actividade elegíveis para efeitos da concessão de benefícios fiscais, é, também, aplicável ao RFAI.

3. O artigo 1.º da referida portaria determina que, em conformidade com as OAR e com o RGIC, não são elegíveis para a concessão de benefícios fiscais os projectos de investimento que tenham por objecto as actividades económicas dos sectores (entre outros) da produção agrícola primária e da transformação e comercialização de produtos agrícolas enumerados no Anexo I do TFUE.

4. Embora as alíneas a) e b) do artigo 2.º da mesma portaria refiram que as actividades económicas correspondentes a indústrias extractivas com o código CAE compreendido

nas divisões 05 a 09, e a indústrias transformadoras com o código CAE compreendido nas divisões 10 a 33 podem beneficiar do RFAI, o corpo do artigo é bem explícito quando refere "Sem prejuízo das restrições previstas no artigo anterior".

5. Por outro lado o n.º 1 do artigo 2.º da Portaria n.º 297/2015 de 21 de Setembro, que regulamenta o RFAI, refere que «Para efeitos da determinação do âmbito sectorial estabelecido na Portaria n.º 282/2014, de 30 de Dezembro, aplicável ao RFAI por remissão do n.º 1 do artigo 22.º do Código Fiscal do Investimento, aplicam-se as definições relativas a actividades económicas estabelecidas no artigo 2.º do RGIC».

6. Da leitura do Considerando (11) e das definições presentes nos pontos 9) a 11) do art.º 2.º do Regulamento Geral de Isenção por Categoria (RGIC), e do âmbito de aplicação previsto no ponto 10. das Orientações relativas aos auxílios estatais com finalidade regional (OAR) para 2014-2020, bem como da legislação nacional supra-referida, resulta que quando está em causa a actividade de "transformação de produtos agrícolas", apenas pode beneficiar do RFAI a transformação destes produtos desde que o produto final dela resultante não seja um produto agrícola de acordo com a definição prevista no art.º 38.º do TFUE e, como tal, não integre a lista constante do Anexo I do Tratado.

7. Conclui-se, portanto, que, em sede de RFAI, estão excluídas do âmbito de aplicação do regime as actividades relacionadas com a produção agrícola primária e a transformação e comercialização de produtos agrícolas enumerados no Anexo I do Tratado sobre o Funcionamento da União Europeia (TFUE).

8. Ora, o Anexo I do Tratado refere, na sua coluna (1) diversos capítulos respeitantes aos Números da Nomenclatura de Bruxelas, os quais têm por base o Regulamento (CEE) n.º 2658/87, do Conselho, de 23 de Julho de 1987, que instituiu uma nomenclatura de mercadorias (Nomenclatura Combinada ou NC), o qual veio a ser sucessivamente alterado e cujo Anexo I veio a ser substituído (numa versão completa e actualizada da NC) pelo Anexo I do Regulamento de Execução (UE) 2017/1925, da Comissão, de 12 de Outubro de 2017, o qual, por sua vez, está na origem do documento designado por Nomenclatura Combinada, publicado pelo Instituto Nacional de Estatística (INE).

9. Tendo por referência a Nomenclatura Combinada, procedeu-se à análise das diversas actividades referidas pelo sujeito passivo, bem como dos produtos que delas resultam e do respectivo enquadramento (ou não) no Anexo I do Tratado.

10. Em resultado dessa análise, concluiu-se que o enquadramento, em sede de RFAI, das actividades em causa e, consequentemente, dos projectos de investimento que a elas se se destinem é o seguinte:

<u>Actividades não elegíveis para efeitos de RFAI</u>

- Fabricação de sumos de frutos e de produtos hortícolas (CAE 10320)
  - ➢ Enquadra-se no Capítulo 20 – Preparações de produtos hortícolas, fruta ou de outras partes de plantas (subposições 2009 50 e 2009 81) da NC.
- Preparação e conservação de frutos e produtos hortícolas por outros processos (CAE 10395)
  - ➢ Enquadra-se no Capítulo 7 – Produtos hortícolas, plantas, raízes e tubérculos comestíveis da NC.

- Produção de vinhos comuns e licorosos (CAE 11021)
  - ➢ Enquadra-se no Capítulo 22 – Bebidas, líquidos alcoólicos e vinagres da NC, integrando-se ambos na actual posição 2204.

Actividades elegíveis para efeitos de RFAI

- Fabricação de aguardentes não preparadas (CAE 11012)
  - ➢ Estes produtos, a par dos licores e de outras bebidas espirituosas, estão incluídos nas posições 22.08 e 22.09 (actuais posições 2207 e 2208 da NC).
  - ➢ No entanto, se forem considerados como bebida espirituosa nos termos do artigo 2.º do Regulamento (CE) n.º 110/2008, do Parlamento Europeu e do Conselho, de 15 de Janeiro de 2008, beneficiam da excepção prevista no Anexo I do TFUE.
- Produção de azeite (CAE 10412)
  - ➢ Embora o Anexo I do TFUE inclua várias posições do Capítulo 15 da NC, não inclui a posição 1509 onde se integra o "Azeite de oliveira (oliva) e respectivas fracções, mesmo refinados, mas não quimicamente modificados".

Informação Vinculativa com Despacho de 28 de Junho de 2019, da Directora-Geral (Proc. n.º 2361/2018)

Prejudicialidade das CAE (actividade de transformação de produtos agrícolas).

No caso em apreço estava em causa a prejudicialidade dos códigos da Classificação Portuguesa das Actividades Económicas (CAE), relativos à sua actividade, no âmbito do Regime Fiscal de Apoio ao Investimento (RFAI), solicitando, também, a sociedade esclarecimentos quanto à aferição do critério relativo à criação de postos de trabalho, e ao preenchimento do Anexo D da declaração Modelo 22.

A entidade é uma sociedade que se dedica à actividade de fabricação de produtos à base de carne e à actividade de fabrico de compotas e de grossista de enchidos (presuntos e salsichas), tendo informado que todas as matérias-primas são compradas a outros fornecedores, não dispondo de produção agrícola própria.

Encontra-se registada para as actividades de Fabricação de produtos à base de carne (CAE Principal – 10130), Fabricação de doces, compotas, geleias e marmelada (CAE Secundário 1 – 010393) e Fabricação de refeições e pratos pré-cozinhados (CAE Secundário 2 – 010850).

No âmbito da sua actividade candidatou-se ao Programa de Desenvolvimento Rural 2014-2020 (PDR 2020), que teve por objectivo melhorar e adaptar as instalações usadas no âmbito das suas actividades, investimento inserido na medida designada por "Valorização da produção agrícola", submedida/acção "Investimento na transformação e comercialização de produtos agrícolas", e que foi apresentada na sequência de Anúncio de Abertura relativo a "Investimento na transformação e comercialização de produtos agrícolas", de acordo com a Portaria n.º 230/2014, de 11 de Novembro.

Na sequência da aprovação da candidatura, foi atribuído à sociedade um financiamento concedido a título não reembolsável e, na medida em que o equivalente subvenção bruto por si apurado (não tendo em conta os incentivos fiscais) era inferior ao limite máximo de auxílio regional, pretendia a entidade beneficiar do RFAI pelo remanescente.

Prejudicialidade das CAE principal e secundária em sede de RFAI

O RFAI encontra-se previsto nos artigos 22.º a 26.º do novo Código Fiscal do Investimento (CFI) e é aplicável aos períodos de tributação iniciados em ou após 1 de Janeiro de 2014, encontrando-se regulamentado na Portaria n.º 297/2015, de 21 de Setembro.

O n.º 2 do artigo 1.º do CFI esclarece que o RFAI constitui um regime de auxílio com finalidade regional, aprovado nos termos do Regulamento (UE) n.º 651/2014 da Comissão, de 17 de Junho de 2014, que declara certas categorias de auxílio compatíveis com o mercado interno, em aplicação dos artigos 107.º e 108.º do Tratado do Funcionamento da União Europeia (TFUE), publicado no Jornal Oficial da União Europeia, n.º L 187, de 26 de Junho de 2014 (adiante Regulamento Geral de Isenção por Categoria ou RGIC).

Logo, a questão suscitada tem de ser analisada não só à luz do CFI e da regulamentação constante das portarias referentes ao RFAI como, também, do Regulamento ao abrigo do qual o regime foi criado.

De acordo com o n.º 1 do artigo 22.º do CFI, o RFAI é aplicável aos sujeitos passivos de IRC que exerçam uma actividade nos sectores especificamente previstos no n.º 2 do artigo 2.º, tendo em consideração os códigos de actividade definidos na portaria prevista no n.º 3 do referido artigo, com exceção das actividades excluídas do âmbito sectorial de aplicação das Orientações relativas aos auxílios estatais com finalidade regional para 2014-2020 (OAR) e do Regulamento Geral de Isenção por Categoria (RGIC).

A Portaria n.º 282/2014, de 30 de Dezembro, que definiu os códigos da CAE (Rev. 3) relativos aos sectores de actividade elegíveis para efeitos da concessão de benefícios fiscais, é, também, aplicável ao RFAI, por força da remissão prevista no n.º 1 do artigo 22.º do CFI.

Porém, o artigo 1.º da referida portaria determina que, em conformidade com as OAR e com o RGIC, não são elegíveis para a concessão de benefícios fiscais os projectos de investimento que tenham por objecto as actividades económicas dos sectores (entre outros) da produção agrícola primária e da transformação e comercialização de produtos agrícolas enumerados no anexo I do TFUE.

E, embora a alínea b) do artigo 2.º da mesma portaria refira que as actividades económicas correspondentes a indústrias transformadoras com o código da CAE compreendido nas divisões 10 a 33 podem beneficiar do RFAI, o corpo do artigo é bem explícito quando refere "Sem prejuízo das restrições previstas no artigo anterior".

Por outro lado o n.º 1 do artigo 2.º da Portaria n. .º 297/2015 de 21 de Setembro, que regulamenta o RFAI, refere que «Para efeitos da determinação do âmbito sectorial estabelecido na Portaria n.º 282/2014 (...) aplicam-se as definições relativas a actividades económicas estabelecidas no artigo 2.º do RGIC».

O artigo 2.º do Regulamento (UE) n.º 651/2014 (RGIC) dispõe, nos seus pontos 10) e 11), que, para efeitos do referido regulamento, entende-se por «Transformação de produtos agrícolas», qualquer operação realizada sobre um produto agrícola de que resulte um produto que continua a ser um produto agrícola e por «Produto agrícola» um produto enumerado no anexo I do Tratado.

Também as OAR, no seu ponto 10, excluem do seu âmbito de aplicação o sector de actividade económica da agricultura, cuja remissão para a nota de rodapé (11) esclarece que «Os auxílios estatais à produção [agrícola] primária, transformação e comercialização de produtos agrícolas que deem origem a produtos agrícolas enumerados no anexo I do Tratado e à silvicultura estão sujeitos às regras estabelecidas nas Orientações para os auxílios estatais no sector agrícola», e ainda que «A Comissão aplicará estas orientações à transformação e comercialização de produtos agrícolas em produtos não agrícolas».

Da leitura destes conceitos e da conjugação dos diversos diplomas suprarreferidos, resulta que, quando está em causa a actividade de "transformação de produtos agrícolas", apenas pode beneficiar do RFAI a transformação destes produtos desde que o produto final dela resultante não seja um produto agrícola, de acordo com a definição prevista no art.º 38.º do TFUE e, como tal, não integre a lista constante do Anexo I deste Tratado.

O anexo I do TFUE, correspondente à Lista prevista no seu artigo 38.º, e na parte que nos interessa, integra os seguintes capítulos: «Capítulo 2 – Carnes e miudezas, comestíveis», «Capítulo 16 – Preparados de carne, de peixe, de crustáceos e de moluscos» e «Capítulo 20 – Preparados de produtos hortícolas, de frutas e de outras plantas ou partes de plantas».

Salienta-se que a elegibilidade da candidatura da entidade para efeitos do PDR 2020 constitui, em si mesma, um "indício" de exclusão do âmbito de aplicação do RFAI, pois o PDR 2020, Programa de Desenvolvimento Rural de Portugal – Continente (2014-2020) visa o apoio ao Investimento na transformação e comercialização de produtos agrícolas.

As actividades económicas que ao abrigo do disposto na al. a) do n.º 2 do artigo 6.º da Portaria n.º 230/2014, de 11 de Novembro, beneficiaram do referido incentivo financeiro, são as seguintes: Fabricação de produtos à base de carne (CAE 10130) e Fabricação de doces, compotas, geleias e marmelada (CAE 10393).

Embora o projecto de investimento tenha em vista melhorar e adaptar as instalações usadas no âmbito da sua actividade, numa análise mais detalhada para saber se os produtos fabricados pela empresa se enquadram nos diversos capítulos a que se refere a coluna (1) – Números da Nomenclatura de Bruxelas do anexo I do Tratado, recorremos ao documento sobre Nomenclatura Combinada publicado pelo INE e também ao Regulamento (CEE) n.º 2658/87, do Conselho.

E, face ao enquadramento dos vários produtos nos Capítulos da Nomenclatura de Bruxelas a que se refere o Anexo I do Tratado, conclui-se que as actividades concretas desenvolvidas pela requerente, compreendidas nos códigos CAE 10130 e 10393, e que beneficiaram do incentivo financeiro no âmbito do projecto de investimento submetido ao PDR2020, integram o conceito de "transformação de produtos agrícolas" em que o produto final continua a ser um produto agrícola enumerado no anexo I do Tratado.

E, conforme já referido, a transformação de produtos agrícolas de que resulte um produto agrícola enumerado no Anexo I do Tratado encontra-se excluída do âmbito do RFAI, por força do disposto no art.º 1.º da Portaria n.º 282/2014, de 30 de Dezembro, aplicável ao RFAI por remissão do n.º 1 do art.º 22.º do CFI, e do próprio n.º 1 do art.º 22.º deste diploma, que na sua parte final, excepciona do âmbito de aplicação do referido regime as actividades excluídas do âmbito sectorial de aplicação das OAR e do RGIC.

Quanto às demais questões, ficou prejudicada a sua apreciação dado que a entidade não poderá beneficiar do RFAI.

Informação Vinculativa com Despacho de 9 de Maio de 2019, da Directora de Serviços do IRC (Proc. n.º 2453/2018)
(Não) elegibilidade de actividades enquadráveis nas CAE 10394 e 10391.

O sujeito passivo vem requerer que lhe seja prestada informação vinculativa sobre se a actividade por si exercida se enquadra no âmbito das actividades que podem beneficiar do Regime Fiscal de Apoio ao Investimento (RFAI).

Situação de facto:

A requerente encontra-se inscrita no Sistema de Gestão e Registo de Contribuintes com a actividade (principal) enquadrável na CAE 10394 – "Descasque e transformação de frutos de casca rija comestíveis" e com a actividade (secundária) enquadrável na CAE 10391 – "Congelação de frutos e de produtos hortícolas".

A actividade que vem sendo exercida é um "mix" das duas actividades em que a requerente se encontra inscrita, uma vez que engloba (i) o descasque de frutos de casca rija comestíveis e (ii) a sua congelação, assentando, fundamentalmente, na venda (para o mercado interno e externo) de castanha fresca, congelada (sujeita previamente a descasque e despelagem por um processo industrial de calor) ou cozida a vapor e conservada em vácuo.

Para combater a sazonalidade da castanha, a requerente também congela e comercializa outros frutos (morangos, cerejas, amoras silvestres, figos, mirtilos e framboesas).

No âmbito da sua actividade, candidatou-se ao Programa de Desenvolvimento Rural 2014-2020 (doravante PDR 2020), o qual tem como principais objectivos apoiar o investimento em explorações agrícolas e florestais e em empresas agro-industriais e à instalação de jovens agricultores e pretende ainda potenciar as condições para aumentar a competitividade da área.

A candidatura da requerente ao PDR 2020 teve por objectivo a ampliação e adaptação das instalações usadas no âmbito das suas actividades, investimento que se insere na medida designada por "Valorização da produção agrícola", submedida "Investimento na transformação e comercialização de produtos agrícolas", tendo sido apresentada nos termos do Anúncio de Abertura n.º 04/Acção 3.3/2016 relativo a "Investimentos na transformação e comercialização de produtos agrícolas".

A candidatura veio a ser aceite e homologada em finais de 2017, tendo-lhe sido atribuído um financiamento, constituído por uma parte reembolsável e outra parte não reembolsável.

O investimento teve início nesse ano, sendo expectável o respectivo fim em princípios de 2020.

Tendo em conta que o montante de equivalente subvenção bruta que apurou é inferior ao limite máximo do auxílio regional, pretende o sujeito passivo beneficiar do RFAI pelo valor remanescente.

Nestas circunstâncias, vem solicitar que lhe seja clarificado e confirmado que a actividade por si desenvolvida, não obstante se encontrar ligada a frutos de casca rija, lhe permite beneficiar do RFAI, seja pela via da CAE principal, seja pela via da CAE secundária.

Entendimento sancionado:

Face às actividades exercidas pelo sujeito passivo e tendo em conta a legislação nacional que estabelece e regula o RFAI e a legislação comunitária que lhe está na origem, é o seguinte o enquadramento das actividades por si exercidas:

1. O Regime Fiscal de Apoio ao Investimento (RFAI), constante dos artigos 22.º a 26.º do novo Código Fiscal do Investimento (CFI), aprovado pelo Decreto-Lei n.º 162/2014, de 31 de Outubro, e aplicável aos períodos de tributação iniciados em ou após 1 de Janeiro de 2014, com a ressalva da disposição transitória constante do n.º 3 do art.º 6.º deste decreto-lei relacionada com o apuramento do limite máximo aplicável aos auxílios com finalidade regional, encontra-se regulamentado na Portaria n.º 297/2015, de 21 de Setembro.

2. O n.º 2 do art.º 1.º do CFI estabelece que «O regime de benefícios contratuais ao investimento produtivo e o RFAI constituem regimes de auxílio com finalidade regional aprovados nos termos do Regulamento (UE) n.º 651/2014 da Comissão, de [17][294], de Junho de 2014, que declara certas categorias de auxílio compatíveis com o mercado interno, em aplicação dos artigos 107.º e 108.º do Tratado, publicado no Jornal Oficial da União Europeia n.º L 187, de 26 de Junho de 2014 (adiante Regulamento Geral de Isenção por Categoria ou RGIC)».

3. Logo, a questão suscitada pela requerente tem de ser analisada não só à luz do CFI e da regulamentação constante das portarias referentes ao RFAI como também do Regulamento ao abrigo do qual o regime foi criado.

4. De acordo com o n.º 1 do artigo 22.º do CFI, «O RFAI é aplicável aos sujeitos passivos de IRC que exerçam uma actividade nos sectores especificamente previstos no n.º 2 do artigo 2.º, tendo em consideração os códigos de actividade definidos na portaria prevista no n.º 3 do referido artigo, com excepção das actividades excluídas do âmbito sectorial de aplicação das OAR [Orientações relativas aos auxílios estatais com finalidade regional para 2014-202] e do RGIC [Regulamento Geral de Isenção por Categoria]».

[294] A data foi rectificada de 16 de Junho para 17 de Junho, constando a rectificação do Jornal Oficial da União Europeia n.º L 259/30, de 30 de Agosto.

5. De entre as actividades excluídas do âmbito sectorial de aplicação das OAR e do RGIC destacamos a produção agrícola primária e a transformação e comercialização de produtos agrícolas enumerados no Anexo I do Tratado sobre o Funcionamento da União Europeia (doravante TFUE ou Tratado).

6. A portaria para a qual o n.º 1 do art.º 22.º do CFI remete é a Portaria n.º 282/2014, de 30 de Dezembro, que definiu os códigos da Classificação Portuguesa de Actividades Económicas (CAE- Rev. 3) e é, também, aplicável ao RFAI.

7. Ora, o artigo 1.º desta Portaria determina que em conformidade com as OAR e com o RGIC, não são elegíveis para a concessão de benefícios fiscais os projectos de investimento que tenham por objecto as actividades económicas dos sectores (entre outros) da produção agrícola primária e da transformação e comercialização de produtos agrícolas enumerados no Anexo I do TFUE.

8. E embora a alínea b) do artigo 2.º da mesma portaria refira que as actividades económicas correspondentes a indústrias transformadoras com o código da CAE compreendido nas divisões 10 a 33 podem beneficiar do RFAI, o corpo do artigo é bem explícito quando refere "Sem prejuízo das restrições previstas no artigo anterior".

9. Logo, face ao disposto no artigo 1.º da Portaria n.º 282/2014, de 30 de Dezembro, não são elegíveis para a concessão do RFAI os projectos de investimento que tenham por objecto, entre outras, as actividades económicas da transformação e comercialização de produtos agrícolas enumerados no Anexo I do Tratado.

10. Cabe agora verificar se a actividade exercida pela requerente – a que se aludiu nos pontos 11. a 13. da presente informação –, se identifica com a transformação e comercialização de produtos agrícolas enumerados no anexo I do Tratado.

11. A legislação interna não define «transformação de produtos agrícolas» e «produto agrícola.

12. Porém, o n.º 1 do art.º 2.º da Portaria n.º 297/2015, de 21 de Setembro, estabelece que "Para efeitos da determinação do âmbito sectorial estabelecido na Portaria n.º 282/2014, de 30 de Dezembro, aplicável ao RFAI por remissão do n.º 1 do artigo 22.º do Código Fiscal do Investimento, aplicam-se as definições relativas a actividades económicas estabelecidas no art.º 2.º do RGIC".

13. Recorrendo, então, ao RGIC, verifica-se que os pontos 10) e 11) do seu art.º 2.º – Definições referem o seguinte:

- «Transformação de produtos agrícolas» é «qualquer operação realizada sobre um produto agrícola de que resulte um produto que continua a ser um produto agrícola (...)».
- «Produto agrícola» é «um produto enumerado no anexo I do Tratado, (...)».

14. Por sua vez, o ponto 10. das OAR, que especifica que «A Comissão aplicará os princípios estabelecidos nas presentes orientações aos auxílios com finalidade regional em todos os sectores de actividade económica, com excepção da pesca e da aquicultura, da agricultura e dos transportes, que estão sujeitos a regras especiais previstas em instrumentos jurídicos específicos, susceptíveis de derrogar total ou parcialmente as

presentes orientações», vem esclarecer que «A Comissão aplicará estas orientações à transformação e comercialização de produtos agrícolas em produtos não agrícolas».

15. Logo, "a contrario", as referidas OAR não são aplicáveis à transformação de produtos agrícolas da qual resulte um produto que continua a ser um produto agrícola, ou seja, um produto enumerado no Anexo I do Tratado.

16. Aliás, a nota de rodapé (11) inserida nas OAR a propósito da agricultura, esclarece que "Os auxílios estatais à produção [agrícola] primária, transformação e comercialização de produtos agrícolas que dêem origem a produtos agrícolas enumerados no Anexo I do Tratado e à silvicultura estão sujeitos às regras estabelecidas nas Orientações para os auxílios estatais no sector agrícola".

17. Da leitura destes conceitos e da referência expressa à aplicabilidade das OAR exclusivamente «à transformação e comercialização de produtos agrícolas em produtos não agrícolas», conclui-se que a transformação de produtos agrícolas apenas pode beneficiar do RFAI se o produto final dela resultante não for um produto agrícola, isto é, não for um dos produtos enumerados no Anexo I do TFUE.

18. Conforme já se referiu, as actividades desenvolvidas pelo sujeito passivo são as seguintes:

- Actividade principal, enquadrável na CAE 10394 – "Descasque e transformação de frutos de casca rija comestíveis";
- Actividade secundária, enquadrável na CAE 10391 – "Congelação de frutos e de produtos hortícolas".

19. Ora, face ao disposto no artigo 1.º da Portaria n.º 282/2014, de 30 de Dezembro e aos conceitos atrás mencionados, não são elegíveis para a concessão do RFAI os projectos de investimento que tenham por objecto, entre outras, a actividade económica da transformação de produtos agrícolas, cujo produto final seja, também ele, um produto agrícola, isto é, um produto enumerado no Anexo I do Tratado.

20. O Anexo I do Tratado inclui na sua lista o Capítulo 8, respeitante a "Frutas, cascas de citrino e de melões" da Nomenclatura de Bruxelas.

21. Para analisar o âmbito deste capítulo, recorreu-se ao Regulamento de Execução (UE) n.º 2017/1925, da Comissão, relativo à nomenclatura pautal e estatística e à pauta aduaneira comum (Nomenclatura Combinada), que altera e substitui o texto constante do anexo do Regulamento (CEE) n.º 2658/87 do Conselho, e também ao documento (respeitante a 2017) que é publicado anualmente pelo Instituo Nacional de Estatística (INE) sobre o mesmo tema.

22. Da análise efectuada ao referido Capítulo 8 da Nomenclatura Combinada (NC), cuja epígrafe actual é "Produtos hortícolas, plantas, raízes e tubérculos, comestíveis", e tendo presente os vários produtos comercializados pela requerente, extraíram-se os seguintes dados:

- A nota 2. refere que a fruta refrigerada é classificada na mesma posição da fruta fresca correspondente;
- O Código 0802 – "Outra fruta de casca rija, fresca ou seca, mesmo com casca ou pelada" inclui as castanhas com casca e sem casca;

- O Código 0804 – "Tâmaras, figos, ananases (abacaxis), abacates, goiabas, mangas e mangostões frescos ou secos", inclui os figos; – O Código 0809 – "Damascos, cerejas, pêssegos (incluindo as nectarinas), ameixas e abrunhos, frescos" inclui as cerejas;
- O Código 0810 – "Outra fruta fresca" inclui morangos, framboesas, amoras, incluindo as silvestres, amoras-framboesas e mirtilos.

23. Conclui-se, pois, que os produtos comercializados pela requerente, independentemente de forma como se apresentam (frescos ou congelados), estão incluídos no Capítulo 8 da Nomenclatura de Bruxelas a que se refere o Anexo I do Tratado sobre o Funcionamento da União Europeia, pelo que ambas as actividades exercidas integram o conceito de "transformação de produtos agrícolas" – em que o produto final continua a ser um produto agrícola enumerado no Anexo I do Tratado -.

24. E conforme já foi referido, a transformação de produtos agrícolas de que resulte um produto agrícola enumerado no Anexo I do Tratado encontra-se excluída do âmbito do RFAI, por força do disposto no art.º 1.º da Portaria n.º 282/2014, de 30 de Dezembro, aplicável ao RFAI por remissão do n.º 1 do art.º 22.º do CFI, e do próprio n.º 1 do art.º 22.º deste diploma, que na sua parte final, excepciona do âmbito de aplicação do referido regime as actividades excluídas do âmbito sectorial de aplicação das OAR e do RGIC.

<u>Conclusão</u>:

Face ao exposto conclui-se que:

1) Em resultado da conjugação das disposições constantes do n.º 1 do art.º 22.º do CFI, do art.º 1.º e corpo do 2.º da Portaria n.º 282/2014, de 30 de Dezembro, do n.º 1 do art.º 2.º da Portaria n.º 297/2015, de 21 de Setembro, das definições presentes nos pontos 10) e 11) do art.º 2.º do RGIC e do ponto 10. das OAR, estão excluídas do âmbito de aplicação do RFAI as actividades relacionadas com a produção agrícola primária e a transformação e comercialização de produtos agrícolas enumerados no Anexo I do Tratado sobre o Funcionamento da União Europeia;

2) No âmbito das actividades principal e secundária desenvolvidas pela requerente, cada um dos produtos transformados, bem como o produto final resultante da transformação, integram os vários números/códigos do Capítulo 7 da Nomenclatura de Bruxelas, a que se refere o Anexo I do TFUE, sendo, portanto, considerados produtos agrícolas, de acordo com a definição constante do Regulamento UE n.º 651/2014 da Comissão, de 17 de Junho, nos termos do qual o RFAI foi aprovado (RGIC);

3) Consequentemente as actividades desenvolvidas enquadram-se na definição de «transformação de produtos agrícolas» apresentada no ponto 10) do art.º 2.º do RGIC.

4) Destinando-se os investimentos em causa à ampliação e adaptação das instalações usadas no âmbito destas actividades, forçoso se torna concluir que os mesmos não são elegíveis para efeitos do RFAI.

Informação Vinculativa com Despacho de 12 de Dezembro de 2018, da Directora de Serviços do IRC (Proc. n.º 3941/2018)

No caso em apreço estava em causa saber se o investimento efectuado em "moldes", que a requerente utiliza para a sua actividade, pode ser considerado "investimento" elegível para efeitos do Regime Fiscal de Apoio ao Investimento (RFAI).

A requerente indicou que o investimento nestes "moldes" foi considerado contabilisticamente Equipamento Básico (433), por serem bens fundamentais à realização da sua actividade de exploração, visto que são utilizados no fabrico dos seus produtos e sem aqueles não seria possível a fabricação dos mesmos. E, acrescenta que a necessidade de aquisição de "moldes" é constante, pelo facto de, sempre que ocorrem alterações nas dimensões do produto ou são disponibilizados novos produtos no mercado, ter que ser feito um novo molde para o produto entrar em produção.

O Regime Fiscal de Apoio ao Investimento (RFAI), que faz parte do novo Código Fiscal do Investimento (CFI) encontra-se previsto nos artigos 22.º a 26.º do CFI e é aplicável aos períodos de tributação iniciados em ou após 1 de Janeiro de 2014.

A requerente possui o CAE 22230 - FABRICAÇÃO DE ARTIGOS DE PLÁSTICO PARA A CONSTRUÇÃO elegível para efeitos do RFAI, nos termos da Portaria n.º 282/2014, de 30 de Dezembro.

A alínea a) do n.º 2 do artigo 22.º do CFI considera aplicações relevantes os investimentos nos activos fixos tangíveis, adquiridos em estado de novo, desde que afectos à exploração da empresa, com exceção dos indicados nas subalíneas i) a vi).

Os sujeitos passivos, para beneficiarem dos incentivos fiscais indicados nos artigos 23.º e 23.º-A, devem preencher cumulativamente as condições indicadas no n.º 4 do artigo 22.º do CFI.

Contudo, nos termos da alínea d) do n.º 2 do artigo 2.º da Portaria n.º 297/2015, de 21 de Setembro, que procede à regulamentação do RFAI, para efeitos do disposto no artigo 23.º do CFI, apenas são elegíveis as aplicações relevantes que respeitem a "investimentos iniciais", considerando-se como tal:

(i) Os investimentos relacionados com a criação de um novo estabelecimento;
(ii) O aumento da capacidade de um estabelecimento já existente;
(iii) A diversificação da produção de um estabelecimento no que se refere a produtos não fabricados anteriormente nesse estabelecimento; ou
(iv) Uma alteração fundamental do processo de produção global de um estabelecimento já existente.

Pelo que, para que o investimento efectuado em aplicações relevantes seja elegível é necessário que integre o conceito de investimento inicial.

No caso em apreço, pese embora a requerente considere contabilisticamente os "moldes" como equipamento básico, e portanto, bens do activo fixo tangível, a aquisição dos mesmos é uma necessidade constante e fundamental para o fabrico dos seus produtos, sendo manifesto que a aquisição dos "moldes", enquanto equipamento básico fundamental e constante ao processo de laboração normal da empresa, não estará a contribuir para "... criação de um novo estabelecimento, o aumento da capacidade de um estabelecimento já existente, a diversificação da produção de um estabelecimento no que se refere a produtos não fabricados anteriormente nesse estabelecimento, ou uma alteração fundamental do processo de produção global de um estabelecimento existente", não integrando o conceito de investimento inicial.

Face ao exposto, o investimento na aquisição dos "moldes" necessários à realização da actividade de exploração corrente da requerente, nos mesmos termos em que já vinha sendo exercida, não integra o conceito de investimento inicial e como tal, não poderá ser elegível para efeitos do benefício fiscal previstos nos art.º 23.º do CFI.

Informação Vinculativa com Despacho de 27 de Novembro de 2018, da Directora de Serviços do IRC (Proc. n.º 4093/2018)
Aplicações relevantes no RFAI e na DLRR.

1. Uma sociedade teve necessidade de aumentar a sua capacidade de produção pelo que adquiriu, em 2018, um estabelecimento de produção têxtil (edifício, equipamento e pessoal), procedendo à sua requalificação e adaptação dos espaços e à contratação de trabalhadores, transformando este estabelecimento numa nova unidade complementar de produção.

2. Para esta nova unidade, a empresa, para além do edifício e equipamentos usados, adquiriu equipamentos novos e procedeu a obras de remodelação para adaptação às novas necessidades.

3. Os equipamentos novos adquiridos referem-se a peças para requalificação de máquinas de produção existentes, a máquinas de produção novas, a equipamento para a produção como mesas de revista e cadeiras para máquinas e equipamentos sociais para refeitório.

No que respeita às obras de remodelação referem-se essencialmente à requalificação da rede de ar comprimido, requalificação da instalação eléctrica, instalação de climatização e construção de equipamentos sociais (refeitório).

4. Pretende a empresa saber se as aquisições indicadas são consideradas aplicações relevantes para efeitos do artigo 22.º e 30.º do CFI.

Pelo despacho indicado foi sancionado o seguinte entendimento:

1. O Código Fiscal do Investimento (CFI) foi aprovado pelo Decreto-Lei n.º 162/2014, de 31 de Outubro.

2. Neste CFI encontra-se previsto, nos artigos 22.º a 26.º, o Regime Fiscal de Apoio ao Investimento (RFAI) e nos artigos 27.º a 34.º a Dedução por Lucros Retidos e Reinvestidos (DLRR).

3. As aplicações relevantes consideradas para efeito destes benefícios fiscais são as previstas no n.º 2 do artigo 22.º e no artigo 30.º do CFI.

4. De acordo com o n.º 2 do artigo 22.º do CFI, ou seja no âmbito do RFAI, consideram-se aplicações relevantes os investimentos nos seguintes activos, desde que afectos à exploração da empresa:

a) Activos fixos tangíveis, adquiridos em estado de novo, com excepção de:
   i) Terrenos, salvo no caso de se destinarem à exploração de concessões mineiras, águas minerais naturais e de nascente, pedreiras, barreiros e areeiros em investimentos na indústria extractiva;
   ii) Construção, aquisição, reparação e ampliação de quaisquer edifícios, salvo se forem instalações fabris ou afectos a actividades turísticas, de produção de audiovisual ou administrativas;
   iii) Viaturas ligeiras de passageiros ou mistas;
   iv) Mobiliário e artigos de conforto ou decoração, salvo equipamento hoteleiro afecto a exploração turística;
   v) Equipamentos sociais;
   vi) Outros bens de investimento que não estejam afectos à exploração da empresa;
b) Activos intangíveis, constituídos por despesas com transferência de tecnologia, nomeadamente através da aquisição de direitos de patentes, licenças, «know-how» ou conhecimentos técnicos não protegidos por patente.

5. Por sua vez, o artigo 30.º do CFI, aplicável à DLRR considera aplicações relevantes, para efeitos do presente regime, os activos fixos tangíveis, adquiridos em estado de novo, com excepção de:

a) Terrenos, salvo no caso de se destinarem à exploração de concessões mineiras, águas minerais naturais e de nascente, pedreiras, barreiros e areeiros em projectos de indústria extractiva;
b) Construção, aquisição, reparação e ampliação de quaisquer edifícios, salvo quando afectos a actividades produtivas ou administrativas;
c) Viaturas ligeiras de passageiros ou mistas, salvo quando afectas à exploração de serviço público de transportes ou destinadas a serem alugadas no exercício da actividade normal do sujeito passivo, barcos de recreio e aeronaves de turismo;
d) Artigos de conforto ou decoração, salvo equipamento hoteleiro afecto a exploração turística; e
e) Activos afectos a actividades no âmbito de acordos de concessão ou de parceria público-privada celebrados com entidades do sector público.

6. Verifica-se com base nos normativos indicados que em ambos os benefícios fiscais (RFAI e DLRR) não são considerados aplicações relevantes os investimentos efectuados em activos fixos tangíveis que não sejam adquiridos em estado de novo.

7. Assim, apesar do edifício e equipamentos adquiridos conjuntamente com o edifício serem considerados contabilisticamente e fiscalmente como activos fixos tangíveis não são considerados aplicações relevantes para efeitos do RFAI e da DLRR em virtude de não terem sido adquiridos em estado de novo.

8. De notar que, nos termos da alínea d) do n.º 2 do artigo 2.º e do artigo 11.º da Portaria n.º 297/2015, de 21 de Setembro, os benefícios fiscais previstos nos artigos 23.º (aplicável ao RFAI) e 29.º (aplicável à DLRR) do CFI apenas são aplicáveis aos investi-

mentos iniciais, considerando-se como tais os investimentos relacionados com a criação de um novo estabelecimento, o aumento da capacidade de um estabelecimento já existente, a diversificação da produção de um estabelecimento no que se refere a produtos não fabricados anteriormente nesse estabelecimento, ou uma alteração fundamental do processo de produção global de um estabelecimento existente.

9. Caso se esteja no presente caso perante um investimento inicial, dado a empresa ter informado que o investimento efectuado visou o aumento da capacidade de um estabelecimento já existente com a transformação deste estabelecimento numa nova unidade complementar de produção, o investimento efectuado em equipamento adquirido em estado de novo para a unidade complementar de produção pode ser considerado aplicações relevantes quer para o RFAI quer para a DLRR, com exceção do investimento em equipamentos sociais (refeitório) por se encontrar excluído do RFAI nos termos do ponto v) da alínea a) do n.º 2 do artigo 22.º do CFI.

10. Relativamente às obras de remodelação (requalificação da rede de ar comprimido, requalificação da instalação eléctrica, instalação de climatização) por se tratar de reparações em instalações fabris (RFAI) e em edifícios afectos a actividades produtivas (DLRR) serão consideradas aplicações relevantes para efeitos destes dois benefícios fiscais desde que o correspondente investimento seja efectuado em estado de novo.

11. Já a construção de equipamentos sociais (refeitório) não pode beneficiar do RFAI e da DLRR por não se tratar, respectivamente, de instalação fAbril ou afecto a actividade produtiva ou administrativa.

12. Por fim refere-se que tratando-se do exercício de uma actividade de produção têxtil encontra-se enquadrada no sector da indústria transformadora, o qual está previsto no n.º 2 do artigo 2.º do CFI, sendo qualificável para efeitos de RFAI e DLRR.

Informação Vinculativa com Despacho de 4 de Julho de 2017, da Directora-Geral (Proc. n.º 717/2016)
RFAI e DLRR: âmbito de aplicação; cumulatividade; determinação do limite máximo de auxílio aplicável e actualização de valores.

Foram suscitadas dúvidas sobre o âmbito de aplicação e cumulação do Regime Fiscal de Apoio ao Investimento (RFAI) e da Dedução por Lucros Retidos e Reinvestidos (DLRR) e sobre o cálculo dos limites máximos aplicáveis aos auxílios estatais com finalidade regional, face ao disposto nos artigos 22.º a 34.º do Código Fiscal do Investimento, aprovado pelo Decreto-Lei n.º 162/2014, de 31 de Outubro, e na Portaria n.º 297/2015, de 21 de Setembro.

Concretamente, foram as seguintes as questões colocadas:

i) Se os investimentos em aplicações relevantes no âmbito da DLRR a concretizar em 2016 e 2017 podem beneficiar, em simultâneo, do RFAI 2016 ou do RFAI 2017;
ii) Atendendo a que o projecto de investimento inicial na tipologia "aumento da capacidade de um estabelecimento existente" foi iniciado em 2015 e termina

em 2017, se um outro investimento inicial que se venha a iniciar em 2018 no âmbito da "diversificação da actividade de estabelecimento existente" é considerado o mesmo projecto de investimento inicial de acordo com a redacção da alínea a) do n.º 1 do art.º 4.º da Portaria n.º 297/2015;

iii) Face ao disposto nas alíneas b) e c) do n.º 1 do art.º 4.º da Portaria n.º 297/2015 e tendo em conta o montante máximo que pode ser deduzido à colecta de IRC, qual o valor do benefício fiscal correspondente ao seu valor actualizado reportado e qual o benefício fiscal que fica remanescente, aplicando o n.º 2 do art.º 4.º do mesmo diploma;

iv) Como são efectuados/calculados os dados exigidos pelo n.º 1 do art.º 7.º da Portaria n.º 297/2015, a incluir no processo de documentação fiscal.

Para a análise das questões suscitadas foram fundamentais os seguintes dados fornecidos pelo sujeito passivo:

- É uma pequena empresa que dispõe de contabilidade organizada nos termos da legislação aplicável;
- Não é uma empresa sujeita a uma injunção de recuperação na sequência de uma decisão da Comissão, ainda pendente, que declare um auxílio ilegal e incompatível com o mercado interno;
- Cumpre o critério de elegibilidade relativo à situação tributária e contributiva regularizada perante, respectivamente, a autoridade tributária e a segurança social;
- Na sequência da candidatura apresentada ao Programa Operacional Regional do Centro foi-lhe atribuído um incentivo financeiro (FEDER) no âmbito do Portugal 2020, que (i) reveste a forma de incentivo reembolsável, (ii) é concedido sem pagamento de juros ou quaisquer outros encargos e (iii) corresponde a 70% das aplicações relevantes;
- Em função dos resultados gerados com a implementação do projecto, pode haver lugar a isenção de reembolso no montante máximo de 50% do incentivo reembolsável. Portanto, o incentivo financeiro não reembolsável poderá atingir o valor correspondente a 35% das aplicações relevantes;
- O investimento elegível destina-se a inovar os seus processos produtivos e vai ser efectuado, entre 2015 e 2017, nos seus dois estabelecimentos situados na região NUTS II e na região NUTS III Aveiro.

Relativamente às dúvidas suscitadas foi, por Despacho de 2017-07-04, da Directora-Geral, sancionado o seguinte entendimento:

A) <u>Âmbito de aplicação do RFAI e da DLRR</u>

1. O regime fiscal de apoio ao investimento (RFAI) e o regime de dedução por lucros retidos e reinvestidos (DLRR) encontram-se estabelecidos no Código Fiscal do Investimento (CFI), nos artigos 22.º a 26.º e 27.º a 34.º, respectivamente, encontrando-se regulamentados na Portaria n.º 297/2015, de 21 de Setembro.

2. Por sua vez, a Portaria n.º 282/2014, de 30 de Dezembro, que define os códigos de actividade (CAE) correspondentes às actividades que podem aproveitar dos benefícios

fiscais contratuais ao investimento produtivo, é também aplicável ao RFAI por remissão do n.º 1 do art.º 22.º do CFI.

3. O investimento tem por objecto as actividades exercidas pelo sujeito passivo e que constam do sistema de gestão e registo de contribuintes, as quais têm enquadramento na alínea b) do art.º 2.º da Portaria n.º 282/2014, de 30 de Dezembro.

4. O investimento a efectuar é considerado um investimento inicial porque se destina ao aumento da capacidade de um estabelecimento já existente (cf. alínea d) do n.º 2 do art.º 2.º da Portaria n.º 297/2015, de 21 de Setembro), pelo que os activos fixos tangíveis indicados pelo sujeito passivo no quadro de investimentos do referido Formulário Portugal 2020 e registáveis na conta 43.3 – Equipamento básico do Sistema de Normalização Contabilística são considerados aplicações relevantes para efeitos de RFAI (cf. n.º 2 do art.º 22.º do CFI) se forem ou tiverem sido adquiridos em estado de novo e se observarem os requisitos prescritos no n.º 3 do art.º 3.º da mesma Portaria.

5. Salienta-se que o sujeito passivo fica obrigado a cumprir as condições de manutenção dos bens objecto de investimento na empresa e na região, nos termos da alínea c) do n.º 4 do art.º 22.º do CFI.

6. Segundo declara o sujeito passivo, o investimento relevante contribui de forma decisiva para a empregabilidade sustentada ao longo do tempo, indo proporcionar a criação de seis postos de trabalho. Desde que esses postos de trabalho sejam mantidos até ao final do período mínimo de manutenção dos bens objecto de investimento nos termos da alínea c) do n.º 4 do art.º 22.º do CFI e do n.º 3 do art.º 2.º da Portaria n.º 297/2015, mostra-se observada a condição imposta pela alínea f) do referido n.º 4 do art.º 22.º.

7. Relativamente à DLRR e aos seus requisitos específicos, temos:

- O sujeito passivo é uma PME (pequena empresa);
- Foi retida em reserva especial uma parte dos lucros apurados em 2015, com vista a realizar investimento em 2016 e 2017 e aproveitar do regime da DLRR.
- Embora essa reserva especial não figure ainda no balanço respeitante a 31 de Dezembro de 2015, consta da respectiva IES/DA que, ao serem aprovadas as contas de 2015, foi deliberada a aplicação em reserva especial de uma parcela dos lucros apurados nesse ano.

8. Assim, se uma parte dos lucros retidos no período de tributação de 2015 foi, de facto, aplicada na reserva especial exigida pelo art.º 32.º do CFI e se forem observados os demais requisitos previstos nos artigos 27.º a 33.º do mesmo diploma, o sujeito passivo pode beneficiar da DLRR.

B) Cumulação do RFAI com a DLRR

9. Em termos gerais, um determinado benefício fiscal não é cumulável com quaisquer outros benefícios fiscais da mesma natureza, relativamente às mesmas aplicações relevantes, previstos no CFI ou noutros diplomas legais.

10. Esta regra geral vem, aliás, expressa no n.º 1 do art.º 24.º (para o RFAI) e no n.º 1 do art.º 31.º (para a DLRR), ambos do CFI.

11. Porém os n.ºs 2 destes artigos vêm prever uma exceção.

12. No que se refere ao RFAI, o n.º 2 do citado art.º 24.º vem permitir que este benefício fiscal seja cumulável com a DLRR, desde, e na medida em que, não sejam ultrapassados os limites máximos aplicáveis previstos nos n.ºs 5 e 6 do art.º 23.º.

13. Ora, o n.º 5 do art.º 23.º especifica que os benefícios fiscais devem respeitar os limites máximos aplicáveis aos auxílios com finalidade regional em vigor na região na qual o investimento é efectuado nos termos do art.º 43.º. E o n.º 6 do mesmo preceito determina que o cálculo desse limite deve ter em consideração o montante total dos auxílios de Estado com finalidade regional concedidos ao investimento em questão, proveniente de todas as fontes.

14. No que respeita à DLRR e à cumulação com o RFAI, o n.º 2 do art.º 31.º permite que estes benefícios fiscais sejam cumuláveis, nos termos e condições previstos no art.º 24.º.

15. Apesar de a DLRR não ter, propriamente, as características de um auxílio com finalidade regional, como acontece com o regime de benefícios fiscais contratuais ao investimento produtivo e o RFAI (ver n.ºs 2 e 3 do art.º 1.º do CFI), certo é que a sua cumulação com estes benefícios sujeita-a à limitação prevista no art.º 43.º do CFI.

16. Não há dúvida, portanto, que o sujeito passivo pode beneficiar, em simultâneo, do RFAI e da DLRR relativamente à mesmas aplicações relevantes, desde que o montante total dos auxílios de Estado com finalidade regional concedidos ao investimento em questão, proveniente de todas as fontes, não ultrapasse os limites máximos aplicáveis aos auxílios estatais com finalidade regional constantes do art.º 43.º do CFI.

17. Relativamente ao alcance, neste caso concreto, da expressão "montante total dos auxílios de Estado com finalidade regional concedidos ao investimento em questão, proveniente de todas as fontes" usada pelo legislador no n.º 6 do art.º 23.º do CFI:

18. O sujeito passivo beneficiou de um incentivo financeiro atribuído no âmbito da "Inovação Produtiva", o qual se enquadra num dos vários programas operacionais que integram o Portugal 2020 e que são financiados pelos fundos europeus estruturais e de investimento (FEEI).

Refira-se que o modelo de governação dos FEEI encontra-se estabelecido no Decreto-Lei n.º 137/2014, de 12 de Setembro. E o Decreto-Lei n.º 159/2014, de 27 de Outubro, consagra as regras gerais de aplicação dos vários programas financiados pelos FEEI, para o período de 2014-2020.

Por sua vez, a Portaria n.º 57-A/2015, de 27 de Fevereiro, adopta, em anexo, o Regulamento Específico do Domínio da Competitividade e Internacionalização (RECI).

19. O incentivo financeiro atribuído ao sujeito passivo tem finalidade regional.

20. Com efeito, o Aviso n.º 20/SI/2015 (alteração) para apresentação de candidaturas refere expressamente, no seu ponto 4., que a área geográfica em que o mesmo é aplicável se restringe às regiões NUTS II do Continente (Norte, Centro, Lisboa, Alentejo e Algarve).

21. E conforme refere o ponto 11. do referido Aviso n.º 20/SI/2015 (alteração), o qual tem por base o art.º 30.º do RECI, o apoio financeiro Portugal 2020 reveste a forma de

incentivo reembolsável, sendo que pode ser concedida uma isenção de reembolso de uma parcela do incentivo reembolsável até ao limite máximo de 50%, em função do grau de superação das metas que o candidato estabeleça em sede de formulário de candidatura relativamente a determinados indicadores.

22. Logo, do valor total do apoio financeiro atribuído ao sujeito passivo no âmbito do Portugal 2020, apenas o montante máximo que (eventualmente) não irá ser reembolsável deve ser considerado no cálculo do referido limite máximo, a par dos benefícios fiscais que o sujeito passivo pretende usufruir, no caso concreto, o RFAI e a DLRR.

23. Por outro lado, face ao disposto na alínea a) do n.º 2 do art.º 30.º do RECI, não são cobrados ou devidos juros ou quaisquer outros encargos pela utilização do incentivo reembolsável.

24. Portanto, há ainda que considerar no cálculo do limite máximo o montante dos juros que seriam devidos pela utilização do incentivo reembolsável mas que não são pagos.

C) Extensão do conceito de investimento inicial

25. A extensão do conceito de investimento inicial prevista na alínea a) do n.º 1 do art.º 4.º da Portaria n.º 297/2015, de 21 de Setembro é determinante para efeitos do apuramento dos limites máximos aplicáveis aos auxílios estatais com finalidade regional.

26. Assim, deve ser considerado parte de um projecto de investimento único «Qualquer investimento inicial iniciado pelo mesmo beneficiário, incluindo qualquer empresa do mesmo grupo, num período de três anos a contar da data de início dos trabalhos de um outro investimento relativamente ao qual tenham sido concedidos benefícios fiscais, ou qualquer outro auxílio de Estado com finalidade regional na mesma região de nível 3 da Nomenclatura das Unidades Territoriais para Fins Estatísticos (NUTS)» (o sublinhado é nosso).

27. Ora, sabendo que, nos termos da alínea d) do n.º 2 do art.º 2.º da Portaria n.º 297/2015, de 21 de Setembro, se consideram investimentos iniciais os investimentos relacionados com (1) a criação de um novo estabelecimento, (2) o aumento da capacidade de um estabelecimento já existente, (3) a diversificação da produção de um estabelecimento no que se refere a produtos não fabricados anteriormente nesse estabelecimento, ou (4) uma alteração fundamental do processo de produção global de um estabelecimento existente, e tendo o legislador utilizado a expressão «Qualquer investimento inicial», conclui-se que, independentemente da tipologia do objectivo que os investimentos visam prosseguir, devem ser considerados parte de um projecto único os investimentos iniciais que estiverem nas condições da alínea a) do n.º 1 do art.º 4.º da referida Portaria.

28. Por conseguinte, o investimento inicial na tipologia aumento da capacidade de um estabelecimento existente iniciado em 2015 e findo em 2017, realizado numa região NUTS III (região de Aveiro), e o investimento inicial que o sujeito passivo pretende iniciar em 2018 no âmbito da diversificação da actividade de um estabelecimento existente fazem parte de um projecto único, desde que este venha a ser efectuado na mesma região NUTS III.

D) Cálculo dos limites máximos a que se refere o art.º 43.º do CFI

29. De acordo com o disposto no art.º 43.º do CFI, o limite máximo para um investimento inicial efectuado na região Centro é de 25% sobre as aplicações relevantes, sendo que para as micro e pequenas empresas tal como definidas na Recomendação n.º 2003/361/CE, da Comissão, de 6 de Maio de 2003 (excepto quanto a projectos de investimento cujas aplicações relevantes excedam €50.000.000,00), esse limite é majorado em vinte pontos percentuais, ficando, portanto, em 45%.

30. Nos termos do n.º 5 do art.º 23.º do CFI, os benefícios fiscais que integram o RFAI, ou seja, a dedução à colecta do IRC, o IMI, o IMT e o Imposto do Selo, «devem respeitar os limites máximos aplicáveis aos auxílios estatais com finalidade regional em vigor na região na qual o investimento é efectuado, nos termos do artigo 43.º».

31. Como atrás se referiu, a DLRR é cumulável com o RFAI desde, e na medida em que, não sejam ultrapassados os limites máximos aplicáveis previstos nos n.ºs 5 e 6 do art.º 23.º do CFI (cf. n.º 2 do art.º 24.º).

32. E porque o investimento em causa beneficia também de um incentivo financeiro destinado à inovação produtiva (que integra o Portugal 2020), o cálculo do limite máximo deve ter em consideração o montante total dos auxílios de Estado com finalidade regional concedidos ao investimento em questão, isto é:

i) A parcela máxima eventualmente não reembolsável do incentivo financeiro;
ii) O montante relativo aos juros que, caso fossem devidos, incidiriam sobre a parte reembolsável;
iii) Os benefícios fiscais que integram o RFAI (IMT, Imposto do Selo, IRC e IMI);
iv) A DLRR.

33. Portanto, sendo o sujeito passivo uma pequena empresa, o montante total dos benefícios (fiscais e não fiscais) associados ao investimento em causa (em valores actualizados) nunca pode ser superior a 45% do montante das aplicações relevantes (em valor actualizado).

34. A intensidade máxima de auxílio deve ser calculada com base num equivalente subvenção bruto, em relação aos custos totais elegíveis do investimento.

35. De acordo com a definição constante da alínea f) do ponto 20. das Orientações relativas aos auxílios estatais com finalidade regional para 2014-2020 (Jornal Oficial da União Europeia 2013/C 209/01), equivalente-subvenção bruto (ESB) é «o valor actualizado do auxílio expresso em percentagem do valor actualizado dos custos elegíveis, calculado em relação à data da concessão do auxílio com base na taxa de referência em vigor nessa data».

36. Por conseguinte:

i) O valor das aplicações relevantes tem de ser actualizado reportado ao momento da concessão do incentivo financeiro;
ii) Por outro lado, tem também de ser actualizado, para a data da concessão, o valor do incentivo financeiro atribuído (parcela não reembolsável e juros que seriam devidos sobre a parte reembolsável).

37. Estes valores actualizados, bem como a data da concessão do incentivo financeiro, podem ser facultados, a pedido do sujeito passivo, pela entidade que atribuiu o incentivo financeiro.

38. Na posse destes valores actualizados, deve o sujeito passivo determinar a taxa de auxílio, dividindo a soma do valor actual do incentivo financeiro (eventualmente não reembolsável) e dos juros que incidiriam sobre a parcela reembolsável (caso fossem devidos) pelo valor actualizado das aplicações relevantes. Para melhor compreensão, estamos a admitir, neste ponto, que as aplicações relevantes para efeitos do incentivo financeiro coincidem com as aplicações relevantes para efeitos dos benefícios fiscais.

39. Se a percentagem resultante deste quociente for inferior a 45% (limite máximo permitido para o sujeito passivo em causa), o valor correspondente à diferença das percentagens (que já é dado em valores actuais) pode ser aproveitado, no caso concreto, em sede de RFAI e DLRR. Não esqueçamos que o RFAI, para além de prever a dedução à colecta do IRC nos termos da alínea a) do n.º 1 do art.º 23.º do CFI, contempla, ainda, a isenção ou redução de IMI durante 10 anos, a isenção ou redução de IMT e a isenção de Imposto do Selo.

40. Os cálculos referentes ao limite máximo de auxílio são efectuados no período de tributação em que ocorre a data da concessão do incentivo financeiro.

41. Em cada um dos períodos de tributação (no próprio e ou nos seguintes) em que os benefícios fiscais são utilizados, há que verificar se foi excedida a taxa máxima de auxílio. Se for esse o caso, há que proceder a correções no quadro 10 da declaração modelo 22. Vejamos, então, como se procede.

42. Assim, relativamente aos benefícios que integram o RFAI e que são utilizados em "tranches" (a dedução à colecta de IRC e o IMI), é necessário que em cada período de tributação em que os benefícios são utilizados/usufruídos, se proceda ao cálculo do seu valor actual, reportado ao termo do período de tributação em que sejam realizadas as aplicações relevantes.

Para este cálculo devem ter-se em consideração as taxas de actualização aplicáveis aos vários momentos em que os benefícios são utilizados (cf. alínea c) do n.º 1 do art.º 4.º da Portaria n.º 297/2015, de 21 de Setembro).

43. As várias taxas (de referência e de actualização) vão sendo publicadas num mapa, na página da Comissão Europeia, no seguinte endereço:

http://ec.europa.eu/competition/state_aid/legislation/reference_rates.html

44. Este mapa apresenta as taxas de referência e actualização mensais de cada Estado membro da União Europeia, em vigor num determinado período, as quais foram calculadas de acordo com a Comunicação da Comissão sobre a revisão do método de fixação das taxas de referência e de actualização, publicada no Jornal Oficial da União Europeia 2008/C 14/02.

45. Para o cálculo da taxa de actualização, deve ser adicionada uma margem de cem pontos de base.

46. O valor actualizado dos benefícios fiscais é calculado usando a seguinte fórmula:

$$\sum_{t=1}^{n} \frac{Fct}{(1+i)^{n}}$$

ou seja:

Valor actual = ∑_(t =1)^n Fct/⟦(1+i)⟧^t

em que:

t é o número de períodos de tributação em que os benefícios fiscais são utilizados;

i é a taxa de actualização em vigor no termo do período de tributação em que o benefício fiscal é utilizado;

Fct é o valor (nominal) dos benefícios fiscais respeitante a cada um dos períodos de tributação em que são utilizados.

47. Apesar de o limite máximo ser calculado a partir de valores actuais, os valores a inscrever no quadro 07 – Deduções à colecta do Anexo D à declaração modelo 22 são apresentados em valores nominais, os quais são calculados nos termos do art.º 23.º do CFI.

48. Porém, em cada período de tributação em que os benefícios fiscais são utilizados (deduzidos à colecta), há que confirmar se, por força do montante deduzido à colecta (actualizado), já se encontra excedido o limite máximo inicialmente calculado.

49. Para isso, tem de se actualizar os valores de todos os benefícios fiscais utilizados nesse período de tributação, adicioná-los aos valores actuais dos benefícios fiscais já utilizados no(s) período(s) anterior(es) (relacionados com o mesmo investimento inicial) e verificar se o respectivo somatório já é superior ao limite máximo que foi apurado no ano da concessão do incentivo financeiro e em que tiveram início as aplicações relevantes.

50. Se for esse o caso, o valor excedente tem de ser acrescido no campo 372 – Reposição de benefícios fiscais do quadro 10 – Cálculo do imposto da declaração modelo 22, em obediência ao n.º 4 do art.º 4.º da Portaria n.º 297/2015, de 21 de Setembro.

E) Determinação da intensidade dos auxílios concedidos ao mesmo investimento

51. Para efeitos de cumprimento do disposto na alínea h) do n.º 1 do art.º 7.º da Portaria n.º 297/2015, a intensidade dos auxílios concedidos ao mesmo investimento, em percentagem, obtém-se, em cada período de tributação, dividindo o somatório do valor actualizado do incentivo financeiro não reembolsável, do valor actualizado dos juros que seriam calculados sobre a parte reembolsável se fossem devidos e do valor actualizado dos benefícios fiscais já utilizados até esse período de tributação, pelo valor total actualizado das aplicações relevantes associadas ao projecto em causa.

A forma de actualização de todos estes valores já foi referida em pontos anteriores.

Este cálculo tem por objectivo confirmar se foram ou não excedidos os limites máximos aplicáveis aos auxílios de investimento com finalidade regional (cf. art.º 43.º do CFI) e, em caso afirmativo, proceder conforme se referiu no ponto 50. da presente informação vinculativa/ficha doutrinária.

Informação Vinculativa com Despacho de 24 de Março de 2017, da Subdirectora-Geral da Área de Gestão Tributária – Impostos sobre o Rendimento (Proc. n.º 399/2019)
Investimento em curso em 2015 que entrou em funcionamento em 2016.

Uma empresa apresentou as seguintes questões no âmbito de um pedido de informação vinculativa:

1. A primeira questão colocada é a de saber em que período de tributação deve ser reconhecido o benefício fiscal do RFAI relativo ao investimento efectuado em activo fixo tangível em curso em 2015 e que entrou em funcionamento em 2016.

2. A segunda questão colocada prende-se com o diferimento do benefício do RFAI. Entende a empresa que poderá, até ao limite de 10 anos, transferir a parte excedentária do benefício fiscal do RFAI assumindo o limite de 50% da colecta/anual.

3. A terceira questão relaciona-se com a possibilidade de acumulação do RFAI com o benefício financeiro constante da candidatura que efectuou no âmbito do programa Portugal 2020.

Entendimento sancionado:

1. O Decreto-Lei n.º 162/2014, de 31 de Outubro, aprovou um novo Código Fiscal do Investimento (CFI) e procedeu à revisão dos regimes de benefícios fiscais ao investimento produtivo e respectiva regulamentação.

2. O Regime Fiscal de Apoio ao Investimento (RFAI) previsto no novo CFI encontra-se previsto nos artigos 22.º a 26.º e é aplicável aos períodos de tributação iniciados em ou após 1 de Janeiro de 2014.

3. De acordo com o n.º 1 do artigo 22.º do CFI, o RFAI é aplicável aos sujeitos passivos de IRC que exerçam uma actividade nos sectores especificamente previstos no n.º 2 do artigo 2.º, tendo em consideração os códigos de actividade definidos na portaria prevista no n.º 3 do referido artigo, com excepção das actividades excluídas do âmbito sectorial de aplicação das Orientações relativas aos auxílios estatais com finalidade regional para 2014-2020 (O.A.R.) e do Regulamento Geral de Isenção por Categoria (R.G.I.C.).

4. A Portaria n.º 282/2014, de 30 de Dezembro, definiu os códigos da Classificação Portuguesa de Actividades Económicas (CAE- Rev. 3) a que é aplicável o benefício fiscal do RFAI.

5. A actividade principal da empresa enquadra-se numa actividade da indústria transformadora elegível (alínea b) do artigo 2.º da Portaria n.º 282/2014) enquanto a actividade secundária, correspondente ao Código CAE 82990 não se mostra elegível para efeitos do RFAI dado não se enquadrar na alínea k) do artigo 2.º da Portaria.

6. Assim, se o investimento efectuado pela empresa se relacionar com a sua actividade principal será, em termos de actividade desenvolvida, elegível para efeitos do RFAI já se for relativo à sua actividade secundária não poderá beneficiar do RFAI.

7. De acordo com o n.º 2 do artigo 22.º do CFI, para efeitos do RFAI, e no que ao presente caso interessa, consideram-se aplicações relevantes os investimentos em activos fixos tangíveis (AFT), adquiridos em estado de novo, desde que afectos à exploração da empresa.

8. Deve ter-se em atenção que, nos termos da alínea d) do n.º 2 do artigo 2.º da Portaria n.º 297/2015, de 21 de Setembro, para efeitos do disposto do n.º 1 do artigo 23.º do CFI, apenas são elegíveis as aplicações relevantes em activos aí previstos que respeitem a um investimento inicial, considerando-se como tal: (i) Os investimentos relacionados com a criação de um novo estabelecimento (ii) O aumento da capacidade de um estabelecimento já existente (iii) A diversificação da produção de um estabelecimento no que se refere a produtos não fabricados anteriormente nesse estabelecimento, ou (iv) Uma alteração fundamental do processo de produção global de um estabelecimento já existente.

9. Os sujeitos passivos, para beneficiarem dos incentivos fiscais indicados nos artigos 23.º e 23.º-A, devem preencher cumulativamente as condições indicadas no n.º 4 do artigo 22.º do CFI.

10. O n.º 5 deste artigo 22.º indica que " Considera-se investimento realizado o correspondente às adições, verificadas em cada período de tributação, de activos fixos tangíveis e activos intangíveis e bem assim o que, tendo a natureza de activo fixo tangível e não dizendo respeito a adiantamentos, se traduza em adições aos investimentos em curso" e o n.º 6 deste mesmo artigo refere que " Para efeitos do disposto no número anterior, não se consideram as adições de activos que resultem de transferências de investimentos em curso transitado de períodos anteriores, excepto se forem adiantamentos."

11. Para efeitos do RFAI considera-se investimento as adições de investimento em curso com a natureza de activo fixo tangível sendo que não se consideram as adições de activos que resultem de transferências de investimentos em curso transitado de períodos anteriores, ou seja, estes investimentos em curso são relevantes para efeitos de RFAI não o sendo a sua transferência para AFT de investimentos em curso de anos anteriores.

12. Nestes termos, os investimentos em curso realizados em 2015 que não tenham a natureza de adiantamentos e que assumam a natureza de activo fixo tangível devem ser considerados para efeitos da dedução do RFAI em 2015.

13. Os adiantamentos efectuados no período de tributação por conta de investimentos elegíveis (AFT) ou de adições de investimentos em curso a efectuar que não se concretizem nesse período, não beneficiam do RFAI, dado não assumirem a natureza de uma despesa de investimento mas de um fluxo de caixa.

14. Relativamente à segunda questão colocada, a dedução à colecta do IRC é efectuada, de acordo com as percentagens indicadas no n.º 1 do artigo 23.º do CFI aplicáveis às aplicações relevantes, na liquidação de IRC respeitante ao período de tributação em que sejam realizadas essas aplicações e até à concorrência de 50% da colecta do IRC apurada em cada período de tributação.

15. Quando esta dedução não possa ser efectuada integralmente por insuficiência de colecta, a importância ainda não deduzida pode sê-lo nas liquidações dos 10 períodos de tributação seguintes, até à concorrência de 50% da colecta de IRC apurada em cada um dos períodos de tributação.

16. No que respeita à terceira questão, o benefício financeiro constante da candidatura que efectuou no âmbito do programa Portugal 2020 poderá ser cumulável com o RFAI dado que o n.º 1 do artigo 24.º do CFI só impede a cumulação do RFAI com quaisquer benefícios fiscais da mesma natureza e aquela candidatura assume a natureza de benefícios financeiros.

17. De referir que a alínea c) do n.º 2 do artigo 2.º da Portaria 297/2015, de 21 de Setembro, para efeitos do artigo 22.º do CFI, a contribuição financeira dos sujeitos passivos, a partir dos seus recursos próprios ou mediante financiamento externo que assuma uma forma isenta de qualquer apoio público, deve corresponder, pelo menos, a 25% das aplicações relevantes.

18. Beneficiam do RFAI, em sede de IRC, os investimentos realizados em regiões elegíveis constantes da tabela prevista no n.º 1 do artigo 43.º do CFI. Caso os investimentos beneficiem de outros auxílios de estado, nomeadamente financeiros, o cálculo dos limites deve ter em consideração o montante total dos auxílios de Estado com finalidade regional concedidos ao investimento em questão, proveniente de todas as fontes

19. A Portaria n.º 297/2015, de 21 de Setembro, procedeu à regulamentação do RFAI e da DLRR assegurando a aplicação integral das regras previstas no R.G.I.C. e, quando aplicável, das O.A.R.. Estabeleceu também os procedimentos especiais de controlo do montante dos auxílios de Estado com finalidade regional concedidos ao investimento a que os sujeitos passivos ficam sujeitos.

Informação Vinculativa com Despacho de 7 de Julho de 2015, da Directora de Serviços do IRC (Proc. n.º 2015/2015)
Aquisição de um pavilhão para fins produtivos e administrativos que tem estado a ser utilizado pela empresa ao abrigo de um contrato de arrendamento.

O sujeito passivo vem requerer informação vinculativa sobre se a aquisição ao respectivo proprietário de um pavilhão para utilização produtiva e administrativa é elegível para efeitos da usufruição do Regime Fiscal de Apoio ao Investimento estabelecido no novo Código Fiscal do Investimento, aprovado pelo Decreto-Lei n.º 162/2014, de 31 de Outubro.

Para tanto, esclarece que o pavilhão (i) tem vindo a ser utilizado pela própria empresa, ao abrigo de contrato de arrendamento e (ii) se encontra em estado de novo, começando a ser depreciado como tal após a aquisição.

Sobre o assunto, foi sancionado o seguinte entendimento:

1. O Regime Fiscal de Apoio ao Investimento (RFAI), que se encontra estabelecido no capítulo III do novo Código Fiscal do Investimento (CFI) (art.ºs 22.º a 26.º), constitui um regime de auxílio com finalidade regional aprovado nos termos do Regulamento (UE) n.º 651/2014 da Comissão, de 17 de Junho de 2014, que declara certas categorias de auxílio compatíveis com o mercado interno, em aplicação dos artigos 107.º e 108.º do Tratado, publicado no Jornal Oficial da União Europeia, n.º L 187, de 26 de Junho de 2014 (Regulamento Geral de Isenção por Categoria ou RGIC).

2. De acordo com os elementos que constam do cadastro, da declaração modelo 22 respeitante a 2014 e da declaração anual de informação contabilística e fiscal (IES) referente a 2013: (1) a requerente qualifica-se como PME, (2) exerce a actividade de "Fabricação de estruturas de construções metálicas" (CAE 25110) e (3) tem como único estabelecimento a sua sede numa região elegível para auxílio nos termos da alínea a) do n.º 3 do Tratado sobre o Funcionamento da União Europeia (designada como região "a").

3. É, portanto, um sujeito passivo que exerce uma actividade económica enquadrada num dos sectores previstos na Portaria n.º 282/2014, de 30 de Dezembro, e o investimento foi ou vai ser realizado numa região assistida.

4. No que respeita ao investimento propriamente dito, há que realçar que o mesmo só pode ser considerado elegível se integrar o conceito de "investimento inicial" previsto no ponto 49) do art.º 2.º do RGIC.

5. Em caso afirmativo, há que atender, ainda, ao disposto na alínea a) do n.º 2 do art.º 22.º do CFI, segundo a qual os activos fixos tangíveis só são considerados aplicações relevantes se (1) forem afectos à exploração da empresa, (2) tiverem sido adquiridos em estado novo e (3) não se encontrarem excepcionados nas respectivas subalíneas i) a vi).

6. Embora o investimento em edifícios seja afastado do regime por força do disposto na subalínea ii) da alínea a) do n.º 2 do referido art.º 22.º, fica salvaguardado o investimento em edifícios que forem instalações fabris ou que estejam afectos a determinadas actividades, como sejam actividades turísticas, actividades de produção de audiovisual ou actividades administrativas.

7. Logo, se o pavilhão for utilizado como instalação fAbril não cai na excepção prevista na referida subalínea ii). Cairia, sim, na excepção se o pavilhão se destinasse apenas a fins administrativos, uma vez que a actividade exercida pela empresa não é uma actividade administrativa.

8. Chegados a este ponto, há que ter em atenção que a própria alínea a) do preceito em análise obriga a que o activo fixo tangível seja adquirido em estado de novo.

9. Nem o novo CFI nem o RGIC (nem os diplomas anteriores que regulavam o RFAI) contêm qualquer definição de "estado de novo", pelo que a AT tem vindo a considerar que um activo fixo tangível é considerado em "estado de novo" se não integrou anteriormente o activo não corrente da empresa que pretende usufruir do RFAI ou de qualquer outra empresa.

10. No presente caso, a requerente já vinha utilizando o pavilhão, mediante contrato de arrendamento, e decidiu agora adquiri-lo ao respectivo senhorio/proprietário.

11. Ora, enquanto o pavilhão era propriedade do senhorio e se destinava à obtenção de rendas, integrava (ou devia integrar) os seus activos não correntes: em condições normais, o senhorio tê-lo-ia reconhecido como Propriedades de investimento (cf. parágrafo 5 da NCRF 11 – Propriedades de Investimento); se o senhorio fosse uma microentidade e adoptasse a NC-ME, reconhecê-lo-ia como um activo fixo tangível, por força do disposto no parágrafo 7.2 desta norma contabilística.

12. Portanto, independentemente da qualificação da empresa que detinha a propriedade jurídica do pavilhão (grande, média, pequena ou micro empresa), não restam dúvidas que o mesmo já tinha sido (ou devia ter sido) reconhecido contabilisticamente como um activo não corrente, pelo que não se está em presença de um activo adquirido em estado de novo.

13. Ainda que o senhorio fosse uma pessoa singular que não possuísse contabilidade, o raciocínio não se altera, porque o que interessa é a qualificação do próprio activo (como activo não corrente), não relevando o facto de o mesmo ter sido ou não objecto de contabilização pelo senhorio.

14. Do exposto, conclui-se que o pavilhão agora adquirido pela requerente, embora se qualifique como um activo fixo tangível, não pode ser considerado um activo fixo tangível adquirido em estado de novo.

15. Assim, não se verificando o requisito exigido na alínea a) do n.º 2 do art.º 22.º do CFI, a sua aquisição não pode constituir uma aplicação relevante para efeitos de aproveitamento do RFAI.

Informação Vinculativa com Despacho de 3 de Julho de 2015, da Directora de Serviços do IRC (Proc. n.º 1110/2015)
Aquisição a locador financeiro de um pavilhão já utilizado.

O sujeito passivo vem requerer informação vinculativa sobre se a aquisição a um locador financeiro de um pavilhão para utilização produtiva e administrativa é elegível para efeitos da usufruição do Regime Fiscal de Apoio ao Investimento estabelecido no novo Código Fiscal do Investimento, aprovado pelo Decreto-Lei n.º 162/2014, de 31 de Outubro, esclarecendo que o pavilhão (i) já foi utilizado, (ii) se encontra em estado de novo e (iii) nunca teve um titular.

Entendimento sancionado:

1. O Regime Fiscal de Apoio ao Investimento (RFAI), que se encontra estabelecido nos artigos 22.º a 26.º do novo Código Fiscal do Investimento (CFI), constitui um regime de auxílio com finalidade regional aprovado nos termos do Regulamento (UE) n.º 651/2014 da Comissão, de 17 de Junho de 2014, que declara certas categorias de auxílio compatíveis com o mercado interno, em aplicação dos artigos 107.º e 108.º do Tratado, publicado no Jornal Oficial da União Europeia, n.º L 187, de 26 de Junho de 2014 (Regulamento Geral de Isenção por Categoria ou RGIC).

2. Conforme previsto na alínea a) do n.º 2 do art.º 22.º do CFI, os activos fixos tangíveis são considerados aplicações relevantes para efeitos deste regime se (1) forem afectos à exploração da empresa, (2) tiverem sido adquiridos em estado novo e (3) não se encontrarem excepcionados nas respectivas subalíneas i) a vi).

3. Embora o investimento em edifícios seja afastado do regime por força do disposto na subalínea ii) da alínea a) do n.º 2 do referido art.º 22.º, fica salvaguardado o investimento em edifícios que forem instalações fabris ou que estejam afectos a determinadas

actividades, como sejam actividades turísticas, actividades de produção de audiovisual ou actividades administrativas.

4. Logo, se o pavilhão for utilizado como instalação fAbril não cai na excepção prevista na referida subalínea ii).

5. Não obstante, a própria alínea a) obriga a que o activo fixo tangível seja adquirido em estado de novo.

6. Nem o novo CFI nem o RGIC (nem os diplomas anteriores que regulavam o RFAI) contêm qualquer definição de "estado de novo", pelo que a Autoridade Tributária e Aduaneira (AT) tem vindo a considerar que um activo fixo tangível é considerado em "estado de novo" se não integrou anteriormente o activo não corrente da empresa que pretende usufruir do RFAI ou de qualquer outra empresa.

7. No presente caso, a aquisição foi feita a um locador financeiro e o pavilhão já foi utilizado, pelo que se conclui que essa utilização foi perpetrada ou pela própria requerente ou por outro sujeito passivo numa fase anterior, ao abrigo de um contrato de locação financeira.

8. Ora, numa locação financeira (que seja assim classificada nos termos dos parágrafos 7 a 19 da NCRF 9 – Locações), o locatário deve, no começo do prazo de locação, reconhecer o activo locado no seu balanço.

9. Apesar de o locatário não ser o titular (jurídico) do activo locado, é ele que retira todas as vantagens (v.g. benefícios económicos resultantes do seu uso) e assume todos os riscos associados à respectiva titularidade.

10. E como a Estrutura Conceptual do Sistema de Normalização Contabilística refere expressamente que as transacções e outros acontecimentos devem ser contabilizados e apresentados de acordo com a sua substância e realidade económica e não meramente com a sua forma legal, o normalizador contabilístico entendeu que o activo locado deve ser reconhecido pelo locatário como um activo (no caso concreto, como um activo não corrente).

11. Portanto, se o pavilhão em causa já tinha sido utilizado por uma outra empresa numa fase anterior ou se já está a ser utilizado pela própria requerente, num ou noutro caso ao abrigo de um contrato de locação financeira, não restam dúvidas que o pavilhão já foi ou já devia ter sido reconhecido contabilisticamente como um activo não corrente (ainda que o locatário não seja o titular em termos jurídicos), pelo que não se está em presença de um activo adquirido em estado de novo.

12. Não podendo ser considerado um activo fixo tangível adquirido em estado de novo, não se verifica o requisito exigido na alínea a) do n.º 2 do art.º 22.º do CFI, pelo que a sua aquisição não constitui uma aplicação relevante para efeitos de aproveitamento do RFAI.

Informação Vinculativa com Despacho de 24 de Junho de 2015, da Subdirectora-Geral da Área de Gestão Tributária – Impostos sobre o Rendimento (Proc. n.º 1097/2015)
Elegibilidade dos investimentos realizados por uma grande empresa na região Norte

Tendo em conta o disposto no n.º 7 do art.º 22.º do Código Fiscal do Investimento (CFI), o sujeito passivo vem solicitar informação vinculativa sobre a elegibilidade para efeitos de aproveitamento do regime fiscal de apoio ao investimento (RFAI) dos investimentos que realizou em 2014, na região Norte.

Situação de facto

A requerente é uma não PME, ou seja, é uma grande empresa, que vem desenvolvendo uma actividade enquadrável na CAE 22292 – Fabricação de outros artigos de plástico, não especificados.

Encontra-se situada na região Norte, uma das regiões elegíveis para auxílio nos termos da alínea a) do n.º 3 do art.º 107.º do Tratado sobre o Funcionamento da União Europeia.

Em 2014 efectuou nessa região um investimento em activos fixos tangíveis em estado novo, afectos à exploração da empresa, referente "a novos equipamentos produtivos dotados de novas tecnologias para a diversificação da produção do seu estabelecimento actual para nova actividade não produzida anteriormente e, consequentemente, disponibilização de novos produtos no mercado, pela fabricação de capacetes de protecção em plástico, com a CAE 32994".

Entendimento sancionado

1. O RFAI, que consta do capítulo III do novo CFI aprovado pelo Decreto-Lei n.º 162/2014, de 31 de Outubro, constitui um regime de auxílio com finalidade regional, aprovado nos termos do Regulamento (UE) n.º 651/2014 da Comissão, de 17 de Junho de 2014, que declara certas categorias de auxílios compatíveis com o mercado interno, em aplicação dos artigos 107.º e 108.º do Tratado, publicado no Jornal Oficial da União Europeia, n.º L 187, de 26 de Junho de 2014 (adiante RGIC).

2. Assim sendo, as normas previstas no CFI relativas ao RFAI têm sempre de ser lidas e entendidas à luz das regras do RGIC aplicáveis a este tipo de auxílios.

3. Para além do RGIC, devem também ser lidas as orientações relativas aos auxílios estatais com finalidade regional para 2014-2020, publicadas no Jornal Oficial da União Europeia n.º C 209, de 23 de Julho de 2013 (OAR).

4. Face ao disposto nestes três normativos é, assim, fundamental atender a certos dados da requerente, a saber:

i) Não se qualifica como PME, conforme consta da informação por si prestada, ao assinalar o campo 2 do quadro 03.3-A da declaração modelo 22 relativa a 2014.

Este dado é importante porque o objectivo do investimento exigido a uma grande empresa é, nalguns casos, diferente do que é exigido às PME.

ii) Encontra-se situada – e o investimento foi realizado – numa região Norte, ou seja, numa região elegível para auxílio nos termos da alínea a) do n.º 3 do art.º 107.º do

Tratado sobre o Funcionamento da União Europeia, doravante, designada por região "a" (cf. mapa referido no n.º 1 do art.º 43.º do CFI).

A localização do investimento é importante para efeitos de aplicação do disposto no n.º 7 do art.º 22.º do CFI.

iii) O investimento foi efectuado em aplicações relevantes para efeitos do RFAI (ativos fixos tangíveis em estado novo e afectos à exploração da empresa), pelo que se conclui que não fazem parte desse investimento quaisquer activos que se encontrem excepcionados nas subalíneas i) a vi) da alínea a) do n.º 2 do art.º 22.º do CFI.

iv) Adopta o sistema de normalização contabilística, utilizando as normas contabilísticas e de relato financeiro (NCRF).

v) Embora a actividade efectivamente desenvolvida em 2014 se enquadrasse na CAE 22292 – Fabricação de outros artigos de plástico, N.E., constam da declaração de inscrição no registo, como actividades secundárias, as referentes à CAE 22220 – Fabricação de embalagens de plástico e à CAE 32994 – Fabricação de equipamentos de protecção e segurança.

Qualquer uma destas actividades se insere nas indústrias transformadoras previstas na alínea b) do art.º 2.º da Portaria n.º 282/2014, de 30 de Dezembro e não estão sujeitas às restrições previstas no seu art.º 1.º. Esta Portaria é aplicável ao RFAI por força do disposto no n.º 1 do art.º 22.º do CFI.

4. Face a estes elementos e admitindo que se mostram preenchidas as demais condições exigidas pelo n.º 4 do art.º 22.º do CFI, designadamente a que se refere à criação de postos de trabalho, segue-se a análise da eventual elegibilidade do investimento para efeitos de RFAI.

5. Desde logo, o considerando (31) do RGIC esclarece sobre o objectivo dos auxílios com finalidade regional, referindo o seguinte:

i) Nas regiões que satisfazem as condições previstas no art.º 107.º, n.º 3, alínea a) do Tratado (regiões "a"), os auxílios com finalidade regional podem ser concedidos para promover a criação de novos estabelecimentos, a extensão da capacidade de um estabelecimento existente, a diversificação da produção de um estabelecimento ou uma mudança fundamental do processo de produção global de um estabelecimento existente;

ii) Tendo em consideração que as grandes empresas são menos afectadas por desvantagens regionais do que as PME quando investem numa região que satisfaz as condições previstas no art.º 107.º, n.º 3, alínea c) do Tratado (regiões "c"), os auxílios com finalidade regional às grandes empresas devem ser isentos da obrigação de notificação apenas para os investimentos iniciais a favor de uma nova actividade económica nessas regiões.

7. Portanto, (i) quando o investimento é realizado numa região "a", o objectivo do investimento é igual para PME ou para grandes empresas; (ii) quando o investimento é realizado numa região "c" e o sujeito passivo for uma grande empresa, impõe-se que o investimento inicial seja a favor de uma nova actividade económica na região, de acordo com as definições dadas no ponto 41), 49) e 51) do art.º 2.º do RGIC.

8. O ponto 41) do art.º 2.º do RGIC refere que os auxílios regionais ao investimento são «os auxílios com finalidade regional concedidos para um investimento inicial ou um investimento inicial a favor de uma nova actividade económica».

9. E os pontos 49) a), 51) a) e 50) do mesmo preceito apresentam as definições de «Investimento inicial», «A mesma actividade ou actividade semelhante» e de «Investimento inicial a favor de uma nova actividade económica», a saber:

- Investimento inicial é «Um investimento em activos corpóreos e incorpóreos relacionado com a criação de um novo estabelecimento, aumento da capacidade de um estabelecimento existente, diversificação da produção de um estabelecimento para produtos não produzidos anteriormente no estabelecimento ou mudança fundamental do processo de produção global de um estabelecimento existente» [cf. ponto 49) a)].
- Investimento inicial a favor de uma nova actividade económica é «Um investimento em activos corpóreos e incorpóreos relacionados com a criação de um novo estabelecimento, ou com a diversificação da actividade de um estabelecimento, na condição de a nova actividade não ser a mesma ou uma actividade semelhante à actividade anteriormente exercida no estabelecimento» [cf. ponto 51) a)].
- A mesma actividade ou actividade semelhante é «uma actividade que se insere na mesma classe (código numérico de quatro dígitos) da nomenclatura estatística das actividades económicas NACE Rev. 2, nos termos do Regulamento (CE) n.º 1893/2006, do Parlamento Europeu e do Conselho, de 20 de Dezembro de 2006, que estabelece a nomenclatura estatística das actividades económicas NACE Revisão 2 e que altera o Regulamento (CEE) n.º 3037/90 do Conselho, assim como certos regulamentos CE relativos a domínios estatísticos específicos» [cf. ponto 50)].

10. Tendo por pano de fundo o considerando (31) do RGIC atrás referido, o n.º 7 do art.º 22.º do CFI vem especificar que as grandes empresas que invistam num "região "c", apenas podem beneficiar – automaticamente – do RFAI se o investimento (inicial) respeitar a uma nova actividade económica, de acordo com a definição dada no ponto 51) a) do art.º 2.º do RGIC.

11. Dado que este normativo do CFI apenas distingue as grandes empresas das PME no que se refere aos investimentos que sejam efectuados numa região "c", conclui-se que o investimento que seja efectuado numa região "a" é elegível quer para as PME quer para as grandes empresas, desde que integre o conceito de "investimento inicial" apresentado no ponto 49), a) do art.º 2.º do RGIC.

12. A requerente afirma que o investimento foi realizado em novos equipamentos produtivos dotados de novas tecnologias para diversificar a produção do seu estabelecimento actual para uma nova actividade não produzida anteriormente.

13. Conforme já referido, a actividade por si desenvolvida em 2014 enquadrava-se na CAE 22292 – Fabricação de outros artigos de plástico, N.E.

14. O investimento que realizou nesse ano vai permitir-lhe diversificar a produção para produtos não produzidos anteriormente, começando a produzir capacetes de protecção de plástico (CAE 32994 – Fabricação de Equipamentos de Protecção e Segurança, uma das actividades secundárias constantes da declaração de inscrição no registo).

15. Assim, conclui-se que o investimento em questão cai no conceito de "investimento inicial", pelo que, tendo sido efectuado numa região "a", é elegível para efeitos de aproveitamento do RFAI.

Isto partindo do pressuposto que estão reunidas as demais condições exigidas no art.º 22.º do CFI.

16. Ainda que tivesse sido efectuado numa região "c", como o investimento tem por fim o desenvolvimento de uma nova actividade que não se insere na mesma classe da CAE da actividade que vem sendo desenvolvida (CAE 32994 versus CAE 22292), estaríamos sempre em presença de um "investimento inicial a favor de uma nova actividade económica" pelo que a requerente, apesar de ser uma grande empresa, poderia aproveitar do RFAI, face ao disposto no n.º 7 do art.º 22.º do CFI.

17. Quanto ao montante do crédito de imposto a que a requerente tem direito, há que conjugar o disposto na alínea i) do número 1) da alínea a) do n.º 1 com o disposto na alínea b) do n.º 2, ambos do art.º 23.º do CFI, ou seja, é dedutível à colecta relativa a 2014 e apurada nos termos da alínea a) do n.º 1 do art.º 90.º do CIRC o montante correspondente a 25% das aplicações relevantes, até à concorrência de 50% da colecta.

18. Se a dedução não puder ser efectuada integralmente por insuficiência de colecta, pode ainda ser feita nos períodos de tributação seguintes, no prazo e nos termos previstos no n.º 3 do art.º 23.º do CFI.

19. Deve ainda ser tido em consideração o disposto nos n.ºs 5 e 6 do mesmo preceito no que respeita aos limites máximos aplicáveis aos auxílios com finalidade regional em vigor na região "a" em causa, nos termos do art.º 43.º, bem como a regra de exclusividade dos benefícios fiscais a que se refere o art.º 24.º, ambos do CFI.

ARTIGO 23.º
Benefícios fiscais

1 – Aos sujeitos passivos de IRC previstos no n.º 1 do artigo anterior, são concedidos os seguintes benefícios fiscais:

a) Dedução à colecta do IRC apurada nos termos da alínea a) do n.º 1 do artigo 90.º do Código do IRC, das seguintes importâncias das aplicações relevantes:

1) No caso de investimentos realizados em regiões elegíveis nos termos da alínea a) do n.º 3 do artigo 107.º do Tratado de Funcionamento da União Europeia constantes da tabela prevista no n.º 1 do artigo 43.º:

i) 25% das aplicações relevantes, relativamente ao investimento realizado até ao montante de €15.000.000;

ii) 10% das aplicações relevantes, relativamente à parte do investimento realizado que exceda o montante de €15.000.000;

2) No caso de investimentos em regiões elegíveis nos termos da alínea c) do n.º 3 do artigo 107.º do Tratado de Funcionamento da União Europeia constantes da tabela prevista no n.º 1 do artigo 43.º, 10% das aplicações relevantes;

b) Isenção ou redução de IMI, por um período até 10 anos a contar do ano de aquisição ou construção do imóvel, relativamente aos prédios utilizados pelo promotor no âmbito dos investimentos que constituam aplicações relevantes, nos termos do artigo 22.º;

c) Isenção ou redução de IMT relativamente às aquisições de prédios que constituam aplicações relevantes nos termos do artigo 22.º;

d) Isenção de Imposto do Selo relativamente às aquisições de prédios que constituam aplicações relevantes nos termos do artigo 22.º

2 – A dedução a que se refere a alínea a) do número anterior é efectuada na liquidação de IRC respeitante ao período de tributação em que sejam realizadas as aplicações relevantes, com os seguintes limites:

a) No caso de investimentos realizados no período de tributação do início de actividade e nos dois períodos de tributação seguintes, exceto quando a empresa resultar de cisão, até à concorrência do total da colecta do IRC apurada em cada um desses períodos de tributação;

b) Nos restantes casos, até à concorrência de 50% da colecta do IRC apurada em cada período de tributação.

3 – Quando a dedução referida no número anterior não possa ser efectuada integralmente por insuficiência de colecta, a importância ainda não deduzida pode sê-lo nas liquidações dos 10 períodos de tributação seguintes, até à concorrência da colecta de IRC apurada em cada um dos períodos de tributação, no caso de investimentos abrangidos pela alínea a) do número anterior ou com o limite previsto na alínea b) do mesmo número, nos casos aí previstos.

4 – Para efeitos do disposto nas alíneas b) e c) do n.º 1, as isenções ou reduções aí previstas são condicionadas ao reconhecimento, pela competente assembleia municipal, do interesse do investimento para a região.

5 – Os benefícios fiscais previstos nos números anteriores devem respeitar os limites máximos aplicáveis aos auxílios com finalidade regional em vigor na região na qual o investimento seja efectuado, nos termos do artigo 43.º

6 – Caso os investimentos beneficiem de outros auxílios de Estado, o cálculo dos limites referidos no número anterior deve ter em consideração o montante total dos auxílios de Estado com finalidade regional concedidos ao investimento em questão, proveniente de todas as fontes.

7 – Para efeitos do disposto no número anterior, os sujeitos passivos ficam sujeitos aos procedimentos especiais de controlo do montante dos auxílios de Estado com finalidade regional concedidos ao investimento, nos termos a definir por portaria do membro do Governo responsável pelas áreas das finanças e da economia.

O artigo 23.º estabelece quais os benefícios fiscais no âmbito do RFAI a que poderão aceder os sujeitos passivos de IRC, em sede de impostos sobre o rendimento (IRC) e o património (IMI, IMT e Selo).

Os benefícios fiscais previstos neste artigo 23.º apenas são aplicáveis relativamente a investimentos iniciais, nos termos da alínea a) do parágrafo 49 do artigo 2.º do RGIC, considerando-se como tal os investimentos relacionados com a criação de um novo estabelecimento, o aumento da capacidade de um estabelecimento já existente, a diversificação da produção de um estabelecimento no que se refere a produtos não fabricados anteriormente nesse estabelecimento, ou uma alteração fundamental do processo de produção global de um estabelecimento existente [artigo 2.º n.º 1 alínea d) da Portaria n.º 297/2015, de 21 de Setembro, que procede à regulamentação do RFAI].

1.

Quanto ao cálculo do benefício, haverá que atender à região onde é efectuado o investimento.

No caso de investimentos realizados em regiões elegíveis nos termos do artigo 107.º n.º 3 alínea a) do TFUE[295] (constantes da tabela prevista no artigo 43.º n.º 1), os sujeitos passivos de IRC[296] – que exerçam uma actividade nos sectores especificamente previstos no artigo 2.º n.º 2[297], tendo em consideração os

[295] Segundo o qual podem ser considerados compatíveis com o mercado interno os auxílios destinados a promover o desenvolvimento económico de regiões em que o nível de vida seja anormalmente baixo ou em que exista grave situação de subemprego, bem como o desenvolvimento das regiões referidas no artigo 349.º, tendo em conta a sua situação estrutural, económica e social.

[296] Artigo 2.º do CIRC.

[297] Indústria extractiva e indústria transformadora; Turismo, incluindo as actividades com interesse para o turismo; Actividades e serviços informáticos e conexos; Actividades agrícolas, aquícolas, piscícolas, agropecuárias e florestais; Actividades de investigação e desenvolvimento e de

códigos de actividade (CAE) definidos na da Portaria n.º 282/2014, de 30 de Dezembro[298], exceptuando-se as actividades excluídas do âmbito sectorial de aplicação das OAR[299] e do RGIC[300] – têm como benefício fiscal a *dedução à colecta*

alta intensidade tecnológica; Tecnologias da informação e produção de audiovisual e multimédia; Defesa, ambiente, energia e telecomunicações; Actividades de centros de serviços partilhados.

298 Prevista no artigo 2.º n.º 3.

299 Segundo as OAR, os auxílios com finalidade regional aos sectores siderúrgico e das fibras sintéticas não serão considerados compatíveis com o mercado interno. A Comissão aplicará os princípios estabelecidos nas presentes orientações aos auxílios com finalidade regional em todos os sectores de actividade económica, com excepção da pesca e da aquicultura, da agricultura e dos transportes, que estão sujeitos a regras especiais previstas em instrumentos jurídicos específicos, susceptíveis de derrogar total ou parcialmente as presentes orientações. A Comissão aplicará estas orientações à transformação e comercialização de produtos agrícolas em produtos não agrícolas. As presentes orientações aplicam-se a medidas de auxílio em apoio de actividades fora do âmbito do artigo 42.º do TFUE, mas abrangidas pelo regulamento relativo ao desenvolvimento rural, e cofinanciadas pelo Fundo Europeu Agrícola de Desenvolvimento Rural ou concedidas como um financiamento nacional em suplemento dessas medidas cofinanciadas, salvo previsão em contrário das regras sectoriais.

300 Regulamento (UE) n.º 651/2014 da Comissão, de 16 de Junho de 2014, que declara certas categorias de auxílio compatíveis com o mercado interno, em aplicação dos artigos 107.º e 108.º do TFUE.

Segundo o artigo 13.º, excluem-se do âmbito de aplicação dos auxílios com finalidade regional:

k) Auxílios que promovam actividades dos sectores siderúrgico, do carvão, da construção naval, das fibras sintéticas, dos transportes e das infraestruturas conexas, da produção, distribuição e infraestruturas energéticas;

l) Auxílios com finalidade regional sob a forma de regimes orientados para um número limitado de sectores específicos de actividade económica; os regimes destinados a actividades turísticas, infraestruturas de banda larga ou comercialização e transformação de produtos agrícolas não são considerados orientados para sectores específicos da actividade económica;

m) Auxílios com finalidade regional sob a forma de regimes que compensem os custos de transporte de mercadorias produzidas nas regiões ultraperiféricas ou em zonas escassamente povoadas e concedidos a favor de:

   vii) actividades na produção, transformação e comercialização dos produtos enumerados no anexo I do TFUE; ou

   viii) actividades classificadas no Regulamento (CE) n.º 1893/2006 do Parlamento Europeu e do Conselho, de 20 de Dezembro de 2006, que estabelece a nomenclatura estatística das actividades económicas NACE Revisão 2 e que altera o Regulamento (CEE) n.º 3037/90 do Conselho, assim como certos regulamentos CE relativos a domínios estatísticos específicos como a agricultura, a silvicultura e a pesca (secção A da nomenclatura estatística das actividades económicas NACE Rev. 2), as indústrias extractivas (secção B da NACE Rev. 2) e a distribuição de electricidade, gás, vapor e ar condicionado (secção D da NACE Rev. 2); ou

   ix) transporte de mercadorias por condutas;

n) Auxílios regionais individuais ao investimento concedidos a um beneficiário que encerrou a mesma actividade ou uma actividade semelhante no Espaço Económico Europeu nos dois

do IRC[301] das importâncias de 25% das aplicações relevantes, relativamente ao investimento realizado até ao montante de €15.000.000[302]. Na parte do investimento realizado que exceda este último montante, a dedução permitida será apenas na importância de 10% das aplicações relevantes[303].

Já no caso de investimentos realizados em regiões elegíveis nos termos do artigo 107.º n.º 3 alínea c) do TFUE[304] (também constantes da tabela prevista no artigo 43.º n.º 1), os sujeitos passivos podem efectuar uma dedução à colecta do IRC apurada na importância de 10% das aplicações relevantes[305].

Este benefício fiscal em sede de IRC encontra-se excluído do âmbito de aplicação do disposto quanto ao resultado da liquidação [artigo 92.º n.º 2 alínea e) do CIRC].

No que respeita ao *quantum* da dedutibilidade dos benefícios fiscais em caso de sociedades abrangidas pelo Regime Especial de Tributação dos Grupos de Sociedades (RETGS), o legislador opera uma remissão genérica para o CIRC

anos que antecedem o seu pedido de auxílio regional ao investimento ou que, na altura do pedido de auxílio, tenha planos concretos para encerrar essa actividade no prazo máximo de dois anos após a conclusão do investimento inicial, para o qual o auxílio é requerido na zona em causa;

o) Auxílios regionais ao funcionamento concedidos a empresas cuja actividade principal se insere na secção K «Actividades financeiras e de seguros» da NACE Rev. 2 ou a empresas que desempenham actividades intragrupo e cujas actividades principais se inserem nas subdivisões 70.10 «Actividades das sedes sociais» ou 70.22 «Actividades de consultoria para os negócios e outra consultoria para a gestão» da NACE Rev. 2.

301 A dedução à colecta é apurada tendo por base a matéria colectável que consta de declaração mod. 22 (artigo 120.º do CIRC) que funda a autoliquidação pelo suejito passivo [artigo 90.º n.º 1 alínea a) do mesmo Código].

302 Na redacção anterior à operada pela Lei n.º 71/2018, de 31 de Dezembro, admitia-se uma dedução à colecta na importância de 25% das aplicações relevantes, relativamente ao investimento realizado até ao montante de €10.000.000 (Lei n.º 42/2016, de 28 de Dezembro), quando na redacção originária do CFI o montante era de €5.000.000. A Lei n.º 42/2016, de 28 de Dezembro, consagrou uma disposição transitória (artigo 244.º), segundo a qual, para efeitos desta dedução, podem ser considerados no período de tributação subsequente investimentos realizados no período de tributação que se inicie em ou após 1 de Janeiro de 2016, desde que não tenham sido anteriormente integrados em qualquer um dos períodos.

303 Na redacção anterior à operada pela Lei n.º 71/2018, de 31 de Dezembro, admitia-se uma dedução à colecta na importância de 10% das aplicações relevantes, relativamente à parte do investimento realizado que excedesse o montante de €10.000.000 (Lei n.º 42/2016, de 28 de Dezembro). Na redacção originária do CFI o montante era de €5.000.000.

304 Segundo o qual podem ser considerados compatíveis com o mercado interno os auxílios destinados a facilitar o desenvolvimento de certas actividades ou regiões económicas, quando não alterem as condições das trocas comerciais de maneira que contrariem o interesse comum.

305 Nos termos do artigo 22.º do CFI.

[artigo 90.º n.º 1 alínea a)], sem estabelecer limites[306], o que significa uma relevância em exclusivo da matéria colectável agregada do grupo abrangido pelo RETGS, em detrimento da colecta individual que se apuraria caso a sociedade que gerou o benefício não estivesse integrada nesse grupo[307].

Pode também ser concedida, como benefício, uma *isenção ou redução*[308], em sede de *IMI* – por um período até 10 anos a contar do ano de aquisição ou construção do imóvel, relativamente aos prédios utilizados pelo promotor no âmbito dos investimentos que constituam aplicações relevantes[309] – ou de *IMT* – relativamente às aquisições de prédios que constituam aplicações relevantes[310] –, ou uma *isenção de Imposto do Selo* – relativamente às aquisições de prédios que constituam aplicações relevantes[311].

2.

Em sede de IRC, o benefício fiscal contratual traduz-se numa *dedução à colecta* apurada nos termos do artigo 90.º n.º 1 alínea a) do CIRC[312]. Esta dedução é efectuada na liquidação de IRC respeitante ao *período de tributação* em que foram realizadas as aplicações relevantes[313].

No entanto, o legislador estabelece limites para a dedução à colecta dos benefícios fiscais. Assim, caso se trate de investimentos realizados no período de tributação do início de actividade e nos 2 períodos de tributação seguintes – excepto quando a empresa resultar de cisão[314] –, a dedução apenas se poderá efectuar até à concorrência do total da colecta do IRC apurada em cada um

306 Ao contrário do que, por exemplo, expressamente, impõe no caso da DLRR (artigo 29.º n.º 5 do CFI).

307 A colecta de IRC a que se deduz o crédito de RFAI é a apurada pela entidade que efectua o investimento relevante, embora, em caso de aplicação do RETGS, tenha de ser observado o disposto no artigo 90.º n.º 6 do CIRC.

308 Taxa preferencial.

309 Nos termos do artigo 22.º do CFI. Vejam-se os artigos 9.º e 10.º do CIMI.

310 Nos termos do artigo 22.º do CFI. Vejam-se os artigos 1.º e 2.º do CIMT.

311 Nos termos do artigo 22.º do CFI. Veja-se o artigo 1.º do CIS.

312 As deduções relativas a benefícios fiscais que operam por dedução à colecta devem ser discriminadas no quadro 07, do anexo D, da declaração mod. 22 do IRC.

313 Artigo 22.º do CFI.

314 Nos termos do artigo 73.º n.º 2 do CIRC, considera-se cisão a operação pela qual:

a) Uma sociedade (sociedade cindida) destaca um ou mais ramos da sua actividade, mantendo pelo menos um dos ramos de actividade, para com eles constituir outras sociedades (sociedades beneficiárias) ou para os fundir com sociedades já existentes, mediante a atribuição aos seus sócios de partes representativas do capital social destas últimas sociedades e, eventualmente, de uma quantia em dinheiro que não exceda 10% do valor nominal ou, na falta de valor nominal, do valor contabilístico equivalente ao nominal das participações que lhes sejam atribuídas;

desses períodos de tributação. Sendo que, nos restantes casos, apenas poderá ser efectuada até à concorrência de 50% da colecta do IRC apurada em cada período de tributação.

3.

No cálculo do imposto, como o total do IRC liquidado[315] tem de ser positivo ou nulo, o total das deduções[316] não pode ser superior ao montante da colecta total[317] (artigo 90.º n.º 9 do CIRC), devendo as mesmas ser feitas pela ordem indicada no n.º 2 deste mesmo artigo 90.º. Ou seja, pela seguinte ordem: dupla tributação jurídica internacional (artigo 91.º), dupla tributação económica internacional (artigo 91.º-A), *benefícios fiscais*[318] e pagamento especial por conta (artigos 93.º e 106.º) até ao valor da colecta total[319].

Ora, quando a dedução prevista no n.º 1 alínea a) não puder ser efectuada integralmente por insuficiência de colecta, a importância ainda não deduzida poderá sê-lo nas liquidações dos 10 períodos de tributação seguintes, até à concorrência da colecta de IRC apurada em cada um dos períodos de tributação. Tenha-se presente que, por força da Lei n.º 21/2021, de 20 de Abril, ficou suspensa, durante os períodos de tributação de 2020 e 2021, a contagem do prazo

b) Uma sociedade (sociedade cindida) é dissolvida e dividido o seu património em duas ou mais partes, sendo cada uma delas destinada a constituir um nova sociedade (sociedade beneficiária) ou a ser fundida com sociedades já existentes ou com partes do património de outras sociedades, separadas por idênticos processos e com igual finalidade, mediante a atribuição aos seus sócios de partes representativas do capital social destas últimas sociedades e, eventualmente, de uma quantia em dinheiro que não exceda 10% do valor nominal ou, na falta de valor nominal, do valor contabilístico equivalente ao nominal das participações que lhes forem atribuídas.
c) Uma sociedade (sociedade cindida) destaca um ou mais ramos da sua actividade, mantendo pelo menos um dos ramos de actividade, para os fundir com a sociedade (sociedade beneficiária) detentora da totalidade das partes representativas do seu capital social;
d) Uma sociedade (sociedade cindida) destaca um ou mais ramos da sua actividade, mantendo pelo menos um dos ramos de actividade, para os fundir com outra sociedade já existente (sociedade beneficiária), quando a totalidade das partes representativas do capital social de ambas seja detida pelo mesmo sócio;
e) Uma sociedade (sociedade cindida) destaca um ou mais ramos da sua actividade, mantendo pelo menos um dos ramos de actividade, para os fundir com outra sociedade já existente (sociedade beneficiária), quando a totalidade das partes representativas do capital social desta seja detida pela sociedade cindida.

[315] Campo 358, do quadro 10, da declaração mod. 22.

[316] Campo 357, do quadro 10, da declaração mod. 22.

[317] Campo 378, do quadro 10, da declaração mod. 22.

[318] Campo 355 do quadro 10 da declaração mod. 22.

[319] A qual é composta pelo somatório do IRC propriamente dito e da derrama estadual (artigo 87.º-A do CIRC).

de dedução à colecta previsto neste n.º 3 do artigo 23.º, sendo que, nos termos da mesma Lei, a produção de efeitos desta medida extraordinária, retroagem a 1 de Janeiro de 2020[320].

No caso de investimentos realizados no período de tributação do início de actividade e nos dois períodos de tributação seguintes – excepto quando a empresa resultar de cisão – é admitida uma dedução até à concorrência do total da colecta do IRC apurada em cada um desses períodos de tributação [n.º 2 alínea a)]. Nos restantes casos, a dedução é limitada até à concorrência de 50% da colecta apurada em cada período de tributação [alínea b)].

Portanto, o sujeito passivo não está obrigado a obter lucro para poder aceder ao RFAI, podendo ter apurado prejuízos, caso em que se pode valer do reporte da dedução à colecta nos períodos seguintes em que registar lucros.

No quadro 07[321] do Anexo D (Benefícios fiscais) da declaração periódica de rendimentos de IRC (mod. 22)[322], o sujeito passivo deverá indicar o montante do benefício deduzido no período, a incluir no campo 721 do quadro 075 (total das deduções), que deve coincidir com o valor a deduzir à colecta inscrito no campo 355 do quadro 10 da declaração mod. 22. No quadro 074[323] do mesmo Anexo D (Benefícios fiscais) – para as declarações referentes aos períodos de tributação de 2018 e seguintes – são inscritas tantas linhas quantos os diferentes períodos de tributação em que os benefícios fiscais foram obtidos, que se encontram por utilizar e/ou que caducaram[324]. Por sua vez, o subquadro

[320] Artigos 6.º alínea b) da *Lei n.º 21/2021, de 20 de Abril.*

[321] Obrigatoriamente preenchido pelas entidades que pretendam aproveitar de benefícios desta natureza para efeitos de apuramento do imposto do período (campo 355 do quadro 10 da declaração mod. 22 do IRC) e também pelas entidades que tenham saldos de benefícios que transitem de períodos anteriores ainda por utilizar e/ou saldos que caducam, mesmo que tenham apurado prejuízo fiscal ou não tenham colecta para deduzir os benefícios fiscais no período de tributação a que respeita a declaração.

[322] Artigo 120.º do CIRC.

[323] Preenchido pelas sociedades sujeitas ao regime geral de tributação ou ao regime de redução de taxa e, bem assim, pela sociedade dominante de um grupo de sociedades abrangido pelo regime especial de tributação de grupos de sociedades (RETGS), na respectiva declaração do grupo, e por todas as sociedades que integram o perímetro do grupo (dominante e dominadas), neste último caso numa perspectiva individual, em cumprimento do disposto no artigo 120.º n.º 6 alínea b) do CIRC, ou seja, como se o regime não fosse aplicável.

[324] O campo 744 é apenas preenchido pela sociedade dominante na *declaração do grupo* e destina-se apenas a evidenciar os NIF de todas as sociedades com benefícios desta natureza que integram o grupo tributado pelo RETGS (artigos 69.º a 71.º do CIRC). Todos os restantes campos deste quadro são preenchidos pela sociedade dominante relativamente a cada uma das sociedades que integram o perímetro do grupo, identificada no campo 744.

074-A[325], referente ao RETGS (Informação adicional – utilização do benefício no âmbito do grupo), é apenas preenchido nas declarações individuais das sociedades que integram o perímetro de um grupo tributado pelo RETGS, para evidenciar a movimentação dos seus benefícios fiscais na colecta do grupo e apurar os saldos que transitam para o período de tributação seguinte.

No campo 01 é seleccionado o diploma legal a que cada benefício fiscal diz respeito [o RFAI, previsto nos artigos 22.º a 26.º do CFI – código 003, ou nos artigos 22.º a 26.º do RFAI da Região Autónoma da Madeira, aprovado pelo Decreto-Legislativo Regional n.º 24/2016/M, de 28 de Junho – código 006].
No campo 02 é inscrito o período de tributação em que se adquiriu o direito ao benefício, por diploma legal (este campo só deve ser preenchido para os períodos de tributação de 2018 e seguintes).
No campo 03 é inscrito o montante do benefício que caducou no final do período de tributação anterior, por diploma legal (CFI ou CFI-RAM).
No campo 713 é inscrito o montante do saldo não deduzido no período anterior, por diploma legal (CFI ou CFI-RAM) e período a que respeita o benefício.
No campo 714 é inscrito o montante do benefício obtido no período de tributação a que respeita a declaração (dotação do período). No caso de declaração de grupo de sociedades abrangido pelo RETGS, a entregar pela sociedade dominante, o montante da "dotação do período" a inscrever neste campo 714, num determinado período de tributação, tem de corresponder ao montante das dotações do período evidenciado nas declarações individuais das sociedades que compõem o perímetro do grupo.
No campo 715 é inscrito o montante deduzido à colecta no período de tributação, por diploma legal (CFI ou CFI-RAM) e período a que respeita o benefício.
No campo 716 é inscrito o do saldo dos benefícios que transita para o período seguinte, por diploma legal (CFI ou CFI-RAM) e período a que respeita o benefício, ainda que o mesmo já não possa ser deduzido por estar ultrapassado o período temporal de dedução.

325 O subquadro 074-A é preenchido no âmbito do RETGS pelas sociedades dominante e dominadas, numa perspectiva de grupo, ou seja, dando a conhecer os montantes dos respectivos benefícios fiscais que foram efectivamente utilizados no âmbito do grupo e os saldos efectivamente reportados ou caducados por cada uma das sociedades. De facto, como na declaração individual a sociedade indica, no quadro 074 a utilização dos benefícios fiscais a que tem direito como se não estivesse abrangida pelo RETGS, neste subquadro 074-A é dada a conhecer a utilização efectiva do benefício no âmbito deste regime, uma vez que os benefícios são deduzidos, efectivamente, à colecta do grupo e não à colecta individual da sociedade a que respeitam. Consequentemente, o montante do benefício efectivamente utilizado e os saldos que reportam para os períodos seguintes ou os que caducam, inscritos neste subquadro 074-A podem ser diferentes dos inscritos no quadro 074, consoante a perspectiva seja a da sociedade individual ou a do grupo.
Os benefícios evidenciados no quadro 074 e subquadro 074-A devem ser obrigatoriamente declarados no período em que foram obtidos, e caso não sejam objecto de dedução integral à colecta desse período, devem ser evidenciados os saldos que transitam para o período seguinte. Assim, estes quadros também devem ser preenchidos nos períodos seguintes, sempre que transite saldo não deduzido no período anterior e que ainda se encontre dentro do prazo de dedução, ou que se encontre caducado o benefício por ter sido esgotado o respectivo período temporal de dedução.

Devem ser juntos ao processo de documentação fiscal (artigo 130.º do CIRC), por cada período de tributação[326], os documentos comprovativos das deduções efectuadas (artigo 25.º n.º 1).

4.

A isenção ou redução de IMI – por um período até 10 anos a contar do ano de aquisição ou construção do imóvel, relativamente aos prédios utilizados pelo promotor no âmbito dos investimentos que constituam aplicações relevantes [n.º 1 alínea b)] – ou de IMT – relativamente às aquisições de prédios que constituam aplicações relevantes [n.º 1 alínea c)] – depende de declaração de reconhecimento, pela competente *assembleia municipal*, do interesse do investimento para a região, mediante proposta fundamentada da câmara municipal[327]. No fundo, os municípios são chamados a pronunciar-se sobre a concessão de certo benefício fiscal e, mais especificamente, quanto à própria gradação desse benefício, em função dos objectivos a atingir com a sua concessão[328].

5.

Os benefícios fiscais no âmbito do RFAI previstos no n.º 1 devem respeitar os *limites máximos* aplicáveis aos auxílios com finalidade regional em vigor na região na qual o investimento seja efectuado, nos termos do artigo 43.º, havendo em ter em conta o disposto no n.º 6[329].

Em face do disposto no artigo 4.º da Portaria n.º 297/2015, de 21 de Setembro, que procede à regulamentação do RFAI, para efeitos do apuramento dos limites máximos aplicáveis aos auxílios estatais com finalidade regional, qual-

[326] De acordo com os elementos previstos na Portaria 51/2018, de 16 de Fevereiro (Anexo I). Este dossier deve estar constituído até ao dia 15 de Julho do ano seguinte, isto é, ao termo do prazo para entrega da declaração anual de informação contabilística e fiscal (artigo 121.º do CIRC).

[327] Conforme decorre da Lei n.º 73/2013, de 3 de Setembro, que estabelece o regime financeiro das autarquias locais e das entidades intermunicipais. A declaração de reconhecimento surge, naturalmente, a pedido da empresa.
Recorde-se que o produto da cobrança do IMI e do IMT constitui receita do município onde é cobrado.

[328] A câmara municipal deverá sempre submeter o pedido (de beneficio) à apreciação da assembleia municipal mesmo quando constate que ele não preenche as exigências legais para o efeito. Cabendo à assembleia municipal pronunciar-se em sentido positivo (reconhecendo) ou negativo (denegando o reconhecimento) sobre a verificação do interesse (público) municipal na concessão do benefício e a medida em que o mesmo deve ser concedido (sendo esse o caso), louvando-se em proposta da câmara municipal.

[329] Excedidos os limites, o correspondente excesso é adicionado ao IRC liquidado para efeitos de apuramento do imposto a pagar ou a recuperar (campo 372 do quadro 10 da declaração mod. 22).

quer investimento inicial iniciado pelo mesmo beneficiário (incluindo qualquer empresa do mesmo grupo)[330], num período de 3 anos a contar da data de início dos trabalhos de um outro investimento relativamente ao qual tenham sido concedidos benefícios fiscais, ou qualquer outro auxílio de Estado com finalidade regional na mesma região de nível 3 da NUTS[331], deve ser considerado parte de um *projecto de investimento único*[332]. De qualquer forma, nas situações em que o investimento compreenda aplicações relevantes em mais do que uma região e a estas correspondam, nos termos do artigo 43.º do CFI, limites de auxílio diferenciados, o cálculo do limite máximo do auxílio deve ter em consideração o limite máximo de auxílio aplicável em cada região em que o investimento tenha sido realizado.

O valor dos benefícios fiscais concedidos deve corresponder, no caso de dedução à colecta do IRC [artigo 23.º n.º 1 alínea a)] ao seu valor actualizado reportado ao termo do período de tributação em que sejam realizadas as aplicações relevantes, e, no caso da isenção ou redução de IMI [alínea b)], ao termo do ano da aquisição ou construção do imóvel.

De qualquer forma, o valor actualizado dos benefícios fiscais deve ser determinado com base nas taxas de actualização aplicáveis nos vários momentos em que os benefícios fiscais são utilizados[333].

Nos casos em que a dedução à colecta do IRC [n.º 1 alínea a)] não possa ser efectuada integralmente por insuficiência de colecta, o valor actualizado do benefício fiscal aí previsto deve ser calculado relativamente a cada período de tributação em que, nos termos do n.º 3 aquela dedução possa ser efectuada.

Para efeitos de IMI [n.º 1 alínea b)], nos casos em que o valor patrimonial tributário (VPT)[334] dos imóveis não esteja determinado no momento do reco-

[330] Considera-se que duas ou mais empresas pertencem a um mesmo grupo quando, em resultado de uma relação de participação, de contrato, ou de outros factos, actuem como uma única entidade económica sujeita a um controlo comum.

[331] Nomenclatura das Unidades Territoriais para Fins Estatísticos. Veja-se o artigo 43.º.

[332] Por oposição a um projecto de investimento distinto (aquele que é considerado isoladamente por não fazer parte de um projecto de investimento único).
Não se deve confundir o projecto de investimento único com um projecto de duração plurianual (este liga-se ao prazo de execução do projecto por si só).

[333] Tal como estabelecido na Comunicação da Comissão sobre a revisão do método de fixação das taxas de referência e de actualização (2008/C 14/02).
As taxas de referência podem ser consultadas através do *site* de internet da Direcção Geral da Concorrência da União Europeia:
http://ec.europa.eu/competition/state_aid/legislation/reference_rates.html

[334] Artigo 7.º do CIMI.

nhecimento da isenção, ou venha a sofrer alterações em momento posterior ao desse reconhecimento, o valor actualizado do benefício fiscal deve ser calculado no momento da determinação do VPT dos imóveis ou da sua alteração, reportado à data do termo do ano da aquisição ou construção do imóvel.

Quando sejam excedidos os limites máximos aplicáveis aos auxílios com finalidade regional em vigor na região na qual o investimento seja efectuado, nos termos do artigo 43.º, o correspondente excesso é adicionado ao IRC liquidado para efeitos de apuramento do imposto a pagar ou a recuperar[335] (artigo 4.º n.º 4 da Portaria n.º 297/2015, de 21 de Setembro).

Tratando-se de um grande projecto de investimento[336], o montante total dos auxílios de Estado com finalidade regional não pode exceder o montante ajustado do auxílio[337], calculado de acordo com a fórmula R[338] × (50 + 0,50 × B[339] + 0,34 × C[340]), a menos que tal venha a ser autorizado pela Comissão Europeia. Este limite[341] aplica-se a determinados casos: investimentos com aplicações relevantes de €100.000.000; empresas que tenham encerrado a mesma actividade ou uma actividade semelhante no Espaço Económico Europeu (EEE)[342] nos 2 anos que antecedem a utilização do benefício ou, nesta data, tenha planos concretos para encerrar essa actividade no prazo máximo de 2 anos após a conclusão do investimento inicial relativamente ao qual os benefícios fiscais são concedidos na região em causa[343]; empresas que não se enquadrem na categoria das micro, pequenas e médias empresas[344], sendo os benefícios fiscais para a diversificação de um estabelecimento através da produção de novos produtos ou da adopção de inovações nos processos produtivos numa das regiões elegíveis para auxílios nos termos do artigo 107.º n.º 3 alínea c) do TFUE, constantes da

335 Campo 372 (reposição de benefícios fiscais) do quadro 10 da declaração mod. 22 do IRC.

336 Investimento inicial com custos elegíveis superiores a €50.000.000, calculados com base no preço e na taxa de câmbio em vigor à data de concessão do auxílio [parágrafo 20 alínea l) das OAR].

337 Montante máximo admissível do auxílio para um grande projecto de investimento.

338 Intensidade máxima do auxílio aplicável na região em causa, excluindo o aumento da intensidade do auxílio para as PME.

339 Parte dos custos elegíveis entre €50.000.000 e €100.000.000.

340 Parte dos custos elegíveis superior a €100.000.000.

341 Este limite surge previsto no parágrafo 20 alínea c) das OAR.

342 De que fazem parte a Noruega, o Liechtenstein, a Islândia e os Estados-Membros da União Europeia.

343 Nos termos do parágrafo 24 das OAR.

344 Tal como definidas na Recomendação 2003/361/CE, da Comissão, de 6 de Maio de 2003. Haverá também que atender ao Decreto-Lei n.º 372/2007, de 6 de Novembro, que cria a certificação electrónica do estatuto de micro, pequena e média empresas (PME).

tabela do artigo 43.º do CFI[345]; investimentos que tenham por objecto as actividades económicas da construção, reparação ou transformação navais[346].

6.

O cálculo dos limites máximos aplicáveis aos auxílios com finalidade regional em vigor na região na qual o investimento seja efectuado, em conformidade com o mapa nacional de auxílios estatais com finalidade regional para o período de 1 de Junho de 2014 a 31 de Dezembro de 2021[347], nos termos do artigo 43.º, deve ter em consideração o montante total desses auxílios concedidos ao investimento em questão, proveniente de todas as fontes[348].

7.

O montante dos benefícios fiscais concedidos ao abrigo do RFAI não deve ultrapassar os limites máximos aplicáveis aos auxílios com finalidade regional em vigor na região na qual o investimento seja efectuado, constantes do mapa nacional de auxílios estatais com finalidade regional para o período de 1 de Julho de 2014 a 31 de Dezembro de 2020, aprovado pela Comissão Europeia em 11 de Junho de 2014 e plasmado no artigo 43.º do CFI. Para efeitos do cálculo dos referidos limites, deve ser tido em consideração o montante total dos auxílios de Estado com finalidade regional concedidos ao mesmo investimento, proveniente de todas as fontes, ficando os sujeitos passivos sujeitos aos procedimentos especiais de controlo do montante dos auxílios de Estado com finalidade regional concedidos ao investimento, nos termos a definir por portaria do membro do Governo responsável pelas áreas das finanças e da economia. Trata-se da Portaria n.º 297/2015, de 21 de Setembro.

Segundo a referida Portaria, a Autoridade Tributária e Aduaneira pode solicitar aos sujeitos passivos elementos e informações adicionais às incluídas

[345] Nos termos do parágrafo 24 das OAR.

[346] Nos termos do parágrafo 10 das OAR.
As actividades surgem definidas nos termos do Enquadramento dos auxílios estatais à construção naval (2011/C 364/06).

[347] O referido mapa define as regiões portuguesas que são elegíveis para beneficiar dos auxílios ao investimento regional em conformidade com as regras da União Europeia na matéria e estabelece os auxílios estatais máximos admissíveis ("intensidade de auxílio") a prestar às empresas em regiões elegíveis.

[348] O RGIC prevê que quando as diferentes fontes de auxílio estão relacionadas com os mesmos custos elegíveis identificáveis (parcial ou totalmente sobrepostos), a cumulação deve ser permitida até à intensidade ou montante máximos de auxílio aplicáveis a esse auxílio nos termos desse regulamento.

no processo de documentação fiscal[349] (artigo 8.º n.º 4) e, quando aplicável, que se encontram preenchidos os requisitos previstos nos parágrafos 69 a 93 das OAR[350].

JURISPRUDÊNCIA:

Decisão Arbitral do CAAD, de 30 de Junho de 2021 (Proc. n.º 321/2019-T)
Imputação ao período de tributação.

Importa ainda ter presente que, por força da norma transitória do artigo 6.º, n.º 2, do Decreto-Lei n.º 162/2014, os regimes fiscais previstos no novo Código Fiscal do Investimento (à excepção dos benefícios fiscais contratuais ao investimento público que constam do Capítulo II), são aplicáveis aos períodos de tributação iniciados em ou após 1 de Janeiro de 2014.

7. A B... celebrou com o Estado Português, em 5 de Março de 2013, um contrato fiscal de investimento, ao abrigo do artigo 9.º do Código Fiscal de Investimento, aprovado pelo Decreto-Lei n.º 249/2009, pelo qual lhe era concedido um benefício fiscal condicionado à implementação do projecto de investimento aí identificado e que se destinava a produzir efeitos a partir do início do período de investimento (em 7 de Maio de 2012) e a vigorar desde a data de assinatura do contrato até 31 de Dezembro de 2020 (cláusulas 2.ª e 20.ª).

Em 8 de Janeiro de 2016, a B... apresentou um pedido de desistência da candidatura coberta pelo contrato de investimento fiscal, justificando o pedido com o facto de à data da entrega da candidatura, em 7 de Maio de 2012, o período de vigência do RFAI não ter sido ainda prorrogado, o que só veio a acontecer com a publicação da Lei n.º 66-B/2012, de 31 de Dezembro, e entretanto ter ocorrido a prorrogação da vigência do RFAI entre 2013 e 2017 por efeito do disposto no Decreto-Lei n.º 83/2013, de 17 de Junho.

Com fundamento em desistência da empresa promotora, o contrato fiscal de investimento foi resolvido pela Resolução do Conselho de Ministros n.º 11/2017, publicada em 3 de Janeiro de 2017.

Subsequentemente, a Requerente e a sociedade participada apresentaram declarações de substituição referentes ao ano de 2014, em que procederam ao recálculo do RFAI nos exercícios de 2011, 2012 e 2013, num total de €951.327,62, e que foram declarados no anexo D (Benefícios Fiscais) como dotação do período de tributação de 2014.

No âmbito dos procedimentos de inspecção tributária, a Autoridade Tributária determinou correcções aritméticas por considerar, no essencial, em ordem ao disposto nos artigos 22.º, n.º 5, e 23.º, n.º 2, do CFI e ao princípio da periodização económica, que

[349] Artigo 130.º do CIRC. Veja-se o disposto no artigo 7.º da Portaria n.º 297/2015, de 21 de Setembro.
[350] 2013/C 209/01.

na dotação de 2014 não poderiam ser incluídos benefícios fiscais imputáveis a exercícios anteriores e, especificamente, os decorrentes de investimentos realizados em 2011, 2012 e 2013.

A Requerente começa por fundamentar a ilegalidade da liquidação na violação do princípio da justiça e da verdade material, entendendo que o princípio da especialização dos exercícios deve ser articulado com o princípio da justiça quando não haja prejuízo para a Fazenda Pública e se encontrem esgotados os meios de revisão oficiosa, constituindo a declaração substitutiva o mecanismo próprio para alcançar uma tributação que corresponda à situação real do contribuinte.

Não pode ignorar-se que a jurisprudência tributária, sem pôr em causa a relevância fiscal do princípio da especialização dos exercícios, tem vindo a admitir a imputação a um exercício de custos referentes a exercícios anteriores, quando ela não tenha resultado de omissões voluntárias e intencionais, com vista a operar transferência de resultados entre exercícios, como é o caso em que está prestes a acabar ou iniciar um período de isenção, quando há interesse em reduzir prejuízos de determinado exercício ou retirar benefícios do seu reporte e quando se pretende reduzir o montante dos lucros tributários (acórdão do STA de 13 de Outubro de 1996 (Processo n.º 20404).

E esse sentido interpretativo pode ser adoptado – como se ponderou também no acórdão do STA de 5 de Fevereiro de 2003 (Processo n.º 01648/02) – mediante a articulação do princípio da especialização de exercícios com o princípio da justiça a que a Administração Tributária se encontra igualmente vinculada (artigo 55.º da LGT).

Nas circunstâncias do caso, porém, não está em causa o mero princípio contabilístico da especialização económica dos exercícios. Este princípio decorre do artigo 18.º, n.º 1, do Código do IRC e consiste em incluir nos resultados fiscais os proveitos e custos correspondentes a cada ano económico, independentemente do seu efectivo recebimento ou pagamento, constituindo uma decorrência da periodização anual do imposto, que implica que tanto os rendimentos como os gastos sejam imputados a cada período de tributação. Embora o benefício fiscal possa ser considerado como uma despesa fiscal, na medida em que incide sobre uma situação sujeita a tributação e equivale, em termos quantitativos, a uma receita fiscal não arrecadada, o certo é que para efeitos de imputação dos benefícios fiscais o que é relevante é a verificação das condições da sua atribuição em relação a cada período de tributação, e não propriamente a sua contabilização como despesa segundo o princípio da especialização dos exercícios.

Nada parece obstar, em todo o caso, que o princípio da justiça, como princípio básico da actividade de administraçã o tributária, com consagração constitucional (artigo 266.º, n.º 2, da Lei Fundamental), se torne aplicável a outras situações em que a actuação do contribuinte não assuma uma natureza evasiva ou fraudulenta e dela não decorra prejuízo para a Fazenda Pública.

No caso, a Requerente apresentou um pedido formal de desistência do contrato fiscal de investimento em 8 de Janeiro de 2016 e, por via disso, poderia ter promovido a dedução à colecta dos benefícios fiscais resultantes dos investimentos realizados no âmbito do regime fiscal do apoio ao investimento (RFAI) no ano de 2013 e que tivessem transitado dos anos precedentes. E mesmo a Autoridade Tributária, no relatório de inspecção tributária, admite que a colecta do grupo de sociedades relativa ao período de tributação de 2013 era suficiente para permitir deduzir, nesse exercício, os créditos fiscais por investimentos efectuados nesse ano, bem como aqueles que, por insuficiência de colecta, não puderam ser considerados nos anos de 2011 e 2012.

No entanto, como vimos, o regime fiscal de apoio ao investimento criado pelo artigo 13.º da Lei n.º 10/2009, de 10 de Março, ainda em vigor nos anos de 2011 e 2012, impunha que a dedução à colecta de IRC dos investimentos relevantes fosse efectuada na liquidação respeitante ao correspondente período de tributação, e o remanescente, em caso insuficiência de colecta, fosse deduzido nas liquidações dos quatro exercícios seguintes (artigo 3.º, n.º 1, alínea a), n.º 2 e n.º 3). E o Código Fiscal de Investimento, que integrou o RFAI por efeito da alteração resultante do Decreto-Lei n.º 83/2013, de 17 de Junho, e prorrogou a sua vigência entre 2013 e 2017, igualmente estipulava que a dedução do benefício fiscal à colecta de IRC era efectuada na liquidação respeitante ao período de tributação em que se realizar o investimento, e a importância que não fosse passível de ser deduzida, por falta de colecta, poderia sê-lo nas liquidações dos cinco exercícios seguintes (artigo 28.º, n.ºs 2 e 3).

Relativamente aos períodos de tributação que estão em causa, no caso em análise (2011 a 2014), subsiste, por conseguinte, uma regra de imputação do benefício fiscal ao exercício em que ocorreu o investimento e que surge apenas mitigada pela possível repercussão das importâncias a deduzir nos exercícios seguintes, quando não seja possível deduzir integralmente o benefício no ano em que tenha sido realizado o investimento.

Ora, a Administração, encontrando-se igualmente vinculada ao princípio da legalidade (artigo 55.º da LGT), não pode desrespeitar a previsão legal e, mormente, as normas de incidência dos benefícios fiscais, apenas podendo fazer intervir o princípio da justiça em situações e que possa dispor de alguma margem de livre apreciação. E, nesse condicionalismo, cabia ao sujeito passivo accionar os mecanismos procedimentais que permitissem uma reavaliação da situação fiscal por parte da Administração Tributária.

Em Janeiro de 2016, quando formulou o pedido de desistência do contrato fiscal de investimento, a Requerente estava ainda em tempo, por efeito do disposto no artigo 131.º, n.º 1, do CPPT, de deduzir reclamação graciosa contra o acto de autoliquidação referente a 2013, para o que dispunha, nos termos dessa disposição, do prazo de dois anos após a apresentação da declaração de rendimentos.

E era por essa via que a Requerente poderia ter obtido a correcção da liquidação de modo a ser tomada em linha de conta a dedução dos benefícios fiscais, justificando-se, nessa circunstância, que a Administração fizesse apelo, na apreciação do caso, ao princípio da justiça.

Ao contrário, a Requerente, com invocação de um princípio da economia processual, optou por apresentar uma declaração de substituição relativa ao ano de 2014 para nela efectuar conjuntamente as deduções de benefícios fiscais dos exercícios precedentes.

Mas, como se fez notar, a lei é clara quanto à relação temporal entre o investimento e a atribuição do benefício e a Administração não poderia deixar de observar o legalmente estipulado quanto às regras de imputação do benefício.

Entende-se, por conseguinte, que se não verifica a alegada violação do princípio da justiça.

Por identidade de razão, não há lugar à violação do princípio da verdade material, que também vem invocado.

O princípio da verdade material encontra-se associado ao princípio do inquisitório, consagrado no artigo 58.º da LGT, que confere à Administração o dever de, no procedimento, realizar todas as diligências necessárias à satisfação do interesse público e à descoberta da verdade, não estando subordinada, para esse efeito, à iniciativa do autor do pedido. Tratando-se de um princípio do procedimento tributário, a finalidade última é alcançar uma tributação que, no caso concreto, corresponda à situação real do contribuinte.

A averiguação da realidade dos factos destina-se, em todo o caso, a efectuar a adequada qualificação jurídica, e, nesse domínio, a Administração não pode deixar de se encontrar subordinada ao princípio da legalidade. Ou seja, apenas porque o sujeito passivo terá realizado investimentos, em anos anteriores, que justificavam a atribuição de benefícios fiscais, não tem a Administração, em ordem ao princípio da verdade material, de tomar em consideração essa realidade para efeito de admitir as correspondentes deduções, quando entretanto não se encontram cumpridas as regras legalmente previstas de imputação.

Como é bem de ver, o princípio da verdade material não pode ter o sentido de prevalência absoluta sobre a legalidade e constitui antes um meio instrumental de averiguação da realidade de modo a atingir a solução justa dentro do quadro legal aplicável.

DOUTRINA ADMINISTRATIVA:

Despacho n.º 105/2017-XXI, de 17 de Abril de 2017, do Secretário de Estado dos Assuntos Fiscais (Proc. n.º 235/2017)

Alteração operada pela Lei n.º 42/2016, de 28 de Dezembro (OE para 2017) e disposição transitória constante do artigo 244.º da mesma lei.

Tendo-se levantado dúvidas sobre a interpretação a dar ao artigo 244.º da Lei n.º 42/2016, de 28 de Dezembro, foi, pelo despacho n.º 105/2017-XXI, de 17 de Abril de 2017, do Secretário de Estado dos Assuntos Fiscais, sancionado o seguinte entendimento:

1. Os investimentos em curso realizados em 2016 que não tenham a natureza de adiantamentos e que assumam a natureza de activo fixo tangível devem, nos termos do n.º 5 do artigo 22.º do CFI, ser considerados para efeitos da dedução do RFAI em 2016.

2. O Orçamento de Estado para 2017, aprovado pela Lei n.º 42/2016, de 28 de Dezembro, procedeu à alteração do artigo 23.º do CFI elevando para €10.000.000 o montante de €5.000.000 indicado em i) do ponto 1 da alínea a) do n.º 1 do artigo 23.º do CFI, ou seja, o limite de investimento elegível, que beneficia da aplicação de uma taxa de 25%, passa de €5 milhões para €10 milhões, mantendo-se a taxa de 10% para investimentos superiores àquele limite.
3. O artigo 244.º desta Lei estabeleceu uma disposição transitória no âmbito do CFI. Esta norma refere que " Para efeitos da dedução prevista na subalínea i) do n.º 1 da alínea a) do n.º 1 do artigo 23.º do Código Fiscal do Investimento, aprovado em anexo ao Decreto-Lei n.º 162/2014, de 31 de Outubro, alterado pela Lei n.º 7-A/2016, de 30 de Março, com a redacção dada pela presente lei, podem ser considerados no período de tributação subsequente investimentos realizados no período de tributação que se inicie em ou após 1 de Janeiro de 2016, desde que não tenham sido anteriormente integrados em qualquer um dos períodos."
4. O alcance desta norma é o de permitir que, para os investimentos realizados em 2016 entre €5.000.000 e €10.000.000, os sujeitos passivos possam aproveitar, no período de tributação de 2017, do incentivo decorrente da alteração do artigo 23.º do CFI pela referida Lei n.º 42/2016, de 28 de Dezembro, desde que o mesmo não tenha sido integrado em 2016.

Informação Vinculativa com Despacho de 2 de Fevereiro de 2016, da Subdirectora-Geral da Área de Gestão Tributária – Impostos sobre o Rendimento (Proc. n.º 3113/2015)
Utilização do regime fiscal de apoio ao investimento (RFAI) para um investimento iniciado em 2015 e terminado em 2016.

Tendo em vista, nomeadamente, o aumento da capacidade produtiva, o sujeito passivo realizou um investimento relevante numa região «a», o qual teve o seu início em 2015 e terminou em 2016.

Previa-se que a colecta do IRC relativa ao período de tributação de 2015 iria ser totalmente absorvida por benefícios fiscais "nascidos" em períodos de tributação anteriores, não podendo ser deduzida qualquer importância do RFAI correspondente ao investimento realizado neste período.

Questão 1:

Se no período de tributação de 2016 pode ser considerada a percentagem de 50% da colecta de 2016 para dedução do RFAI de 2015 (com base nas aplicações relevantes realizadas em 2015) e 50% da mesma colecta para dedução do RFAI de 2016 (com base nas aplicações relevantes realizadas em 2016).

Questão 2:

Se as percentagens de 25% e 10% referidas nas alíneas i) e ii) do n.º 1) da alínea a) do n.º 1 do art.º 23.º do CFI devem ser verificadas em cada período de tributação da realização das aplicações relevantes, ou seja, se relativamente às aplicações relevantes realizadas em 2015 até ao montante de €5.000.000,00 se aplica uma percentagem de 25% e de 10% para a parte que exceda esse montante e para as aplicações relevantes realizadas em 2016 até ao montante de €5.000.000,00 se se aplica igualmente uma percentagem de 25% e depois de 10%.

Utilização do RFAI

1. A alínea a) do n.º 1 do art.º 23.º do CFI começa por definir as importâncias que podem ser deduzidas à colecta do IRC, as quais são calculadas mediante a aplicação de uma determinada percentagem às aplicações relevantes.

2. Por sua vez, o n.º 2 do mesmo artigo estabelece os limites de dedução à colecta, sendo de 100% o limite para os sujeitos passivos que tenham realizado investimentos no período de tributação em que iniciaram a actividade e nos dois períodos de tributação seguintes e, nos restantes casos (onde se enquadra a requerente), "até à concorrência de 50% da colecta do IRC apurada em cada período de tributação" (o sublinhado é nosso).

3. E o n.º 3 do mesmo preceito determina que quando a dedução não possa ser efectuada integralmente no período de tributação em que sejam realizadas as aplicações relevantes por insuficiência de colecta a importância ainda não deduzida pode sê-lo nas liquidações dos 10 períodos de tributação seguintes:

- Até à concorrência da colecta do IRC apurada em cada um dos períodos de tributação, no caso de investimentos abrangidos pela alínea a) do n.º 2; ou
- com o limite previsto na alínea b) do n.º 2, ou seja, até à concorrência de 50% da colecta do IRC apurada em cada período de tributação.

Resposta à primeira questão

4. Embora a expressão utilizada no n.º 3 do art.º 23.º do CFI "colecta do IRC apurada em cada um dos períodos de tributação" não seja rigorosamente igual à expressão usada na alínea b) do n.º 2 "colecta do IRC apurada em cada período de tributação", não pode ser tratada de forma diferente a dedução anual do RFAI que, por insuficiência de colecta, é "reportado" de um período de tributação anterior.

5. Assim, em ambas as situações previstas no n.º 3 do art.º 23.º do CFI, pretendeu-se que o limite da dedução a efectuar em cada um dos 10 períodos de tributação estivesse subordinado à colecta apurada nesse mesmo período de tributação, independentemente de o limite ser até à concorrência da colecta ou até à concorrência de 50% da colecta.

6. Não podendo deduzir à colecta do IRC respeitante a 2015 o RFAI apurado relativamente às aplicações relevantes efectuadas nesse período, pode "reportar" o respectivo montante para o(s) período(s) de tributação seguinte(s), nos termos do n.º 3 do art.º 23.º do CFI. Em cada um desses períodos, a dedução do RFAI relativo a 2015 é feita até à concorrência de 50% da colecta apurada nesse(s) período(s).

7. Idêntico raciocínio terá de ser feito para o RFAI apurado relativamente às aplicações relevantes efectuadas em 2016. O montante que tenha de ser "reportado" vai ser deduzido até à concorrência de 50% da colecta do IRC apurada no(s) período(s) de tributação seguinte(s).

8. Exemplificando, se a importância "reportada" for de €400,00 (RFAI de 2015) e de €700,00 (RFAI de 2016) e a colecta do IRC relativo a 2016 ascender a €800,00, a

requerente pode deduzir €400,00 (RFAI de 2015) + €400,00 (RFAI de 2016), absorvendo toda a colecta e ficando ainda por deduzir o montante de €300,00 relativo ao RFAI de 2016, o qual pode vir a ser deduzido até à concorrência de 50% da colecta do IRC apurada relativamente a 2017.

Resposta à segunda questão

9. A alínea a) do n.º 1 do art.º 23.º do CFI vem definir as importâncias que podem ser deduzidas à colecta do IRC, as quais são calculadas mediante a aplicação de uma determinada percentagem às aplicações relevantes.

10. Assim, para um investimento realizado numa região «a», estabelecem as alíneas i) e ii) do n.º 1) da alínea a) do n.º 1 do art.º 23.º do CFI que a dedução à colecta de IRC a efectuar é de:

i) 25% das aplicações relevantes, relativamente ao investimento realizado até ao montante de €5.000.000,00;

ii) 10% das aplicações relevantes, relativamente à parte do investimento realizado que exceda o montante de €5.000.000,00.

11. Ora, de acordo com o n.º 5 do art.º 22.º do CFI, com a ressalva do n.º 6 do mesmo artigo, considera-se investimento realizado "o correspondente às adições, verificadas em cada período de tributação, de activos fixos tangíveis e activos intangíveis e bem assim o que, tendo a natureza de activo fixo tangível e não dizendo respeito a adiantamentos, se traduza em adições aos investimentos em curso".

12. Se se pretendesse que o projecto de investimento fosse considerado como "um todo" para efeitos de aplicação das percentagens referidas nas alíneas i) e ii) do n.º 1) da alínea a) do n.º 1 do art.º 23.º do CFI, a dedução à colecta só seria permitida quando todo o investimento estivesse concluído e reconhecido contabilisticamente como activos fixos tangíveis ou intangíveis (contas 43 e 44 do Código de Contas do SNC).

13. No entanto, considerou-se (logo) como investimento realizado, em cada período de tributação, as adições aos investimentos em curso (conta 45), desde que tenham a natureza de activo fixo tangível ou activo intangível e que não digam respeito a adiantamentos.

14. Conclui-se, pois, que, apesar de as aplicações relevantes incorporarem um "investimento inicial" cuja realização não se esgota num único período de tributação, as percentagens acima referidas vão ser aplicadas ao montante do investimento realizado – tal como definido nos n.ºs 5 e 6 do art.º 22.º do CFI – em cada período de tributação, não relevando para o efeito a parte do investimento já realizado no período de tributação anterior.

Assim, admitindo que em 2015 as adições ao investimento em curso com natureza de activos fixos tangíveis (que não sejam adiantamentos) ascendem, por exemplo, a €6.000.000,00, o RFAI de 2015 determina-se pela aplicação da percentagem de 25% a €5.000.000,00 e 10% a €1.000.000,00.

E se em 2016 forem efectuadas, ainda, aplicações relevantes de €8.000.000,00 (vindo o activo fixo tangível a ser reconhecido e mensurado por €14.000.000,00), aplica-se a percentagem de 25% a €5.000.000,00 e de 10% a €3.000.000,00 para determinar o RFAI de 2016.

Informação Vinculativa com Despacho de 8 de Julho de 2010, do Director-Geral (Proc. n.º 1801/2010) Cumulação do RFAI com outros benefícios fiscais.

(...)

4. HIERARQUIZAÇÃO DOS BENEFÍCIOS (RFAI e SIFIDE)

Quanto à operacionalidade dos benefícios que operam por dedução à colecta, nos períodos de tributação em que o sujeito passivo tenha direito a deduzir, em simultâneo, o benefício relativo ao RFAI 2009 e o benefício relativo ao SIFIDE (obviamente com a ressalva da cumulatividade a que atrás nos referimos) e sendo a lei omissa neste ponto, foi entendido que a dedução deve ser feita em função da antiguidade do nascimento do direito aos benefícios.

Se as despesas elegíveis para cada um dos benefícios foram realizadas no mesmo período de tributação (2009) e o sujeito passivo não pôde aproveitar integralmente da dedução nesse período de tributação, por insuficiência de colecta, mostra-se razoável que possa deduzir, em primeiro lugar, a parcela dedutível do RFAI, dado que o período de dedução é mais curto do que o do SIFIDE.

ARTIGO 23.º-A
Benefícios fiscais municipais

1 – Para além dos benefícios fiscais previstos nas alíneas b) e c) do n.º 1 do artigo 23.º, os órgãos municipais podem conceder isenções totais ou parciais de IMI e ou IMT para apoio a investimento realizado na área do município.

2 – A concessão de benefícios fiscais municipais é feita nos termos previstos no n.º 2 do artigo 16.º da Lei n.º 73/2013, de 3 de Setembro.

3 – Aos benefícios fiscais concedidos nos termos dos números anteriores não é aplicável a limitação prevista na subalínea i) da alínea a) do n.º 2 do artigo 22.º

O artigo 23.º-A foi aditado pel*o artigo 195.º da* Lei n.º 7-A/2016, de 30 de Março, e trata de *benefícios fiscais em sede de IMI ou IMT ao nível municipal*[351].

[351] O artigo 196.º da *Lei n.º 7-A/2016, de 30 de Março, estabelece que a*té 31 de Dezembro de 2016, os órgãos municipais podem confirmar benefícios fiscais subjetivos ao investimento, relativos aos anos de 2014 e 2015 e concedidos nos termos previstos na alínea d) do artigo 15.º e dos n.ºs 2 e 3 do artigo 16.º da Lei n.º 73/2013, de 3 de Setembro, alterada pelas Leis n.ºs 82 -D/2014, de 31 de Dezembro, 69/2015, de 16 de Julho, e 132/2015, de 4 de Setembro, ou no capítulo III do CFI.

O apoio ao investimento no município é o interesse público extrafiscal relevante considerado superior aos interesses da própria tributação que os benefícios fiscais impedem (artigo 2.º n.º 1 do EBF).

1.

Os benefícios fiscais consubstanciados na isenção ou redução de IMI – por um período até 10 anos a contar do ano de aquisição ou construção do imóvel, relativamente aos prédios utilizados pelo promotor no âmbito dos investimentos que constituam aplicações relevantes[352] [artigo 23.º n.º 1 alínea b)] – ou IMT – relativamente às aquisições de prédios que constituam aplicações relevantes[353] [alínea c)] – são condicionados ao reconhecimento, pela competente assembleia municipal, do interesse do investimento para a região (n.º 4).

Para além destes benefícios fiscais, o artigo 23.º-A vem determinar que os órgãos municipais podem conceder isenções totais ou parciais de IMI e ou IMT para apoio a *investimento realizado na área do município*. Trata-se, portanto, de benefícios fiscais municipais.

2.

O legislador estabelece que a concessão de benefícios fiscais municipais (n.º 1) é feita nos termos previstos no artigo 16.º n.º 2 da Lei n.º 73/2013, de 3 de Setembro, que estabelece o regime financeiro das autarquias locais e das entidades intermunicipais. Ou seja, a assembleia municipal, mediante proposta da câmara municipal, aprova *regulamento* contendo os critérios e condições para o reconhecimento de isenções totais ou parciais, objectivas ou subjectivas, relativamente ao IMI e IMT[354].

Estes benefícios fiscais devem ter em vista a tutela de interesses públicos relevantes, com particular impacto na economia local ou regional, e a sua formulação ser genérica e obedecer ao princípio da igualdade, não podendo ser concedidos por mais de 5 anos, sendo possível a sua renovação por uma vez com igual limite temporal (artigo 16.º n.º 3 da Lei n.º 73/2013, de 3 de Setembro). O reconhecimento do direito à isenção é da competência da câmara municipal, no estrito cumprimento das normas do regulamento aprovado pela assembleia municipal (n.º 9). Os municípios comunicam anualmente à Autoridade

[352] Nos termos do artigo 22.º.

[353] *Idem.*

[354] Antes da redacção actual, introduzida pela Lei n.º 51/2018, de 16 de Agosto, exigia-se que na deliberação fundamentada da assembleia municipal fosse incluída a estimativa da respectiva despesa fiscal.

Tributária e Aduaneira, até 31 de Dezembro, por transmissão electrónica de dados, os benefícios fiscais reconhecidos por titular, com a indicação do seu âmbito e período de vigência e, no caso do IMI, dos artigos matriciais dos prédios abrangidos (n.º 10).

3.

Para efeitos destes benefícios fiscais municipais (n.º 1), consideram-se também aplicações relevantes os investimentos, desde que afectos à exploração da empresa, em *terrenos*, incluindo se destinados à exploração de concessões mineiras, águas minerais naturais e de nascente, pedreiras, barreiros e areeiros em investimentos na indústria extractiva. O mesmo é dizer, o legislador consagra uma excepção à limitação geral prevista no artigo 22.º n.º 2 alínea a) subalínea i).

ARTIGO 24.º
Exclusividade dos benefícios fiscais

1 – Sem prejuízo do disposto no número seguinte, o RFAI não é cumulável com quaisquer benefícios fiscais da mesma natureza, incluindo os benefícios fiscais de natureza contratual, relativamente às mesmas aplicações relevantes, previstos neste ou noutros diplomas legais.

2 – O RFAI é cumulável com a DLRR, desde, e na medida em que, não sejam ultrapassados os limites máximos aplicáveis previstos nos n.ºs 5 e 6 do artigo anterior.

O artigo 24.º trata da cumulatividade dos benefícios fiscais em sede do RFAI com outros benefícios fiscais.

1.

Por regra, quanto aos benefícios fiscais em sede do RFAI relativos às aplicações relevantes (artigo 22.º) impera a regra da *exclusividade*. Portanto, estes benefícios fiscais não são cumuláveis com quaisquer outros benefícios fiscais da mesma natureza – ou seja, em que há similitude quanto ao interesse público extrafiscal relevante – relativamente às mesmas despesas de investimento elegíveis, incluindo os benefícios fiscais contratuais (artigos 2.º a 21.º)[355] e o SIFIDE

[355] O RFAI (benefício fiscal automático) apresenta-se como complementar ou alternativo face ao regime de benefícios fiscais contratuais (condicionados), sendo ambos instrumentos diferenciados para investimentos de valor e prazo diferenciados.

II (artigos 35.º a 42.º) ou outros[356]. No n.º 2 consagra-se uma excepção quanto à DLRR (artigos 27.º a 34.º).

Nos termos do artigo 6.º n.º 4 do Decreto-Lei n.º 162/2014, de 31 de Outubro, que aprovou o CFI, determinou-se que o sentido dado à norma constante do n.º 1 do artigo 24.º do CFI seria de aplicar aos benefícios fiscais concedidos ao abrigo do anterior CFI[357].

Não obstante, o RFAI é cumulável com benefícios não fiscais (desde logo, com incentivos financeiros)[358].

2.

Como excepção à regra da exclusividade dos benefícios fiscais em sede do RFAI relativos às aplicações relevantes (artigo 22.º), enunciada no n.º 1, o legislador admite que os mesmos sejam cumuláveis com a *DLRR* (artigos 27.º a 34.º)[359].

No entanto, esta cumulação tem que se inscrever nos limites máximos aplicáveis aos auxílios com finalidade regional em vigor na região na qual o investimento seja efectuado, nos termos do artigo 43.º (artigo 22.º n.º 5)[360]. Caso os investimentos beneficiem de outros auxílios de Estado, o cálculo destes limites máximos[361] deve ter em consideração o montante total dos auxílios de Estado com finalidade regional concedidos ao investimento em questão, proveniente de todas as fontes[362].

[356] Por exemplo, relativamente às mesmas despesas de investimento elegíveis, o Crédito Fiscal Extraordinário ao Investimento II (CFEI II), previsto na Lei n.º 27-A/2020, de 24 de Julho.

[357] Aprovado pelo Decreto-Lei n.º 249/2009, de 27 de Setembro, e alterado pela Lei n.º 20/2012, de 14 de Maio, pelo Decreto-Lei n.º 82/2013, de 17 de Junho, e pela Lei n.º 83-C/2013, de 31 de Dezembro.

[358] Como os subsídios não reembolsáveis e empréstimos sem juros ou com juros reduzidos de medidas de apoio financeiro do Portugal 2020, para o mesmo investimento.
Os limites fixados no artigo 43.º para a determinação do incentivo máximo para o benefício fiscal do RFAI devem também atender ao montante dos apoios financeiros, conforme previsto no artigo 23.º n.ºs 5 e 6 do CFI.

[359] *Vide* o artigo 31.º n.º 2.

[360] Veja-se o nosso comentário ao n.º 5 do artigo 22.º do CFI, bem como a Portaria n.º 297/2015, de 21 de Setembro, que procede à regulamentação do RFAI.

[361] Em conformidade com o mapa nacional de auxílios estatais com finalidade regional para o período de 1 de Junho de 2014 a 31 de Dezembro de 2021. O referido mapa define as regiões portuguesas que são elegíveis para beneficiar dos auxílios ao investimento regional em conformidade com as regras da União Europeia na matéria e estabelece os auxílios estatais máximos admissíveis ("intensidade de auxílio") a prestar às empresas em regiões elegíveis.

[362] O RGIC prevê que quando as diferentes fontes de auxílio estão relacionadas com os mesmos custos elegíveis identificáveis (parcial ou totalmente sobrepostos), a cumulação deve ser per-

DOUTRINA ADMINISTRATIVA:

Informação Vinculativa com Despacho de 24 de Março de 2017, da Subdirectora-Geral da Área de Gestão Tributária – Impostos sobre o Rendimento (Proc. n.º 399/2019)
Acumulação do RFAI com o benefício financeiro constante da candidatura ao programa Portugal 2020.

(...)

16. No que respeita à terceira questão, o benefício financeiro constante da candidatura que efectuou no âmbito do programa Portugal 2020 poderá ser cumulável com o RFAI dado que o n.º 1 do artigo 24.º do CFI só impede a cumulação do RFAI com quaisquer benefícios fiscais da mesma natureza e aquela candidatura assume a natureza de benefícios financeiros.

17. De referir que a alínea c) do n.º 2 do artigo 2.º da Portaria 297/2015, de 21 de Setembro, para efeitos do artigo 22.º do CFI, a contribuição financeira dos sujeitos passivos, a partir dos seus recursos próprios ou mediante financiamento externo que assuma uma forma isenta de qualquer apoio público, deve corresponder, pelo menos, a 25% das aplicações relevantes.

18. Beneficiam do RFAI, em sede de IRC, os investimentos realizados em regiões elegíveis constantes da tabela prevista no n.º 1 do artigo 43.º do CFI. Caso os investimentos beneficiem de outros auxílios de estado, nomeadamente financeiros, o cálculo dos limites deve ter em consideração o montante total dos auxílios de Estado com finalidade regional concedidos ao investimento em questão, proveniente de todas as fontes

19. A Portaria n.º 297/2015, de 21 de Setembro, procedeu à regulamentação do RFAI e da DLRR assegurando a aplicação integral das regras previstas no R.G.I.C. e, quando aplicável, das O.A.R. Estabeleceu também os procedimentos especiais de controlo do montante dos auxílios de Estado com finalidade regional concedidos ao investimento a que os sujeitos passivos ficam sujeitos.

Informação Vinculativa com Despacho de 8 de Julho de 2010, do Director-Geral (Proc. n.º 1801/2010)
Cumulação do RFAI com outros benefícios fiscais.

O pedido de informação vinculativa versava sobre as condições de aplicação e a forma de apuramento do montante a deduzir à colecta relativamente ao benefício fiscal RFAI 2009. No tocante às dúvidas suscitadas, foi sancionado o seguinte entendimento:

1. INVESTIMENTOS ELEGÍVEIS

A parcela de gastos suportados em 2009 com o recurso à mão-de-obra da própria empresa com a instalação, adaptação e testes relativos ao imobilizado corpóreo adquirido (actual activo fixo tangível) é indissociável do «custo de aquisição», pelo que a quantia elegível para efeitos do RFAI 2009 deve ser a quantia total do «custo de aqui-

mitida até à intensidade ou montante máximos de auxílio aplicáveis a esse auxílio nos termos desse regulamento.

sição», tal como vinha definido no POC e no diploma que regulamentava as reintegrações e amortizações, e não apenas o preço de compra.

Alerta-se para o disposto nos n.ºs 5 e 6 do art.º 2.º do RFAI 2009 quanto às regras de elegibilidade dos gastos com imobilizações em curso.

2. APURAMENTO DA DEDUÇÃO À COLECTA DE IRC

Quanto à interpretação da alínea a) do n.º 1 do art.º 3.º do RFAI, confirma-se que a dedução à colecta do IRC prevista no RFAI deve ser apurada através da aplicação da percentagem de 20% à parcela do investimento que não exceda €5.000.000, aplicando-se à parcela remanescente a percentagem de 10%.

Isto sem esquecer que a dedução à colecta é feita até à concorrência de 25% da mesma.

3. CUMULAÇÃO DO RFAI 2009 COM OUTROS BENEFÍCIOS FISCAIS

O RFAI 2009 não é cumulável com o SIFIDE, relativamente ao mesmo investimento, dado que em ambos os benefícios o interesse público extra fiscal relevante consiste na contribuição para o crescimento económico, reforço da competitividade das empresas e aumento do emprego, a que acresce, no RFAI 2009, a contribuição para o desenvolvimento das áreas elegíveis para apoio no âmbito dos incentivos com finalidade regional.

Pode, porém, ser cumulável com o benefício fiscal previsto no art.º 19.º do EBF – Criação de emprego. O RFAI 2009 constitui um benefício fiscal ao investimento em imobilizado corpóreo e incorpóreo (actualmente, activo fixo tangível e activo intangível), embora se exija que o investimento proporcione a criação de postos de trabalho e a sua manutenção até ao final do período de dedução previsto no diploma; o benefício à criação de emprego tem por objectivo, como o seu próprio nome indica, promover a criação líquida de postos de trabalho, sendo elegíveis os encargos suportados pela entidade empregadora com o trabalhador, a título de remuneração fixa e das contribuições, a seu cargo, para a segurança social. Portanto, a natureza / função / finalidade dos benefícios é diferente.

ARTIGO 25.º
Obrigações acessórias

1 – A dedução prevista na alínea a) do n.º 1 do artigo 23.º, é justificada por documento a integrar o processo de documentação fiscal a que se refere o artigo 130.º do Código do IRC, que identifique discriminadamente as aplicações relevantes, o respectivo montante e outros elementos considerados relevantes.

2 – Do processo de documentação fiscal relativo ao exercício da dedução deve ainda constar documento que evidencie o cálculo do benefício fiscal, bem como documentos comprovativos das condições de elegibilidade previstas no artigo 22.º

3 – Nos termos da legislação europeia, é notificada à Comissão Europeia a concessão de benefícios fiscais que preencham as condições definidas

nessa legislação, designadamente aqueles em que o montante ajustado dos auxílios, calculado de acordo com o mecanismo definido no parágrafo 20 do artigo 2.º do RGIC, ultrapasse o limiar de notificação previsto no ponto 20 alínea n) das OAR.

4 – Os procedimentos de controlo da verificação das condições para a aplicação do regime de benefícios fiscais previsto no presente capítulo são definidos por despacho dos membros do Governo responsáveis pelas áreas das finanças e da economia.

O artigo 25.º trata das obrigações acessórias a cargo do promotor, tendo em vista o controlo da verificação das condições para a aplicação do regime de benefícios fiscais (designadamente, em sede de inspecção tributária)[363].

Recorde-se que, caso o sujeito passivo tenha empresas parceiras ou associadas – nos termos do artigo 3.º do Anexo I do RGIC e do artigo 3.º do Anexo ao Decreto-Lei n.º 372/2007, de 6 de Novembro, e tenha usufruído de benefícios fiscais em sede do RFAI, deve preencher o quadro 11-A do Anexo D da declaração mod. 22 de IRC, identificando o NIF daquelas empresas, donde que poderão também ser sujeitas a diligências inspectivas.

1.

Nos termos do artigo 23.º n.º 1 alínea a), o sujeito passivo de IRC pode efectuar uma dedução à colecta do mesmo imposto[364] de determinadas importâncias das aplicações relevantes[365]. No entanto, esta dedução deve estar justificada através de documento integrado no processo de documentação fiscal (artigo 130.º do CIRC), por cada período de tributação[366].

363 Artigo 2.º n.º 2 alínea h) do RCPITA.

364 A colecta é apurada nos termos do artigo 90.º n.º 1 alínea a) do CIRC.

365 São deduzidas as seguintes importâncias das aplicações relevantes: no caso de investimentos realizados em regiões elegíveis nos termos do artigo 107.º n.º 3 alínea a) do TFUE constantes da tabela prevista no n.º 1 do artigo 43.º, 25% das aplicações relevantes, relativamente ao investimento realizado até ao montante de €15.000.000, ou 10% das aplicações relevantes, relativamente à parte do investimento realizado que exceda o montante de €15.000.000; no caso de investimentos em regiões elegíveis nos termos do artigo 107.º n.º 3 alínea c) do TFUE constantes da tabela prevista no n.º 1 do artigo 43.º, 10% das aplicações relevantes.

366 De acordo com os elementos previstos na Portaria 51/2018, de 16 de Fevereiro (Anexo I).
O processo de documentação fiscal ("dossier fiscal") é um instrumento que serve, ao abrigo do princípio da cooperação (artigo 59.º n.º 4 da LGT), para justificar ou fundamentar práticas assumidas em situações concretas.
Este dossier deve estar constituído até ao dia 15 de Julho do ano seguinte, isto é, ao termo do prazo para entrega da declaração anual de informação contabilística e fiscal (artigo 121.º do CIRC).

Segundo o artigo 7.º da Portaria n.º 297/2015, de 21 de Setembro, que procede à regulamentação do CFI, os sujeitos passivos devem incluir no referido dossier fiscal os seguintes elementos:

a) Descrição do investimento inicial, indicando designadamente os objectivos, áreas de intervenção e os principais investimentos, bem como o respectivo enquadramento[367];
b) Formulário de justificação do efeito de incentivo[368], quando aplicável[369];
c) Documentos susceptíveis de comprovar o cenário contrafactual[370], quando aplicável[371];
d) Identificação da data e custo de aquisição de todas as aplicações relevantes[372], bem como listagem das facturas que titulem a respectiva aquisição[373];
e) Identificação da região ou regiões em que foi realizado o investimento e das respectivas aplicações relevantes[374];
f) Cálculo dos benefícios fiscais[375] relativos ao investimento realizado em aplicações relevantes[376] no período de tributação e respectivos valores actualizados[377];

367 Entenda-se, enquadramento numa das tipologias previstas na alínea d) do n.º 2 do artigo 2.º da referida Portaria. Assim, os benefícios fiscais previstos no artigo 23.º do CFI apenas são aplicáveis relativamente a investimentos iniciais, nos termos do artigo 2.º parágrafo 49 alínea a) do RGIC, considerando-se como tal os investimentos relacionados com a criação de um novo estabelecimento, o aumento da capacidade de um estabelecimento já existente, a diversificação da produção de um estabelecimento no que se refere a produtos não fabricados anteriormente nesse estabelecimento, ou uma alteração fundamental do processo de produção global de um estabelecimento existente.

368 Este formulário surge em anexo à Portaria n.º 94/2015, de 27 de Março.

369 Veja-se o n.º 3.

370 *Idem.*
Para efeitos da demonstração do efeito de incentivo, o sujeito passivo deve seleccionar o cenário aplicável (Cenário 1 – Decisão de investimento ou Cenário 2 – Decisão de localização), bem como justificar a selecção efectuada, incluindo uma descrição detalhada do cenário contrafactual (da qual conste informação sobre a situação caso não tivesse havido lugar à concessão dos auxílios de Estado com finalidade regional).

371 Veja-se o n.º 3.

372 Artigo 22.º do CFI.

373 Veja-se o n.º 3.

374 Artigo 22.º do CFI.

375 Previstos no artigo 23.º n.º 1 do CFI.

376 Artigo 22.º do CFI.

377 O valor dos benefícios fiscais concedidos em sede de IRC e IMI [artigo 23.º n.º 1 alíneas a) e b) do CFI] deve corresponder ao seu valor actualizado reportado ao termo do período de tributação em que sejam realizadas as aplicações relevantes (no caso da dedução à colecta do IRC) ou ao

g) Identificação de outros auxílios de Estado concedidos ao mesmo investimento e cálculo do montante dos auxílios[378];
h) Determinação da intensidade dos auxílios[379] concedido ao mesmo investimento, em percentagem, resultante do quociente entre o montante total dos auxílios de Estado e o montante das aplicações relevantes;
i) Cálculo do limite máximo de auxílio, de acordo com o disposto no artigo 43.º do CFI;
j) Apuramento, quando aplicável, do excesso entre o limite máximo de auxílio e o montante dos auxílios de Estado concedidos ao mesmo investimento[380].

Nos casos previstos no artigo 25.º n.º 3 do CFI (grandes projectos de investimento), estes elementos deverão ser entregues pelos sujeitos passivos até ao último dia do período de tributação a que respeitam os benefícios fiscais[381]. No caso de se tratar de sujeitos passivos cuja situação tributária deve ser acompanhada pela Unidade dos Grandes Contribuintes (UGC)[382], os sujeitos passivos ficam dispensados de incluir os referidos elementos no processo de documen-

termo do ano da aquisição ou construção do imóvel (nas situações de isenção ou redução de IMI relativamente aos prédios utilizados pelo promotor no âmbito dos investimentos que constituam aplicações relevantes).
O valor actualizado dos benefícios fiscais deve ser determinado com base nas taxas de actualização aplicáveis nos vários momentos em que os benefícios fiscais são utilizados, tal como estabelecido na Comunicação da Comissão sobre a revisão do método de fixação das taxas de referência e de actualização (2008/C 14/02).
Nos casos em que a dedução à colecta do IRC não possa ser efectuada integralmente por insuficiência de colecta, o valor actualizado do benefício fiscal aí previsto deve ser calculado relativamente a cada período de tributação em que, nos termos do artigo 23.º n.º 3 do CFI, aquela dedução possa ser efectuada.
Nos casos em que o valor patrimonial tributário dos imóveis (prédios utilizados pelo promotor no âmbito dos investimentos que constituam aplicações relevantes, nos termos do artigo 22.º do CFI, para efeitos de isenção do IMI), não esteja determinado no momento do reconhecimento da isenção (*vide* o artigo 23.º n.º 4), ou venha a sofrer alterações em momento posterior ao desse reconhecimento, o valor actualizado do benefício fiscal deve ser calculado no momento da determinação do VPT dos imóveis ou da sua alteração, reportado à data do termo do ano da aquisição ou construção do imóvel.

378 Sobre a actualização, veja-se a nota anterior.

379 Segundo o RGIC, "intensidade de auxílio" é o montante bruto de auxílio expresso em percentagem dos custos elegíveis, antes da dedução de impostos ou outros encargos.

380 Calculado nos termos da alínea g).

381 Artigo 8.º n.º 2 da Portaria n.º 297/2015, de 21 de Setembro.

382 De acordo com os critérios fixados na Portaria a que alude o artigo 68.º-B n.º 3 da LGT (Portaria n.º 130/2016, de 10 de Maio, que define os critérios de seleção dos contribuintes cuja situação tributária deva ser acompanhada pela UGC.

tação fiscal, aquando da respectiva entrega conjuntamente com a declaração anual de informação contabilística e fiscal[383] (artigo 130.º n.º 3 do CIRC)[384].

Nos restantes casos, os sujeitos passivos são obrigados a reunir os referidos elementos até à data da entrega da declaração periódica de rendimentos[385] referente ao ano a que os benefícios fiscais respeitam ou até ao termo do prazo legal para a respectiva entrega[386], consoante o que ocorra primeiro, devendo proceder à entrega daqueles elementos à Autoridade Tributária e Aduaneira sempre que notificados para o efeito[387].

A Autoridade Tributária e Aduaneira pode solicitar aos sujeitos passivos elementos e informações adicionais, susceptíveis de comprovar que se encontram respeitados os limites referidos no artigo 23.º n.º 5 do CFI[388] e, quando aplicável, que se encontram preenchidos os requisitos previstos nos parágrafos 69 a 93 das OAR[389].

2.

Do processo de documentação fiscal (artigo 130.º do CIRC) relativo ao exercício da dedução à colecta do IRC[390] de determinadas importâncias das aplicações relevantes[391] [artigo 23.º n.º 1 alínea a) do CFI] deve ainda constar documento que evidencie o *cálculo do benefício fiscal*, bem como documentos comprovativos das *condições de elegibilidade* previstas no artigo 22.º do CFI[392].

Tenha-se presente que os sujeitos passivos devem incluir no processo de documentação fiscal (artigo 130.º do CIRC), entre outros elementos, o cálculo dos benefícios fiscais previstos no artigo 23.º n.º 1 do CFI relativos ao investimento realizado em aplicações relevantes[393] no período de tributação e respectivos valores actualizados, bem como a identificação da data e custo de aquisição de todas as aplicações relevantes e a listagem das facturas que titulem a respectiva

[383] Prevista referida nos artigos 117.º n.º 1 alínea c) e 121.º, ambos do CIRC.

[384] Artigo 8.º n.º 2 da Portaria n.º 297/2015, de 21 de Setembro.

[385] Declaração mod. 22, a que aludem os artigos 117.º n.º 1 alínea b) e 120.º, ambos do IRC.

[386] Sendo o período de tributação coincidente com o ano civil, esta declaração deve ser enviada, anualmente, por transmissão electrónica de dados, até ao último dia do mês de Maio, independentemente de esse dia ser útil ou não útil (artigo 120.º n.º 1).

[387] Artigo 8.º n.º 3 da Portaria n.º 297/2015, de 21 de Setembro.

[388] Limites máximos aplicáveis aos auxílios com finalidade regional em vigor na região na qual o investimento seja efectuado, nos termos do artigo 43.º do CFI.

[389] Artigo 8.º n.º 4 da Portaria n.º 297/2015, de 21 de Setembro.

[390] A colecta é apurada nos termos do artigo 90.º n.º 1 alínea a) do CIRC.

[391] Artigo 22.º.

[392] Em particular as previstas no n.º 4.

[393] Artigo 22.º.

aquisição (artigo 7.º n.º 1 da Portaria n.º 297/2015, de 21 de Setembro, que procede à regulamentação do CFI).

3.

Para os *grandes projectos de investimento,* o legislador estabelece que, nos termos da legislação europeia, é notificada à Comissão Europeia a concessão de benefícios fiscais que preencham as condições definidas nessa legislação, designadamente aqueles em que o montante ajustado dos auxílios[394], calculado de acordo com o mecanismo definido no artigo 2.º parágrafo 20 do RGIC, ultrapasse o limiar de notificação previsto no ponto 20 alínea n) das OAR.

Assim, o montante máximo admissível do auxílio para um grande projecto de investimento, calculado de acordo com a seguinte fórmula:

- Montante máximo do auxílio = R[395] × (A[396] + 0,50 × B[397] + 0 × C[398]).

Por limiar de notificação, previsto no ponto 20 alínea n) das OAR, deve entender-se os montantes de auxílio que excedem os seguintes limiares:

Intensidade de auxílio[399]	Limiar de notificação (€)
10%	7.500.000
15%	11.250.000
25%	18.750.000
35%	26.250.000
50%	37.500.000

Segundo o artigo 5.º da Portaria n.º 297/2015, de 21 de Setembro, que procede à regulamentação do CFI, deve ser notificada à Comissão Europeia a concessão de auxílios que excedam o montante máximo de auxílio admissível para um investimento com aplicações relevantes[400] de €100.000.000, tal como

[394] Segundo o RGIC, trata-se do montante máximo admissível do auxílio para um grande projecto de investimento.

[395] R é a intensidade máxima de auxílio aplicável na zona em causa estabelecida num mapa aprovado de auxílios com finalidade regional em vigor na data em que o auxílio é concedido, excluindo a maior intensidade de auxílio para as PME.

[396] A são os €50.000.000 iniciais de custos elegíveis.

[397] B é a parte dos custos elegíveis entre €50.000.000 e €100.000.000.

[398] C é a parte dos custos elegíveis acima de €100.000.000.

[399] Montante bruto de auxílio expresso em percentagem dos custos elegíveis, antes da dedução de impostos ou outros encargos.

[400] Artigo 22.º do CFI.

calculado de acordo com o mecanismo definido no artigo 2.º parágrafo 20 do RGIC, sendo que o cálculo do referido limite deve ter em consideração o montante total dos auxílios de Estado concedidos ao investimento em questão, proveniente de todas as fontes.

Segundo a mesma Portaria, deve ainda ser notificada à Comissão Europeia[401] a concessão de benefícios fiscais a uma empresa que tenha encerrado a mesma actividade ou uma actividade semelhante[402] no Espaço Económico Europeu (EEE)[403] nos 2 anos que antecedem a utilização do benefício ou, nesta data, tenha planos concretos para encerrar essa actividade no prazo máximo de 2 anos após a conclusão do investimento inicial relativamente ao qual os benefícios fiscais são concedidos na região em causa. A concessão de benefícios fiscais deve ser notificada ainda que as mencionadas situações se verifiquem ou se tenham verificado relativamente a outra empresa do mesmo grupo da empresa beneficiária[404].

Deve também ser notificada à Comissão Europeia[405] a concessão de benefícios fiscais a uma empresa que não se enquadre na categoria das micro, pequenas e médias empresas[406], para a diversificação de um estabelecimento através da produção de novos produtos ou da adopção de inovações nos processos produtivos numa das regiões elegíveis para auxílios[407] constantes da tabela do artigo 43.º do CFI.

Nestes casos de notificação à Comissão Europeia (grandes projectos de investimento), deve ser feita a demonstração do *efeito de incentivo*. Assim, a mencionada Portaria estabelece que os sujeitos passivos devem demonstrar que, relativamente aos benefícios fiscais previstos no artigo 23.º n.º 1 do CFI, se verifica um

[401] Nos termos do parágrafo 23 das OAR.

[402] Considera-se "a mesma actividade ou actividade semelhante", uma actividade que se insere na mesma classe, composta por 4 dígitos, da Classificação Portuguesa de Actividades Económicas, Revisão 3 (CAE-Rev. 3), aprovada pelo Decreto-Lei n.º 381/2007, de 14 de Novembro, considerando-se ainda, para este feito, as actividades compreendidas nas classes 5511 e 5512 como fazendo parte da mesma classe.

[403] De que fazem parte a Noruega, o Liechtenstein, a Islândia e os Estados-Membros da União Europeia.

[404] Considera-se que duas ou mais empresas pertencem a um mesmo grupo quando, em resultado de uma relação de participação, de contrato, ou de outros factos, atuem como uma única entidade económica sujeita a um controlo comum.

[405] Nos termos do parágrafo 24 das OAR.

[406] Tal como definidas na Recomendação 2003/361/CE, da Comissão, de 6 de Maio de 2003. Haverá ainda a ter em consideração o disposto no Decreto-Lei n.º 372/2007, de 6 de Novembro, que cria a certificação electrónica do estatuto de micro, pequena e média empresas (PME).

[407] Nos termos do artigo 107.º n.º 3 alínea c) do TFUE.

dos seguintes cenários: a) Os benefícios fiscais, individualmente considerados ou em conjunto com outros auxílios de Estado com finalidade regional concedidos ao investimento em questão, incentivam a adopção de uma decisão de investimento positiva, uma vez que, de outra forma, o investimento não seria suficientemente rentável para que o promotor o realizasse na região em causa (Cenário 1 – Decisão de investimento); ou b) Os benefícios fiscais, individualmente considerados ou em conjunto com outros auxílios de Estado com finalidade regional concedidos ao investimento em questão, incentivam a realização do investimento projectado na região em causa em detrimento de outra, visto compensarem as desvantagens e os custos líquidos associados à respectiva implantação nessa região (Cenário 2 – Decisão de localização)[408].

Os sujeitos passivos devem estar em condições de demonstrar a existência do efeito de incentivo através de informações relativas ao cenário contrafactual, designadamente no que se refere ao investimento, financiamento, demonstração de resultados e demais elementos: i) Que comprovem que o investimento não seria suficientemente rentável sem os benefícios fiscais, individualmente considerados ou em conjunto com outros auxílios de Estado com finalidade regional concedidos ao investimento em questão[409]; ou ii) Que comparem os custos e os benefícios inerentes à localização na região em causa com os inerentes a uma região alternativa[410].

4.

Os procedimentos de controlo da verificação das condições para a aplicação do RFAI são definidos por despacho dos membros do Governo responsáveis pelas áreas das finanças e da economia[411].

[408] Para efeitos da demonstração do efeito de incentivo como tal definido nos termos do número anterior, os sujeitos passivos devem preencher o formulário aprovado em anexo à Portaria n.º 94/2015, de 27 de Março, devendo seleccionar o cenário aplicável de entre os referidos nas alíneas a) e b) do número anterior, bem como justificar a seleção efectuada. Os sujeitos passivos devem incluir uma descrição detalhada do cenário contrafactual, da qual conste informação sobre a situação caso não tivesse havido lugar à concessão dos auxílios de Estado com finalidade regional.

[409] Quando seja aplicável o Cenário – 1 (Decisão de investimento).

[410] Quando seja aplicável o Cenário – 1 (Decisão de localização).

[411] Até a data não foi publicado este despacho.

DOUTRINA ADMINISTRATIVA:

Informação Vinculativa com Despacho de 31 de Agosto de 2020, da Subdirectora-Geral da Área de Gestão Tributária – Impostos sobre o Rendimento (Proc. n.º 4225/2019)
Notificação à Comissão Europeia no âmbito de um grande projecto de investimento por se encontrarem verificadas as condições para que se considere que os dois projectos em causa integram o conceito de «Projecto de investimento único»

No caso em apreço estava em causa um grupo de sociedades tributado pelo Regime Especial de Tributação de Grupos de Sociedades (RETGS) que pretendia esclarecimentos relativos aos auxílios estatais com finalidade regional, designadamente, acerca da obrigatoriedade (ou não) de notificação à Comissão Europeia quando excedido o montante ajustado dos auxílios previsto no ponto 20 alínea n) das Orientações relativas aos auxílios estatais com finalidade regional (OAR).

Para o efeito, informam que uma das sociedades celebrou, no Ano X, com o Estado Português, um Contrato Fiscal de Investimento ao abrigo do art.º 9.º do Código Fiscal do Investimento (CFI), aprovado pelo Decreto-Lei n.º 249/2009, de 23 de Setembro e do art.º 41.º n.ºs 1 a 3 do Estatuto dos Benefícios Fiscais (EBF), para a realização de um investimento, cujo período de investimento está compreendido entre o Ano X e o Ano X+2 e ao qual foi concedido um beneficio fiscal num determinado montante.

E que, no início do Ano X+2, foi iniciado um projecto de investimento relativamente ao qual a mesma sociedade beneficiou do RFAI.

Uma vez que a sociedade em causa integra o perímetro do grupo abrangido pelo RETGS, os benefícios fiscais aqui em causa operam por dedução à colecta apurada na esfera do grupo. Esclareceram, ainda, que as aplicações relevantes consideradas para efeitos do RFAI não beneficiaram de qualquer outro incentivo financeiro ou fiscal e, portanto, não beneficiaram do benefício fiscal contratual ao investimento objecto do Contrato Fiscal de Investimento, assinado no Ano X.

Solicitaram o esclarecimento das seguintes questões:

1.ª Questão:

"O beneficio fiscal contratual ao investimento produtivo usufruído nos termos de um contrato de benefícios fiscais ao investimento celebrado no Ano X, nos termos do regime previsto no capitulo I da parte II do Código Fiscal ao Investimento, aprovado pelo Decreto-Lei n.º 249/2009, de 23 de Setembro, relativo a um projecto de investimento realizado nos Anos X e X+1, deve ser adicionado ao montante do RFAI resultante de um projecto de investimento iniciado no início de X+2,, para efeitos de avaliação se o montante máximo ajustado do beneficio de 18.750.000 euros é ultrapassado?".

2.ª Questão:

"Caso o montante do investimento realizado no âmbito de um projecto permita o apuramento de um crédito de RFAI, nos termos do respectivo regime, designadamente a alínea a) do n.º 1 do artigo 23.º do Código Fiscal ao Investimento, superior ao montante máximo ajustado dos auxílios de 18.750.000 euros, o sujeito passivo encontra-

-se dispensado de efectuar a comunicação prevista no n.º 1 do artigo 8.º da Portaria 297/2015 se considerar RFAI num montante acumulado não superior aquele montante máximo ajustado?"

3.ª Questão:

"Quais as implicações e penalidades aplicáveis no caso de não cumprimento da obrigação prevista no n.º 1 do artigo 8.º da Portaria n.º 297/2015, na circunstância de o montante acumulado do RFAI ultrapassar o montante máximo ajustado do auxílio de 18.750.000 euros? Verifica-se a perda automática do direito a dedução do crédito fiscal?"

4.ª Questão:

"Para efeitos do n.º 3 do artigo 25.º do Código Fiscal do Investimento e do n.º 1 do artigo 8.º da Portaria n.º 297/2015, de 21 de Setembro (adiante "Portaria 297/2015'), os sujeitos passivos estão obrigados a proceder a entrega dos elementos previstos no artigo 7.º daquela Portaria (pelo facto de o beneficio fiscal exceder o montante máximo ajustado dos auxílios de 18.750.000 euros) até ao último dia:

a) do período de tributação em que o montante acumulado do RFAI proporcionado pelo investimento já realizado no âmbito de um investimento inicial (em curso no ano em causa) ultrapasse aquele montante máximo ajustado dos auxílios? ou apenas,
b) do período de tributação em que o montante acumulado do RFAI utilizado/ deduzido relativamente ao investimento inicial em causa ultrapasse aquele montante máximo ajustado dos auxílios?"

Importa referir que estão em causa dois benefícios fiscais, os "Benefícios fiscais contratuais ao investimento produtivo" e o "Regime fiscal de apoio ao investimento (RFAI)", regulamentados ao abrigo de diferente legislação nacional e comunitária.

Determina o n.º 3 do art.º 25.º do CFI que, nos termos da legislação europeia, é notificada à Comissão Europeia a concessão de benefícios fiscais que preencham as condições definidas nessa legislação.

E, de acordo com o n.º 1 do art.º 5.º da Portaria n.º 297/2015, de 21 de Setembro, que procede à regulamentação do RFAI, " Para efeitos do disposto no n.º 3 do artigo 25.º do Código Fiscal do Investimento, deve ser notificada à Comissão Europeia a concessão de auxílios que excedam o montante máximo de auxílio admissível para um investimento com aplicações relevantes de €100.000.000, tal como calculado de acordo com o mecanismo definido no parágrafo 20 do artigo 2.º do RGIC" e, de acordo com o n.º 2, "O cálculo do limite referido no número anterior deve ter em consideração o montante total dos auxílios de Estado concedidos ao investimento em questão, proveniente de todas as fontes."

No que respeita à 1.ª questão, estava em causa saber se o montante do beneficio fiscal relativo ao Contrato Fiscal de Investimento (respeitante ao período que decorre do Ano X ao Ano X+2), deveria ser adicionado ao montante do benefício fiscal resultante do RFAI (relativo ao período entre o Ano X+2 e o Ano X+4), de modo a aferir se o limiar de notificação previsto no ponto 20 alínea n) das OAR, foi ultrapassado, conforme determina o n.º 3 do art.º 25.º do CFI e o n.º 1 do art.º 5.º da Portaria n.º 297/2015, de 21 de Setembro.

Quanto ao benefício relativo ao RFAI, para além da legislação nacional que o prevê, o mesmo deverá ser analisado à luz do regulamento comunitário ao abrigo do qual foi criado, no caso, o Regulamento (UE) n.º 651/2014 da Comissão, de 17 de Junho de 2014 (RGIC), devendo ainda atender-se às OAR 2014-2020.

No que respeita aos Benefícios fiscais contratuais ao investimento produtivo, para além dos diplomas legais que os preveem, deverá atender-se ao regulamento comunitário ao abrigo do qual foram criados, o Regulamento (CE) N.º 800/2008 da Comissão, de 6 de Agosto de 2008 e, ainda ao que determinam as OAR 2007-2013. Salienta-se que, no que respeita a este benefício fiscal, o respectivo contrato foi celebrado com o Estado Português no Ano X, ao abrigo do anterior CFI, no qual foi estipulado que o período de investimento seria compreendido entre o Ano X e o Ano X+2.

Antes de mais, importa, clarificar a distinção entre intensidades máximas de auxílio e limiares de notificação os quais correspondem a conceitos distintos (veja-se o considerando 25 do actual RGIC).

Com efeito, as intensidades máximas de auxílio correspondem a limites máximos (globais) e são determinadas previamente ao montante de auxílios a conceder, impondo que, quando sejam excedidos os limites, o beneficiário adicione ao IRC liquidado o respectivo excesso, para efeitos de apuramento do imposto a pagar ou a recuperar, de modo a garantir o respeito por esses limites.

Já os limiares de notificação têm uma natureza processual, determinando que determinados auxílios individuais, pelas suas características e/ou valor, tenham de ser obrigatoriamente notificados à Comissão, estando em causa, no caso concreto, a obrigação de notificação nos termos do n.º 3 do artigo 108.º do TFUE, caso se constate que os auxílios provenientes de todas as fontes sejam susceptíveis de excederem o limiar de notificação previsto no n.º 20, alínea n) das OAR 2014-2020.

As OAR 2007-2013, não definiam o que se devia entender por "projecto de investimento único", indicando apenas que um grande projecto de investimento seria um «projecto único quando o investimento inicial for realizado por uma ou mais empresas num período de três anos e for constituído por um conjunto de activos de capital fixo economicamente indivisíveis» (n.º 60).

Pelo contrário, as OAR 2014-2020 estabelecem uma definição de «Projecto de investimento único», considerando-se como tal «um investimento inicial iniciado pelo mesmo beneficiário (a nível do grupo) ao longo de um período de três anos a contar da data de início dos trabalhos associados a outro investimento que beneficia de auxílio na mesma região NUTS 3» (alínea t) do n.º 20), e bem assim, de «Grande projecto de investimento», considerando como tal «um investimento inicial com custos elegíveis superiores a 50 milhões de EUR, calculados com base no preço e na taxa de câmbio em vigor à data de concessão do auxílio» (alínea l) n.º 20).

No caso concreto, face à regulamentação em vigor, nomeadamente a alínea t) do n.º 20 das OAR 2014-2020 e alínea a) do n.º 1 do artigo 4.º da Portaria n.º 297/2015 de 21 de Setembro, considerou-se que estão reunidas as condições factuais para que se possa considerar que estamos perante um "projecto de investimento único" na medida em que estamos perante:

(i) um investimento inicial iniciado pelo mesmo beneficiário;

(ii) ao longo de um período de três anos a contar da data de início dos trabalhos associados a outro investimento (Contrato Fiscal de Investimento assinado no Ano X; Projecto de investimento: aplicações relevantes a concretizar entre o Ano X e o Ano X+2; Projecto de investimento: aplicações relevantes a concretizar entre o Ano X+2 e o Ano X+4); (iii) concretizado na mesma região NUTS 3.

Note-se que, para efeitos da contagem do prazo de três anos releva a data de inicio de um projecto de investimento subsequente a um outro projecto de investimento iniciado nos três anos anteriores pelo mesmo beneficiário, pelo que se conclui que, no que respeita ao conceito de "projecto de investimento único", o projecto de investimento que pretende beneficiar de RFAI deve ser considerado conjuntamente com o projecto de investimento que foi objecto do Contrato Fiscal de Investimento.

Note-se ainda que, nos termos do regime transitório consagrado no n.º 2 do artigo 6.º do Decreto-Lei n.º 162/2014, de 31 de Outubro, que revogou o anterior Código Fiscal do Investimento (CFI), as regras do RFAI previstas no novo CFI, aprovado por este diploma, são aplicáveis aos períodos de tributação iniciados em ou após 1 de Janeiro de 2014 (salvo o disposto no n.º 3 deste artigo) tendo como ponto de referência o novo Regulamento Geral de Isenção por Categoria (RGIC), o Regulamento (UE) n.º 651/2014 da Comissão, de 17 de Junho de 2014, que, ao abrigo do art.º 109.º do TFUE, declara certas categorias de auxílio compatíveis com o mercado interno, em aplicação dos art.º 107.º e 108.º do Tratado, e mais especificamente as OAR 2014-2020.

Relativamente a qualquer dúvida que possa existir, face à norma de direito transitório constante do artigo 6.º do Decreto-Lei n.º 162/2014, de 31 de Outubro, deverá necessariamente prevalecer a interpretação que se revele como compatível com regulamentação Europeia, em especial com o disposto no RGIC qualquer que seja a sua versão, bem como com as OAR para as quais o RGIC remete, obstando por outro lado a uma aplicação das normas nacionais que se revelem desconformes com aquelas regras, como sucederia com uma eventual interpretação que fosse susceptível de afastar a aplicação de obrigação de notificação que decorra do direito europeu.

Face ao exposto, para aferir se o limiar de notificação previsto no n.º 20, alínea n) das OAR 2014-2020 foi ultrapassado, o montante relativo ao benefício fiscal resultante do RFAI deve ser adicionado ao montante do benefício fiscal resultante do Contrato Fiscal ao Investimento, celebrado com o Estado Português, porquanto estão reunidas as condições factuais para que se possa considerar que estamos perante um "projecto de investimento único", de acordo com a alínea t) do n.º 20 das OAR 2014-2020 e alínea a) do n.º 1 do artigo 4.º da Portaria n.º 297/2015 de 21 de Setembro.

Com efeito, o art.º 5.º da Portaria n.º 297/2015, de 21 de Setembro, sob a epigrafe "Notificação à Comissão Europeia – Grandes projectos de investimento" prevê no seu n.º 1 que para efeitos do disposto no n.º 3 do artigo 25.º do CFI, deve ser notificada à Comissão Europeia "(...) a concessão de auxílios que excedam o montante máximo de auxílio admissível para um investimento com aplicações relevantes de €100.000.000,00, tal como calculado de acordo com o mecanismo definido no parágrafo 20 do artigo 2.º do RGIC.", o que, no caso concreto, atendendo a que a intensidade máxima de auxilio aplicável na zona em causa é 25%, corresponde a €18.750.000,00

E, por sua vez, o parágrafo 20) do art.º 2.º do RGIC define «Montante ajustado do auxílio», como o montante máximo admissível do auxílio para um grande projecto de investimento, calculado de acordo com a seguinte fórmula:

$$\textit{montante máximo do auxílio} = R \times (A + 0{,}50 \times B + 0 \times C)$$

em que:

R é a intensidade máxima de auxílio aplicável na zona em causa estabelecida num mapa aprovado de auxílios com finalidade regional em vigor na data em que o auxílio é concedido, excluindo a maior intensidade de auxílio para as PME;

A são os 50 milhões de EUR iniciais de custos elegíveis,

B é a parte dos custos elegíveis entre 50 milhões e 100 milhões de EUR; e

C é a parte dos custos elegíveis acima de 100 milhões de EUR.

No caso em apreço, atendendo a que se encontram verificadas as condições para que se considere que os dois projectos em causa integrem o conceito de «Projecto de investimento único», em face dos valores constantes do Contrato Fiscal do Investimento e dos valores relativos ao projecto de investimento no âmbito do qual a entidade beneficiou do RFAI, verifica-se que o limiar de notificação à Comissão Europeia foi ultrapassado.

Quanto à 2.ª questão, esclarece-se, antes de mais, que ao sujeito passivo não assiste, de acordo com os normativos legais aplicáveis, o direito a optar, ou não, por obter a autorização da Comissão Europeia, sem prejuízo de lhe poder, eventualmente, assistir o direito de prescindir de considerar, para efeitos de RFAI, parte do investimento efectivamente realizado (e elegível).

Pelo que, relativamente à questão de saber se o sujeito passivo poderá inscrever no anexo D da declaração modelo 22 montantes relativos a aplicações relevantes e correspondente dotação do RFAI do período que fiquem aquém dos limiares de notificação, ainda que o investimento efectivamente realizado (e elegível) conduzisse a que tais limites fossem ultrapassados, afigura-se que nem as regras do RFAI nem as regras europeias em matéria de auxílio de Estado obstam a essa hipótese.

No que respeita à 3.ª questão, esclarece-se que a ausência de notificação atempada à Comissão Europeia de um auxílio individual que exceda o limiar de notificação implica que a respectiva concessão/utilização se encontre em violação do artigo 108.º n.º 3, do TFUE, sendo, por conseguinte, o mesmo considerado como um auxílio «ilegal» e, nessas circunstâncias, não pode o sujeito passivo usufruir do benefício.

Na 4.ª questão, é suscitada a questão de saber, no caso de serem ultrapassados os limiares de notificação, quando se deve proceder para que se efective a notificação à Comissão Europeia.

De notar que se trata de uma obrigação que, no quadro do direito europeu, recai sobre as autoridades estatais que concedem o benefício e não sobre o contribuinte, visando a obrigação de proceder à entrega dos elementos previstos no artigo 7.º da Portaria n.º 297/2015, de 21 de Setembro, prevista no n.º 1 do artigo 8.º da referida Portaria, permitir o cumprimento atempado dessa obrigação.

Regra geral, as OAR e o RGIC não têm em conta as circunstâncias próprias dos regimes de auxílios de natureza fiscal, excepto relativamente ao efeito incentivo, relativamente ao qual o n.º 4 do artigo 6.º do RGIC permite afastar, em certas condições, o princípio geral previsto nos pontos 64 e 65 das OAR 2014-2020, segundo os quais «Os trabalhos efectuados com base num investimento individual só podem iniciar-se após a apresentação do formulário de pedido de auxílio» e que «se os trabalhos começarem antes da apresentação do formulário de pedido de auxílio, nenhum auxílio concedido para efeito desse investimento individual será considerado compatível com o mercado interno», princípio este que é igualmente consagrado no n.º 18 do RGIC.

Relativamente aos auxílios individuais que excedam os limiares de notificação, conforme resulta do artigo 58.º do RGIC, os mesmos são apreciados nos termos do actual Regulamento (UE) n.º 2015/1589 do Conselho, de 13 de Julho de 2015, que estabelece as regras de execução do artigo 108.º do Tratado sobre o Funcionamento da União Europeia, devendo, nomeadamente, a notificação de auxílios ser efectuada de forma atempada e previamente à respectiva atribuição, a qual fica suspensa até à decisão da Comissão (cf. artigo 2.º e 3.º do Regulamento).

A obrigação prevista no referido no n.º 1 do artigo 8.º da Portaria n.º 297/2015, de 21 de Setembro, visa precisamente assegurar o cumprimento desta obrigação de notificação, que deve necessariamente ocorrer anteriormente à atribuição do auxílio relativo ao investimento inicial, que, no caso em apreço, dada a natureza automática do benefício fiscal, se considera ocorrer com a entrega da declaração periódica de rendimentos relativa ao primeiro período em que sejam efectuadas aplicações relevantes elegíveis no âmbito do RFAI, razão pela qual o legislador estabeleceu como prazo para a entrega dos elementos necessários para proceder à notificação à Comissão Europeia o final do primeiro período de tributação.

Daqui decorre que o prazo para a entrega dos elementos estabelecido no n.º 1 do artigo 8.º da Portaria n.º 297/2015, de 21 de Setembro, se reporta ao final do primeiro período de tributação em que sejam efectuadas aplicações relevantes relativas ao projecto de investimento que determine a obrigação de notificação, sendo que, num caso como o presente, em que essa obrigação de notificação decorre da aplicação do conceito de "projecto de investimento único", corresponde ao primeiro período de tributação em que sejam efectuadas as primeiras aplicações relevantes respeitantes ao novo investimento inicial, o qual, somado aos investimentos anteriores, determina a ultrapassagem dos limiares de notificação.

Sublinha-se que, nesta situação, a empresa apenas poderia usufruir de quaisquer benefícios fiscais respeitantes ao novo investimento inicial após a decisão favorável da Comissão.

ARTIGO 26.º
Incumprimento

Em caso de incumprimento do disposto na alínea c) do n.º 4 do artigo 22.º, é adicionado ao IRC relativo ao período de tributação em que o sujeito passivo alienou os bens objecto do investimento o imposto que deixou de ser liquidado em virtude do presente regime, acrescido dos correspondentes juros compensatórios majorados em 10 pontos percentuais.

Segundo dispõe o artigo 22.º n.º 4 alínea c), podem usufruir dos benefícios fiscais em sede do RFAI os sujeitos passivos de IRC[412] que, cumulativamente, preencham determinadas condições, entre as quais a da manutenção na empresa e na região durante um período mínimo de 3 anos a contar da data dos investimentos, no caso de micro, pequenas e médias empresas[413], ou 5 anos nos restantes casos, os bens objecto do investimento ou, quando inferior, durante o respectivo período mínimo de vida útil[414], ou até ao período em que se verifique o respectivo abate físico, desmantelamento, abandono ou inutilização[415].

Em caso de incumprimento desta condição, verifica-se uma reposição do benefício: é adicionado ao *IRC* relativo ao período de tributação em que o sujeito passivo alienou[416] os bens objecto do investimento o imposto que deixou de ser

[412] Artigo 2.º do CIRC.

[413] Tal como definidas na Recomendação 2003/361/CE, da Comissão, de 6 de Maio de 2003. Haverá ainda a ter em consideração o disposto no Decreto-Lei n.º 372/2007, de 6 de Novembro, que cria a certificação electrónica do estatuto de micro, pequena e média empresas (PME).

[414] Determinado nos termos do Decreto Regulamentar n.º 25/2009, de 14 de Setembro, que estabelece o regime das depreciações e amortizações para efeitos do IRC [diploma esse alterado pelas Leis n.ºs 64-B/2011, de 30 de Dezembro, 2/2014, de 16 de Janeiro e 82-D/2014, de 31 de Dezembro – não mencionada no artigo 22.º n.º 4 alínea c) do EBF – e o Decreto Regulamentar n.º 4/2015, de 22 de Abril – também não mencionada no artigo 22.º n.º 4 alínea c) do EBF].

[415] Observadas as regras previstas no artigo 31.º-B do CIRC (perdas por imparidade em activos não corrente).

[416] À alienação pode ser equiparada a devolução ao fornecedor ou o abate indevido ou sem cumprir os requisitos do artigo 31.º-B do CIRC.

liquidado em virtude do presente regime, acrescido dos correspondentes *juros compensatórios* majorados em 10 pontos percentuais[417].

O incumprimento ou não preenchimento das regras de atribuição do benefício, resulta na sua não atribuição. Cabe ao sujeito passivo, nos termos do artigo 74.º n.º 1 da LGT e dos artigos 6.º e 7.º da Portaria n.º 297/2015 de 21 de Setembro, o ónus da prova dos factos que lhe conferem o direito ao mesmo benefício fiscal.

DOUTRINA ADMINISTRATIVA:

Informação Vinculativa com Despacho de 24 de Março de 2020, da Subdirectora-Geral da Área de Gestão Tributária – Impostos sobre o Rendimento (Proc. n.º 4508/2019)
Abate de bens considerados aplicações relevantes para efeitos de RFAI.

No caso em apreço estava em causa aferir do cumprimento da condição prevista na alínea c) do n.º 4 do artigo 22.º do CFI quando, posteriormente à ocorrência de um sinistro (incêndio), o sujeito passivo procedeu ao abate físico de bens que ficaram destruídos na sequência do referido sinistro e que haviam sido considerados aplicações relevantes para efeitos de RFAI.

Pretendia-se, ainda, saber qual o tratamento a conferir ao referido benefício fiscal (RFAI) que o sujeito passivo já havia usufruído e que se encontrava relacionado com esses mesmos bens.

1. A alínea c) do n.º 4 do artigo 22.º do CFI impõe que os bens objecto do investimento, sejam mantidos na empresa e na região:

- durante um período mínimo de três anos a contar da data dos investimentos, no caso de micro, pequenas e médias empresas tal como definidas na Recomendação n.º 2003/361/CE, da Comissão, de 6 de Maio de 2003, ou cinco anos nos restantes casos; ou,
- quando inferior, durante o respectivo período mínimo de vida útil, determinado nos termos do Decreto Regulamentar n.º 25/2009, de 14 de Setembro, alterado pelas Leis n.º 64-B/2011, de 30 de Dezembro, e 2/2014, de 16 de Janeiro; ou ainda,
- até ao período em que se verifique o respectivo abate físico, desmantelamento, abandono ou inutilização, observadas as regras previstas no artigo 31.º-B do Código do IRC.

2. Resulta, assim, que se considera satisfeita a condição prevista na alínea c) do artigo 22.º do CFI quando, no caso de o sujeito passivo proceder ao abate físico, desmantela-

[417] Os juros compensatórios visam compensar o Estado pelo retardamento da liquidação ou entrega do imposto, sendo uma componente da dívida global de imposto, não podendo tal encargo ser dedutível para efeitos da determinação do lucro tributável [artigo 23.º-A n.º 1 alínea e) do CIRC]. Ao montante do imposto acrescem os juros compensatórios à taxa fixada nos termos do artigo 559.º n.º 1, do Código Civil, isto é à taxa de 4% (artigo 35.º n.º 10 da LGT).

mento, abandono ou inutilização dos bens objecto de investimento, o mesmo proceda em conformidade com as regras previstas no artigo 31.º-B do Código do Imposto Sobre o Rendimento das Pessoas Colectivas (CIRC).

3. Atendendo ao disposto no n.º 3 do artigo 31.º-B do CIRC, "Quando os factos que determinaram as desvalorizações excepcionais dos activos e o abate físico, o desmantelamento, o abandono ou a inutilização ocorram no mesmo período de tributação, o valor líquido fiscal dos activos, corrigido de eventuais valores recuperáveis, pode ser aceite como gasto do período, desde que:

a) Seja comprovado o abate físico, desmantelamento, abandono ou inutilização dos bens, através do respectivo auto, assinado por duas testemunhas, e identificados e comprovados os factos que originaram as desvalorizações excepcionais;
b) O auto seja acompanhado de relação discriminativa dos elementos em causa, contendo, relativamente a cada activo, a descrição, o ano e o custo de aquisição, bem como o valor líquido contabilístico e o valor líquido fiscal;
c) Seja comunicado ao serviço de finanças da área do local onde aqueles activos se encontrem, com a antecedência mínima de 15 dias, o local, a data e a hora do abate físico, o desmantelamento, o abandono ou a inutilização e o total do valor líquido fiscal dos mesmos.".

4. E, estabelece o n.º 4 do mesmo artigo que "O disposto nas alíneas a) a c) do número anterior deve igualmente observar-se nas situações previstas no n.º 2, no período de tributação em que venha a efectuar-se o abate físico (...)".

5. Assim, quando em resultado da ocorrência de um sinistro se verifiquem desvalorizações excepcionais dos activos considerados aplicações relevantes para efeitos de RFAI, e posteriormente se proceda ao seu abate físico, têm que ser observadas as regras previstas no n.º 3 do artigo 31.º -B do CIRC.

6. E o facto de a ocorrência do sinistro se encontrar devidamente comprovada, não afasta a obrigatoriedade de dar cumprimento às regras previstas no n.º 3 do artigo 31.º-B.

7. O não cumprimento das regras atrás referidas, quando se verifique o abate físico dos bens que consubstanciam aplicações relevantes para efeitos de RFAI, determina que o sujeito passivo não pode beneficiar dos incentivos fiscais previstos nesse regime quanto aos referidos investimentos, por não se encontrar satisfeita a condição prevista na alínea c) do n.º 4 do artigo 22.º do CFI.

8. Assim, tendo o sujeito passivo procedido ao abate físico dos bens sem que tenham sido observadas as regras definidas no artigo 31.º-B do CIRC, não pode beneficiar do RFAI apurado nos períodos de tributação anteriores quanto aos bens que não cumpriram a referida condição, pelo que, deverá o imposto que deixou de ser liquidado por aplicação desse regime ser adicionado ao IRC relativo ao período de tributação em que o sujeito passivo deixou de dispor dos bens, ou seja, do período de tributação em que ocorreu o abate, devendo, no mesmo período de tributação, ser acrescidos os correspondentes juros compensatórios majorados em 10 pontos percentuais, tal como se encontra definido no artigo 26.º do CFI.

9. De facto, apesar de o art.º 26.º do CFI apenas fazer referência ao caso da alienação dos bens, não existe justificativo para conferir um tratamento diferenciado quando verifique o incumprimento das condições nas restantes situações previstas na alínea c) do n.º 4 do artigo 22.º do mesmo diploma.

CAPÍTULO IV – Dedução por lucros retidos e reinvestidos

ARTIGO 27.º
Objecto

A DLRR constitui um regime de incentivos fiscais ao investimento em favor de micro, pequenas e médias empresas nos termos do RGIC.

A *dedução por lucros retidos e reinvestidos* (DLRR) constitui um regime que se traduz numa medida de incentivo às micro, pequenas e médias empresas (PME) que permite a dedução à colecta do IRC dos lucros retidos que sejam reinvestidos, em aplicações relevantes[418]. Pretende-se, desta forma, impulsionar o reinvestimento nas próprias empresas por meio de autofinanciamento, em detrimento do recurso a crédito.

Com o CFI, surge alterado o benefício ao reinvestimento de lucros e reservas antes previsto nos artigos 66.º-C a 66.º-L do EBF. Segundo o artigo 6.º n.º 2 do Decreto-Lei n.º 162/2014, de 31 de Outubro, este regime fiscal é aplicável aos períodos de tributação iniciados em ou após 1 de Janeiro de 2014.

Para além do CFI, há que atender ao disposto na Portaria n.º 297/2015, de 21 de Setembro, que procede à regulamentação da DLRR.

Podem beneficiar da DLRR (artigos 27.º a 34.º), como regime de incentivos fiscais aprovado nos termos do RGIC, as *micro, pequenas e médias empresas* (PME). O incentivo ao investimento em favor destas empresas surge como o interesse público extrafiscal relevante considerado superior aos interesses da própria tributação que os benefícios fiscais impedem (artigo 2.º n.º 1 do EBF).

O benefício fiscal em sede da DLRR não pode ser transmitido por ocasião de uma operação de fusão, cisão ou entrada de activos a que seja aplicado o regime especial de neutralidade (artigo 74.º do CIRC), não aproveitando à sociedade beneficiária (artigo 75.º-A do mesmo Código). Isto porque, sendo um benefício

[418] O DLRR não é cumulável, relativamente às mesmas despesas de investimento elegíveis, com quaisquer outros benefícios da mesma natureza (artigo 31.º), como seja, por exemplo, o Crédito Fiscal Extraordinário ao Investimento II (CFEI II), previsto na Lei n.º 27-A/2020, de 24 de Julho.

fiscal automático – uma vez que resulta directa e imediatamente da lei (artigo 5.º n.º 1 do EBF) –, tem lugar a aplicação da regra da intransmissibilidade, dado que a DLRR não se enquadra nas excepções do artigo 15.º n.ºs 2 e 3 do EBF.

DOUTRINA ADMINISTRATIVA:

Informação Vinculativa com Despacho de 1 de Setembro de 2020, da Directora de Serviços do IRC (Proc. n.º 14/2020)

Elegibilidade/Não elegibilidade de actividades enquadráveis nos códigos CAE 01410, 10510 e 10520.

No caso em apreço estava em causa saber se determinadas actividades se enquadram no âmbito das actividades que podem beneficiar do Regime Fiscal de Apoio ao Investimento (RFAI) e da Dedução por Lucros Retidos e Reinvestidos (DLRR).

1. A entidade em causa exerce, a título principal, a actividade de "Criação de bovinos para produção de leite", à qual corresponde o código CAE 01410, encontrando-se ainda registada com outros códigos CAE (secundários), entre os quais se destacam, por relevarem face à questão em análise, os códigos CAE 10510 ("Industrias do leite e derivados") e 10520 ("Fabricação de gelados e sorvetes").

2. Em causa está uma empresa produtora de leite que pretende diversificar a actividade para a fabricação de queijos e gelados com o leite que produz, encontrando-se, nesse contexto a "construir um edifício para montar uma queijaria e gelataria", tendo, nesse âmbito, vindo a realizar investimentos, nomeadamente na construção do edifício e compra das máquinas.

3. A empresa irá passar a fabricar e comercializar gelados e queijos, produtos que anteriormente não faziam parte da actividade desenvolvida.

4. Os lucros que serviram para efeitos da DLRR e relativamente aos quais foi constituída a respectiva reserva especial são oriundos da actividade que ao tempo era desenvolvida pela empresa, ou seja, produção de leite, bem como recria de bezerros, sendo as fêmeas com potencial genético destinadas à substituição do efectivo e os machos com idade até seis meses comercializados.

(...)

Dedução por lucros retidos e reinvestidos (DLRR)

31. Conforme resulta do n.º 3 do artigo 1.º do CFI e do artigo 26.º do mesmo diploma, a Dedução por lucros retidos e reinvestidos (DLRR) constitui um regime de incentivos fiscais ao investimento em favor de micro, pequenas e médias empresas aprovado nos termos do RGIC e encontra-se previsto nos artigos 27.º a 34.º do referido diploma (capitulo IV do CFI).

32. Quanto ao âmbito de aplicação subjectivo, define o artigo 27.º do CFI, em termos amplos, que, os sujeitos passivos de IRC residentes em território português, bem como os sujeitos passivos não residentes com estabelecimento estável neste território,

que exerçam, a título principal, uma actividade de natureza comercial, industrial ou agrícola, desde que preencham, cumulativamente, as condições aí previstas, podem beneficiar da DLRR.

33. A Portaria n.º 297/2015, de 21 de Setembro, conforme definido no n.º 1 do seu artigo 1.º, procede, entre outros aspectos, à regulamentação do regime da DLRR, estabelecido no capítulo IV do CFI, assegurando a aplicação integral das regras previstas no RGIC, diploma ao abrigo do qual foi aprovado.

34. E, o n.º 1 do artigo 9.º da referida Portaria refere que, nos termos previstos nas alíneas a) e b) do n.º 3 do artigo 1.º do RGIC, o regime da DLRR não é aplicável ao reinvestimento de lucros retidos nos sectores da pesca, da aquicultura e da produção agrícola primária, tal como definida no parágrafo 9 do artigo 2.º do RGIC.

35. Como já referido anteriormente, nos termos do parágrafo 9 do artigo 2.º do RGIC, entende-se por "Produção agrícola primária" a produção de produtos da terra e da criação animal, enumerados no anexo I do Tratado, sem qualquer outra operação que altere a natureza de tais produtos.

36. Na situação em apreço, a reserva especial constituída para efeitos de DLRR, tem como base os lucros apurados em resultado da actividade anteriormente exercida de "produção de leite, bem como da recria de bezerros, sendo as fêmeas com potencial genético destinadas à substituição do efectivo e os machos com idade até seis meses comercializados.".

37. De facto, a actividade a que corresponde o código CAE 01410, única actividade desenvolvida pela requerente no período de tributação a que respeitam os lucros retidos, consta da CAE – Rev.3 como integrando o Grupo 014 – Produção Animal, encontrando-se assim inserida na Divisão 01 – Agricultura, produção animal, caça, e Actividades dos Serviços relacionados, a qual, por sua vez, se integra na secção A – Agricultura, Produção Animal, Caça, Floresta e Pesca.

38. E, conforme se pode encontrar na CAE – Rev.3, as actividades económicas no âmbito desta Divisão encontram-se estruturadas em diversos grupos, sendo que o Grupo 014 (Produção Animal) compreende as explorações pecuárias em regime extensivo, semi-intensivo e intensivo.

39. Conforme já referido anteriormente, o ponto 9) do artigo 2.º do RGIC define "Produção agrícola primária" como "a produção de produtos da terra e da criação animal, enumerados no anexo I do Tratado, sem qualquer outra operação que altere a natureza de tais produtos".

40. Assim, atendendo a que a reserva constituída teve na sua origem os lucros que resultaram da actividade anteriormente desenvolvida, na totalidade, pela empresa, não poderá a mesma beneficiar do regime da DLRR, porquanto os lucros retidos respeitam, exclusivamente, a lucros obtidos no âmbito do sector da produção agrícola primária.

Informação Vinculativa com Despacho de 4 de Julho de 2017, da Directora-Geral (Proc. n.º 717/2016) ***RFAI e DLRR: âmbito de aplicação; cumulatividade; determinação do limite máximo de auxílio aplicável e actualização de valores.***

Foram suscitadas dúvidas sobre o âmbito de aplicação e cumulação do Regime Fiscal de Apoio ao Investimento (RFAI) e da Dedução por Lucros Retidos e Reinvestidos (DLRR) e sobre o cálculo dos limites máximos aplicáveis aos auxílios estatais com finalidade regional, face ao disposto nos artigos 22.º a 34.º do Código Fiscal do Investimento, aprovado pelo Decreto-Lei n.º 162/2014, de 31 de Outubro, e na Portaria n.º 297/2015, de 21 de Setembro.

Concretamente, foram as seguintes as questões colocadas:

i) Se os investimentos em aplicações relevantes no âmbito da DLRR a concretizar em 2016 e 2017 podem beneficiar, em simultâneo, do RFAI 2016 ou do RFAI 2017;

ii) Atendendo a que o projecto de investimento inicial na tipologia "aumento da capacidade de um estabelecimento existente" foi iniciado em 2015 e termina em 2017, se um outro investimento inicial que se venha a iniciar em 2018 no âmbito da "diversificação da actividade de estabelecimento existente" é considerado o mesmo projecto de investimento inicial de acordo com a redacção da alínea a) do n.º 1 do art.º 4.º da Portaria n.º 297/2015;

iii) Face ao disposto nas alíneas b) e c) do n.º 1 do art.º 4.º da Portaria n.º 297/2015 e tendo em conta o montante máximo que pode ser deduzido à colecta de IRC, qual o valor do benefício fiscal correspondente ao seu valor actualizado reportado e qual o benefício fiscal que fica remanescente, aplicando o n.º 2 do art.º 4.º do mesmo diploma;

iv) Como são efectuados/calculados os dados exigidos pelo n.º 1 do art.º 7.º da Portaria n.º 297/2015, a incluir no processo de documentação fiscal.

Para a análise das questões suscitadas foram fundamentais os seguintes dados fornecidos pelo sujeito passivo:

- É uma pequena empresa que dispõe de contabilidade organizada nos termos da legislação aplicável;
- Não é uma empresa sujeita a uma injunção de recuperação na sequência de uma decisão da Comissão, ainda pendente, que declare um auxílio ilegal e incompatível com o mercado interno;
- Cumpre o critério de elegibilidade relativo à situação tributária e contributiva regularizada perante, respectivamente, a autoridade tributária e a segurança social;
- Na sequência da candidatura apresentada ao Programa Operacional Regional do Centro foi-lhe atribuído um incentivo financeiro (FEDER) no âmbito do Portugal 2020, que (i) reveste a forma de incentivo reembolsável, (ii) é concedido sem pagamento de juros ou quaisquer outros encargos e (iii) corresponde a 70% das aplicações relevantes;

- Em função dos resultados gerados com a implementação do projecto, pode haver lugar a isenção de reembolso no montante máximo de 50% do incentivo reembolsável. Portanto, o incentivo financeiro não reembolsável poderá atingir o valor correspondente a 35% das aplicações relevantes;
- O investimento elegível destina-se a inovar os seus processos produtivos e vai ser efectuado, entre 2015 e 2017, nos seus dois estabelecimentos situados na região NUTS II e na região NUTS III Aveiro.

Relativamente às dúvidas suscitadas foi, por Despacho de 2017-07-04, da Directora-Geral, sancionado o seguinte entendimento:

A) Âmbito de aplicação do RFAI e da DLRR

1. O regime fiscal de apoio ao investimento (RFAI) e o regime de dedução por lucros retidos e reinvestidos (DLRR) encontram-se estabelecidos no Código Fiscal do Investimento (CFI), nos artigos 22.º a 26.º e 27.º a 34.º, respectivamente, encontrando-se regulamentados na Portaria n.º 297/2015, de 21 de Setembro.

2. Por sua vez, a Portaria n.º 282/2014, de 30 de Dezembro, que define os códigos de actividade (CAE) correspondentes às actividades que podem aproveitar dos benefícios fiscais contratuais ao investimento produtivo, é também aplicável ao RFAI por remissão do n.º 1 do art.º 22.º do CFI.

3. O investimento tem por objecto as actividades exercidas pelo sujeito passivo e que constam do sistema de gestão e registo de contribuintes, as quais têm enquadramento na alínea b) do art.º 2.º da Portaria n.º 282/2014, de 30 de Dezembro.

4. O investimento a efectuar é considerado um investimento inicial porque se destina ao aumento da capacidade de um estabelecimento já existente (cf. alínea d) do n.º 2 do art.º 2.º da Portaria n.º 297/2015, de 21 de Setembro), pelo que os activos fixos tangíveis indicados pelo sujeito passivo no quadro de investimentos do referido Formulário Portugal 2020 e registáveis na conta 43.3 – Equipamento básico do Sistema de Normalização Contabilística são considerados aplicações relevantes para efeitos de RFAI (cf. n.º 2 do art.º 22.º do CFI) se forem ou tiverem sido adquiridos em estado de novo e se observarem os requisitos prescritos no n.º 3 do art.º 3.º da mesma Portaria.

5. Salienta-se que o sujeito passivo fica obrigado a cumprir as condições de manutenção dos bens objecto de investimento na empresa e na região, nos termos da alínea c) do n.º 4 do art.º 22.º do CFI.

6. Segundo declara o sujeito passivo, o investimento relevante contribui de forma decisiva para a empregabilidade sustentada ao longo do tempo, indo proporcionar a criação de seis postos de trabalho. Desde que esses postos de trabalho sejam mantidos até ao final do período mínimo de manutenção dos bens objecto de investimento nos termos da alínea c) do n.º 4 do art.º 22.º do CFI e do n.º 3 do art.º 2.º da Portaria n.º 297/2015, mostra-se observada a condição imposta pela alínea f) do referido n.º 4 do art.º 22.º.

7. Relativamente à DLRR e aos seus requisitos específicos, temos:

- O sujeito passivo é uma PME (pequena empresa);

- Foi retida em reserva especial uma parte dos lucros apurados em 2015, com vista a realizar investimento em 2016 e 2017 e aproveitar do regime da DLRR.
- Embora essa reserva especial não figure ainda no balanço respeitante a 31 de Dezembro de 2015, consta da respectiva IES/DA que, ao serem aprovadas as contas de 2015, foi deliberada a aplicação em reserva especial de uma parcela dos lucros apurados nesse ano.

8. Assim, se uma parte dos lucros retidos no período de tributação de 2015 foi, de facto, aplicada na reserva especial exigida pelo art.º 32.º do CFI e se forem observados os demais requisitos previstos nos artigos 27.º a 33.º do mesmo diploma, o sujeito passivo pode beneficiar da DLRR.

B) Cumulação do RFAI com a DLRR

9. Em termos gerais, um determinado benefício fiscal não é cumulável com quaisquer outros benefícios fiscais da mesma natureza, relativamente às mesmas aplicações relevantes, previstos no CFI ou noutros diplomas legais.

10. Esta regra geral vem, aliás, expressa no n.º 1 do art.º 24.º (para o RFAI) e no n.º 1 do art.º 31.º (para a DLRR), ambos do CFI.

11. Porém os n.ºs 2 destes artigos vêm prever uma exceção.

12. No que se refere ao RFAI, o n.º 2 do citado art.º 24.º vem permitir que este benefício fiscal seja cumulável com a DLRR, desde, e na medida em que, não sejam ultrapassados os limites máximos aplicáveis previstos nos n.ºs 5 e 6 do art.º 23.º.

13. Ora, o n.º 5 do art.º 23.º especifica que os benefícios fiscais devem respeitar os limites máximos aplicáveis aos auxílios com finalidade regional em vigor na região na qual o investimento é efectuado nos termos do art.º 43.º. E o n.º 6 do mesmo preceito determina que o cálculo desse limite deve ter em consideração o montante total dos auxílios de Estado com finalidade regional concedidos ao investimento em questão, proveniente de todas as fontes.

14. No que respeita à DLRR e à cumulação com o RFAI, o n.º 2 do art.º 31.º permite que estes benefícios fiscais sejam cumuláveis, nos termos e condições previstos no art.º 24.º.

15. Apesar de a DLRR não ter, propriamente, as características de um auxílio com finalidade regional, como acontece com o regime de benefícios fiscais contratuais ao investimento produtivo e o RFAI (ver n.ºs 2 e 3 do art.º 1.º do CFI), certo é que a sua cumulação com estes benefícios sujeita-a à limitação prevista no art.º 43.º do CFI.

16. Não há dúvida, portanto, que o sujeito passivo pode beneficiar, em simultâneo, do RFAI e da DLRR relativamente à mesmas aplicações relevantes, desde que o montante total dos auxílios de Estado com finalidade regional concedidos ao investimento em questão, proveniente de todas as fontes, não ultrapasse os limites máximos aplicáveis aos auxílios estatais com finalidade regional constantes do art.º 43.º do CFI.

17. Relativamente ao alcance, neste caso concreto, da expressão "montante total dos auxílios de Estado com finalidade regional concedidos ao investimento em questão, proveniente de todas as fontes" usada pelo legislador no n.º 6 do art.º 23.º do CFI:

18. O sujeito passivo beneficiou de um incentivo financeiro atribuído no âmbito da "Inovação Produtiva", o qual se enquadra num dos vários programas operacionais que integram o Portugal 2020 e que são financiados pelos fundos europeus estruturais e de investimento (FEEI).

Refira-se que o modelo de governação dos FEEI encontra-se estabelecido no Decreto--Lei n.º 137/2014, de 12 de Setembro. E o Decreto-Lei n.º 159/2014, de 27 de Outubro, consagra as regras gerais de aplicação dos vários programas financiados pelos FEEI, para o período de 2014-2020.

Por sua vez, a Portaria n.º 57-A/2015, de 27 de Fevereiro, adopta, em anexo, o Regulamento Específico do Domínio da Competitividade e Internacionalização (RECI).

19. O incentivo financeiro atribuído ao sujeito passivo tem finalidade regional.

20. Com efeito, o Aviso n.º 20/SI/2015 (alteração) para apresentação de candidaturas refere expressamente, no seu ponto 4., que a área geográfica em que o mesmo é aplicável se restringe às regiões NUTS II do Continente (Norte, Centro, Lisboa, Alentejo e Algarve).

21. E conforme refere o ponto 11. do referido Aviso n.º 20/SI/2015 (alteração), o qual tem por base o art.º 30.º do RECI, o apoio financeiro Portugal 2020 reveste a forma de incentivo reembolsável, sendo que pode ser concedida uma isenção de reembolso de uma parcela do incentivo reembolsável até ao limite máximo de 50%, em função do grau de superação das metas que o candidato estabeleça em sede de formulário de candidatura relativamente a determinados indicadores.

22. Logo, do valor total do apoio financeiro atribuído ao sujeito passivo no âmbito do Portugal 2020, apenas o montante máximo que (eventualmente) não irá ser reembolsável deve ser considerado no cálculo do referido limite máximo, a par dos benefícios fiscais que o sujeito passivo pretende usufruir, no caso concreto, o RFAI e a DLRR.

23. Por outro lado, face ao disposto na alínea a) do n.º 2 do art.º 30.º do RECI, não são cobrados ou devidos juros ou quaisquer outros encargos pela utilização do incentivo reembolsável.

24. Portanto, há ainda que considerar no cálculo do limite máximo o montante dos juros que seriam devidos pela utilização do incentivo reembolsável mas que não são pagos.

C) Extensão do conceito de investimento inicial

25. A extensão do conceito de investimento inicial prevista na alínea a) do n.º 1 do art.º 4.º da Portaria n.º 297/2015, de 21 de Setembro é determinante para efeitos do apuramento dos limites máximos aplicáveis aos auxílios estatais com finalidade regional.

26. Assim, deve ser considerado parte de um projecto de investimento único «Qualquer investimento inicial iniciado pelo mesmo beneficiário, incluindo qualquer empresa do mesmo grupo, num período de três anos a contar da data de início dos trabalhos de um outro investimento relativamente ao qual tenham sido concedidos benefícios fiscais, ou qualquer outro auxílio de Estado com finalidade regional na mesma região de nível 3 da Nomenclatura das Unidades Territoriais para Fins Estatísticos (NUTS)» (o sublinhado é nosso).

27. Ora, sabendo que, nos termos da alínea d) do n.º 2 do art.º 2.º da Portaria n.º 297/2015, de 21 de Setembro, se consideram investimentos iniciais os investimentos relacionados com (1) a criação de um novo estabelecimento, (2) o aumento da capacidade de um estabelecimento já existente, (3) a diversificação da produção de um estabelecimento no que se refere a produtos não fabricados anteriormente nesse estabelecimento, ou (4) uma alteração fundamental do processo de produção global de um estabelecimento existente, e tendo o legislador utilizado a expressão «Qualquer investimento inicial», conclui-se que, independentemente da tipologia do objectivo que os investimentos visam prosseguir, devem ser considerados parte de um projecto único os investimentos iniciais que estiverem nas condições da alínea a) do n.º 1 do art.º 4.º da referida Portaria.

28. Por conseguinte, o investimento inicial na tipologia aumento da capacidade de um estabelecimento existente iniciado em 2015 e findo em 2017, realizado numa região NUTS III (região de Aveiro), e o investimento inicial que o sujeito passivo pretende iniciar em 2018 no âmbito da diversificação da actividade de um estabelecimento existente fazem parte de um projecto único, desde que este venha a ser efectuado na mesma região NUTS III.

D) Cálculo dos limites máximos a que se refere o art.º 43.º do CFI

29. De acordo com o disposto no art.º 43.º do CFI, o limite máximo para um investimento inicial efectuado na região Centro é de 25% sobre as aplicações relevantes, sendo que para as micro e pequenas empresas tal como definidas na Recomendação n.º 2003/361/CE, da Comissão, de 6 de Maio de 2003 (excepto quanto a projectos de investimento cujas aplicações relevantes excedam €50.000.000,00), esse limite é majorado em vinte pontos percentuais, ficando, portanto, em 45%.

30. Nos termos do n.º 5 do art.º 23.º do CFI, os benefícios fiscais que integram o RFAI, ou seja, a dedução à colecta do IRC, o IMI, o IMT e o Imposto do Selo, «devem respeitar os limites máximos aplicáveis aos auxílios estatais com finalidade regional em vigor na região na qual o investimento é efectuado, nos termos do artigo 43.º».

31. Como atrás se referiu, a DLRR é cumulável com o RFAI desde, e na medida em que, não sejam ultrapassados os limites máximos aplicáveis previstos nos n.ºs 5 e 6 do art.º 23.º do CFI (cf. n.º 2 do art.º 24.º).

32. E porque o investimento em causa beneficia também de um incentivo financeiro destinado à inovação produtiva (que integra o Portugal 2020), o cálculo do limite máximo deve ter em consideração o montante total dos auxílios de Estado com finalidade regional concedidos ao investimento em questão, isto é:

i) A parcela máxima eventualmente não reembolsável do incentivo financeiro;
ii) O montante relativo aos juros que, caso fossem devidos, incidiriam sobre a parte reembolsável;
iii) Os benefícios fiscais que integram o RFAI (IMT, Imposto do Selo, IRC e IMI);
iv) A DLRR.

33. Portanto, sendo o sujeito passivo uma pequena empresa, o montante total dos benefícios (fiscais e não fiscais) associados ao investimento em causa (em valores actualizados) nunca pode ser superior a 45% do montante das aplicações relevantes (em valor actualizado).

34. A intensidade máxima de auxílio deve ser calculada com base num equivalente subvenção bruto, em relação aos custos totais elegíveis do investimento.

35. De acordo com a definição constante da alínea f) do ponto 20. das Orientações relativas aos auxílios estatais com finalidade regional para 2014-2020 (Jornal Oficial da União Europeia 2013/C 209/01), equivalente-subvenção bruto (ESB) é «o valor actualizado do auxílio expresso em percentagem do valor actualizado dos custos elegíveis, calculado em relação à data da concessão do auxílio com base na taxa de referência em vigor nessa data».

36. Por conseguinte:

i) O valor das aplicações relevantes tem de ser actualizado reportado ao momento da concessão do incentivo financeiro;
ii) Por outro lado, tem também de ser actualizado, para a data da concessão, o valor do incentivo financeiro atribuído (parcela não reembolsável e juros que seriam devidos sobre a parte reembolsável).

37. Estes valores actualizados, bem como a data da concessão do incentivo financeiro, podem ser facultados, a pedido do sujeito passivo, pela entidade que atribuiu o incentivo financeiro.

38. Na posse destes valores actualizados, deve o sujeito passivo determinar a taxa de auxílio, dividindo a soma do valor actual do incentivo financeiro (eventualmente não reembolsável) e dos juros que incidiriam sobre a parcela reembolsável (caso fossem devidos) pelo valor actualizado das aplicações relevantes. Para melhor compreensão, estamos a admitir, neste ponto, que as aplicações relevantes para efeitos do incentivo financeiro coincidem com as aplicações relevantes para efeitos dos benefícios fiscais.

39. Se a percentagem resultante deste quociente for inferior a 45% (limite máximo permitido para o sujeito passivo em causa), o valor correspondente à diferença das percentagens (que já é dado em valores actuais) pode ser aproveitado, no caso concreto, em sede de RFAI e DLRR. Não esqueçamos que o RFAI, para além de prever a dedução à colecta do IRC nos termos da alínea a) do n.º 1 do art.º 23.º do CFI, contempla, ainda, a isenção ou redução de IMI durante 10 anos, a isenção ou redução de IMT e a isenção de Imposto do Selo.

40. Os cálculos referentes ao limite máximo de auxílio são efectuados no período de tributação em que ocorre a data da concessão do incentivo financeiro.

41. Em cada um dos períodos de tributação (no próprio e ou nos seguintes) em que os benefícios fiscais são utilizados, há que verificar se foi excedida a taxa máxima de auxílio. Se for esse o caso, há que proceder a correções no quadro 10 da declaração modelo 22. Vejamos, então, como se procede.

42. Assim, relativamente aos benefícios que integram o RFAI e que são utilizados em "tranches" (a dedução à colecta de IRC e o IMI), é necessário que em cada período de tributação em que os benefícios são utilizados/usufruídos, se proceda ao cálculo do seu valor actual, reportado ao termo do período de tributação em que sejam realizadas as aplicações relevantes.

Para este cálculo devem ter-se em consideração as taxas de actualização aplicáveis aos vários momentos em que os benefícios são utilizados (cf. alínea c) do n.º 1 do art.º 4.º da Portaria n.º 297/2015, de 21 de Setembro).

43. As várias taxas (de referência e de actualização) vão sendo publicadas num mapa, na página da Comissão Europeia, no seguinte endereço:

http://ec.europa.eu/competition/state_aid/legislation/reference_rates.html

44. Este mapa apresenta as taxas de referência e actualização mensais de cada Estado membro da União Europeia, em vigor num determinado período, as quais foram calculadas de acordo com a Comunicação da Comissão sobre a revisão do método de fixação das taxas de referência e de actualização, publicada no Jornal Oficial da União Europeia 2008/C 14/02.

45. Para o cálculo da taxa de actualização, deve ser adicionada uma margem de cem pontos de base.

46. O valor actualizado dos benefícios fiscais é calculado usando a seguinte fórmula:

$$\sum_{t=1}^{n} \frac{Fct}{(1+i)^{n}}$$

ou seja:

Valor actual = ∑_(t =1)^n Fct/⟦(1+i)⟧^t

em que:

t é o número de períodos de tributação em que os benefícios fiscais são utilizados;

i é a taxa de actualização em vigor no termo do período de tributação em que o benefício fiscal é utilizado;

Fct é o valor (nominal) dos benefícios fiscais respeitante a cada um dos períodos de tributação em que são utilizados.

47. Apesar de o limite máximo ser calculado a partir de valores actuais, os valores a inscrever no quadro 07 – Deduções à colecta do Anexo D à declaração modelo 22 são apresentados em valores nominais, os quais são calculados nos termos do art.º 23.º do CFI.

48. Porém, em cada período de tributação em que os benefícios fiscais são utilizados (deduzidos à colecta), há que confirmar se, por força do montante deduzido à colecta (actualizado), já se encontra excedido o limite máximo inicialmente calculado.

49. Para isso, tem de se actualizar os valores de todos os benefícios fiscais utilizados nesse período de tributação, adicioná-los aos valores actuais dos benefícios fiscais já

utilizados no(s) período(s) anterior(es) (relacionados com o mesmo investimento inicial) e verificar se o respectivo somatório já é superior ao limite máximo que foi apurado no ano da concessão do incentivo financeiro e em que tiveram início as aplicações relevantes.

50. Se for esse o caso, o valor excedente tem de ser acrescido no campo 372 – Reposição de benefícios fiscais do quadro 10 – Cálculo do imposto da declaração modelo 22, em obediência ao n.º 4 do art.º 4.º da Portaria n.º 297/2015, de 21 de Setembro.

E) Determinação da intensidade dos auxílios concedidos ao mesmo investimento

51. Para efeitos de cumprimento do disposto na alínea h) do n.º 1 do art.º 7.º da Portaria n.º 297/2015, a intensidade dos auxílios concedidos ao mesmo investimento, em percentagem, obtém-se, em cada período de tributação, dividindo o somatório do valor actualizado do incentivo financeiro não reembolsável, do valor actualizado dos juros que seriam calculados sobre a parte reembolsável se fossem devidos e do valor actualizado dos benefícios fiscais já utilizados até esse período de tributação, pelo valor total actualizado das aplicações relevantes associadas ao projecto em causa.

A forma de actualização de todos estes valores já foi referida em pontos anteriores.

Este cálculo tem por objectivo confirmar se foram ou não excedidos os limites máximos aplicáveis aos auxílios de investimento com finalidade regional (cf. art.º 43.º do CFI) e, em caso afirmativo, proceder conforme se referiu no ponto 50. da presente informação vinculativa/ficha doutrinária.

ARTIGO 28.º
Âmbito de aplicação subjectivo

Podem beneficiar da DLRR os sujeitos passivos de IRC residentes em território português, bem como os sujeitos passivos não residentes com estabelecimento estável neste território, que exerçam, a título principal, uma actividade de natureza comercial, industrial ou agrícola, que preencham, cumulativamente, as seguintes condições:

a) Sejam micro, pequenas e médias empresas, tal como definidas na Recomendação n.º 2003/361/CE, da Comissão, de 6 de Maio de 2003;

b) Disponham de contabilidade regularmente organizada, de acordo com a normalização contabilística e outras disposições legais em vigor para o respectivo sector de actividade;

c) O seu lucro tributável não seja determinado por métodos indirectos;

d) Tenham a situação fiscal e contributiva regularizada.

Para poderem beneficiar da DLRR, os sujeitos passivos de IRC[419] residentes em território português[420], bem como os sujeitos passivos não residentes[421] com estabelecimento estável neste território[422], que exerçam, a título principal, uma actividade de natureza comercial, industrial ou agrícola[423], têm que preencher, de modo cumulativo, diversas *condições* impostas pelo legislador.

Assim, os sujeitos passivos deverão ser *micro, pequenas* ou *médias empresas*[424]. Sendo que, nos termos do Decreto-Lei n.º 372/2007, de 6 de Novembro, que cria a certificação electrónica do estatuto de micro, pequena e média empresas (PME), os dados considerados para o cálculo dos efectivos e dos montantes financeiros são os do último exercício contabilístico encerrado, calculados numa base anual. Os dados são tidos em conta a partir da data de encerramento das contas e o montante do volume de negócios considerado é calculado com exclusão do imposto sobre o valor acrescentado (IVA) e de outros impostos

419 Artigo 2.º do CIRC.

420 No caso dos *residentes* existe uma conexão com o território português de natureza subjectiva ou pessoal, uma vez que tem por base o titular dos rendimentos, donde o acolhimento do princípio da tributação de base universal ou ilimitada (*worldwide income taxation*). São tributados os rendimentos auferidos em território português (princípio da territorialidade) mas também, numa extensão extraterritorial da lei interna, os rendimentos que sejam auferidos fora do mesmo (princípio da universalidade), se bem que existam algumas limitações. Na formulação do Preâmbulo do CIRC, as entidades residentes estão sujeitas a imposto por obrigação pessoal, o que implica a inclusão na base tributável da totalidade dos seus rendimentos, independentemente do local onde foram obtidos.

421 Quanto aos *não residentes*, a conexão com o território português é de natureza objectiva ou real, já que tem por base a *fonte*, e não o titular, dos rendimentos. Assim, a tributação surge limitada aos rendimentos gerados no território português, sem prejuízo do acordado nas Convenções sobre dupla tributação, cujas normas prevalecem sobre as normas de direito interno, por força do disposto artigo 8.º n.º 2 da Constituição). Na formulação do Preâmbulo do CIRC, as entidades não residentes encontram-se sujeitas por obrigação real, o que limita a inclusão na base tributável dos rendimentos obtidos em território português.

422 Quando exista *estabelecimento estável* (artigo 5.º do CIRC), o imposto incide sobre o lucro imputável ao estabelecimento estável [artigo 3.º n.º 1 alínea c) deste Código], excepto quanto aos rendimentos que não sejam imputáveis a tal estabelecimento, situação em que o imposto incide sobre os rendimentos das diversas categorias consideradas para efeitos de IRS e os incrementos patrimoniais obtidos a título gratuito [n.º 1, alínea d)].

423 Segundo se alcança no Preâmbulo do CIRC, considera-se que exercem sempre, a título principal, uma actividade de natureza comercial, industrial ou agrícola, as sociedades comerciais ou civis sob a forma comercial, as cooperativas e as empresas públicas, incindindo o IRC sobre o respectivo lucro.

424 Tal como definidas na Recomendação n.º 2003/361/CE, da Comissão, de 6 de Maio de 2003. Haverá que atender ao disposto no Decreto-Lei n.º 372/2007, de 6 de Novembro, que cria a certificação electrónica do estatuto de micro, pequena e média empresas (PME).

indirectos (artigo 4.º n.º 1 do Anexo). E, se uma empresa verificar, na data de encerramento das contas, que superou ou ficou aquém, numa base anual, do limiar de efectivos ou dos limiares financeiros[425] indicados no artigo 2.º do Anexo do referido Decreto-Lei, esta circunstância não a faz adquirir ou perder a qualidade de média, pequena ou microempresa, salvo se tal se repetir durante 2 exercícios consecutivos (artigo 4.º n.º 2 do Anexo).

Os sujeitos passivos também terão que dispor de contabilidade regularmente organizada (de acordo com a normalização contabilística e outras disposições legais em vigor para o respectivo sector de actividade)[426] e a situação fiscal e contributiva regularizada[427], e o seu lucro tributável não pode ser determinado por métodos indirectos: tal compreende-se, uma vez que a matéria tributável é, primacialmente, avaliada ou calculada directamente segundo os critérios próprios do IRC, visando a determinação do valor real dos rendimentos sujeitos a tributação[428].

[425] A categoria das micro, pequenas e médias empresas (PME) é constituída por empresas que empregam menos de 250 pessoas e cujo volume de negócios anual não excede 50 milhões de euros ou cujo balanço total anual não excede 43 milhões de euros. Na categoria das PME, uma pequena empresa é definida como uma empresa que emprega menos de 50 pessoas e cujo volume de negócios anual ou balanço total anual não excede 10 milhões de euros. Na categoria das PME, uma micro empresa é definida como uma empresa que emprega menos de 10 pessoas e cujo volume de negócios anual ou balanço total anual não excede 2 milhões de euros.

[426] Para efeitos contabilísticos deverá ser aferida a categoria da entidade nos termos do disposto no Decreto-Lei n.º 158/2009, que aprova o Sistema de Normalização Contabilística (SNC), por forma a determinar qual o normativo contabilístico que a entidade poderá vir a adoptar, sem prejuízo da possibilidade de opção pela aplicação do SNC, no caso de pequenas empresas, ou do SNC ou do SNC-PE, no caso de micro entidades.

[427] A validade de uma certidão comprovativa de situação tributária regularizada, passada pela administração tributária, é de 3 meses, não prorrogável, e não constituindo documento de quitação (artigo 24.º n.ºs 4 a 6 do CPPT).

Nos termos do artigo 177.º-A do CPPT, aditado pela Lei n.º 82-B/2014, de 31 de Dezembro, considera-se que o contribuinte tem a situação tributária regularizada quando se verifique um dos seguintes requisitos: a) Não seja devedor de quaisquer impostos ou outras prestações tributárias e respectivos juros; b) Esteja autorizado ao pagamento da dívida em prestações, desde que exista garantia constituída, nos termos legais; c) Tenha pendente meio de contencioso adequado à discussão da legalidade ou exigibilidade da dívida exequenda e o processo de execução fiscal tenha garantia constituída, nos termos legais; d) Tenha a execução fiscal suspensa, nos termos do n.º 2 do artigo 169.º, havendo garantia constituída, nos termos legais.

[428] Pese embora o princípio da tributação do rendimento real ínsito no artigo 104.º n.º 2 da Constituição, o legislador prevê uma solução para quando a capacidade contributiva do sujeito passivo não é revelada à administração tributária (conforme estabelecido nos artigos 57.º a 62.º do CIRC). A avaliação indirecta da matéria tributável, visando a determinação do valor dos rendimentos ou bens tributáveis a partir de indícios, presunções ou outros elementos de que a administração

A Portaria n.º 297/2015, de 21 de Setembro, que procede à regulamentação da DLRR, vem estabelecer[429], no seu artigo 9.º, que o regime da DLRR não é aplicável ao reinvestimento de lucros retidos nos sectores da pesca, da aquicultura e da produção agrícola primária[430].

A mesma Portaria determina ainda que não podem beneficiar da DLRR os sujeitos passivos que estejam sujeitos a uma injunção de recuperação na sequência de uma decisão da Comissão Europeia, ainda pendente, que declare um auxílio ilegal e incompatível com mercado interno, ou que sejam consideradas empresas em dificuldade[431].

JURISPRUDÊNCIA:

Decisão Arbitral do CAAD, de 30 de Junho de 2021 (Proc. n.º 434/2020-T)
Micro, pequena e média empresa.

Discute-se ainda se há lugar ao benefício fiscal a que se referem os artigos 27.º a 34.º do CFI (dedução de lucros retidos e reinvestidos em 2016), em resultado de uma parte significativa do resultado líquido da Requerente ter sido afecto a "dedução de lucros retidos e reinvestidos".

Uma das condições de acesso a esse benefício fiscal, por efeito da remissão feita pelo artigo 28.º, n.º 1, alínea a), do CFI, é que a sociedade requerente fosse uma "micro, pequena e média empresa, tal como definidas pela recomendação n.º 2003/361/CE, da Comissão, de 6 de Maio de 2003".

Essa recomendação foi incorporada no ordenamento nacional através do Decreto-Lei n.º 372/2007 e a Requerente, em 2016, era uma média empresa, nos termos dessa legislação, na medida em que não dispunha, em 2014 e 2015, de mais de 250 trabalhadores, sendo irrelevante que tenha ocorrido uma fusão por incorporação de empresas.

Os dados considerados para o cálculo dos efectivos são os do último exercício contabilístico encerrado e o número de trabalhadores não corresponde ao simples somatório dos trabalhadores e gerentes da empresa, mas aos trabalhadores por horas de trabalho (UTA, não sendo quantificados os aprendizes e estudantes em formação profissional e apenas o sendo, na proporção, os trabalhadores em tempo parcial, os que trabalhem menos de que um ano e as baixas por doença e licenças de maternidade e parentalidade.

tributária disponha, surge configurada como verdadeiramente excepcional e subsidiária relativamente à avaliação directa, pois esta visa antes a determinação do valor real dos rendimentos ou bens (artigos 83.º e 85.º da LGT).

[429] Nos termos previstos do artigo 1.º n.º 3 alíneas a) e b) do RGIC.

[430] Tal como definida no artigo 2.º parágrafo 9 do RGIC.

[431] Nos termos do artigo 2.º parágrafo 18 do RGIC.

Ora, em 2014, anteriormente à fusão, as empresas tinham 241,17 UTA (unidades de trabalho), correspondendo 193 à A... e 48,17 aos Talhos B..., e em 2015, após fusão, a Requerente passou a contar com 239 trabalhadores, encontrando-se verificados os requisitos da dedução de lucros retidos e reinvestidos, sendo irrelevante para o efeito o incumprimento da obrigação acessória da comunicação da efectivação de fusão.

(...)

No que se refere aos benefícios fiscais relativos à "remuneração convencional do capital social" (artigo 41.º-A EBF) e à "dedução por lucros retidos e reinvestidos" (artigo 27.º do CFI), a sua desconsideração pelos serviços inspectivos resultou de, por efeito da operação de fusão realizada em 2015, mediante a qual a Requerente incorporou a sociedade B..., Lda., ter sido ultrapassado o número de 250 pessoas empregadas, em unidades de trabalho-ano (UTA), que constitui o limiar que se encontra estabelecido no artigo 2.º, n.º 1, do Anexo ao Decreto-Lei n.º 372/2007 para a qualificação de uma empresa como PME.

Havendo de ser tido em consideração o artigo 4.º, n.º 2, da Recomendação 2003/361/CE, segundo o qual o estatuto de PME só é perdido caso os limiares constantes do artigo 2.º da Recomendação sejam ultrapassados durante dois exercícios consecutivos, regra que não é aplicável caso se verifique a fusão ou aquisição de uma PME por um grupo de maior dimensão, perdendo então a PME o seu estatuto imediatamente a partir da data da operação.

(...)

O que é possível concluir da matéria de facto dada como assente é que a Requerente, em 2015, já após a fusão, apresentava um UTA de 233,08, considerando o número de horas trabalhadas que consta do documento n.º 9 junto ao pedido, e mesmo admitindo, com base no Anexo I ao Relatório de Inspecção Tributária, que a Requerente ultrapassou o limiar de efectivos em face dos dados definitivos de 2016 (278 UTA), é patente, face às referidas disposições, que manteve a condição de PME nesse ano e no ano seguinte, ainda que nesses dois períodos de tributação o número de unidades trabalho-ano tivesse sido superior ao legalmente previsto. E mesmo nessa circunstância, a perda de qualidade de PME só se repercutiria no ano de 2018.

Ao considerar inaplicável a regra do artigo 4.º, n.º 2, do Anexo ao Decreto-Lei n.º 372/2007 por ter ocorrido entretanto uma operação de fusão, o acto tributário enferma de erro nos pressupostos de direito.

12. Os serviços inspectivos aludem ainda à obrigação que impendia sobre o contribuinte de comunicar ao IAPMEI, no prazo de 30 dias úteis, a alteração da sua situação em resultado da fusão com uma outra empresa.

Aparentemente, a Administração não retira da omissão declarativa qualquer consequência quanto ao direito ao benefício fiscal, visto que o elemento determinante para a desconsideração do benefício foi a apontada inaplicabilidade do regime do artigo 4.º, n.ºs 1 e 2, do Anexo ao Decreto-Lei n.º 372/2007 quando a ultrapassagem do limiar de efectivos se verifique após uma operação de fusão.

Em todo o caso, nada permite concluir que essa omissão declarativa fosse, por si, decisiva para fazer precludir a qualidade de PME.

Em primeiro lugar, o procedimento de certificação regulado no Decreto-Lei n.º 372/2007 constitui uma medida de simplificação administrativa destinada a facilitar e acelerar o tratamento dos processos nos quais se requer o estatuto de micro, pequena ou média empresa, não estando especificamente prevista qualquer consequência, no plano do direito substantivo, para os interessados que não tenham formulado o pedido de certificação, mormente no que concerne ao exercício dos direitos associados ao estatuto de PME. Certo é que relativamente às empresas certificadas, o incumprimento do dever de comunicação de alterações da situação da empresa, a que se refere o artigo 13.º do Decreto-Lei n.º 372/2007, determina a revogação da certificação, conforme prevê o artigo 9.º, n.º 2, alínea e).

No entanto, não resulta do texto legal que a circunstância de se não ter formulado o pedido de certificação ou a recusa, revogação ou caducidade da certificação produza quaisquer efeitos jurídicos quanto à qualificação de uma empresa como PME, quando esta preencha os respectivos requisitos materiais, mormente no tocante aos limiares de efectivos e de volume de negócios que se encontram legalmente definidos.

(...)

Seria irrelevante, por conseguinte, para efeitos da qualificação como PME, que a Requerente não tivesse cumprido o dever de comunicação da alteração da situação da empresa por efeito da fusão, e, como se deixou exposto, a operação da fusão não interfere no regime legal decorrente dos artigos 2.º, n.º 1, e 4.º, n.ºs 1 e 2, do Anexo ao Decreto-Lei n.º 372/2007, daí resultando que uma empresa que tenha ultrapassado 250 efectivos na acepção de unidades trabalho-ano apenas perde a qualidade de PME se tiver superado esse limiar em dois exercícios consecutivos.

DOUTRINA ADMINISTRATIVA:

Informação Vinculativa com Despacho de 21 de Setembro de 2020, da Directora de Serviços do IRC (Proc. n.º 2724/2020)

Não elegibilidade das actividades dos sectores da pesca e da aquicultura – CAE 10201 e CAE 46381.

1. No caso em apreço a entidade pretendia saber se a actividade exercida pela empresa se enquadra no âmbito das actividades que podem beneficiar dos benefícios fiscais relativos ao RFAI e à DLRR.

2. Informou, para o efeito, que se dedica à transformação e comercialização de produtos da pesca e que a actividade principal da empresa consiste no corte e embalamento de peixe congelado adquirido directamente aos "armadores da pesca" (CAE 10201) e como actividade secundária dedica-se à comercialização, entre outros, de peixe e mariscos congelados (CAE 46381).

3. Sem prejuízo de determinados normativos legais serem de aplicar, simultaneamente, ao RFAI e à DLRR, procedeu-se ao enquadramento das actividades desenvolvidas relativamente a cada um dos benefícios fiscais de forma individualizada.

(...)

Dedução por Lucros Retidos e Reinvestidos (DLRR)

22. No que respeita ao benefício fiscal designado por "Dedução por Lucros Retidos e Reinvestidos" (DLRR), o mesmo encontra-se previsto no Capitulo IV do actual CFI, aprovado pelo art.º 2.º do Decreto-Lei n.º 162/2014, de 31 de Outubro.

23. A DLRR constitui um regime de incentivos fiscais ao investimento em favor de micro, pequenas e médias empresas nos termos do Regulamento Geral de Isenção por Categoria (RGIC), conforme prevê o n.º 3 do art.º 1.º do CFI e bem assim o art.º 27.º do mesmo diploma.

24. De acordo com o que dispõe o art.º 28.º do CFI, podem beneficiar da DLRR os sujeitos passivos de IRC residentes em território português, bem como os sujeitos passivos não residentes com estabelecimento estável neste território, que exerçam, a título principal, uma actividade de natureza comercial industrial ou agrícola e preencham, cumulativamente, as seguintes condições:

a) Sejam micro, pequenas e médias empresas, tal como definidas na Recomendação n.º 2003/361/CE, da Comissão, de 6 de Maio de 2003;
b) Disponham de contabilidade regularmente organizada, de acordo com a normalização contabilística e outras disposições legais em vigor para o respectivo sector de actividade;
c) O seu lucro tributável não seja determinado por métodos indirectos;
d) Tenham a situação fiscal e contributiva regularizada.

25. A Portaria n.º 297/2015, de 21 de Setembro, procede à regulamentação de determinados aspectos do RFAI e da DLRR, com vista a assegurar a plena aplicação, das regras decorrentes da legislação europeia em matéria de auxílios estatais, nomeadamente o RGIC.

26. E, de acordo com o art.º 9.º da Portaria n.º 297/2015, de 21 de Setembro, nos termos previstos nas alíneas a) e b) do n.º 3 do artigo 1.º do RGIC, a DLRR não é aplicável ao reinvestimento de lucros retidos, entre outros, nos sectores da pesca, da aquicultura.

27. E, também, para efeitos da DLRR, deve considerar-se o disposto na alínea a) do n.º 3 do artigo 1.º do RGIC, que exclui, do seu âmbito de aplicação os auxílios concedidos no sector da pesca e da aquicultura (entre outros), nos termos do Regulamento (EU) n.º 1379/2013 do Parlamento Europeu e Conselho, de 11 de Dezembro de 2013.

28. As actividades exercidas pela entidade enquadráveis nos códigos CAE 10201 e 46381, como acima referido, integram o conceito de "Sector da pesca ou da aquicultura", tal como se encontra definido no Regulamento (EU) n.º 1379/2013 do Parlamento Europeu e Conselho, de 11 de Dezembro de 2013.

29. Assim, conclui-se que, quando estejam em causa lucros retidos nos sectores da pesca e da aquicultura, onde se integram as actividades de Preparação de produtos da pesca e da aquicultura (CAE 10201) e de Comércio por grosso de peixe, crustáceos e moluscos (CAE 46381), não é aplicável o regime de dedução de lucros retidos e reinvestidos (DLRR).

Informação Vinculativa com Despacho de 5 de Fevereiro de 2018, da Directora de Serviços do IRC (Proc. n.º 3943/2017)
Situação regularizada para efeitos do benefício da Dedução por Lucros Retidos e Reinvestidos.

A questão em apreço é a de saber se se considera que um contribuinte tem a sua situação tributária regularizada, para efeitos de usufruição do benefício relativo à Dedução por Lucros Retidos e Reinvestidos (DLRR), quando esteja autorizado ao pagamento em prestações da dívida à segurança social, com dispensa de apresentação de garantia.

1. Nos termos do disposto na alínea d) do n.º 1 do art.º 28.º do Código Fiscal do Investimento (CFI), um dos requisitos consagrados na lei para que os sujeitos passivos de IRC residentes em território português, que exerçam, a título principal, uma actividade de natureza comercial, industrial ou agrícola, bem como os sujeitos passivos não residentes com estabelecimento estável neste território, possam beneficiar da DLRR é que tenham a sua situação fiscal e contributiva regularizada.

2. O n.º 1 do art.º 177.ºA CPPT estabelece que se considera que o contribuinte tem a situação tributária regularizada quando não seja devedor de quaisquer impostos ou outras prestações tributárias e respectivos juros, bem como, caso o seja, esteja autorizado ao pagamento da dívida em prestações, desde que exista garantia constituída, nos termos legais.

3. Nos termos do n.º 2 daquela disposição legal "à constituição de garantia é equiparada, para estes efeitos, a sua dispensa e a sua caducidade."

4. Em paralelo, o Código dos Regimes Contributivos do Sistema Previdencial de Segurança Social estabelece igualmente o conceito de situação contributiva regularizada.

Assim, nos termos do disposto no art.º 208.º deste diploma legal "considera-se situação contributiva regularizada, para além da inexistência de dívidas de contribuições, quotizações, juros de mora e de outros valores do contribuinte, as seguintes situações:

a) As situações de dívida, cujo pagamento em prestações tenha sido autorizado e enquanto estiverem a ser cumpridas as condições desta autorização, designadamente o pagamento da primeira prestação e a constituição de garantias, quando aplicável, ainda que o pagamento prestacional tenha sido autorizado a terceiro ou a responsável subsidiário;
b) As situações em que o contribuinte tenha reclamado, recorrido, deduzido oposição ou impugnado judicialmente a dívida, desde que tenha sido prestada garantia idónea, ou dispensada a sua prestação, nos termos legalmente previstos."

5. Em face do exposto, conclui-se que desde que se encontrem verificados os requisitos legais para que o contribuinte possa beneficiar da DLRR, o facto de se encontrar a regularizar dívidas à Segurança Social, mediante planos de pagamento em prestações com dispensa de garantia, não o impede de usufruir daquele benefício, pois que, nos termos da alínea b) do n.º 1 e n.º 2 do art.º 177.º A do CPPT, se considera que tem a sua situação fiscal e contributiva regularizada.

ARTIGO 29.º
Dedução por lucros retidos e reinvestidos

1 – Os sujeitos passivos referidos no artigo anterior podem deduzir à colecta do IRC, nos períodos de tributação que se iniciem em ou após 1 de Janeiro de 2014, até 10% dos lucros retidos que sejam reinvestidos em aplicações relevantes nos termos do artigo 30.º, no prazo de quatro anos contado a partir do final do período de tributação a que correspondam os lucros retidos.

2 – Para efeitos da dedução prevista no número anterior, o montante máximo dos lucros retidos e reinvestidos, em cada período de tributação, é de €12.000.000, por sujeito passivo.

3 – A dedução prevista no número anterior é feita, nos termos da alínea c) do n.º 2 do artigo 90.º do Código do IRC, até à concorrência de 25% da colecta do IRC.

4 – No caso dos sujeitos passivos que sejam micro e pequenas empresas, tal como definidas na Recomendação 2003/361/CE, da Comissão, de 6 de Maio de 2003, a dedução prevista no n.º 2, nos termos da alínea c) do n.º 2 do artigo 90.º do Código do IRC, é feita até à concorrência de 50% da colecta do IRC.

5 – Aplicando-se o regime especial de tributação de grupos de sociedades, a dedução prevista no n.º 1:

a) Efectua-se ao montante apurado nos termos da alínea a) do n.º 1 do artigo 90.º do Código do IRC, com base na matéria colectável do grupo;

b) É feita até 25% do montante mencionado na alínea anterior e não pode ultrapassar, em relação a cada sociedade e por cada período de tributação, o limite de 25% da colecta que seria apurada pela sociedade que realizou as aplicações relevantes caso não se aplicasse o regime especial de tributação de grupos de sociedades.

6 – A dedução prevista no n.º 1 abrange as situações em que durante o período de tributação se encontram reunidos os requisitos previstos na legislação comercial para adiantamento por conta de lucros, não podendo essa dedução ser superior àquela que seria obtida com base no lucro apurado no final desse período de tributação.

O artigo 29.º do CFI trata dos termos em que pode ser operada a dedução dos lucros retidos e reinvestidos, quanto à percentagem, prazo de reinvestimento, montante máximo, limite da colecta, regime especial de tributação de grupos de sociedades (RETGS) e adiantamento por conta de lucros. A dedução à colecta de IRC a efectuar por aplicação do benefício fiscal da DLRR é efectuada no período em que os lucros forem obtidos – cujo destino será a sua retenção na empresa para a realização do (rein)investimento –, através da criação de uma reserva especial prevista no artigo 32.º. Este benefício fiscal encontra-se excluído do âmbito de aplicação do disposto quanto ao resultado da liquidação [artigo 92.º n.º 2 alínea f) do CIRC].

1.

Os sujeitos passivos de IRC residentes em território português, bem como os sujeitos passivos não residentes com estabelecimento estável neste território, que exerçam, a título principal, uma actividade de natureza comercial, industrial ou agrícola, que preencham, cumulativamente, as condições previstas no artigo 28.º, podem *deduzir à colecta do IRC*[432], nos períodos de tributação que se iniciem em ou após 1 de Janeiro de 2014, até 10% dos lucros retidos que sejam reinvestidos em aplicações relevantes.

Por efeito da Lei n.º 71/2018, de 31 de Dezembro, às empresas que exerçam a sua actividade[433] em territórios no interior[434] e quando estejam em causa investimentos elegíveis realizados nesses territórios é aplicável uma majoração de 20% à dedução máxima, isto, é, podem deduzir até 12% dos lucros retidos e reinvestidos em aplicações relevantes (artigo 41.º-B, n.º 4 do EBF)[435]. Este benefício fiscal está sujeito às regras europeias aplicáveis em matéria de auxílios de *minimis*, não podendo o montante do benefício exceder o limiar de *minimis* (n.º 5 do mesmo artigo)[436].

[432] Campo 355 do quadro 10 da declaração modelo 22.

[433] Empresas que exerçam, directamente e a título principal, uma actividade económica de natureza agrícola, comercial, industrial ou de prestação de serviços.

[434] A delimitação das áreas territoriais beneficiárias é estabelecida por portaria dos membros do Governo responsáveis pelas áreas das finanças, das autarquias locais e do planeamento e das infraestruturas, e obedece a critérios como a emigração e envelhecimento, a actividade económica e o emprego, o empreendedorismo e a infraestruturação do território (artigo 41.º-B n.º 6 do EBF). Trata-se da Portaria n.º 208/2017 de 13 de Julho.

[435] O montante a inscrever no campo 727 do quadro 075 do Anexo D da declaração mod. 22 de IRC deve incluir a majoração.

[436] Os auxílios *de minimis* são ajudas de reduzido valor concedidas a uma empresa, não sendo por essa razão susceptíveis de afectar de forma significativa o comércio e a concorrência entre Estados-Membros. Haverá que atender ao Regulamento (UE) n.º 1407/2013 da Comissão, de 18 de Dezembro, relativo à aplicação dos artigos 107.º e 108.º do TFUE aos auxílios *de minimis*, rectificado pela Rectificação do Regulamento (UE) n.º 1407/2013 da Comissão, de 18 de Dezembro de 2013.

Trata-se dos lucros do próprio período de tributação em que opera o benefício da dedução à colecta do imposto e não dos lucros acumulados pelo sujeito passivo em períodos anteriores.

Não sendo possível efectuar o reporte do benefício em caso de insuficiência de colecta, porém, dado que se trata de um benefício usufruído antes do reinvestimento, permite-se ao sujeito passivo apurar a colecta que obteve no período de tributação e dessa forma calcular o benefício até à concorrência possível (n.ºs 3 a 5).

O reinvestimento dos lucros, nos termos do artigo 30.º, pode ser efectuado no prazo de 4 anos contados a partir do final do período de tributação a que correspondam os lucros retidos e a dedução à colecta (benefício fiscal)[437]. Este prazo de 4 anos foi introduzido pela redacção da Lei n.º 2/2020, de 31 de Março, sendo as alterações dos prazos aplicáveis aos prazos em curso no primeiro dia do período de tributação de 2020[438] (artigo 360.º da referida Lei)[439].

Em face do disposto no artigo 10.º da Portaria n.º 297/2015, de 21 de Setembro, que procede à regulamentação da DLRR, a propósito da intensidade máxima do auxílio, caso os investimentos beneficiem de outros auxílios de Estado, o cálculo do limite para a dedução dos lucros retidos e reinvestidos (artigo 29.º n.º 1 do CFI) deve ter em consideração o montante total dos auxílios de Estado concedidos ao investimento em questão, proveniente de todas as fontes.

2.

No que tange à dedução dos lucros retidos e reinvestidos (conforme previsto nos n.ºs 1 e 2), o *montante máximo dos lucros* retidos e reinvestidos, em cada período de tributação, é de €12.000.000, por sujeito passivo, na redacção actual, introduzida pela Lei n.º 2/2020, de 31 de Março[440]. Este benefício fiscal

Uma vez que o montante da majoração está sujeito ao limite de *minimis*, a referida majoração deve ser inscrita no campo 904-F do quadro 09 do Anexo D da declaração mod. 22 de IRC.

[437] No revogado artigo 66.º-L do EBF, permitia-se que os lucros fossem reinvestidos no próprio período a que respeitavam.

[438] Na redacção anterior, introduzida pela Lei n.º 114/2017, de 29 de Dezembro, o prazo era de 3 anos. Na redacção originária do CFI, o prazo era de 2 anos.

[439] Ex.: os sujeitos passivos que constituíram a reserva sobre resultados de 2018 poderão beneficiar do novo prazo de investimento, de 4 anos, uma vez que em 2020 o prazo anteriormente previsto estava a decorrer.

[440] Na redacção anterior, introduzida pelo artigo 301.º da Lei n.º 71/2018, de 31 de Dezembro, o montante máximo era de €*10.000.000 €. Na redacção originária do CFI, esse montante era de €7.500.000.*

é deduzido à colecta de IRC do período em que foram obtidos e retidos os lucros para reinvestimento, não podendo transitar para períodos futuros[441].

3.

No tocante às *empresas médias*[442], a dedução dos lucros retidos e reinvestidos, com o montante máximo previsto no n.º 2, deve ser efectuada nos termos do artigo 90.º n.º 2 alínea c) do CIRC, até à concorrência de 25% da colecta do imposto, não transitando para períodos futuros.

Portanto, no cálculo do imposto, ao montante apurado são efectuadas, pela ordem indicada, as seguintes deduções à colecta: primeiro a dupla tributação jurídica internacional (artigo 91.º), depois a dupla tributação económica internacional (artigo 91.º-A) e só depois *benefícios fiscais*[443]. Como o total do IRC liquidado[444] tem de ser positivo ou nulo, o total das deduções[445] não pode ser superior ao montante da colecta total[446], composta pelo somatório do IRC propriamente dito e da derrama estadual[447].

4.

No caso dos sujeitos passivos que sejam *micro e pequenas empresas*[448], a dedução dos lucros retidos e reinvestidos (n.º 2), nos termos do artigo 90.º n.º 2 alínea c) do CIRC, é efectuada até à concorrência de 50% da colecta do IRC. Este limite majorado apenas surgiu a partir da redacção introduzida pela Lei n.º 114/2017, de 29 de Dezembro[449].

[441] Na prática, o benefício fiscal da DLRR irá apenas influenciar a determinação do imposto corrente (estimativa de IRC) para o período, não existindo o reconhecimento de qualquer activo por imposto diferido.

[442] Visto o teor do n.º 4, *a contrario*.

Empresas médias, tal como definidas na Recomendação n.º 2003/361/CE, da Comissão, de 6 de Maio de 2003. Haverá também que atender ao disposto no Decreto-Lei n.º 372/2007, de 6 de Novembro, que cria a certificação electrónica do estatuto de micro, pequena e média empresas (PME).

[443] Campo 355, do quadro 10, da declaração mod. 22. As deduções relativas a benefícios fiscais que operam por dedução à colecta devem ser discriminadas no quadro 07, do anexo D (quadro 075).

[444] Campo 358, do quadro 10, da declaração mod. 22.

[445] Campo 357, do quadro 10, da declaração mod. 22.

[446] Campo 378, do quadro 10, da declaração mod. 22.

[447] Artigo 87.º-A do CIRC.

[448] Tal como definidas na Recomendação n.º 2003/361/CE, da Comissão, de 6 de Maio de 2003. Haverá também que atender ao disposto no Decreto-Lei n.º 372/2007, de 6 de Novembro, que cria a certificação electrónica do estatuto de micro, pequena e média empresas (PME).

[449] Portanto, é válido para os períodos de 2018 e seguintes.

Na redacção originária do CFI, para todas as empresas a dedução era efectuada até à concorrência de 25% da colecta do imposto.

5.

Relativamente ao *quantum* da dedutibilidade dos benefícios fiscais em caso de sociedades abrangidas pelo *regime especial de tributação de grupos de sociedades (RETGS)*[450], previsto nos artigos 69.º a 71.º do CIRC, o legislador apresenta, expressamente, uma solução, com limites. Assim, a dedução dos lucros retidos e reinvestidos (n.º 1) efectua-se ao montante apurado nos termos do artigo 90.º n.º 1 alínea a) do CIRC[451], com base na matéria colectável do grupo[452]. Tal dedução é feita até 25% do referido montante, não podendo ultrapassar, em relação a cada sociedade do grupo e por cada período de tributação, o limite de 25% da colecta que seria apurada pela sociedade que realizou as aplicações relevantes[453] caso não se aplicasse o regime especial de tributação de grupos de sociedades. O mesmo é dizer, a dedução à colecta é apurada através da menor entre os 25% da colecta individual ou da colecta do grupo.

6.

A dedução dos lucros retidos e reinvestidos (n.º 1) abrange as situações em que durante o período de tributação se encontram reunidos os requisitos previstos na legislação comercial para *adiantamento por conta de lucros*.

Assim, segundo o artigo 297.º n.º 1 do CSC[454], o contrato de uma sociedade anónima pode autorizar que, no decurso de um exercício, sejam feitos aos accionistas adiantamentos sobre lucros, desde que observadas as seguintes regras: a) O conselho de administração ou o conselho de administração executivo, com o consentimento do conselho fiscal, da comissão de auditoria ou do conselho geral e de supervisão, resolva o adiantamento; b) A resolução do conselho de

[450] O RETGS surge configurado como um regime especial e *opcional* de tributação de grupos de sociedades. Ou seja, não sendo de aplicação obrigatória, permite-se aos grupos de sociedades que optem pelo sistema de tributação nele contido, desde que cumpridos os requisitos legalmente exigidos. No fundo, um conjunto de sociedades, juridicamente independentes, dá a sua anuência a serem tributadas como se de uma única entidade se tratasse, com a possibilidade de fazer diluir os lucros tributáveis apurados na esfera de umas sociedades do grupo nos prejuízos fiscais apurados por outras do mesmo grupo (artigo 70.º do CIRC). Estamos diante de uma área onde se faz sentir a necessidade de a fiscalidade adoptar, tendencialmente, uma postura de neutralidade

[451] Ou seja, sendo a autoliquidação feita pelo sujeito passivo na declaração periódica de rendimentos (artigos 120.º e 122.º do CIRC), tem por base a matéria colectável que dela conste.

[452] Nem poderia ser de outro modo, pois não existe outra. Trata-se da matéria colectável, apurada no campo 346 do quadro 09 da declaração mod. 22 de IRC, obtém-se pela dedução ao resultado fiscal do grupo (inscrito no campo 382) dos montantes constantes dos campos 309 (prejuízos fiscais) e 310 (benefícios fiscais).

[453] Artigo 30.º.

[454] Que deve ser aplicado com as devidas adaptações no caso de sociedades por quotas.

administração ou do conselho de administração executivo seja precedida de um balanço intercalar, elaborado com a antecedência máxima de 30 dias e certificado pelo revisor oficial de contas, que demonstre a existência nessa ocasião de importâncias disponíveis para os aludidos adiantamentos[455], tendo em conta os resultados verificados durante a parte já decorrida do exercício em que o adiantamento é efectuado; c) Seja efectuado um só adiantamento no decurso de cada exercício e sempre na segunda metade deste; d) As importâncias a atribuir como adiantamento não excedam metade das que seriam distribuíveis[456].

Se o contrato de sociedade for alterado para nele ser concedida a autorização dos adiantamentos sobre lucros, o primeiro adiantamento apenas pode ser efectuado no exercício seguinte àquele em que ocorrer a alteração contratual (artigo 297.º n.º 2 do CSC).

Não obstante, a DLRR nunca poderá ser superior àquela que seria obtida com base no lucro apurado no final desse período de tributação.

Este n.º 6 foi aditado pela Lei n.º 114/2017, de 29 de Dezembro.

JURISPRUDÊNCIA

Decisão Arbitral do CAAD, de 10 de Setembro de 2021 (Proc. n.º 772/2020-T)
Qualificação como PMEs.

I – Tendo a Administração determinado a correcção à dedução à colecta no que se refere ao benefício fiscal por "dedução por lucros retidos e reinvestidos", com base no entendimento de o sujeito passivo não poderia ser qualificado como PME em atenção ao número de pessoas empregadas, cabia-lhe o ónus da prova de que a empresa dispunha de um número de unidades trabalho-ano (UTA) superior a 250, por ser essa a condição que permitia a não atribuição do benefício fiscal;

II – O número de trabalhadores a inscrever na Informação Empresarial Simplificada (IES) é o número médio de pessoas ao serviço da empresa e não corresponde ao número de unidades trabalho-ano, tornando-se necessário demonstrar, para apurar o número de efectivos, o número de trabalhadores que tenham trabalhado na empresa durante todo o ano, considerando aqueles que trabalharam a tempo inteiro e aqueles que, tendo trabalhado a tempo parcial, puderem ser contabilizados para esse efeito através de frações de unidade trabalho-ano;

III – No contencioso de mera legalidade funciona o princípio da proibição da fundamentação *a posteriori*, estando o tribunal impedido de valorar razões de facto e de direito que não constam da fundamentação contextual integrante do próprio acto tributário.

[455] Que devem observar, no que seja aplicável, as regras dos artigos 32.º (limite da distribuição de bens aos sócios) e 33.º (lucros e reservas não distribuíveis) do CSC.
[456] Referidas na alínea b).

DOUTRINA ADMINISTRATIVA:

Informação Vinculativa com Despacho de 19 de Janeiro de 2021, da Directora de Serviços do IRC (Proc. n.º 4566/2020)
DLRR – Elegibilidade de obras de remodelação das instalações (novo edifício).

No caso em apreço, estava em causa aferir a elegibilidade do investimento que a entidade pretendia efectuar em obras de remodelação das instalações (novo edifício), para efeitos de Dedução por Lucros Retidos e Reinvestidos (DLRR).

Informou que se dedica ao comércio de veículos automóveis, sendo as suas instalações actuais compostas pelo espaço fechado onde está o escritório e a recepção aos clientes e o espaço aberto onde se encontram os veículos em exposição e que, com o investimento previsto, esse pequeno espaço irá ser substituído por um edifício de raiz que permitirá ter no mesmo espaço serviços administrativos, comerciais e exposição de veículos, o qual irá permitir maior capacidade de armazenamento e acondicionamento dos veículos automóveis, maior e melhor capacidade de atendimento de clientes e melhor apresentação, concluindo que tal, certamente, irá resultar em maior volume de negócios.

A DLRR constitui um regime de incentivos fiscais ao investimento em favor de micro, pequenas e médias empresas, nos termos do Regulamento Geral de Isenção por Categoria (RGIC), conforme prevê o n.º 3 do art.º 1.º do CFI e, bem assim, o art.º 27.º do mesmo diploma.

Os sujeitos passivos de IRC identificados no artigo 28.º do CFI e que reúnam, "cumulativamente", as condições nele indicadas podem deduzir à colecta do IRC até 10% dos lucros retidos que sejam reinvestidos em aplicações relevantes, nos termos do artigo 30.º do mesmo diploma, no prazo de "quatro anos", na actual redacção do n.º 1 do art.º 29.º do CFI, contado a partir do final do período de tributação a que correspondam os lucros retidos.

Deverá ainda ser constituída, no balanço, reserva especial correspondente aos lucros retidos e reinvestidos, a qual não poderá ser distribuída aos sócios antes do final do quinto período de tributação posterior ao da sua constituição (art.º 32.º do CFI).

De acordo com o art.º 11.º da Portaria n.º 297/2015, de 21 de Setembro, a qual procede à regulamentação da DLRR (e também do RFAI), para efeitos do disposto no n.º 1 do art.º 30.º do Código Fiscal do Investimento, apenas são elegíveis as aplicações relevantes em activos aí previstos que respeitem a um "investimento inicial", tal como definido nos termos da alínea d) do n.º 2 do art.º 2.º da mesma portaria, considerando-se como tal:

(i) Os investimentos relacionados com a criação de um novo estabelecimento;
(ii) O aumento da capacidade de um estabelecimento já existente;
(iii) A diversificação da produção de um estabelecimento no que se refere a produtos não fabricados anteriormente nesse estabelecimento; ou
(iv) Uma alteração fundamental do processo de produção global de um estabelecimento já existente.

Em face dos elementos facultados, o investimento em causa tem enquadramento na tipologia de "aumento da capacidade de um estabelecimento já existente".

Para além do investimento em causa ter que integrar o conceito de "investimento inicial", apenas se consideram aplicações relevantes os activos fixos tangíveis, adquiridos em "estado de novo", com excepção dos indicados nas alíneas a) a e) do n.º 1 do art.º 30.º do CFI, salvo se se enquadrarem em alguma das excepções aí previstas, caso em que, também, serão elegíveis como aplicações relevantes.

Salienta-se que não se considera aplicação relevante a aquisição isolada de activos que não integrem tal conceito e, ainda, que não se considera elegível (como aplicação relevante) o investimento na aquisição de equipamentos de substituição.

No caso em apreço, a entidade esclareceu que "(...) com o investimento previsto esse pequeno espaço irá ser substituído por um edifício de raiz que permitirá ter no mesmo espaço serviços administrativos, comerciais e exposição de veículos" e, embora refira que irá efectuar "obras de remodelação das instalações" e utilize a expressão "substituído", esclarece, também, que no actual lugar do pequeno espaço fechado destinado a escritório e atendimento de clientes irá ser construído um edifício de raiz destinado aos serviços administrativos, comerciais e exposição de veículos (composto, previsivelmente, por R/C e 1.º andar), pelo que tal investimento não configura investimento na aquisição de "equipamentos de substituição".

Saliente-se que, embora o investimento em edifícios (construção, aquisição reparação e ampliação) seja afastado do referido benefício, por força do disposto na primeira parte da alínea b) do n.º 1 do art.º 30.º do CFI, fica salvaguardada a sua elegibilidade quando afectos a actividades produtivas ou administrativas.

Pelo que, quer se trate de construção de um "edifício novo" que seja qualificado como activo fixo tangível, quer se tratem de obras de remodelação das instalações que se qualifiquem contabilisticamente como "grandes reparações ou beneficiações" de edifícios, de forma a aumentarem o seu valor escriturado e respectiva vida útil, e sejam consideradas no seu activo fixo tangível (ficando sujeitas ao regime de depreciações, previsto no Decreto Regulamentar n.º 25/2009, de 14 de Setembro), desde que o referido edifício seja afecto a actividades produtivas ou administrativas (onde se incluem os serviços administrativos, comerciais e exposição de veículos), poderá ser qualificado como aplicação relevante para efeitos da DLRR.

Deste modo, conclui-se que o investimento no edifício em causa, nos termos descritos no parágrafo anterior, é susceptível de ser qualificado como aplicação relevante e, portanto, elegível para efeitos do beneficio fiscal relativo à DLRR, desde que se encontrem verificados todos os restantes pressupostos e demais condições exigíveis para que possa beneficiar do referido beneficio fiscal.

Informação Vinculativa com Despacho de 31 de Agosto de 2020, da Directora de Serviços do IRC (Proc. n.º 2726/2020)
Dedução por lucros retidos e reinvestidos (DLRR) – Aplicação do alargamento, sucessivo, do prazo de reinvestimento.

No caso em apreço, estava em causa saber se as alterações ocorridas, sucessivamente, ao prazo de reinvestimento, previsto no n.º 1 do art.º 29.º do CFI, são aplicáveis aos lucros retidos relativos ao período de tributação de 2017.

De acordo com a actual redacção do art.º 29.º do CFI, os sujeitos passivos de IRC identificados no artigo 28.º do CFI e que reúnam, "cumulativamente", as condições nele indicadas podem deduzir à colecta do IRC até 10% dos lucros retidos que sejam reinvestidos em aplicações relevantes nos termos do artigo 30.º do mesmo diploma, no prazo de "quatro anos", (redacção dada pela Lei n.º 2/2020, de 31 de Março (OE 2020), contado a partir do final do período de tributação a que correspondam os lucros retidos.

A entidade apresentou lucro no período de 2017, tendo deliberado, durante o ano de 2018, proceder ao reinvestimento de parte daquele lucro do período de 2017, nos termos previstos no artigo 29.º do CFI e, de acordo com a redacção desse normativo em vigor a 31/12/2017, o prazo de reinvestimento era de dois anos, pelo que, o reinvestimento deveria ser efectuado durante os períodos de 2018 e de 2019.

Dispunha, ainda, a alínea a) do art.º 34.º do CFI, na redacção em vigor à data do facto tributário aqui em causa, que a não concretização da totalidade do investimento nos termos previstos no art.º 30.º até ao termo do prazo de "dois anos" implicaria a devolução do montante de imposto que deixou de ser liquidado, na parte correspondente ao montante dos lucros não reinvestidos, ao qual seria adicionado o montante de imposto a pagar relativo ao terceiro período de tributação seguinte, acrescido dos correspondentes juros compensatórios majorados em 15 pontos percentuais.

Pelo que, uma vez que os lucros retidos respeitam ao período de tributação de 2017, o reinvestimento teria que ser concretizado até ao final de 2019 e, não o sendo, ser-lhe-ia aplicável a alínea a) do art.º 34.º do CFI.

No entanto, a Lei n.º 114/2017, de 29 de Dezembro (OE 2018), veio introduzir algumas alterações ao referido regime, porém, dado que os lucros retidos e o respectivo beneficio usufruído respeitam ao período de tributação de 2017, a entidade aplica o regime em vigor até 31 de Dezembro de 2017, ou seja, sem as alterações operadas pela Lei n.º 114/2017, de 29 de Dezembro (OE 2018), excepto no que se refere ao prazo de reinvestimento em que pode usufruir do alargamento do prazo para três anos estabelecido no n.º 1 do art.º 29.º do CFI, por aplicação do n.º 2 do art.º 297.º do Código Civil, que determina a aplicação do prazo mais longo aos prazos que estejam em curso.

Deste modo, os lucros retidos relativos ao período de tributação de 2017 poderiam ser reinvestidos nos períodos de 2018, 2019 e 2020.

Acresce que, a Lei n.º 2/2020, de 30 de Março (OE2020), entre outras alterações, veio proceder, uma vez mais, ao alargamento deste prazo de reinvestimento, o qual passou dos três para os quatro anos, e, de acordo com o art.º 360.º da referida lei, esta alteração do prazo de reinvestimento é aplicável aos prazos em curso em 01-01-2020.

Pelo que, encontrando-se em curso o referido prazo de reinvestimento relativo aos lucros retidos respeitantes ao período de 2017 (na sequência da alteração legislativa operada pela Lei n.º 114/2017, de 29 de Dezembro), atento o disposto no art.º 360.º da Lei n.º 2/2020 (OE 2020), o alargamento do prazo de reinvestimento também lhe é aplicável, pelo que os lucros retidos relativos ao período de tributação de 2017, poderão ser reinvestidos até ao final do período de 2021.

Informação Vinculativa com Despacho de 7 de Abril de 2020, da Subirectora-Geral da Área de Gestão Tributária – Impostos sobre o Rendimento (Proc. n.º 145/2020)
DLRR – Investimento na aquisição de equipamento básico (mobiliário) no âmbito da actividade de "lar residencial de idosos".

No caso em apreço, estava em causa um pedido de esclarecimentos sobre a possibilidade de utilizar o benefício fiscal da DLRR na aquisição de equipamento básico (mobiliário) no âmbito da actividade de um lar residencial de idosos, uma vez que a entidade irá alargar as suas instalações e por essa via a sua capacidade instalada.

Questionava, ainda, sobre os limites na aplicação do benefício.

1. O actual Código Fiscal do Investimento (CFI), aprovado pelo art.º 2.º do Decreto-Lei n.º 162/2014, de 31 de Outubro, prevê, no seu Capitulo IV, um benefício fiscal designado de "Dedução por Lucros Retidos e Reinvestidos" (DLRR).

2. A DLRR constitui um regime de incentivos fiscais ao investimento em favor de micro, pequenas e médias empresas, nos termos do Regulamento Geral de Isenção por Categoria (RGIC), conforme prevê o n.º 3 do art.º 1.º do CFI e bem assim o art.º 27.º do mesmo diploma.

3. De acordo com o que dispõe o art.º 28.º do CFI, podem beneficiar da DLRR os sujeitos passivos de IRC residentes em território português, bem como os sujeitos passivos não residentes com estabelecimento estável neste território, que exerçam, a título principal, uma actividade de natureza comercial industrial ou agrícola e preencham, cumulativamente, as seguintes condições:

a) Sejam micro, pequenas e médias empresas, tal como definidas na Recomendação n.º 2003/361/CE, da Comissão, de 6 de Maio de 2003;
b) Disponham de contabilidade regularmente organizada, de acordo com a normalização contabilística e outras disposições legais em vigor para o respectivo sector de actividade;
c) O seu lucro tributável não seja determinado por métodos indirectos;
d) Tenham a situação fiscal e contributiva regularizada.

4. Os sujeitos passivos de IRC identificados no art.º 28.º do CFI e que reúnam cumulativamente as condições nele indicadas podem deduzir à colecta do IRC, nos períodos de tributação que se iniciem em ou após 1 de Janeiro de 2014, até 10% dos lucros retidos que sejam reinvestidos em aplicações relevantes nos termos do art.º 30.º do mesmo

diploma, no prazo de três anos[457] contado a partir do final do período de tributação a que correspondam os lucros retidos, sem prejuízo da majoração prevista no n.º 4 do art.º 41.º-B do Estatuto dos Benefícios Fiscais (EBF) aos casos aplicáveis, para os períodos de tributação iniciados em ou após 1 de Janeiro de 2019[458].

5. No caso em concreto, tratava-se de um sujeito passivo de IRC, uma microempresa, que possuía a sua sede num concelho que, de acordo com a Portaria n.º 208/2017, de 13 de Julho, é considerado "Território do Interior", pelo que, caso o investimento fosse elegível para efeitos da DLRR, poderia beneficiar da majoração prevista no n.º 4 do art.º 41.º-B do EBF.

6. De acordo com o art.º 11.º da Portaria n.º 297/2015, de 21 de Setembro, para efeitos do disposto no n.º 1 do art.º 30.º do Código Fiscal do Investimento, apenas são elegíveis as aplicações relevantes em activos aí previstos que respeitem a um investimento inicial, tal como definido nos termos da alínea d) do n.º 2 do art.º 2.º da mesma portaria.

7. Considerando-se como tal "Os investimentos relacionados com a criação de um novo estabelecimento, o aumento da capacidade de um estabelecimento já existente, a diversificação da produção de um estabelecimento no que se refere a produtos não fabricados anteriormente nesse estabelecimento ou uma alteração fundamental do processo de produção global de um estabelecimento existente;".

8. Na informação facultada a requerente informava que "irá alargar as suas instalações e por essa via a sua capacidade instalada" necessitando, como tal, de mais equipamentos, pelo que o investimento em causa poderá ser enquadrável no conceito de investimento inicial na tipologia de "aumento da capacidade de um estabelecimento já existente".

9. Para efeitos da DLRR, consideram-se aplicações relevantes os activos fixos tangíveis adquiridos em estado de novo, com excepção dos indicados nas alíneas a) a e) do n.º 1 do art.º 30.º do CFI, salvo se se enquadrarem em alguma das excepções aí previstas, caso em que, também, serão elegíveis como aplicações relevantes.

10. Assim, para além do investimento em causa ter que integrar o conceito de "investimento inicial", os activos fixos tangíveis adquiridos para o efeito, terão de ser adquiridos em estado de novo e, de se qualificar como aplicações relevantes, nos termos no disposto no n.º 1 do n.º art.º 30.º do CFI, salientando-se que não se considera aplicação relevante a aquisição isolada de activos que não integrem tal conceito e, ainda, que não se considera elegível como (aplicação relevante) o investimento na aquisição de equipamentos de substituição.

11. A entidade referia que o investimento seria concretizado na aquisição de equipamento básico (mobiliário) no âmbito da actividade que exerce "lar residencial de

[457] Prazo que foi, entretanto, alterado pela Lei do OE/2020, sendo actualmente de 4 anos e aplica-se aos prazos em curso no primeiro dia de tributação relativo a 2020, conforme norma transitória ínsita no art.º 360.º da referida Lei.

[458] Norma introduzida pela Lei do Orçamento do Estado para 2019.

idosos", pelo que, desde que as aplicações relevantes em causa sejam consideradas na empresa como activos fixos tangíveis, sejam adquiridas em estado de novo e não se encontrem abrangidas por nenhuma das excepções elencadas no art.º 30.º do CFI, poderão ser elegíveis para efeitos do benefício fiscal relativo à DLRR, salientando-se, porém, que, de acordo com a alínea d) do referido artigo, não se consideram aplicações relevantes artigos de conforto ou decoração, salvo equipamento hoteleiro afecto a exploração turística.

12. Ora, no caso em apreço, o mobiliário não poderia ser considerado como artigos de conforto ou decoração, sendo, isso sim, equipamento básico necessário ao desenvolvimento da actividade em causa (lar residencial de idosos), sendo uma situação equiparada à actividade hoteleira.

13. Por último, quanto aos limites na aplicação do benefício, para além dos limites quantitativos e percentuais previstos no art.º 29.º do CFI, não sendo a DLRR um auxílio com finalidade regional, isoladamente, não se encontra sujeita aos limites máximos aplicáveis aos auxílios estatais com finalidade regional previstos no art.º 43.º do CFI.

14. Porém, caso o sujeito passivo reúna as condições elegíveis e beneficie de outros incentivos que possuam a natureza de auxílios com finalidade regional, também o benefício fiscal relativo à DLRR ficará sujeito a esses limites, de acordo com o que determina o n.º 2 do art.º 31.º do CFI.

Informação Vinculativa com Despacho de 6 de Dezembro de 2019, da Directora-Geral (Proc. n.º 1072/2019)

Dedução por Lucros Retidos e Reinvestidos (DLRR) – Cálculo e modo de dedução à colecta no regime de transparência fiscal.

No caso em apreço, a entidade pretendia saber, relativamente a um determinado investimento e atendendo a que se encontra enquadrada no regime de transparência fiscal, de que modo operava e qual o montante passível de dedução à colecta do período de tributação do ano N, respeitante ao benefício fiscal relativo à Dedução por Lucros Retidos e Reinvestidos (DLRR). Pretendia, ainda, saber quais os campos que deveria preencher dos seguintes modelos declarativos: Anexo D da Modelo 3 de IRS, Anexo D da modelo 22 de IRC e Anexo A da IES.

A requerente é uma sociedade de profissionais, atenta a definição constante na alínea a) do n.º 4 do art.º 6.º do Código do IRC, enquadrável na alínea b) do n.º 1 do mesmo artigo, sujeita, portanto, ao regime de transparência fiscal, que pretende beneficiar da DLRR.

As entidades sujeitas ao regime da transparência fiscal, como é o caso da requerente, que cumpram os requisitos previstos no art.º 28.º do CFI, podem beneficiar da DLRR relativamente aos lucros retidos que sejam reinvestidos em aplicações relevantes nos termos do art.º 30.º do CFI.

Contudo, para efeitos do disposto no n.º 1 do art.º 29.º do CFI, o qual prevê que a dedução não pode exceder 25% da colecta do IRC (ou 50%, no caso de micro e pequenas empresas), será necessário o apuramento da colecta que seria devida pela entidade caso não fosse aplicável o regime de transparência fiscal.

Esta limitação terá assim que ser aferida em relação à potencial/virtual colecta da entidade transparente e só depois operará a imputação aos sócios ou membros de acordo com o disposto no n.º 5 do art.º 90.º do CIRC.

Também o limite previsto no n.º 2 do art.º 29.º do CFI, correspondente ao montante máximo dos lucros retidos e reinvestidos em cada período de tributação, terá de ser aferido em relação à entidade transparente, sendo também só depois imputados aos sócios ou membros de acordo com o disposto no n.º 5 do art.º 90.º do CIRC.

Caso o investimento a efectuar na aquisição da máquina seja elegível para efeitos de DLRR por cumprir todos os requisitos para o efeito, poderá a entidade deduzir 10% dos lucros retidos que sejam reinvestidos em aplicações relevantes, podendo, uma vez que se trata de uma microempresa, esta dedução ser feita até à concorrência de 50% da colecta (virtual).

Exemplificando com dados hipotéticos, teríamos:

- Matéria colectável (ano N) – €9.000,00
- Colecta do ano N da sociedade transparente (potencial/virtual) - €9.000,00 * 17% = €1.530,00
- Limite do n.º 4 do art.º 29.º do CFI (micro e pequenas empresas) – €1.530,00 * 50% = €765,00
- Reserva especial por lucros retidos e reinvestidos (art.º 32.º CFI) – €5.400,00
- Valor do reinvestimento – €5.400,00
- Valor da dedução por lucros retidos e reinvestidos (art.º 29.º CFI) - 10% * €5.400,00 = €540,00

Dado que o montante correspondente a 10% dos lucros retidos e reinvestidos (€540,00) é inferior ao limite previsto no n.º 4 do art.º 29.º do CFI (€765,00), aferido por referência à colecta potencial/virtual da sociedade transparente, o montante que poderia deduzir à colecta (da sociedade transparente) relativo ao benefício fiscal da DLRR, seria de €540,00.

Porém, dado que se trata de uma entidade sujeita ao regime de transparência fiscal e, como tal, não apura colecta, essa dedução será imputada aos respectivos sócios ou membros de acordo com o disposto no n.º 5 do art.º 90.º do CIRC (neste caso apenas um sócio).

Neste caso, deverá ser preenchido o Campo 401 do Quadro 4 do Anexo D da declaração Modelo 3 do período de tributação do ano N, do único sócio, com o valor da matéria colectável que lhe for imputada, sem consideração do valor relativo à DLRR imputada a cada sócio (que neste caso é apenas um), o qual deverá ser inscrito no Campo 902 do Quadro 9 do Anexo D da declaração Modelo 3, pelo montante de €540,00.

Porém, e não obstante as sociedades transparentes não serem tributadas em IRC, salvo quanto às tributações autónomas, não se encontram desobrigadas da apresentação das declarações previstas no n.º 1 do art.º 117.º do CIRC, pelo que, no que respeita à declaração periódica de rendimentos, a sociedade transparente deverá preencher o Campo 727 do Quadro 075 do Anexo D da declaração Modelo 22 do período de tributação do ano N, pelo montante total do benefício que usufruiu no âmbito da DLRR, no montante de €540,00. Caso a empresa usufrua de outros benefícios fiscais e/ou incentivos financeiros, deverá preencher outros campos adicionais relativos à DLRR, conforme instruções de preenchimento do Anexo D da declaração Modelo 22 e devem ser observados os limites previstos no que respeita às taxas máximas de auxílios, como impõe o art.º 43.º do CFI.

No que respeita à declaração anual de informação contabilística e fiscal (IES) deverá a sociedade transparente declarar a constituição da reserva especial correspondente ao montante dos lucros retidos e reinvestidos, que, neste caso, ascenderá ao montante de €5.400,00, no Campo A0805 do Quadro 07 do Anexo da IES do ano N. Deverá ainda preencher os campos G01 e G05 do Anexo G da IES relativos, respectivamente, à colecta (virtual) da sociedade transparente e ao benefício fiscal da DLRR, sem prejuízo dos restantes campos que o devam ser, por se referirem às sociedades que se encontram sujeitas ao regime da transparência fiscal.

Informação Vinculativa com Despacho de 31 de Julho de 2019, da Directora de Serviços do IRC (Proc. n.º 1093/2019)
Montantes e limites passíveis de dedução à colecta e prazo de reinvestimento previsto no art.º 29.º do CFI.

No caso em apreço pretendia-se saber quais os montantes e limites passíveis de dedução à colecta do período de tributação de 2018, relativos aos benefícios fiscais respeitantes ao Regime Fiscal de Apoio ao Investimento (RFAI) e à Dedução por Lucros Retidos e Reinvestidos (DLRR), questionando-se, ainda, qual o prazo a considerar para efeitos do reinvestimento previsto no art.º 29.º do CFI.

Quanto ao valor total de benefícios fiscais passiveis de dedução à colecta do IRC, o limite da dedução a efectuar em cada um dos 10 períodos de tributação está subordinado à colecta apurada nesse mesmo período de tributação em que é efectuada a dedução, independentemente de o limite ser até à concorrência da colecta ou até à concorrência de 50% da colecta.

Havendo reporte de RFAI de mais do que um período de tributação, poderá ser absorvida a totalidade da colecta, desde que o RFAI a deduzir, relativo a cada um dos períodos em reporte e/ou do próprio período, não ultrapasse, cada um "per si", o montante correspondente a 50% da colecta do IRC (percentagem aplicável ao caso em análise) do período de tributação em que é efectuada a dedução.

Quanto à operacionalidade dos benefícios que operam por dedução à colecta, a dedução pode ser feita em função da antiguidade do nascimento do direito aos benefícios, sendo que, quando tenham origem no mesmo período de tributação, mostra-se razoável que se possa deduzir, em primeiro lugar, o benefício que não é reportável e/ou a parcela do benefício cujo período de dedução é mais curto.

No que respeita à DLRR, mais precisamente quanto ao prazo a considerar para efeitos do reinvestimento, previsto no n.º 1 do art.º 29.º do CFI, pretendia-se saber se é elegível o próprio ano a que correspondem os lucros retidos (2018) ou, apenas, os três anos seguintes (2019, 2020 e 2021).

Não tendo o legislador previsto, no novo Código Fiscal do Investimento, a possibilidade de os lucros retidos no período de tributação poderem ser reinvestidos em activos elegíveis "nesse período de tributação", tal como existia na legislação anterior (art.º 66.º-L do EBF, aditado pela Lei n.º 83-C/2013, de 31 de Dezembro), será de aplicar o disposto no n.º 1 do art.º 29.º do CFI, o qual determina que poderá deduzir à colecta do IRC 10% dos lucros retidos que sejam reinvestidos em aplicações relevantes no prazo de três anos contado a partir do final do período de tributação a que correspondam os lucros retidos, não podendo, assim, o reinvestimento ocorrer no próprio período a que esses lucros respeitam.

ARTIGO 30.º
Aplicações relevantes

1 – Consideram-se aplicações relevantes, para efeitos do presente regime, os activos fixos tangíveis, adquiridos em estado de novo, com excepção de:

a) Terrenos, salvo no caso de se destinarem à exploração de concessões mineiras, águas minerais naturais e de nascente, pedreiras, barreiros e areeiros em projectos de indústria extractiva;

b) Construção, aquisição, reparação e ampliação de quaisquer edifícios, salvo quando afectos a actividades produtivas ou administrativas;

c) Viaturas ligeiras de passageiros ou mistas, salvo quando afectas à exploração de serviço público de transportes ou destinadas a serem alugadas no exercício da actividade normal do sujeito passivo, barcos de recreio e aeronaves de turismo;

d) Artigos de conforto ou decoração, salvo equipamento hoteleiro afecto a exploração turística;

e) Activos afectos a actividades no âmbito de acordos de concessão ou de parceria público-privada celebrados com entidades do sector público.

2 – Consideram-se ainda aplicações relevantes, para efeitos do presente regime, os activos intangíveis, constituídos por despesas com transferência de tecnologia, nomeadamente através da aquisição de direitos de patentes, licenças, know-how ou conhecimentos técnicos não protegidos por patente, desde que cumpridos cumulativamente os seguintes requisitos:

a) Estejam sujeitos a amortizações ou depreciações para efeitos fiscais;

b) Não sejam adquiridos a entidades com as quais existam relações especiais nos termos do n.º 4 do artigo 63.º do Código do IRC.

3 - Considera-se investimento realizado em aplicações relevantes o correspondente às adições, verificadas em cada período de tributação, de activos fixos tangíveis ou activos intangíveis e bem assim o que, tendo a natureza de activo fixo tangível e não dizendo respeito a adiantamentos, se traduza em adições aos investimentos em curso.

4 - Para efeitos do disposto nos números anteriores, não se consideram as adições de activos que resultem de transferências de investimentos em curso.

5 - No caso de activos adquiridos em regime de locação financeira, a dedução a que se refere o n.º 1 do artigo anterior é condicionada ao exercício da opção de compra pelo sujeito passivo no prazo de sete anos contado da data da aquisição.

6 - As aplicações relevantes em que seja concretizado o reinvestimento dos lucros retidos devem ser detidas e contabilizadas de acordo com as regras que determinaram a sua elegibilidade, por um período mínimo de cinco anos.

7 - Quando ocorra a transmissão onerosa dos activos em que seja concretizado o reinvestimento dos lucros retidos antes de decorrido o prazo previsto no número anterior, o sujeito passivo deve reinvestir, no mesmo período de tributação ou no período de tributação seguinte, o respectivo valor de realização em aplicações relevantes nos termos do presente artigo, os quais devem ser detidos, pelo menos, pelo período necessário para completar aquele prazo.

O artigo 30.º trata das condições objectivas (estado e natureza) ao nível das aplicações relevantes para a concretização do investimento em ordem ao benefício fiscal. Ou seja, as despesas elegíveis para o reinvestimento dos lucros retidos, que poderão ser objecto de dedução à colecta do IRC, no prazo de 4 anos contado a partir do final do período de tributação a que correspondam esses mesmos lucros, conforme previsto no artigo 29.º n.º 1.

1.

Os sujeitos passivos de IRC residentes em território português, bem como os sujeitos passivos não residentes com estabelecimento estável neste território, que exerçam, a título principal, uma actividade de natureza comercial, industrial ou agrícola, e que preencham, cumulativamente, determinadas condições (artigo 28.º), podem deduzir à colecta do IRC, nos períodos de tributação que se iniciem em ou após 1 de Janeiro de 2014, até 10 % dos lucros retidos que sejam reinvestidos em aplicações relevantes, no prazo de 4 anos contado a partir do final do período de tributação a que correspondam os lucros retidos (artigo 29.º n.º 1). No entanto, para estes efeitos, nem todas as despesas incorridas com o mencionado reinvestimento são elegíveis.

Desde logo, são consideradas *aplicações relevantes* os *activos fixos tangíveis*[459], adquiridos em "estado de novo" (ou não usados)[460]. Mas o legislador exceptua os seguintes: terrenos (salvo no caso de se destinarem à exploração de concessões mineiras, águas minerais naturais e de nascente, pedreiras, barreiros e areeiros em projectos de indústria extractiva)[461]; construção, aquisição, reparação e ampliação de quaisquer edifícios (salvo quando afectos a actividades produtivas ou administrativas); viaturas ligeiras de passageiros ou mistas (salvo quando afectas à exploração de serviço público de transportes ou destinadas a serem alugadas no exercício da actividade normal do sujeito passivo)[462], barcos de recreio e aeronaves de turismo; artigos de conforto ou decoração (salvo equipamento hoteleiro afecto a exploração turística); activos afectos a actividades no âmbito de acordos de concessão ou de parceria público-privada celebrados com entidades do sector público.

A Portaria n.º 297/2015, de 21 de Setembro, que procede à regulamentação da DLRR, veio determinar que apenas são elegíveis as aplicações relevantes em activos que respeitem a um investimento inicial, considerando-se como tal os investimentos relacionados com a criação de um novo estabelecimento[463], o aumento da capacidade de um estabelecimento já existente, a diversificação da

[459] Activos detidos para uso na produção ou fornecimento de bens ou serviços, para arrendamento a outros ou para fins administrativos e se espera que sejam usados durante mais do que um período.

[460] O artigo 14.º n.º do RGIC afasta a exigência do requisito de aquisição de bens em estado novo quanto às micro, pequenas e média empresas.
A definição do " estado de novo" não nos é dada pelo CFI nem pelo RGIC. A Autoridade Tributária e Aduaneira tem vindo a considerar como um activo fixo tangível em estado de novo aquele que não integrou anteriormente o activo não corrente do próprio sujeito passivo que pretende usufruir do benefício fiscal ou de outro sujeito passivo a quem tenha adquirido esse activo (exs.: aquisição a locador financeiro após utilização ou a senhorio após arrendamento).

[461] Estão excluídas do benefício fiscal as propriedades de investimento (parágrafo 5 da NCRF 11), ainda que reconhecidas na contabilidade.

[462] Esta ressalva não surgia na redacção anterior à actual, introduzida pela Lei n.º 114/2017, de 29 de Dezembro.

[463] Segundo o artigo 2.º parágrafo 51 alínea a) do RGIC «Investimento inicial a favor de uma nova actividade económica» é um investimento em activos corpóreos e incorpóreos relacionados com a criação de um novo estabelecimento, ou com a diversificação da actividade de um estabelecimento,

produção de um estabelecimento[464] no que se refere a produtos não fabricados anteriormente nesse estabelecimento, ou uma alteração fundamental do processo de produção global de um estabelecimento existente.

2.

A Lei n.º 2/2020, de 31 de Março, veio acrescentar que, para o reinvestimento dos lucros retidos objecto da dedução à colecta do IRC (artigo 29.º n.º 1 do CFI) são ainda elegíveis como aplicações relevantes os *activos intangíveis*[465] constituídos por despesas com transferência de tecnologia, nomeadamente através da aquisição de direitos de patentes, licenças, *know-how* ou conhecimentos técnicos não protegidos por patente, desde que, cumulativamente estejam sujeitos a amortizações[466] para efeitos fiscais e não sejam adquiridos a entidades com as quais existam relações especiais (artigo 63.º n.º 4 do CIRC)[467].

Nos termos do artigo 77.º n.º 3 da LGT, em caso de existência de operações ou séries de operações entre um sujeito passivo de IRC e qualquer outra entidade[468] com a qual aquele esteja em situação de relações especiais, a fundamentação da determinação da matéria tributável corrigida[469] dos efeitos das relações

na condição de a nova actividade não ser a mesma ou uma actividade semelhante à actividade anteriormente exercida no estabelecimento.
Por sua vez, «A mesma actividade ou actividade semelhante», uma actividade que se insere na mesma classe (código numérico de quatro dígitos) da nomenclatura estatística das actividades económicas NACE Rev. 2, nos termos do Regulamento (CE) n.º 1893/2006 do Parlamento Europeu e do Conselho, de 20 de Dezembro de 2006, que estabelece a nomenclatura estatística das actividades económicas NACE Revisão 2 e que altera o Regulamento (CEE) n.º 3037/90 do Conselho, assim como certos regulamentos CE relativos a domínios estatísticos específicos (artigo 2.º parágrafo 50 do RGIC).

[464] *Idem.*

[465] Activos não monetários identificáveis sem substância física.

[466] Imputação sistemática da quantia depreciável (amortizável) de um activo intangível durante a sua vida útil.

[467] Trata-se de operações efectuadas entre um sujeito passivo e qualquer outra entidade, sujeita ou não a IRC, com a qual esteja em situação de *relações especiais*, ou seja, nas situações em que uma das entidades tem o poder de exercer, directa ou indirectamente, uma influência significativa nas decisões de gestão da outra: a primeira tem a capacidade de gerir a segunda, tomando assim decisões por ela ou sobre ela. O legislador enumera, de modo criterioso mas meramente exemplificativo, várias situações em que é de considerar verificado o mencionado poder de exercer uma "influência significativa".

[468] Sujeita ou não a imposto sobre o rendimento.

[469] O investimento elegível é objecto de correcção por parte da Administração Fiscal, a fim de traduzir o valor que seria praticado entre entidades independentes, o que terá consequências no montante da dedução que poderá ser efectuada.

especiais deve observar os seguintes requisitos: a) Descrição das relações especiais; b) Indicação das obrigações incumpridas pelo sujeito passivo; c) Aplicação dos métodos previstos na lei, podendo a Autoridade Tributária e Aduaneira utilizar quaisquer elementos de que disponha e considerando-se o seu dever de fundamentação dos elementos de comparação adequadamente observado ainda que de tais elementos sejam expurgados os dados susceptíveis de identificar as entidades a quem dizem respeito; d) Quantificação dos respectivos efeitos.

3.

Considera-se *investimento realizado* o que corresponda às *adições*, verificadas em cada período de tributação, de activos fixos tangíveis (n.º 1) e activos intangíveis (n.º 2), excluindo-se as substituições[470]. Também se considera investimento realizado o que, tendo a natureza de activo fixo tangível – e não dizendo respeito a adiantamentos –, se traduza em adições aos investimentos em curso.

Portanto, para um determinado período, não pode ser considerado como dotação do período de tributação a adição de activos resultantes de investimentos efectuados em períodos anteriores (n.º 4). Ou seja, para efeitos do cálculo da dotação de um dado período apenas pode ser considerado o valor de benefício fiscal resultante do "investimento realizado" nesse período, isto é, o correspondente às adições realizadas nesse período.

Trata-se de exigir que o investimento em causa seja enquadrável no conceito de um investimento inicial relacionado com a criação de um novo estabelecimento, o aumento da capacidade de um estabelecimento já existente, a diversificação da produção de um estabelecimento no que se refere a produtos não fabricados anteriormente nesse estabelecimento, ou com uma alteração fundamental do processo de produção global de um estabelecimento existente[471].

4.

Considerando-se investimento realizado o correspondente às adições, verificadas em cada período de tributação, de activos fixos tangíveis e activos intangíveis e bem assim o que, tendo a natureza de activo fixo tangível e não dizendo respeito a adiantamentos, se traduza em adições aos investimentos em curso (n.º 3), para tais efeitos não se consideram as adições de activos que resultem de

[470] Exs.: substituição de viatura para mera substituição de uma já existente (não há adição mas apenas substituição de activos).

[471] Artigo 11.º da Portaria n.º 297/2015, de 21 de Setembro, que procede à regulamentação da DLRR.

transferências de investimentos em curso. Portanto, neste último caso o investimento não é tomado como elegível.

5.

No caso de o sujeito passivo adquirir os activos em regime de *locação financeira*[472], somente poderá beneficiar da dedução à colecta do IRC dos lucros retidos e reinvestidos (artigo 29.º n.º 1) se exercer a opção de compra dos mesmos activos no prazo de 7 anos contado da data da aquisição[473].

O não exercício da opção de compra pelo sujeito passivo no prazo de 7 anos contado da data da aquisição implica a reposição do benefício fiscal. Assim, determina a devolução do montante de imposto que deixou de ser liquidado na parte correspondente aos activos relativamente aos quais não tenha sido exercida a opção de compra, o qual é adicionado ao montante de imposto a pagar relativo ao período em que se tenha verificado esse facto, acrescido dos correspondentes juros compensatórios[474] majorados em 15 pontos percentuais [artigo 34.º alínea b)].

6.

O sujeito passivo está obrigado à *manutenção* dos bens objecto do investimento, por um período mínimo de 5 anos, bem como à sua *contabilização* no mesmo período, de acordo com as regras que determinaram a elegibilidade das aplicações relevantes em que seja concretizado o reinvestimento dos lucros retidos.

O incumprimento deste dever de manutenção implica a devolução do montante de imposto que deixou de ser liquidado na parte correspondente aos activos que tenham sido transmitidos antes de decorrido o prazo de 5 anos, o qual é adicionado ao montante de imposto a pagar relativo ao período em que se

[472] Segundo o Regime jurídico do contrato de locação financeira, aprovado pelo Decreto-Lei n.º 149/95, de 24 de Junho, locação financeira é o contrato pelo qual uma das partes se obriga, mediante retribuição, a ceder à outra o gozo temporário de uma coisa, móvel ou imóvel, adquirida ou construída por indicação desta, e que o locatário poderá comprar, decorrido o período acordado, por um preço nele determinado ou determinável mediante simples aplicação dos critérios nele fixados (artigo 1.º).

[473] Na redacção anterior à actualmente em vigor, introduzida pela Lei n.º 2/2020, de 31 de Março, o prazo era de apenas 5 anos, sendo que, nos termos do artigo 360.º da referida Lei, *a* alteração do prazo nela previsto é aplicável aos prazos em curso no primeiro dia do período de tributação relativo a 2020.

[474] Artigo 35.º da LGT.

tenha verificado esse facto, acrescido dos correspondentes juros compensatórios[475] majorados em 15 pontos percentuais [artigo 34.º alínea b)].

7.

Se o sujeito passivo efectuar uma *transmissão onerosa dos activos* em que seja concretizado o reinvestimento dos lucros retidos antes de decorrido o prazo de 5 anos (previsto no n.º 6), está obrigado a reinvestir, no mesmo período de tributação ou no período de tributação seguinte, o respectivo valor de realização em aplicações relevantes nos termos deste artigo 30.º, os quais devem ser detidos, pelo menos, pelo período necessário para completar aquele mesmo prazo. Se no cômputo da detenção do novo activo, juntamente com a do activo que foi alienado, perfizer o período mínimo de 5 anos, estão cumpridos os requisitos do n.º 6.

O incumprimento desta obrigação de reinvestimento do valor de realização implica a devolução do montante de imposto que deixou de ser liquidado na parte correspondente aos activos que tenham sido transmitidos antes de decorrido o prazo de 5 anos, o qual é adicionado ao montante de imposto a pagar relativo ao período em que se tenha verificado esse facto, acrescido dos correspondentes juros compensatórios[476] majorados em 15 pontos percentuais [artigo 34.º alínea b)].

JURISPRUDÊNCIA

Decisão Arbitral do CAAD, de 22 de Janeiro de 2021 (Proc. n.º 82/2020-T)
Reparação de edifícios.

Passemos à análise das correcções em concreto, começando pelas obras de requalificação das novas instalações comerciais da (Edificação actividade comercial), no qual resultou para o DLRR/2014, 157.619,91€ e para o DLRR/2015, 374.821,81€.

Conforme estabelece o artigo 30.º n.º 2.º. na sua alínea b), estão excluídos do DLRR, as reparações aos edifícios afectos a actividades produtivas ou administrativas, por outras palavras, o edifício tem de estar afecto primariamente a uma actividade industrial ou administrativa, e se o edifício estiver afecto primariamente a uma actividade comercial está assim excluído. E conforme o RGIC e a Portaria 297/2015, apenas são aceites reparações e aquisições para «investimentos iniciais» no termos do conceito neles definido.

Nestes termos, é relevante, num primeiro momento, o sujeito passivo demonstrar que o imóvel está afecto a uma actividade industrial ou administrativa, e, num segun-

475 *Idem.*
476 *Idem.*

do momento, demonstrar que os investimentos (obras e aquisições) foram feitos como um investimento inicial e que foram ou resultaram e obtiveram uma das seguintes finalidades:

i. com a criação de um novo estabelecimento;
ii. o aumento da capacidade de um estabelecimento já existente;
iii. diversificação da produção de um estabelecimento no que se refere a produtos não fabricados anteriormente nesse estabelecimento;
iv. ou uma alteração fundamental do processo de produção global de um estabelecimento existente.

Sobre o imóvel em questão, a Requerente defende que a actividade principal aí exercida é industrial, e que possui uma estrutura material e humana de apoio àquela. Enquanto que a Requerida, alega que a actividade ali exercida é de natureza meramente comercial e de prestação de serviços.

Atendendo à posição das partes e face à factualidade, compete, mais uma vez, à Requerente o ónus da prova, pois foi ela que requereu o Benefício fiscal, como tal tem de comprovar qual a actividade aí exercida, e tem ainda de demonstrar que o investimento que fez se insere no conceito de «investimento inicial», necessariamente, tem de ser um investimento e para que finalidade ou objectivo, exigência que resulta igualmente do artigo 6.º da Portaria n.º 297/2015.

Em contrapartida, compete à Requerida demonstrar que a Requerente exerce uma actividade comercial nas instalações, uma vez que o invoca nas suas correcções.

Neste sentido, sobre o imóvel em questão, a Requerente alega que a actividade principal é industrial, pelo lhe que compete provar isso. Para o efeito, junta um alvará de utilização n.º 193/2018, para actividade industrial, armazém, comércio e serviço pela Camara Municipal de Aveiro. Mais sustenta que tem uma secção ou departamento administrativo de apoio nas instalações. Contudo, falha em demonstrar, qual a actividade industrial aí produzida, e se as obras foram para esse fim.

Em contraste, a Requerida, tal como resulta do Processo Administrativo, comprova que as novas instalações da A..., localizadas na ..., onde a actividade exercida é de natureza meramente comercial e de prestação de serviços, e não de natureza industrial.

Neste sentido, e atendendo à factualidade, a actividade desenvolvida pela Requerente, no imóvel, é uma actividade comercial, pelo que os gastos de adaptação, requalificação ou reedificação das novas instalações, que resultou para o DLRR 2014, 157.619,91€ e para o DLRR 2015, 374.821,81€., são afectos a uma actividade de natureza comercial. Termos em que, não são aplicações relevantes, nos termos do artigo 30.º n.º 1 e n.º 2 alínea b), encontrando-se assim excluídas, concluindo-se pela legalidade desta correcção e correspondente parte da liquidação.

DOUTRINA ADMINISTRATIVA:

Informação Vinculativa com Despacho de 5 de Março de 2021, da Directora de Serviços do IRC (Proc. n.º 36/2021)

Aquisição de imóvel a massa insolvente. "Estado de novo" e elegibilidade das obras de remodelação.

No caso em apreço, estava em causa a elegibilidade, como aplicação relevante, para efeitos da Dedução por Lucros Retidos e Reinvestidos (DLRR) e/ou do regime previsto no do 16.º da Lei n.º 27-A/2020, de 24 de Julho, relativo ao Crédito Fiscal Extraordinário ao Investimento II (CFEI II), da aquisição, a massa insolvente, de um imóvel composto por terreno e pavilhão e respectivas obras de adaptação para o desenvolvimento da sua actividade.

A entidade esclareceu que:

- o imóvel fez parte do activo de outra entidade, no entanto, nunca chegou a ser utilizado, dado que a antiga proprietária foi considerada insolvente antes de ter começado a desenvolver a actividade propriamente dita.
- o pavilhão destina-se a ser utilizado para a actividade logística da empresa e vem substituir as actuais instalações que são objecto de arrendamento e que, pela sua dimensão, superior à do armazém utilizado actualmente, vai permitir à empresa a expansão da actividade, conferindo maior capacidade logística e de distribuição.
- o pavilhão necessita de obras de adaptação para o desenvolvimento da actividade, nomeadamente, demolição de muros, abertura de portas, cobertura de espaços abertos onde estavam instaladas máquinas da antiga empresa e pinturas.

Pelo que questionava se o pavilhão poderia ser considerado em "estado de novo" e, como tal, ser elegível, enquanto aplicação relevante, para efeitos de DLRR e/ou CFEI II e, ainda, se as obras de adaptação e beneficiação do pavilhão podem ser consideradas para efeitos dos referidos benefícios fiscais.

(...)

B) <u>Aquisição em "estado de novo"</u>

No que respeita aos activos fixos tangíveis elegíveis para efeitos dos referidos benefícios (DLRR e CFEI II), ambos os diplomas determinam que os mesmos devem ser adquiridos em "estado de novo" (n.º 1 do artigo 30.º do CFI e o artigo 4.º do CFEI II, respectivamente), sem que nenhum dos referidos diplomas contenha qualquer definição de "estado de novo", nem mesmo o RGIC, diploma comunitário que serviu de base à criação do beneficio fiscal relativo à DLRR.

A Autoridade Tributária e Aduaneira (AT) tem vindo a considerar que um activo fixo tangível é considerado em "estado de novo" se não integrou anteriormente o activo não corrente da empresa que pretende usufruir do benefício fiscal ou de qualquer outra empresa.

Refira-se que é a qualificação do próprio activo que releva e não o facto de estar ou não "devidamente" contabilizado como tal na esfera do anterior proprietário/transmitente. Ainda que o anterior proprietário fosse uma pessoa singular que não possuísse contabilidade, o raciocínio não se alteraria, porque o que interessa é a qualificação do próprio activo.

Como a própria entidade refere, o imóvel em causa fez parte do activo da anterior empresa, pese embora nunca tenha sido utilizado, dado que a antiga proprietária foi considerada insolvente antes de ter começado a desenvolver a actividade propriamente dita.

Resulta do exposto que o imóvel em causa foi construído ou adquirido pelos anteriores proprietários/transmitentes para o desenvolvimento da sua actividade (ativo não corrente), estando (ou devendo estar), por isso, contabilizado como tal na esfera da anterior proprietária.

Pelo que, de acordo com aquilo que tem sido o entendimento da AT, embora o imóvel em causa se qualifique como um activo fixo tangível, não pode ser considerado adquirido em "estado de novo", para efeitos dos benefícios fiscais relativos à DLRR e ao CFEI II, conforme determina o n.º 1 do artigo 30.º do CFI e o artigo 4.º do CFEI II, respectivamente.

Importa, ainda, referir que o terreno não é um activo elegível, quer para efeitos da DLRR quer do CFEI II, atento o disposto na al. a) do art.º 30.º do CFI e do n.º 8 do art.º 4.º do diploma que institui o CFEI II, respectivamente.

C) <u>Obras de adaptação e beneficiação do pavilhão, necessárias para o desenvolvimento da actividade</u>

Dado estar em causa a elegibilidade, ou não, das referidas obras, no âmbito de dois benefícios fiscais distintos – DLRR e CFEI II –, a análise desta questão terá que ser efectuada relativamente aos requisitos de cada um dos benefícios fiscais: Dedução por Lucros Retidos e Reinvestidos (DLRR) A DLRR encontra-se prevista no Capitulo IV do Código Fiscal do Investimento (CFI), aprovado pelo artigo 2.º do Decreto-Lei n.º 162/2014, de 31 de Outubro, e, como suprarreferido, constitui um regime de incentivos fiscais ao investimento em favor de micro, pequenas e médias empresas, sujeito às regras comunitárias, nos termos do Regulamento Geral de Isenção por Categoria (RGIC), conforme prevê o n.º 3 do art.º 1.º do CFI e, bem assim, o art.º 27.º do mesmo diploma. Admitindo que a entidade cumpre os demais requisitos para poder beneficiar da DLRR (constantes dos artigos 27.º a 33.º do CFI), importa referir que este benefício está sujeito às regras comunitárias relativas aos auxílios estatais, nos termos do RGIC e, de acordo com o art.º 11.º da Portaria n.º 297/2015, de 21 de Setembro, para efeitos do disposto no n.º 1 do art.º 30.º do CFI, apenas são elegíveis as aplicações relevantes em activos aí previstos que respeitem a um "investimento inicial", tal como definido nos termos da alínea d) do n.º 1 do artigo 2.º da mesma portaria, a qual remete para a definição prevista na alínea a) do parágrafo 49 do art.º 2.º do RGIC, que considera investimento inicial:

(i) Os investimentos relacionados com a criação de um novo estabelecimento;
(ii) O aumento da capacidade de um estabelecimento já existente;
(iii) A diversificação da produção de um estabelecimento no que se refere a produtos não fabricados anteriormente nesse estabelecimento; ou

(iv) Uma alteração fundamental do processo de produção global de um estabelecimento existente.

Em face da descrição que a entidade apresenta, designadamente que o pavilhão irá ser utilizado para a sua actividade logística e que, pela sua dimensão, superior à do actual armazém, irá permitir à empresa a expansão da actividade, por lhe conferir maior capacidade logística e de distribuição, as obras de adaptação que pretende efectuar poderão enquadrar-se na tipologia de "aumento da capacidade de um estabelecimento já existente".

Porém, cabe à entidade certificar-se de que as referidas obras integram o conceito de investimento inicial, nessa ou noutra tipologia, documentando-o no dossier fiscal, no âmbito das obrigações acessórias a que se reporta o art.º 33.º do CFI.

Admitindo que as obras em causa integram o conceito de "investimento inicial", deverá, ainda, ter-se em consideração que, para efeitos da DLRR, consideram-se aplicações relevantes os "activos fixos tangíveis" adquiridos em "estado de novo", com excepção dos indicados nas alíneas a) a e) do n.º 1 do art.º 30.º do CFI. Salienta-se que não se considera aplicação relevante a aquisição isolada de activos que não integrem tal conceito e, ainda, que não se considera elegível como (aplicação relevante) o investimento na aquisição de equipamentos de substituição.

E, embora o investimento em edifícios (construção, aquisição reparação e ampliação) seja afastado do referido benefício, por força do disposto na primeira parte da alínea b) do n.º 1 do art.º 30.º do CFI, fica salvaguardada a sua elegibilidade quando afectos a actividades produtivas ou administrativas, por força do disposto na segunda parte da mesma alínea.

Importa, ainda, ter em conta que o n.º 1 do artigo 30.º do CFI apenas considera aplicações relevantes as que decorram de investimentos realizados em "activos fixos tangíveis", pelo que os investimentos realizados nas referidas obras, consideradas de um ponto de vista individual/isolado (como p. ex matérias primas), não poderão ser considerados aplicações relevantes no âmbito da DLRR, uma vez que, de acordo com as normas contabilísticas, não se classificam como "activos fixos tangíveis".

Caso as obras de adaptação e beneficiação do edifício/pavilhão consubstanciem investimentos considerados de uma forma global, que se qualifiquem contabilisticamente como "grandes reparações ou beneficiações" de edifícios afectos a actividades produtivas ou administrativas, de forma a aumentarem o seu valor escriturado e respectiva vida útil, e que sejam consideradas no activo fixo tangível da entidade, ficando sujeitas ao regime de depreciações, previsto no Decreto Regulamentar n.º 25/2009, de 14 de Setembro (que estabelece o regime das depreciações e amortizações para efeitos do IRC), poderão considerar-se aplicações relevantes para efeitos da DLRR, desde que se encontrem cumpridos os demais requisitos.

Informação Vinculativa com Despacho de 30 de Setembro de 2020, da Directora de Serviços do IRC (Proc. n.º 3259/2020)
DLRR – (Não) Elegibilidade da aquisição de um terreno rústico essencial à actividade agrícola – Questão prévia: Prejudicialidade do sector de actividade.

1. No caso em apreço estava em causa saber se a aquisição de um terreno rústico, que a entidade considera essencial à actividade agrícola seria enquadrável na alínea a) do n.º 1 do art.º 30.º do CFI, no período de tributação do ano N+1, uma vez que no período de tributação do ano N beneficiou da Dedução por Lucros Retidos e Reinvestidos (DLRR).

2. Informou que tem como actividade principal a criação de bovinos para a produção de leite e que no ano N optou por fazer uma dedução por lucros retidos e reinvestidos, e que no ano Ñ+1 adquiriu um terreno rústico cuja aquisição pretendia enquadrar na alínea a) do n.º 1 do art.º 30.º do CFI, visto o terreno rústico ser essencial à actividade agrícola.

3. A DLRR constitui um regime de incentivos fiscais ao investimento em favor de micro, pequenas e médias empresas, nos termos do Regulamento (UE) n.º 651/2014 da Comissão, de 17 de Junho de 2014, que declara certas categorias de auxílios compatíveis com o mercado interno, em aplicação dos artigos 107.º e 108.º do Tratado do Funcionamento da União Europeia (TFUE), publicado no Jornal Oficial da União Europeia, n.º C 187, de 26 de Junho de 2014 (adiante Regulamento Geral de Isenção por Categoria ou RGIC), conforme prevê o n.º 3 do art.º 1.º do CFI e, bem assim, o art.º 27.º do mesmo diploma.

4. Os sujeitos passivos de IRC identificados no artigo 28.º do CFI e que reúnam cumulativamente as condições nele indicadas, podem deduzir à colecta do IRC, nos períodos de tributação que se iniciem em ou após 1 de Janeiro de 2014, até 10% dos lucros retidos que sejam reinvestidos em aplicações relevantes nos termos do artigo 30.º, no prazo de "quatro anos", na actual redacção do n.º 1 do art.º 29.º do CFI, dada pela Lei n.º 2/2020, de 31 de Março (OE 2020), contado a partir do final do período de tributação a que correspondam os lucros retidos.

5. Porém, de acordo com o art.º 9.º da Portaria n.º 297/2015, de 21 de Setembro, que procede à regulamentação de determinados aspectos da DLRR (e do RFAI), nos termos previstos nas alíneas a) e b) do n.º 3 do artigo 1.º do RGIC, a DLRR não é aplicável ao reinvestimento de lucros retidos nos sectores da pesca, da aquicultura e da produção agrícola primária, tal como definida no parágrafo 9 do art.º 2.º do RGIC, o qual define «Produção agrícola primária», como a produção de produtos da terra e da criação animal, enumerados no anexo I do Tratado, sem qualquer outra operação que altere a natureza de tais produtos.

6. A entidade indica que a sua actividade principal é a criação de bovinos para a produção de leite e encontra-se registada para o exercício da actividade de CRIAÇÃO DE BOVINOS PARA PRODUÇÃO DE LEITE (CAE 1410), para a actividade de "ACTIVIDADES DOS SERVIÇOS RELACIONADOS COM A AGRICULTURA",

(CAE 1610) e para a actividade de VITICULTURA (CAE 1210), esta última apenas a partir do ano N+2.

7. Deste modo, não há dúvidas de que as actividades desenvolvidas pelo sujeito passivo se inserem no sector da produção agrícola primária, que, como referido, é um dos sectores excluídos do âmbito do referido benefício fiscal, pelo que se conclui que a entidade não pode beneficiar da DLRR.

8. Acresce que, também, de acordo com o art.º 11.º da mesma portaria, para efeitos do disposto no n.º 1 do art.º 30.º do CFI, apenas são elegíveis as aplicações relevantes em activos aí previstos que respeitem a um "investimento inicial", tal como definido nos termos da alínea d) do n.º 2 do artigo 2.º da mesma portaria, considerando-se como tal "Os investimentos relacionados com a criação de um novo estabelecimento, o aumento da capacidade de um estabelecimento já existente, a diversificação da produção de um estabelecimento no que se refere a produtos não fabricados anteriormente nesse estabelecimento ou uma alteração fundamental do processo de produção global de um estabelecimento existente;". Ou seja, o investimento em causa teria que integrar o conceito de "investimento inicial", salientando-se que não se considera aplicação relevante a "aquisição isolada" de activos que não integrem tal conceito.

9. E, para além de o investimento em causa ter que integrar o conceito de "investimento inicial", os activos fixos tangíveis adquiridos para o efeito, terão de se qualificar como aplicações relevantes nos termos no disposto no n.º 1 do n.º art.º 30.º do CFI, e de acordo com a alínea a) do referido normativo não se considera aplicação relevante a aquisição de "terrenos", salvo no caso de "se destinarem à exploração de concessões mineiras, águas minerais naturais e de nascente, pedreiras, barreiros e areeiros em projectos de indústria extractiva;" o que não é o caso aqui em análise, pelo que também por esta via não poderia beneficiar da DLRR.

Informação Vinculativa com Despacho de 8 de Fevereiro de 2019, da Directora de Serviços do IRC (Proc. n.º 4769/2019)
DLRR – Actividade de construção civil.

É pretendida informação vinculativa sobre a elegibilidade dos seguintes bens para efeitos do benefício fiscal da Dedução por Lucros Retidos e Reinvestidos (DLRR) previsto nos artigos 27.º e seguintes do Código Fiscal do Investimento (CFI):

Imóvel adquirido para escritório administrativo da empresa;

Imóveis adquiridos para reabilitação e posterior venda, no âmbito do objecto da empresa.

Nos termos do n.º 1 do artigo 29.º do CFI, "os sujeitos passivos referidos no artigo anterior podem deduzir à colecta do IRC, nos períodos de tributação que se iniciem em ou após 1 de Janeiro de 2014, até 10 % dos lucros retidos que sejam reinvestidos em aplicações relevantes nos termos do artigo 30.º, no prazo de três anos contado a partir do final do período de tributação a que correspondam os lucros retidos."

Para efeitos do regime da DLRR, consideram-se aplicações relevantes os activos fixos tangíveis, adquiridos em estado de novo, com as excepções previstas nas alíneas a) a e) do artigo 30.ºdo CFI, entre as quais:

a) Terrenos, salvo no caso de se destinarem à exploração de concessões mineiras, águas minerais naturais e de nascente, pedreiras, barreiros e areeiros em projectos de indústria extractiva;
b) Construção, aquisição, reparação e ampliação de quaisquer edifícios, salvo quando afectos a actividades produtivas ou administrativas.

O regime da dedução por lucros retidos e reinvestidos (DLRR) está regulamentado pela Portaria n.º 297/2015, de 21 de Setembro.

De acordo com o disposto no artigo 11.º da referida Portaria, para efeitos do disposto no n.º 1 do artigo 30.º do Código Fiscal do Investimento, apenas são elegíveis as aplicações relevantes em activos aí previstos que respeitem a um investimento inicial, tal como definido nos termos da alínea d) do n.º 1 do artigo 2.º da presente portaria.

Consideram-se investimentos iniciais, nos termos da alínea a) do parágrafo 49 do artigo 2.º do RGIC, os investimentos relacionados com a criação de um novo estabelecimento, o aumento da capacidade de um estabelecimento já existente, a diversificação da produção de um estabelecimento no que se refere a produtos não fabricados anteriormente nesse estabelecimento, ou uma alteração fundamental do processo de produção global de um estabelecimento existente.

Conforme referido no presente pedido trata-se de aquisição de imóveis, um dos quais a utilizar para escritório do sujeito passivo e outros para reabilitação e posterior venda.

Os imóveis adquiridos para reabilitação e posterior venda, de acordo com o SNC, não reúnem as condições para classificação contabilística em activos fixos tangíveis sendo relevados contabilisticamente em inventários, como tal não são considerados elegíveis.

O imóvel para escritório do sujeito passivo, caso seja adquirido em estado de novo, poderia enquadrar-se na excepção prevista na alínea b) do n.º 1 do artigo 30.º do CFI, por afectação a actividades administrativas.

Todavia, para efeitos da DLRR, apenas são elegíveis as aplicações relevantes que respeitem a um investimento inicial, tal como definido nos termos da alínea d) do n.º 1 do artigo 2.º da referida Portaria, o que não será o caso.

Assim, os imóveis em questão não são elegíveis para efeitos da DLRR.

Informação Vinculativa com Despacho de 23 de Janeiro de 2019, da Directora de Serviços do IRC (Proc. n.º 478/2019)

DLRR. Reinvestimento em imóvel para arrendamento.

1. Um sujeito passivo de IRC possui como uma das suas actividades o arrendamento de imóveis (CAE 68200).

2. Pretende utilizar o crédito fiscal da DLRR relativamente ao exercício de 2018 e concretizar o reinvestimento durante o exercício de 2019.

3. Suscita-lhe dúvidas se o reinvestimento pode ser efectuado na reconstrução de um imóvel a adquirir (imóvel usado), que posteriormente possibilitaria o rendimento de rendas.

4. Em caso afirmativo, o valor a considerar para efeitos de reinvestimento seria o somatório dos gastos com a reconstrução mais a aquisição do imóvel.

Pelo despacho indicado foi sancionado o seguinte entendimento:

1. O Decreto-Lei n.º 162/2014, de 31 de Outubro, aprovou o Código Fiscal ao Investimento (CFI). Por sua vez, o CFI estabeleceu, entre outros, o regime de Dedução por Lucros Retidos e Reinvestidos (DLRR) que consta do seu capítulo IV (artigos 27.º a 34.º).

2. Admitindo o cumprimento das condições indicadas no artigo 28.º, o n.º 1 do novo artigo 29.º do CFI estabelece que "[o]s sujeitos passivos referidos no artigo anterior podem deduzir à colecta do IRC, nos períodos de tributação que se iniciem em ou após 1 de Janeiro de 2014, até 10% dos lucros retidos que sejam reinvestidos em aplicações relevantes nos termos do artigo 30.º, no prazo de três anos contado a partir do final do período de tributação a que correspondam os lucros retidos".

3. Para efeitos da dedução indicada, o montante máximo dos lucros retidos e reinvestidos, em cada período de tributação, é de €7.500.000, por sujeito passivo, sendo a dedução feita, nos termos da alínea c) do n.º 2 do artigo 90.º do CIRC, até à concorrência de 25% da colecta do IRC ou de 50%, no caso de micro e pequenas empresas.

4. Para efeitos da DLRR, consideram-se aplicações relevantes, entre outras e no que ao presente caso interessa, os activos fixos tangíveis, adquiridos em estado de novo, com excepção de:

- Terrenos, salvo no caso de se destinarem à exploração de concessões mineiras, águas minerais naturais e de nascente, pedreiras, barreiros e areeiros em projectos de indústria extractiva;
- Construção, aquisição, reparação e ampliação de quaisquer edifícios, salvo quando afectos a actividades produtivas ou administrativas.

5. Verifica-se que a primeira condição imposta pelo regime da DLRR consiste em que as aplicações relevantes sejam consideradas activos fixos tangíveis.

6. Tendo a sociedade como actividade secundária a actividade de arrendamento de bens imobiliários (CAE 68200) as aquisições de imóveis para arrendamento são consideradas propriedades de investimento.

7. De acordo com o §5 da Norma Contabilística e de Relato Financeiro 11, uma Propriedade de Investimento define-se como a propriedade (terreno ou um edifício – ou parte de um edifício – ou ambos) detida (pelo dono ou pelo locatário numa locação financeira) para obter rendas ou para valorização do capital ou para ambas, e não para:

(a) Uso na produção ou fornecimento de bens ou serviços ou para finalidades administrativas; ou

(b) Venda no curso ordinário do negócio. 8.

As propriedades de investimento ainda que reconhecidas na contabilidade como activos fixos tangíveis não podem beneficiar deste benefício fiscal, como aliás, também não beneficiam do regime do reinvestimento dos valores de realização previsto no artigo 48.º do Código do IRC e conforme o n.º 10 deste artigo.

9. De notar que o imóvel ao ser adquirido em estado de uso e não se encontrar afecto a actividades produtivas ou administrativas, mesmo que fosse considerado um activo fixo tangível, também não poderia ser considerado como aplicação relevante para efeitos da DLRR, face ao disposto na alínea b) do n.º 1 do artigo 30.º do CFI.

Informação Vinculativa com Despacho de 27 de Novembro de 2018, da Directora de Serviços do IRC (Proc. n.º 4093/2018)
Aplicações relevantes no RFAI e na DLRR.

1. Uma sociedade teve necessidade de aumentar a sua capacidade de produção pelo que adquiriu, em 2018, um estabelecimento de produção têxtil (edifício, equipamento e pessoal), procedendo à sua requalificação e adaptação dos espaços e à contratação de trabalhadores, transformando este estabelecimento numa nova unidade complementar de produção.

2. Para esta nova unidade, a empresa, para além do edifício e equipamentos usados, adquiriu equipamentos novos e procedeu a obras de remodelação para adaptação às novas necessidades.

3. Os equipamentos novos adquiridos referem-se a peças para requalificação de máquinas de produção existentes, a máquinas de produção novas, a equipamento para a produção como mesas de revista e cadeiras para máquinas e equipamentos sociais para refeitório.

No que respeita às obras de remodelação referem-se essencialmente à requalificação da rede de ar comprimido, requalificação da instalação eléctrica, instalação de climatização e construção de equipamentos sociais (refeitório).

4. Pretende a empresa saber se as aquisições indicadas são consideradas aplicações relevantes para efeitos do artigo 22.º e 30.º do CFI.

Pelo despacho indicado foi sancionado o seguinte entendimento:

1. O Código Fiscal do Investimento (CFI) foi aprovado pelo Decreto-Lei n.º 162/2014, de 31 de Outubro.

2. Neste CFI encontra-se previsto, nos artigos 22.º a 26.º, o Regime Fiscal de Apoio ao Investimento (RFAI) e nos artigos 27.º a 34.º a Dedução por Lucros Retidos e Reinvestidos (DLRR).

3. As aplicações relevantes consideradas para efeito destes benefícios fiscais são as previstas no n.º 2 do artigo 22.º e no artigo 30.º do CFI.

4. De acordo com o n.º 2 do artigo 22.º do CFI, ou seja no âmbito do RFAI, consideram-se aplicações relevantes os investimentos nos seguintes activos, desde que afectos à exploração da empresa:

a) Activos fixos tangíveis, adquiridos em estado de novo, com excepção de:

vii) Terrenos, salvo no caso de se destinarem à exploração de concessões mineiras, águas minerais naturais e de nascente, pedreiras, barreiros e areeiros em investimentos na indústria extractiva;

viii) Construção, aquisição, reparação e ampliação de quaisquer edifícios, salvo se forem instalações fabris ou afectos a actividades turísticas, de produção de audiovisual ou administrativas;
ix) Viaturas ligeiras de passageiros ou mistas;
x) Mobiliário e artigos de conforto ou decoração, salvo equipamento hoteleiro afecto a exploração turística;
xi) Equipamentos sociais;
xii) Outros bens de investimento que não estejam afectos à exploração da empresa;

b) Activos intangíveis, constituídos por despesas com transferência de tecnologia, nomeadamente através da aquisição de direitos de patentes, licenças, «know-how» ou conhecimentos técnicos não protegidos por patente.

5. Por sua vez, o artigo 30.º do CFI, aplicável à DLRR considera aplicações relevantes, para efeitos do presente regime, os activos fixos tangíveis, adquiridos em estado de novo, com excepção de:

f) Terrenos, salvo no caso de se destinarem à exploração de concessões mineiras, águas minerais naturais e de nascente, pedreiras, barreiros e areeiros em projectos de indústria extractiva;
g) Construção, aquisição, reparação e ampliação de quaisquer edifícios, salvo quando afectos a actividades produtivas ou administrativas;
h) Viaturas ligeiras de passageiros ou mistas, salvo quando afectas à exploração de serviço público de transportes ou destinadas a serem alugadas no exercício da actividade normal do sujeito passivo, barcos de recreio e aeronaves de turismo;
i) Artigos de conforto ou decoração, salvo equipamento hoteleiro afecto a exploração turística; e
j) Activos afectos a actividades no âmbito de acordos de concessão ou de parceria público-privada celebrados com entidades do sector público.

6. Verifica-se com base nos normativos indicados que em ambos os benefícios fiscais (RFAI e DLRR) não são considerados aplicações relevantes os investimentos efectuados em activos fixos tangíveis que não sejam adquiridos em estado de novo.

7. Assim, apesar do edifício e equipamentos adquiridos conjuntamente com o edifício serem considerados contabilisticamente e fiscalmente como activos fixos tangíveis não são considerados aplicações relevantes para efeitos do RFAI e da DLRR em virtude de não terem sido adquiridos em estado de novo.

8. De notar que, nos termos da alínea d) do n.º 2 do artigo 2.º e do artigo 11.º da Portaria n.º 297/2015, de 21 de Setembro, os benefícios fiscais previstos nos artigos 23.º (aplicável ao RFAI) e 29.º (aplicável à DLRR) do CFI apenas são aplicáveis aos investimentos iniciais, considerando-se como tais os investimentos relacionados com a criação de um novo estabelecimento, o aumento da capacidade de um estabelecimento já existente, a diversificação da produção de um estabelecimento no que se refere a produtos não fabricados anteriormente nesse estabelecimento, ou uma alteração fundamental do processo de produção global de um estabelecimento existente.

9. Caso se esteja no presente caso perante um investimento inicial, dado a empresa ter informado que o investimento efectuado visou o aumento da capacidade de um estabelecimento já existente com a transformação deste estabelecimento numa nova unidade complementar de produção, o investimento efectuado em equipamento adquirido em estado de novo para a unidade complementar de produção pode ser considerado aplicações relevantes quer para o RFAI quer para a DLRR, com exceção do investimento em equipamentos sociais (refeitório) por se encontrar excluído do RFAI nos termos do ponto v) da alínea a) do n.º 2 do artigo 22.º do CFI.

10. Relativamente às obras de remodelação (requalificação da rede de ar comprimido, requalificação da instalação eléctrica, instalação de climatização) por se tratar de reparações em instalações fabris (RFAI) e em edifícios afectos a actividades produtivas (DLRR) serão consideradas aplicações relevantes para efeitos destes dois benefícios fiscais desde que o correspondente investimento seja efectuado em estado de novo.

11. Já a construção de equipamentos sociais (refeitório) não pode beneficiar do RFAI e da DLRR por não se tratar, respectivamente, de instalação fAbril ou afecto a actividade produtiva ou administrativa.

12. Por fim refere-se que tratando-se do exercício de uma actividade de produção têxtil encontra-se enquadrada no sector da indústria transformadora, o qual está previsto no n.º 2 do artigo 2.º do CFI, sendo qualificável para efeitos de RFAI e DLRR.

Informação Vinculativa com Despacho de 29 de Outubro de 2018, da Directora de Serviços do IRC (Proc. n.º 1593/2018)
Dedução por Lucros Retidos e Reinvestidos (DLRR) – Aplicações relevantes (investimento de expansão da capacidade de armazenagem).

No caso em apreço, estava em causa uma sociedade que se encontra registada com os seguintes CAE:

CAE Principal – 45401 – Comércio grosso e a retalho motociclos, suas peças e acessórios

CAE Secundário 1 – 045402 Manutenção e reparação motociclos, suas peças e acessórios

CAE Secundário 2 – 046610 Comércio por grosso de máquinas e equipamentos, agrícolas.

Pretendia saber se o investimento de expansão da capacidade de armazenagem (construção de novo armazém, aquisição de viaturas automóveis, estantes metálicas e equipamento informático) que pretendia efectivar em 2018 e 2019 era enquadrável no n.º 1 do art.º 29.º do CFI, permitindo-lhe, consequentemente, usufruir da dedução por lucros retidos e reinvestidos, em termos de IRC.

Referia que ía aumentar a capacidade do estabelecimento já existente, isto é, a sua capacidade de armazenagem, com o objectivo de ampliar o comércio, importação, exportação e reparação de máquinas e equipamentos para jardim, agricultura e florestas, que a reserva especial correspondente aos lucros retidos foi constituída em 2017, e o reinvestimento seria efectuado em 2018 e 2019.

Os sujeitos passivos de IRC identificados no artigo 28.º do CFI e que reúnam cumulativamente as condições nele indicadas podem deduzir à colecta do IRC, nos períodos de tributação que se iniciem em ou após 1 de Janeiro de 2014, até 10% dos lucros retidos que sejam reinvestidos em aplicações relevantes nos termos do artigo 30.º do mesmo diploma, no prazo de três anos contado a partir do final do período de tributação a que correspondam os lucros retidos.

Para efeitos da referida dedução o montante máximo dos lucros retidos e reinvestidos, é actualmente de €7.500.000,00 em cada período de tributação, sendo de €5.000.000,00 antes das alterações introduzidas pela Lei do Orçamento do Estado para 2018.

A dedução é feita, nos termos da alínea c) do n.º 2 do artigo 90.º do CIRC, até à concorrência de 25% da colecta do IRC.

No caso de micro e pequenas empresas, a dedução supra referida é feita até à concorrência de 50% da colecta do IRC, conforme prevê o actual n.º 4 do art.º 29.º do CFI, norma esta, também, introduzida pela Lei do Orçamento do Estado para 2018.

Assim, no caso em apreço, concretizando-se o benefício da DLRR no período de tributação de 2017, o sujeito passivo teria que aplicar o regime em vigor até 31 de Dezembro de 2017, ou seja, sem as alterações operadas pela Lei n.º 114/2017, de 29 de Dezembro (OE 2018), com excepção do prazo de reinvestimento, em que poderia usufruir do prazo de três anos estabelecido no n.º 1 do art.º 29.º do CFI.

Assim e apesar de a requerente ser uma PME, só poderia beneficiar da referida dedução até à concorrência de 25% da colecta do IRC, (relativamente ao montante correspondente a 10% dos lucros apurados e retidos).

De acordo com o art.º 11.º da Portaria n.º 297/2015, de 21/09, que regulamenta o regime da dedução por lucros retidos e reinvestidos (DLRR), para efeitos do disposto no n.º 1 do art.º 30.º do Código Fiscal do Investimento, apenas são elegíveis as aplicações relevantes em activos aí previstos que respeitem a um investimento inicial, tal como definido nos termos da alínea d) do n.º 2 do artigo 2.º da mesma portaria, considerando-se como tal "Os investimentos relacionados com a criação de um novo estabelecimento, o aumento da capacidade de um estabelecimento já existente, a diversificação da produção de um estabelecimento no que se refere a produtos não fabricados anteriormente nesse estabelecimento ou uma alteração fundamental do processo de produção global de um estabelecimento existente;"

Para efeitos da DLRR consideram-se aplicações relevantes, os activos fixos tangíveis adquiridos em estado de novo, com excepção dos indicados nas alíneas a) a e) do n.º 1 do artigo 30.º do CFI, salvo se se enquadrarem em alguma das exceções aí previstas, caso em que, também serão elegíveis como aplicações relevantes.

Para além do investimento em causa ter que integrar o conceito de "investimento inicial", os activos fixos tangíveis adquiridos para o efeito, terão de ser adquiridos em estado de novo e, de se qualificar como aplicações relevantes, nos termos no disposto no n.º 1 do n.º art.º 30.º do CFI.

De acordo com a alínea b) do n.º 1 do normativo supra indicado não se considera aplicação relevante a construção, aquisição, reparação e ampliação de quaisquer edifícios, salvo quando afectos a actividades produtivas ou administrativas, isto é, embora o investimento com a construção, aquisição, reparação e ampliação de quaisquer edifícios não seja elegível como aplicação relevante, por força da alínea b) do n.º 1 do art.º 30.º, quando esses edifícios estiverem afectos a actividades produtivas ou administrativas, fica salvaguardada a sua elegibilidade como aplicação relevante, para efeitos do presente regime.

No caso concreto, a sociedade irá construir um novo armazém, com o objectivo de ampliar o comércio, importação, exportação e reparação de máquinas e equipamentos para jardim, agricultura e florestas, (actividade em que se encontra registada e a que corresponde o CAE secundário 46610), o investimento em causa, para além de integrar o conceito de "investimento inicial", será afecto à actividade produtiva desenvolvida pela empresa, e deverá ser registado contabilisticamente como activo fixo tangível, sujeito a depreciações, pelo que o mesmo poderá ser elegível como aplicação relevante para efeitos de DLRR.

Salienta-se contudo que, quanto ao terreno onde irá ser implantado o novo armazém, o mesmo não é elegível como aplicação relevante, atento o disposto na alínea a) do n.º 1 do art.º 30.º do CFI.

No que se refere ao investimento em estantes metálicas, pode considerar-se elegível a sua aquisição como aplicações relevantes para efeitos da DLRR, porquanto essa aquisição se insere numa estratégia global de investimento (aumento da capacidade de armazenagem) e como tal possui enquadramento no âmbito do conceito de investimento inicial, sendo que se tratam de activos fixos tangíveis sujeitos a depreciações, que não se encontram excepcionados nas várias alíneas do n.º 1 do art.º 30.º do CFI, desde que adquiridos em estado de novo.

Quanto ao investimento em viaturas automóveis, atendendo a que não se tratam de viaturas ligeiras de passageiros e mistas (excepcionadas pela alínea c) do n.º 1 do art.º 30.º do CFI), e dado que a aquisição das mesmas se insere numa estratégia global de investimento (aumento da capacidade de armazenagem), referindo a requerente que as mesmas irão contribuir para um melhor acompanhamento dos revendedores e entrega de materiais urgentes, promovendo uma maior rotatividade de *stocks*, conclui-se que têm enquadramento no âmbito do conceito de investimento inicial, pelo que, desde que adquiridas em estado de novo, as mesmas também serão elegíveis para efeitos de DLRR.

No que se refere à aquisição do equipamento informático, pese embora se tratem de bens do activo fixo tangível sujeito a depreciações, a sua elegibilidade para efeitos de DLRR está subordinada ao seu enquadramento no âmbito do conceito de "investimento inicial", considerado de uma forma global, nos termos da citada alínea d) do n.º 2 do artigo 2.º da Portaria 297/2015, de 21 de Setembro. Porém, neste caso não se vislumbra de que modo a aquisição de equipamento informático contribui para o aumento da capacidade de armazenagem, pelo que a aquisição do mesmo configura uma aquisição isolada, não enquadrável no conceito de investimento inicial e, portanto, não elegível para efeitos de DLRR.

ARTIGO 31.º
Não cumulação

1 – Sem prejuízo do disposto no número seguinte, a DLRR não é cumulável, relativamente às mesmas aplicações relevantes elegíveis, com quaisquer outros benefícios fiscais ao investimento da mesma natureza.

2 – A DLRR é cumulável com o regime de benefícios contratuais e com o RFAI, nos termos e condições previstos nos artigos 13.º e 24.º, respectivamente.

O artigo 31.º trata da cumulatividade da DLRR com outros benefícios fiscais, incluindo os benefícios contratuais ao investimento produtivo (artigos 2.º a 21.º) e o RFAI (artigos 22.º a 26.º).

1.

Por regra, quanto à DLRR relativa às aplicações relevantes em que seja concretizado o reinvestimento (artigo 30.º), impera a regra da *exclusividade*. Portanto, este benefício fiscal não é cumulável, com quaisquer outros benefícios fiscais da mesma natureza – ou seja, em que há similitude quanto ao interesse público extrafiscal relevante – relativamente às mesmas aplicações relevantes, incluindo o SIFIDE II (artigos 35.º a 42.º) ou outros[477]. No n.º 2 consagra-se uma excepção, quanto aos benefícios contratuais e ao RFAI.

Não obstante, o RFAI é cumulável com benefícios fiscais não fiscais (desde logo, com incentivos financeiros).

2.

Como excepção à regra da exclusividade do benefício fiscal da DLRR relativa às aplicações relevantes (artigo 30.º), enunciada no n.º 1, o legislador admite que o mesmo seja cumulável com os benefícios contratuais ao investimento produtivo (artigos 2.º a 21.º) e o RFAI (artigos 22.º a 26.º)[478], sendo de atender

[477] Por exemplo, relativamente às mesmas despesas de investimento elegíveis, o Crédito Fiscal Extraordinário ao Investimento II (CFEI II), previsto na Lei n.º 27-A/2020, de 24 de Julho.

[478] Por exemplo, uma empresa pode constituir uma reserva especial para investimento em 2019, aproveitando neste período da DLRR e reinvestir este valor em 2020, aproveitando o RFAI em 2020.

aos termos e condições previstos quanto a estes (respectivamente, artigos 13.º e 24.º).

No entanto, tal cumulação tem que se inscrever nos limites máximos aplicáveis previstos no artigo 10.º, ou seja, aqueles que vigoram na região na qual o investimento seja efectuado (artigo 43.º). Sendo que, caso os projectos de investimento[479] ou investimentos[480] beneficiem de outros auxílios de Estado, o cálculo dos limites deve ter em consideração o montante total dos auxílios de Estado com finalidade regional concedidos ao investimento ou projecto de investimento em questão, proveniente de todas as fontes, assim como outras regras de cumulação previstas na legislação da União Europeia.

DOUTRINA ADMINISTRATIVA:

Informação Vinculativa com Despacho de 5 de Março de 2021, da Directora de Serviços do IRC (Proc. n.º 36/2020)

Aquisição de imóvel a massa insolvente. "Estado de novo" e elegibilidade das obras de remodelação.

No caso em apreço, estava em causa a elegibilidade, como aplicação relevante, para efeitos da Dedução por Lucros Retidos e Reinvestidos (DLRR) e/ou do regime previsto no do 16.º da Lei n.º 27-A/2020, de 24 de Julho, relativo ao Crédito Fiscal Extraordinário ao Investimento II (CFEI II), da aquisição, a massa insolvente, de um imóvel composto por terreno e pavilhão e respectivas obras de adaptação para o desenvolvimento da sua actividade.

(...)

A) <u>Insusceptibilidade de cumulação dos benefícios fiscais relativos à DLRR e ao CFEI II</u>

Quanto à possibilidade de a entidade usufruir dos benefícios fiscais relativos à DLRR e ao CFEI II, importa referir, previamente, a regra de não cumulação prevista em cada um dos benefícios fiscais, respectivamente, no art.º 31.º do CFI e no art.º 5.º do diploma que instituiu o CFEI II, as quais determinam a insusceptibilidade de cumulação, relativamente às mesmas aplicações relevantes/despesas de investimento elegíveis, com quaisquer outros benefícios fiscais da mesma natureza.

Salienta-se que o CFEI II é um benefício fiscal ao investimento, que opera por dedução à colecta de IRC, à semelhança da DLRR, não obstante os referidos benefícios seguirem regimes próprios distintos, pelo que a entidade terá que avaliar qual o benefício que melhor se adequa à sua realidade, dado que os referidos benefícios não são cumuláveis relativamente ao mesmo investimento.

[479] No caso dos benefícios fiscais contratuais ao investimento produtivo.

[480] Investimentos.

ARTIGO 32.º
Reserva especial por lucros retidos e reinvestidos

1 – Os sujeitos passivos que beneficiem da DLRR devem proceder à constituição, no balanço, de reserva especial correspondente ao montante dos lucros retidos e reinvestidos.

2 – A reserva especial a que se refere o número anterior não pode ser utilizada para distribuição aos sócios antes do fim do quinto exercício posterior ao da sua constituição, sem prejuízo dos demais requisitos legais exigíveis.

Na DLRR o que gera o benefício fiscal é a constituição de uma reserva especial a que é afectada uma parte dos lucros retidos, no valor máximo de €12.000.000 por período de tributação (artigo 29.º n.º 2), com o limite previsto nos n.ºs 3 e 4 deste último artigo. Havendo que atender ao disposto nos artigos 65.º n.ºs 1, 2 e 5 (Dever de relatar a gestão e apresentar contas), 66.º n.ºs 1 e 5 alínea f) [Relatório da gestão] e 376.º n.º 1 alíneas a) e b) [Assembleia geral anual], todos do CSC.

1.

Os sujeitos passivos que beneficiem da DLRR devem proceder à constituição, no balanço[481], de uma *reserva especial* correspondente ao montante dos lucros retidos e reinvestidos. Dado que a constituição dessa reserva especial decorre de uma exigência legal, para o efeito deve ser utilizada uma subconta 551 (Reservas legais)[482].

Esta operação apenas pode ser efectuada mediante uma deliberação dos sócios em assembleia geral da sociedade[483]. Na declaração anual de informação contabilística e fiscal (IES/DA), relativa ao período de tributação, o sujeito

[481] Integra o processo de aprovação de contas previsto nos artigos 65.º e seguintes do CSC.

[482] Da Classe 5 – Capital próprio, reservas e resultados transitados.

[483] Artigo 376.º n.º 1 alíneas a) e b) do CSC.
A deliberação da criação da reserva pode ser efectuada na assembleia geral ordinária, convocada para efectuar a aprovação e aplicação dos resultados do período, que normalmente é realizada até final de Março do ano seguinte ao período a que os lucros obtidos respeitam (artigo 65.º n.º 5 do CSC). A proposta de aplicação de resultados, nomeadamente da criação da reserva especial prevista para o benefício fiscal da DLRR, deve constar do relatório de gestão elaborado pela gerência ou administração da sociedade. Assim, somente após a deliberação favorável da aprovação e aplicação dos resultados do período anterior, efectuada pelos sócios até Março do ano seguinte, é possível proceder à criação da referida reserva especial prevista para o benefício fiscal da DLRR.

passivo deve declarar no Anexo A, no quadro 08 referente à deliberação de aprovação de contas, que estas foram aprovadas e que a respectiva deliberação de aprovação está devidamente titulada, nos termos previstos no artigo 63.º do CSC, indicando ainda, com referência à aplicação dos resultados, conforme a referida deliberação, que os resultados líquidos previamente transferidos para resultados transitados, seriam aplicados na constituição de reserva especial correspondente ao montante dos lucros retidos e reinvestidos[484].

Em termos de registos contabilísticos, no dia 1 de Janeiro do ano seguinte, haverá que proceder-se à transferência do resultado líquido do período anterior para a conta de resultados transitados. E, será sobre o valor dos resultados transitados, existente em saldo na data da deliberação dos sócios em assembleia geral (incluindo o resultado líquido do período) que os sócios irão proceder à aprovação da constituição da reserva especial[485].

Não estando prevista no regime da DLRR a possibilidade de reporte do benefício (ou seja, da dedução não utilizada) em caso de colecta insuficiente para os períodos seguintes[486], na constituição da reserva especial deve ter-se em consideração o valor da colecta do IRC do período de tributação, sobre o qual será efectuada a dedução – até à concorrência de 25% ou 50% da colecta

[484] No campo A01001 deve ser inscrito o valor correspondente à soma do saldo da conta «Resultados transitados» (A00133) com o valor do «Resultado líquido do período» (A00137).
Note-se que parte do conteúdo do quadro 08 é pré-preenchido pela aplicação informática para submissão da IES/DA tendo por base o conteúdo do ficheiro SAF-T (PT) relativo à contabilidade, em concreto, como as contas foram aprovadas (ponto 6) e o valor a inscrever no campo A01001 referente ao saldo da conta «Resultados transitados» existente antes do que tiver sido deliberado quanto à aplicação dos resultados (situação existente em 01-01 do ano seguinte àquele a que respeita a Demonstração dos resultados por naturezas e Balanço que integram a declaração). Os restantes campos do quadro são editáveis e deverão ser preenchidos de acordo com o que tiver sido deliberado quanto à aprovação das contas.

[485] Assim, os registos contabilísticos podem ser:
No dia 1/01/n+1:
Pela transferência do resultado líquido do período (lucro):
– Débito da conta 818 – “Resultado Líquido do Período” por contrapartida a crédito da conta 56 – “Resultados Transitados”, pelo valor do lucro obtido no período.
No dia da assembleia-geral de sócios de deliberação da aprovação e aplicação de resultados:
Pela constituição da reserva especial prevista para a aplicação do benefício fiscal da DLRR:
– Débito da conta 56 – “Resultados Transitados” por contrapartida a crédito da conta 55x – “Reserva Especial da DLRR”, pelo respectivo montante do investimento a realizar na aplicação da DLRR.

[486] Ao contrário do que acontece com outros benefícios fiscais.

conforme, respectivamente, se trate de uma média empresa ou de uma PME (artigo 29.º n.ºs 3 e 4)[487].

A não constituição da reserva especial implica a devolução do montante de imposto que deixou de ser liquidado, ao qual é adicionado o montante de imposto a pagar relativo ao 4.º[488] período de tributação seguinte, acrescido dos correspondentes juros compensatórios[489] majorados em 15 pontos percentuais [artigo 34.º alínea c)][490].

2.

O legislador veda que a reserva especial correspondente ao montante dos lucros retidos e reinvestidos, reflectida contabilisticamente no balanço, pelos sujeitos passivos que beneficiam da DLRR (n.º 1), possa ser utilizada para *distribuição aos sócios* antes do fim do 5.º exercício posterior ao da sua constituição, sem prejuízo dos demais requisitos legais exigíveis.

Assim, independentemente do momento da realização do investimento, a reserva especial não pode ser anulada, tendo que ser mantida até ao do fim do quinto exercício posterior ao da sua constituição. Uma vez transcorrido este prazo, a anulação deve implicar um registo contabilístico de transferência da respectiva conta[491] para a conta de resultados transitados ou para reservas livres, passando então a estar disponível para distribuição aos sócios.

[487] *Maxime*, a reserva especial será no valor necessário para a dedução máxima. O sujeito passivo parte do valor da colecta para reter depois a parte dos lucros e constituir a reserva no montante que possa deduzir à mesma colecta.

[488] O legislador não terá feito a actualização na sequência da redacção introduzida ao artigo 29.º n.º 1 pela Lei n.º 2/2020, de 31 de Março, sendo as alterações dos prazos aplicáveis aos prazos em curso no primeiro dia do período de tributação relativo a 2020 (artigo 360.º da referida Lei). Na redacção anterior, introduzida pela Lei n.º 114/2017, de 29 de Dezembro, o prazo era de 3 anos. Na redacção originária do CFI, o prazo era de 2 anos.

[489] Os *juros compensatórios* visam compensar o Estado pelo retardamento da liquidação ou entrega do imposto, sendo uma componente da dívida global de imposto, não podendo tal encargo ser dedutível para efeitos da determinação do lucro tributável [artigo 23.º-A n.º 1 alínea e) do CIRC]. Recorde-se que a competência para a liquidação do IRC pertence, originariamente, ao próprio sujeito passivo (autoliquidação), cabendo à administração tributária, subsidiariamente, realizar a liquidação oficiosa ou adicional, em caso de omissão do sujeito passivo no cumprimento da sua obrigação declarativa (artigos 89.º e 90.º do CIRC). Ao montante do imposto acrescem então juros compensatórios à taxa fixada nos termos do artigo 559.º n.º 1, do Código Civil, isto é, à taxa de 4% (artigo 35.º n.º 10 da LGT).

[490] A redacção actual foi introduzida pela Lei n.º 114/2017, de 29 de Dezembro.
Na redacção originária do CFI, ao montante de imposto devolvido era adicionado o montante de imposto a pagar relativo ao 2.º período de tributação seguinte.

[491] Conta 55x (Reservas).

Segundo o artigo 34.º alínea d), o incumprimento do disposto no n.º 2 do artigo 32.º implica a devolução do montante de imposto que deixou de ser liquidado correspondente à parte da reserva que seja utilizada para distribuição aos sócios, ao qual é adicionado o montante de imposto a pagar relativo ao 4.º período de tributação seguinte[492], acrescido dos correspondentes juros compensatórios[493] majorados em 15 pontos percentuais[494].

Os sujeitos não poderão com o mesmo lucro aceder também à remuneração convencional do capital social (RCCS), prevista no artigo 41.º-A do EBF, dado que esta não é um benefício fiscal ao investimento, mas sim à capitalização das empresas[495]. A reserva especial constituída para efeitos de DLRR não pode também ser afecta ao benefício da RCCS, tendo que parte distinta dos lucros ser afecta a cada um dos benefícios (DLRR e RCSS).

JURISPRUDÊNCIA:

Decisão Arbitral do CAAD, de 23 de Outubro de 2019 (Proc. n.º 172/2019-T)
IRC – Dedução de lucros retidos e revistos.

No caso concreto, o n.º 1 do artigo 32.º do CFI prevê expressamente que para beneficiar da DLRR, os Sujeitos Passivos de IRC devem proceder à constituição, no balanço, de reserva especial correspondente ao montante dos lucros retidos e reinvestidos. O balanço é um instrumento contabilístico que se integra no processo de aprovação de contas regulado nos artigos 65.º e seguintes do Código das Sociedades Comerciais (adiante designado por CSC), onde se enquadra também o relatório de gestão.

Nos termos do artigo 66.º do CSC, o relatório de gestão deve conter uma exposição fiel e clara da evolução dos negócios, do desempenho e da posição da sociedade, bem como uma descrição dos principais riscos e incertezas com que a mesma se defronta. Essa exposição deve consistir numa análise equilibrada e global da evolução dos negócios, dos resultados e da posição da sociedade, em conformidade com a dimensão e complexidade da sua actividade. É no relatório de gestão que a gerência faz a proposta de aplicação de resultados devidamente fundamentada (artigo 66.º n.º 5 al. f do CSC) que será posteriormente deliberada pelos sócios reunidos em Assembleia Geral.

A decisão de aplicação de resultados é uma decisão de gestão da sociedade, que reflecte uma estratégia tendo em consideração o exercício que estará em análise, e

[492] *Vide* a nota 486.

[493] *Vide* a nota 487.

[494] A redacção actual foi introduzida pela Lei n.º 114/2017, de 29 de Dezembro.
Na redacção originária do CFI, ao montante de imposto devolvido (correspondente à parte da reserva utilizada para distribuição aos sócios) era adicionado o montante de imposto a pagar relativo ao 2.º período de tributação seguinte.

[495] Por novas entradas em dinheiro ou entradas em espécie, suprimentos ou conversão de créditos.

tendo também em consideração o futuro, ou seja, o objectivo estratégico que a empresa pretende definir para os exercícios que se seguem (curto, médio e longo prazo). Assim, não basta que a decisão de aplicação de resultados esteja descrita na Acta de prestação de contas, é essencial que essa aplicação de resultados seja proposta pela gerência e que seja deliberada no enquadramento da decisão estratégica que vai presidir à gestão da empresa a curto, médio e longo prazo, e é essencial que essa decisão seja tomada numa Assembleia Geral, realizada em conformidade com o disposto nos artigos 65.º e seguintes do CSC. Pelo que, alterar a Acta de prestação de contas sem um processo de aprovação de contas devidamente registado através da entrega de uma IES de substituição, é manifestamente violador do disposto nos artigos 65.º e seguintes do CSC. A decisão de aplicação de resultados é acima de tudo uma decisão de gestão (e de importância estratégica), que deve ser tomada em total cumprimento do Código das Sociedades Comerciais.

A importância do processo de prestação de contas (previsto nos artigos 65.º e seguintes do CSC) é enfatizada na lei Nacional, no disposto no artigo 42.º do Código do Registo Comercial, que nos diz: "O registo da prestação de contas consiste no depósito, por transmissão electrónica de dados e de acordo com os modelos oficiais previstos em legislação especial, da informação constante dos seguintes documentos:

a) Acta de aprovação das contas do exercício e da aplicação dos resultados;
b) Balanço, demonstração de resultados e anexo ao balanço e demonstração de resultados;
c) Demonstração dos resultados;
d) Demonstração das alterações no capital próprio/património líquido;
e) Demonstração de fluxos de caixa;
f) Anexo às demonstrações financeiras;
g) Certificação legal das contas;
h) Parecer do órgão de fiscalização, quando exista."

Salienta-se que a Acta de aprovação de contas é um documento de registo obrigatório na Conservatória de Registo Comercial. O registo da prestação de contas é efectuado através da apresentação da Declaração de Informação Empresarial Simplificada (IES), nos termos do disposto no artigo 117.º n.º 1 al. (c) e do artigo 121.º do Código do IRC, fazendo parte integrante da IES a transmissão pelo contribuinte à Autoridade Tributária da informação que resulta do balanço, incluindo a decisão de aplicação de resultados. Uma vez entregue a IES, fica concluído o processo de prestação de contas através do respectivo registo junto da Conservatória do Registo Comercial, pelo que, deveremos entender que a declaração do contribuinte no que respeita à apresentação de contas e aplicação dos respectivos resultados (formalizada na IES), deverá considerar-se como final e definitiva.

Para todos os efeitos legais, a decisão de aplicação de resultados é a que resulta da Acta de aprovação de contas que é registada através da IES, que é a informação que pode ser consultada pelo público (designadamente pelos credores da Sociedade) nos termos dos números 7 e 8 do artigo 42.º do Código do Registo Comercial. Qualquer outro entendimento subverteria toda a *ratio legis* que levou à consagração do regime exposto, que tem por objectivo a transparência da situação financeira das Sociedades e a credibilidade da gestão das mesmas.

Assim, o artigo 32.º do CFI não prevê os prazos dentro dos quais deverá ser constituída a reserva especial porque os prazos, procedimentos e condições para constituição da reserva são os previstos nos artigos 65.º e seguintes do CSC e no Código do IRC, no que respeita à apresentação da IES do exercício.

Com os fundamentos expostos, é assim julgado improcedente o pedido de pronuncia arbitral no que respeita às correcções aplicadas pela Requerida no exercício de 2015 e de 2016 à dedução de DLRR.

DOUTRINA ADMINISTRATIVA:

Informação Vinculativa com Despacho de 17 de Março de 2020, da Subdirectora-Geral da Área de Gestão Tributária – Impostos sobre o Rendimento (Proc. n.º 573/2020)
DLRR – Lucros tributáveis a considerar para efeitos da constituição da reserva especial.

No caso em apreço, estava em causa saber se, para efeitos da fruição do benefício fiscal relativo à Dedução por lucros retidos e reinvestidos (DLRR) e da constituição da respectiva reserva especial prevista no art.º 32.º do Código Fiscal do Investimento (CFI), a expressão "lucros retidos" inclui os lucros acumulados do sujeito passivo em períodos anteriores ou, apenas, os lucros do próprio período.

Dispõe o art.º 32.º do CFI, que os sujeitos passivos que beneficiem da DLRR devem proceder à constituição, no balanço, de reserva especial correspondente aos lucros retidos e reinvestidos, a qual não poderá ser distribuída aos sócios antes do final do quinto período de tributação posterior ao da sua constituição.

E, de acordo com art.º 29.º do CFI, o sujeito passivo pode deduzir à colecta do IRC do período de tributação até 10% dos lucros retidos, que sejam reinvestidos no prazo aí determinado "contado a partir do final do período de tributação a que correspondam os lucros retidos".

Resulta do referido normativo que o benefício opera no próprio período a que respeitam os lucros retidos e, o seu reinvestimento tem, obrigatoriamente, de ser efectuado no prazo aí mencionado, o qual se conta a partir do final do período de tributação a que respeitam os referidos lucros retidos.

Entende-se, pois, que os lucros a reter são os do próprio período de tributação em que opera o benefício (por dedução à colecta do IRC). Se o legislador pretendesse que tal reserva fosse constituída por resultados transitados "relativos a períodos de tributação anteriores" (ou até mesmo por reservas), tê-lo-ia acautelado expressamente na letra da lei.

Invoca a entidade no seu requerimento o que "Os lucros retidos ou levados a reservas e que dentro dos três exercícios seguintes ao da formação dos mesmos sejam reinvestidos na própria empresa (...) poderão ser deduzidos dos lucros tributáveis nos três anos imediatos ao da conclusão do investimento", alegando que, face ao contexto histórico da norma, os lucros a reter correspondem aos lucros que vêm sendo acumulados em reservas pelo sujeito passivo, para além dos lucros do próprio período.

Resulta do art.º 44.º do Código da Contribuição Industrial, na redacção dada pelo Decreto-Lei n.º 437/86, de 31-12-1986, que o legislador plasmou, "expressamente", na letra da lei essa possibilidade de dedução ao lucro tributável dos "lucros retidos ou levados a reservas", não o tendo feito no actual CFI.

O regime da DLRR foi instituído através da Lei do Orçamento de Estado para 2014 (Lei n.º 83-C/2013), pelo art.º 208.º, através do qual foi aditado um capitulo ao Estatuto dos Benefícios Fiscais (EBF), composto pelos artigos 66.ºC a 66.º-L, salientando-se o artigo 66.º-L, o qual dispunha, que "Os lucros retidos relativos ao primeiro período de tributação que se inicie em ou após 1 de Janeiro de 2014 (...)".

Ou seja, no primeiro período de vigência do referido benefício, o legislador não previu a possibilidade de recurso aos resultados obtidos em períodos de tributação anteriores (ou reservas), mas apenas aos lucros obtidos no próprio período.

Acresce que o benefício da DLRR não é reportável, ao contrário de outros benefícios previstos no CFI, apenas podendo ser aproveitado (por dedução à colecta do IRC) no período de tributação a que respeitam os lucros retidos e em que é efectuada a correspondente reserva especial (o que não acontecia no regime previsto no art.º 44.º do Código da Contribuição Industrial), pelo que, apenas irá influenciar a colecta do IRC desse período, reforçando a ideia de que o legislador pretendia delimitar o âmbito do benefício aos lucros obtidos no próprio período de tributação, quer por via da sua retenção, quer por via da dedução à colecta apurada por referência aos lucros apurados no próprio período de tributação.

Não obstante em termos de "registos contabilísticos", no início do período imediato se proceder à transferência do resultado líquido do período anterior para a conta de "resultados transitados", tal registo contabilístico transitório não põe em causa o presente entendimento de que apenas os resultados obtidos no próprio período de tributação poderão ser objecto de retenção para efeitos do cumprimento da obrigação estatuída no art.º 32.º do CFI.

Informação Vinculativa com Despacho de 31 de Julho de 2019, da Directora de Serviços do IRC DLRR e RCCS. Cumulatividade por recurso ao lucro do próprio exercício.

No caso em apreço, estava em causa saber se o recurso ao resultado líquido do período para aumento de capital, nas condições previstas no art.º 41.º-A do Estatuto dos Benefícios Fiscais (EBF), com a epígrafe "Remuneração convencional do capital social", cumpre, simultaneamente, o requisito de constituição de uma reserva indisponível para efeitos de aplicação do benefício fiscal da Dedução por Lucros Retidos e Reinvestidos (DLRR).

De acordo com o art.º 32.º do CFI, para efeitos da DLRR, deverá ser constituída, no balanço, "reserva especial" correspondente aos lucros retidos e reinvestidos, a qual não poderá ser distribuída aos sócios antes do final do quinto período de tributação posterior ao da sua constituição.

No que respeita à Remuneração Convencional do Capital Social (RCCS), a mesma encontra-se prevista no art.º 41.º-A do EBF e, de acordo com o disposto no n.º 1 do mesmo artigo, na determinação do lucro tributável das sociedades aí previstas, pode ser deduzida uma importância correspondente à remuneração convencional do capital social, calculada mediante a aplicação, limitada a cada exercício, da taxa de 7% ao montante das entradas realizadas até € 2.000.000, por entregas em dinheiro ou através da conversão de créditos, ou do recurso aos lucros do próprio exercício no âmbito da constituição de sociedade ou do aumento do capital social, desde que se encontrem cumpridas determinadas condições aí previstas.

Da leitura dos respectivos normativos legais, que regulam cada um dos benefícios, resulta claro que, no caso da DLRR, o art.º 32.º do CFI obriga à constituição de uma "reserva especial" correspondente ao montante dos lucros retidos e reinvestidos, a qual não pode ser utilizada para distribuição aos sócios antes do fim do quinto exercício posterior ao da sua constituição.

Se o legislador pretendesse que tal reserva fosse substituível por um eventual aumento do capital social tê-lo-ia acautelado na redacção do normativo.

E, de acordo com o parágrafo 65 da Estrutura Conceptual do SNC, a constituição de "outras reservas" pode ser estabelecida por legislação fiscal no âmbito da concessão de determinados benefícios e, a existência e dimensão destas reservas fiscais é informação que pode ser relevante para as necessidades de tomada de decisão dos utentes e que deve estar espelhada nas demonstrações financeiras.

No que respeita ao benefício fiscal previsto no art.º 41.º-A do EBF, o mesmo apenas é aplicável, no caso de aumento do capital social, às entradas efectivamente realizadas em dinheiro, às entradas em espécie que correspondam à conversão de créditos em capital e, ainda, com "recurso aos lucros do próprio exercício", desde que, neste caso, o registo do aumento do capital se realize até à entrega da declaração de rendimentos do período em causa.

A aplicação dos resultados do período é deliberada em Assembleia Geral, de acordo com a al. b) do n.º 1 do art.º 376.º do Código das Sociedades Comerciais.

Pelo que, se na Assembleia Geral prevista no n.º 1 do art.º 376.º do Código das Sociedades Comerciais, (apenas) for deliberada a aplicação dos resultados do próprio exercício no aumento do capital social da sociedade, sem que tenha sido deliberada, também, a afectação de parte (distinta) dos resultados desse período à constituição da reserva especial prevista na DLRR, apenas poderá beneficiar da RCCS, dado que não se mostra cumprida a obrigação imposta pelo art.º 32.º do CFI para poder beneficiar da DLRR.

Se, ao invés, na referida Assembleia Geral, for deliberada (apenas) a aplicação dos resultados da sociedade na constituição da reserva especial prevista no art.º 32.º do CFI, e deliberado o posterior aumento do capital social por via da incorporação das referidas reservas, não poderá a sociedade beneficiar do disposto no art.º 41.º-A do EBF, uma vez que não se verificam as condições constitutivas que a referida norma impõe, ou seja, a norma não contempla a aplicação do benefício fiscal no caso do aumento de capital social por "incorporação de reservas".

Em síntese, se a sociedade cumprir todos os requisitos exigíveis nos normativos aplicáveis a cada um dos benefícios, e pretender usufruir de ambos, DLRR e RCCS, deverá, aquando da deliberação prevista na al. b) do n.º 1 do art.º 376.º do Código das sociedades Comerciais, afectar uma parte (distinta) do resultado líquido do período a cada um dos benefícios fiscais.

ARTIGO 33.º
Outras obrigações acessórias

1 – A dedução prevista no artigo 29.º é justificada por documento a integrar o processo de documentação fiscal a que se refere o artigo 130.º do Código do IRC, que identifique discriminadamente o montante dos lucros retidos e reinvestidos, as aplicações relevantes objecto de reinvestimento, o respectivo montante e outros elementos considerados relevantes.

2 – A contabilidade dos sujeitos passivos de IRC beneficiários da DLRR deve evidenciar o imposto que deixe de ser pago em resultado da dedução a que se refere o artigo 29.º, mediante menção do valor correspondente no anexo às demonstrações financeiras relativa ao exercício em que se efectua a dedução.

Em sede de obrigações acessórias, estabelece o artigo 33.º que, no que concerne à dedução à colecta de IRC aplicável aos lucros retidos, desde que haja lugar ao reinvestimento em aplicações relevantes dentro de 4 anos (artigo 29.º), tal deve estar justificado no processo de documentação fiscal ("dossier fiscal") a que se refere o artigo 130.º do CIRC. Esta informação poderá vir a ser aferida em sede de procedimento de inspecção tributária.

Recorde-se que, caso o sujeito passivo tenha empresas parceiras ou associadas – nos termos do artigo 3.º do Anexo I do RGIC e do artigo 3.º do Anexo ao Decreto-Lei n.º 372/2007, de 6 de Novembro, e tenha usufruído da DLRR, deve preencher o quadro 11-A do Anexo D da declaração mod. 22 de IRC, identificando o NIF daquelas empresas, donde que poderão também ser sujeitas a diligências inspectivas.

1.

O sujeito passivo deve justificar a dedução dos lucros retidos e reinvestidos (artigo 29.º) no *processo de documentação fiscal*[496] relativo ao período de tributação em que aquela é efectuada[497]. O documento em causa deve identificar, de modo discriminado o montante dos lucros retidos e reinvestidos, as aplicações relevantes objecto de reinvestimento (artigo 30.º), o respectivo montante e outros elementos considerados relevantes.

Segundo o artigo 130.º do CIRC, o dossier fiscal deve estar constituído até ao termo do prazo para entrega da declaração anual de informação contabilística e fiscal[498], isto é, até ao dia 15 de Julho[499].

2.

O sujeito passivo deve evidenciar na sua contabilidade o *imposto que deixe de ser pago* em resultado da dedução dos lucros retidos e reinvestidos (artigo 29.º). Tal deverá ocorrer com a menção do valor correspondente no anexo às demonstrações financeiras[500] relativa ao período de tributação em que se efectua a dedução.

ARTIGO 34.º
Incumprimento

Sem prejuízo do disposto no Regime Geral das Infracções Tributárias, aprovado pela Lei n.º 15/2001, de 15 de Junho:

[496] O processo de documentação fiscal ("dossier fiscal") é um instrumento que serve, ao abrigo do princípio da cooperação (artigo 59.º n.º 4 da LGT), para justificar ou fundamentar práticas assumidas em situações concretas.
Deve estar centralizado em estabelecimento ou instalação situada em território português nos termos do artigo 125.º do CIRC e os sujeitos passivos, sempre que notificados para o efeito, deverão fazer a sua entrega (artigo 130.º n.ºs 2 e 5 do CIRC).

[497] De acordo com os elementos previstos na Portaria 51/2018, de 16 de Fevereiro (Anexo I).

[498] Prevista nos artigos 117.º n.º 1 alínea c) e 121.º, ambos do CIRC.

[499] Caso o período de tributação coincida com o ano civil.
Os sujeitos passivos cuja situação tributária deve ser acompanhada pela Unidade dos Grandes Contribuintes (artigo 68.º-B n.º 3 da LGT), bem como as entidades a que seja aplicado o regime especial de tributação dos grupos de sociedades (artigos 69.º a 71.º), são obrigados a proceder à entrega do processo de documentação fiscal até 15 de Julho.

[500] Constituem um referencial que contempla a informação a apresentar pelas entidades.
Trata-se do Anexo 6, constante da Portaria n.º 220/2015, de 24 de Julho, que aprova os modelos de demonstrações financeiras para as diferentes entidades que aplicam o SNC, aplicável aos períodos que se iniciem em ou após 1 de Janeiro de 2016.

a) **A não concretização da totalidade do investimento nos termos previstos no artigo 30.º até ao termo do prazo de três anos previsto no n.º 1 do artigo 29.º implica a devolução do montante de imposto que deixou de ser liquidado na parte correspondente ao montante dos lucros não reinvestidos, ao qual é adicionado o montante de imposto a pagar relativo ao terceiro período de tributação seguinte, acrescido dos correspondentes juros compensatórios majorados em 15 pontos percentuais;**

b) **O incumprimento do disposto nos n.ºs 5, 6 ou 7 do artigo 30.º implica a devolução do montante de imposto que deixou de ser liquidado na parte correspondente aos activos relativamente aos quais não seja exercida a opção de compra ou que sejam transmitidos antes de decorrido o prazo de cinco anos, o qual é adicionado ao montante de imposto a pagar relativo ao período em que se verifiquem esses factos, acrescido dos correspondentes juros compensatórios majorados em 15 pontos percentuais;**

c) **A não constituição da reserva especial, nos termos do n.º 1 do artigo 32.º, implica a devolução do montante de imposto que deixou de ser liquidado, ao qual é adicionado o montante de imposto a pagar relativo ao terceiro período de tributação seguinte, acrescido dos correspondentes juros compensatórios majorados em 15 pontos percentuais;**

d) **O incumprimento do disposto no n.º 2 do artigo 32.º implica a devolução do montante de imposto que deixou de ser liquidado correspondente à parte da reserva que seja utilizada para distribuição aos sócios, ao qual é adicionado o montante de imposto a pagar relativo ao terceiro período de tributação seguinte, acrescido dos correspondentes juros compensatórios majorados em 15 pontos percentuais.**

O reinvestimento dos lucros retidos deve ser concretizado, na sua totalidade e nos termos do artigo 30.º, no prazo de 4[501] anos contado a partir do final do período de tributação a que correspondam esses mesmos lucros (artigo 29.º n.º 1). A não ser assim, o sujeito passivo terá que devolver o montante de imposto que

[501] O legislador não terá feito a actualização na sequência da redacção introduzida ao artigo 29.º n.º 1 pela Lei n.º 2/2020, de 31 de Março, sendo as alterações dos prazos aplicáveis aos prazos em curso no primeiro dia do período de tributação relativo a 2020 (artigo 360.º da referida Lei). Na redacção anterior, introduzida pela Lei n.º 114/2017, de 29 de Dezembro, o prazo era de 3 anos. Na redacção originária do CFI, o prazo era de 2 anos.

deixou de ser liquidado na parte correspondente ao montante dos lucros não reinvestidos[502], ao qual é adicionado o montante de imposto a pagar relativo ao 4.º[503] período de tributação seguinte, acrescido dos correspondentes juros compensatórios[504] majorados em 15 pontos percentuais.

Por sua vez, o não exercício da opção de compra de activos adquiridos em regime de locação financeira[505] (artigo 30.º n.º 5), a não detenção e contabilização[506] das aplicações relevantes por um período mínimo de 5 anos (n.º 6) ou a transmissão onerosa dos activos antes de decorrido esse prazo sem que tenha sido reinvestido – no mesmo período de tributação ou no período de tributação seguinte –, o respectivo valor de realização em aplicações relevantes, ou, tendo sido, os activos não tenham sido detidos, pelo menos, pelo período necessário para completar aquele prazo (n.º 7), implica que o sujeito passivo tenha que devolver o montante de imposto que deixou de ser liquidado na parte correspondente aos activos relativamente aos quais não tenha sido exercida a opção de compra ou que tenham sido transmitidos antes de decorrido o prazo de 5 anos. Este montante é adicionado ao montante de imposto a pagar relativo ao período em que se verifiquem estes factos, acrescido dos correspondentes juros compensatórios[507] majorados em 15 pontos percentuais.

Segundo o artigo 32.º n.º 1, os sujeitos passivos que beneficiem da DLRR devem proceder à constituição, no balanço, de uma reserva especial correspondente ao montante dos lucros retidos e reinvestidos, sob pena de terem que devolver o montante de imposto que deixou de ser liquidado, ao qual é adicionado o montante de imposto a pagar relativo ao 4.º período de tributação

[502] Deve ser acrescida a proporção do benefício fiscal referente à parte do montante que não foi reinvestido no campo 372 do quadro 10 da declaração mod. 22.

[503] *Vide* a nota 499.

[504] Os *juros compensatórios* visam compensar o Estado pelo retardamento da liquidação ou entrega do imposto, sendo uma componente da dívida global de imposto, não podendo tal encargo ser dedutível para efeitos da determinação do lucro tributável [artigo 23.º-A n.º 1 alínea e) do CIRC]. Recorde-se que a competência para a liquidação do IRC pertence, originariamente, ao próprio sujeito passivo (autoliquidação), cabendo à administração tributária, subsidiariamente, realizar a liquidação oficiosa ou adicional, em caso de omissão do sujeito passivo no cumprimento da sua obrigação declarativa (artigos 89.º e 90.º do CIRC). Ao montante do imposto acrescem então juros compensatórios à taxa fixada nos termos do artigo 559.º n.º 1, do Código Civil, isto é à taxa de 4% (artigo 35.º n.º 10 da LGT).

[505] Num prazo de 7 anos.

[506] De acordo com as regras que determinaram a elegibilidade das aplicações relevantes em que seja concretizado o reinvestimento dos lucros retidos.

[507] *Vide* a nota 502.

seguinte[508], acrescido dos correspondentes juros compensatórios[509] majorados em 15 pontos percentuais. Caso a reserva especial seja utilizada para distribuição aos sócios antes do fim do 5.º exercício posterior ao da sua constituição (artigo 32.º), tal implicará a devolução do montante de imposto que deixou de ser liquidado correspondente à parte da reserva que seja utilizada para distribuição aos sócios, ao qual é adicionado o montante de imposto a pagar relativo ao 4.º período de tributação seguinte[510], acrescido dos correspondentes juros compensatórios[511] majorados em 15 pontos percentuais.

Ademais, o incumprimento das referidas obrigações poderá traduzir-se na prática de uma contra-ordenação fiscal prevista nos artigos 119.º n.º 1 e 26.º n.º 4, ambos do Regime Geral das Infrações Tributárias (RGIT)[512], consubstanciada em omissões e inexactidões relativas à situação tributária praticadas nas declarações ou em outros documentos fiscalmente relevantes, puníveis com coima[513].

O incumprimento ou não preenchimento das regras de atribuição do benefício, resulta na sua não atribuição. Cabe ao sujeito passivo, nos termos do artigo 74.º n.º 1 da LGT, o ónus da prova dos factos que lhe conferem o direito ao mesmo benefício fiscal.

CAPÍTULO V – Sistema de incentivos fiscais em investigação e desenvolvimento empresarial

ARTIGO 35.º

Sistema de incentivos fiscais em investigação e desenvolvimento empresarial

O SIFIDE II, a vigorar nos períodos de tributação de 2014 a 2025, processa-se nos termos dos artigos seguintes.

508 A redacção actual foi introduzida pela Lei n.º 114/2017, de 29 de Dezembro. *Vide* a nota 499.

509 *Vide* a nota 502.

510 A redacção actual foi introduzida pela Lei n.º 114/2017, de 29 de Dezembro. *Vide* a nota 499.

511 *Vide* a nota 502.

512 Aprovado pela Lei n.º 15/2001, de 15 de Junho, aplica-se também aos benefícios fiscais [artigo 1.º n.º 1 alínea c) do RGIT].

513 Segundo a redacção introduzida pela Lei n.º 119/2019, de 18 de Setembro.

No CFI surge integrado o sistema de incentivos fiscais em investigação e desenvolvimento empresarial II (SIFIDE II), que vinha previsto nos artigos 33.º a 40.º do CFI anterior[514].

Trata-se de um benefício fiscal automático, decorrente directa e imediatamente da lei (artigo 5.º n.º 1 do EBF), e em que, visando o aumento da competitividade das empresas, o incentivo à investigação e desenvolvimento (I&D) empresarial surge como o interesse público extrafiscal relevante considerado superior aos interesses da própria tributação que os benefícios fiscais impedem (artigo 2.º n.º 1 do EBF).

Portanto, o SIFIDE II permite uma redução fiscal através do reconhecimento do esforço em I&D, fazendo com que as despesas com actividades de I&D não sejam um custo mas um investimento e que permitam ao mesmo tempo, uma poupança fiscal.

Segundo o artigo 6.º n.º 2 do Decreto-Lei n.º 162/2014, de 31 de Outubro, este regime fiscal é aplicável aos períodos de tributação iniciados em ou após 1 de Janeiro de 2014. Em particular, nos períodos de tributação de 2014 a 2025[515], nos termos dos artigos 36.º a 42.º do CFI.

Relativamente a 2021, para as grandes empresas, haverá que atender ao disposto no artigo 403.º da Lei n.º 75-B/2020, de 31 de Dezembro, que aprovou o regime extraordinário e transitório de incentivo à manutenção de postos de trabalho, bem como a Portaria n.º 295/2021, de 23 de Julho, que regulamenta o mencionado regime[516].

[514] Aprovado pelo Decreto-Lei n.º 249/2009, de 23 de Setembro.
O SIFIDE foi criado pelo Decreto-Lei n.º 292/97, de 22 de Outubro, como medida de estímulo à participação do sector empresarial no esforço global de I&D. O SIFIDE II passou a vigorar Lei n.º 55-A/2010, de 31 de Dezembro, com a introdução de algumas alterações à legislação que o tornaram ainda mais atrativo para as empresas.

[515] Na redacção introduzida pelo artigo 359.º da Lei n.º 2/2020, de 31 de Março.
Na redacção anterior surgia previsto que o SIDIFE II vigorava nos períodos de tributação de 2014 a 2020.

[516] Consideram-se sujeitas ao regime extraordinário as entidades empregadoras com sede ou direcção efectiva em território português, bem como as entidades empregadoras não residentes com estabelecimento estável neste território, que exerçam, a título principal, uma actividade de natureza comercial, industrial ou agrícola, e que preencham, cumulativamente, as seguintes condições: a) Não sejam consideradas micro, pequenas ou médias empresas, nos termos previstos no artigo 2.º do anexo ao Decreto-Lei n.º 372/2007, de 6 de Novembro; b) Tenham registado um resultado líquido positivo no período contabilístico respeitante ao ano civil de 2020 ou, caso o ano contabilístico não coincida com o civil, respeitante ao período contabilístico que inicie em ou após 1 de Janeiro de 2020, depois de aprovadas as respectivas contas pelos órgãos sociais, nos termos da legislação aplicável.

O benefício fiscal em sede do SIFIDE II não pode ser transmitido por ocasião de uma operação de fusão, cisão ou entrada de activos a que seja aplicado o regime especial de neutralidade (artigo 74.º do CIRC), não aproveitando à sociedade beneficiária (artigo 75.º-A do mesmo Código)[517]. Isto porque, sendo um benefício fiscal automático, tem lugar a aplicação da regra da intransmis-

Assim, o acesso aos incentivos fiscais depende da observância da manutenção do nível de emprego, considerando-se como tal a circunstância de, no ano de 2021, a entidade ter ao seu serviço um número médio de trabalhadores igual ou superior ao nível observado em 1 Outubro de 2020. Segundo este regime extraordinário, a concessão dos incentivos fiscais determina para as entidades beneficiárias a proibição de fazer cessar contratos de trabalho ao abrigo das modalidades de despedimento colectivo, de despedimento por extinção do posto de trabalho, ou de despedimento por inadaptação, bem como de iniciar os respectivos procedimentos, até ao final do ano de 2021, e o dever de manutenção do nível de emprego até ao final de 2021, a verificar trimestralmente de forma oficiosa. Para efeitos da verificação do nível de emprego são considerados os trabalhadores por conta de outrem, bem como os trabalhadores independentes economicamente dependentes ao serviço da empresa e os que se encontrem ao serviço de qualquer outra entidade que esteja em relação de domínio ou grupo com a entidade sujeita ao regime, desde que tenha sede ou direcção efectiva em território português ou possua um estabelecimento estável neste território. Não são contabilizados, nomeadamente, os trabalhadores que tenham cessado os respectivos contratos de trabalho por sua própria iniciativa, por motivo de morte, de reforma por velhice ou invalidez, de despedimento com justa causa promovido pela entidade empregadora, ou de caducidade de contratos a termo para execução de tarefa ocasional ou serviço determinado precisamente definido e não duradouro, ou para execução de obra, projecto ou outra actividade definida e temporária, incluindo a execução, direcção ou fiscalização de trabalhos de construção civil, obras públicas, montagens e reparações industriais, em regime de empreitada ou em administração directa, bem como os respectivos projectos ou outra actividade complementar de controlo e acompanhamento, se a tarefa ocasional ou serviço determinado precisamente definido e não duradouro, a obra, projecto ou outra actividade definida e temporária tenham comprovadamente cessado, a confirmar pela entidade empregadora.
O incumprimento da manutenção dos níveis de emprego determina a imediata cessação dos apoios públicos ou incentivos fiscais referidos, com a consequente reposição automática da tributação-regra no período de tributação de 2021 e a restituição ou pagamento dos montantes já recebidos ou isentados, respectivamente, ao organismo competente. A verificação do nível de emprego, para efeitos do presente regime, é efectuada de forma oficiosa, designadamente com base na informação prestada pelo Instituto da Segurança Social, à Autoridade Tributária e Aduaneira ou ao organismo competente para a atribuição do apoio público.

[517] O quadro 077 do Anexo D da declaração mod. 22 do IRC deve ser preenchido pela sociedade beneficiária, inscrevendo o período de tributação em que o benefício foi usufruído pela sociedade fundida, cindida ou contribuidora, o saldo do benefício transmitido por esta no período anterior ao da realização da operação. Deve também ser inscrito o montante da dotação do período, caso a operação de fusão, cisão ou entrada de activos não produza efeitos retroactivos ao início do período, a dotação desse período, pertencente à sociedade fundida, cindida ou contribuidora e que é transmitida para a sociedade incorporante ou beneficiária, deve ser inscrita no referido campo.

sibilidade, dado que o SIFIDE não se enquadra nas excepções do artigo 15.º n.ºs 2 e 3 do EBF.

ARTIGO 36.º
Definições

Para efeitos do disposto no SIFIDE II, consideram-se:

a) «Despesas de investigação», as realizadas pelo sujeito passivo de IRC com vista à aquisição de novos conhecimentos científicos ou técnicos;

b) «Despesas de desenvolvimento», as realizadas pelo sujeito passivo de IRC através da exploração de resultados de trabalhos de investigação ou de outros conhecimentos científicos ou técnicos com vista à descoberta ou melhoria substancial de matérias-primas, produtos, serviços ou processos de fabrico.

O SIFIDE II é um sistema de incentivos fiscais em *investigação* e *desenvolvimento* empresarial, sendo consideradas dedutíveis determinadas categorias de despesas, desde que se refiram a actividades de investigação e desenvolvimento, tal como definidas no artigo 36.º.

Assim, para tal são elegíveis as *despesas de investigação* – as realizadas pelo sujeito passivo de IRC[518] com vista à aquisição de novos conhecimentos científicos ou técnicos – e as *despesas de desenvolvimento* – as realizadas pelo sujeito passivo de IRC através da exploração de resultados de trabalhos de investigação ou de outros conhecimentos científicos ou técnicos com vista à descoberta ou melhoria substancial de matérias-primas, produtos, serviços ou processos de fabrico.

ARTIGO 37.º
Aplicações relevantes

1 – Consideram-se dedutíveis as seguintes categorias de despesas, desde que se refiram a actividades de investigação e desenvolvimento, tal como definidas no artigo anterior:

a) Aquisições de activos fixos tangíveis, à excepção de edifícios e terrenos, desde que criados ou adquiridos em estado novo e na proporção da sua afectação à realização de actividades de investigação e desenvolvimento;

[518] Artigo 2.º do CIRC.

b) Despesas com pessoal com habilitações literárias mínimas do nível 4 do Quadro Nacional de Qualificações, directamente envolvido em tarefas de investigação e desenvolvimento;

c) Despesas com a participação de dirigentes e quadros na gestão de instituições de investigação e desenvolvimento;

d) Despesas de funcionamento, até ao máximo de 55% das despesas com o pessoal com habilitações literárias mínimas do nível 4 do Quadro Nacional de Qualificações directamente envolvido em tarefas de investigação e desenvolvimento contabilizadas a título de remunerações, ordenados ou salários, respeitantes ao exercício;

e) Despesas relativas à contratação de actividades de investigação e desenvolvimento junto de entidades públicas ou beneficiárias do estatuto de utilidade pública ou de entidades cuja idoneidade em matéria de investigação e desenvolvimento seja reconhecida nos termos do artigo 37.º-A;

f) Participação no capital de instituições de investigação e desenvolvimento e contribuições para fundos de investimento, públicos ou privados, que realizem investimentos de capital próprio e de quase-capital, tal como definidos na Comunicação da Comissão 2014/C19/04, de 22 de Janeiro de 2014, em empresas dedicadas sobretudo a investigação e desenvolvimento, incluindo o financiamento da valorização dos seus resultados, cuja idoneidade em matéria de investigação e desenvolvimento seja reconhecida pela Agência Nacional de Inovação, S. A., nos termos do n.º 1 do artigo 37.º-A;

g) Custos com registo e manutenção de patentes;

h) Despesas com a aquisição de patentes que sejam predominantemente destinadas à realização de actividades de investigação e desenvolvimento;

i) Despesas com auditorias à investigação e desenvolvimento;

j) Despesas com acções de demonstração que decorram de projectos de investigação e desenvolvimento apoiados.

2 – Sem prejuízo do previsto na alínea e) do número anterior, não são consideradas quaisquer despesas incorridas no âmbito de projectos realizados exclusivamente por conta de terceiros, nomeadamente através de contratos e prestação de serviços de investigação e desenvolvimento.

3 – A alínea h) do n.º 1 só é aplicável às micro, pequenas e médias empresas, tal como definidas na Recomendação n.º 2003/361/CE, da Comissão, de 6 de Maio de 2003.

4 – As despesas referidas na alínea j) do n.º 1 apenas são elegíveis quando tenham sido previamente comunicadas à entidade referida no n.º 1 do artigo 40.º

5 – As despesas referidas na alínea b) do n.º 1, quando digam respeito a pessoal com habilitações literárias mínimas do nível 8 do Quadro Nacional de Qualificações, são consideradas em 120% do seu quantitativo.

6 – As despesas que digam respeito a actividades de investigação e desenvolvimento associadas a projectos de concepção ecológica de produtos são consideradas em 110%.

7 – *(Revogado.)*[519]

8 – *(Revogado.)*[520]

9 – Para efeitos do previsto na alínea f) do n.º 1, considera-se empresa dedicada sobretudo a investigação e desenvolvimento aquela que cumpra os requisitos para o reconhecimento como empresa do sector da tecnologia, previstos no n.º 1 do artigo 3.º da Portaria n.º 195/2018, de 5 de Julho, ainda que tenham sido constituídas há mais de seis anos e independentemente de terem obtido ou solicitado tal reconhecimento.

O artigo 37.º trata das condições objectivas ao nível das aplicações relevantes para a dedução à colecta do IRC, ou seja, as despesas com investigação e desenvolvimento, elegíveis, que poderão ser objecto dessa dedução, nos termos do disposto no artigo 38.º.

1.

Nos termos do artigo 38.º, os sujeitos passivos de IRC[521] residentes em território português que exerçam, a título principal, uma actividade de natureza agrícola, industrial, comercial e de serviços e os não residentes com estabelecimento estável nesse território podem deduzir ao montante da colecta do IRC o valor correspondente a determinadas *despesas* com investigação – as realizadas com vista à aquisição de novos conhecimentos científicos ou técnicos – e desenvolvimento – realizadas através da exploração de resultados de trabalhos de investigação ou de outros conhecimentos científicos ou técnicos com vista à descoberta ou melhoria substancial de matérias-primas, produtos, serviços ou processos de fabrico (artigo 36.º). Portanto, estas despesas (elegíveis) atêm-se a actividades de I&D, distinguindo-se estas de outras actividades por visarem o desenvolvimento de novo produto, processo ou serviço, ou a introdução de

[519] Redacção pelo artigo 302.º da Lei n.º 71/2018, de 31 de Dezembro.

[520] Redacção pelo artigo 286.º da Lei n.º 114/2017, de 29 de Dezembro.

[521] Artigo 2.º do CIRC.

melhorias técnicas, exigindo a presença de um elemento apreciável de novidade e a resolução de uma incerteza científica e/ou tecnológica[522].

Assim, tais despesas poderão ser: a) Aquisições de activos fixos tangíveis[523] (à excepção de edifícios e terrenos), desde que criados ou adquiridos em estado novo e na proporção da sua afectação à realização de actividades de investigação e desenvolvimento; b) Despesas com pessoal com habilitações literárias mínimas do nível 4 do Quadro Nacional de Qualificações[524], directamente envolvido em tarefas de investigação e desenvolvimento; c) Despesas com a participação de dirigentes e quadros na gestão de instituições de investigação e desenvolvimento; d) Despesas de funcionamento, até ao máximo de 55% das despesas com o pessoal com habilitações literárias mínimas do nível 4 do Quadro Nacional de Qualificações[525] directamente envolvido em tarefas de investigação e desenvolvimento contabilizadas a título de remunerações, ordenados ou salários, respeitantes ao exercício[526]; e) Despesas relativas à contratação de actividades de investigação e desenvolvimento junto de entidades públicas ou beneficiárias do estatuto de utilidade pública ou de entidades cuja idoneidade em matéria de investigação e desenvolvimento seja reconhecida[527]; f) Participação no capital

[522] Ao passo que nas actividades industriais (em que as despesas resultantes não são elegíveis), o produto, o processo ou a metodologia já estavam substancialmente estabelecidos. São desenvolvidas com o intuito de abrir mercados, realizar a planificação prévia da produção ou conseguir que os sistemas de produção ou de controlo funcionem corretamente.

[523] Activos detidos para uso na produção ou fornecimento de bens ou serviços, para arrendamento a outros ou para fins administrativos e se espera que sejam usados durante mais do que um período.

[524] O Quadro Nacional de Qualificações (QNQ), aprovado pela Portaria n.º 782/2009, de 23 de Julho, define a estrutura de níveis de qualificação, contemplando os requisitos de acesso e a habilitação escolar a que correspondem, integrando e articulando as qualificações obtidas no âmbito dos diferentes subsistemas nacionais de educação e formação. Define oito níveis de qualificação, tendo adoptado os domínios "conhecimentos, aptidões e atitudes" e os descritores dos resultados de aprendizagem do Quadro Europeu de Qualificações (QEQ) – Recomendação do Parlamento Europeu e do Conselho, de 23 de Abril de 2008 –, de modo permitir a comparação dos níveis de qualificação e formação nos diferentes Estados-Membros da União Europeia.
O nível 4 tem como qualificações o Ensino Secundário obtido por percursos de dupla certificação ou Ensino Secundário vocacionado para prosseguimento de estudos de nível superior acrescido de estágio profissional – mínimo de 6 meses. A Portaria n.º 194/2021, de 17 de Setembro, define os modelos de diplomas e de certificados em formato electrónico das ofertas educativas e formativas do ensino básico e secundário.

[525] *Idem.*

[526] No caso dos recursos com qualificação de nível 1, 2 e 3, conforme o Quadro Nacional de Qualificações, estes poderão ser imputados nesta rubrica "Despesas de Funcionamento".

[527] Nos termos do artigo 37.º-A.
Veja-se o disposto nos n.º 2, 6, 7 e 8.

de instituições de investigação e desenvolvimento e contribuições para fundos de investimento, públicos ou privados[528], que realizem investimentos de capital próprio e de quase-capital[529], em empresas dedicadas sobretudo a investigação e desenvolvimento, incluindo o financiamento da valorização dos seus resultados, cuja idoneidade em matéria de investigação e desenvolvimento seja reconhecida pela Agência Nacional de Inovação[530]; g) Custos com registo e manutenção de patentes; h) Despesas com a aquisição de patentes que sejam predominantemente destinadas à realização de actividades de investigação e desenvolvimento[531]; i) Despesas com auditorias à investigação e desenvolvimento; j) Despesas com acções de demonstração que decorram de projectos de investigação e desenvolvimento apoiados[532].

2.

Não são consideradas dedutíveis quaisquer despesas incorridas no âmbito de projectos realizados exclusivamente *por conta de terceiros*, nomeadamente[533] através de contratos e prestação de serviços de investigação e desenvolvimento. Isto porque não há uma ligação aos resultados da investigação e desenvolvimento – afinal, o interesse extra-fiscal subjacente ao benefício fiscal.

Na redacção anterior à da Lei n.º 114/2017, de 29 de Dezembro, a idoneidade em matéria de investigação e desenvolvimento era reconhecida por despacho dos membros do Governo responsáveis pelas áreas da economia, da inovação, da ciência, da tecnologia e do ensino superior.

528 A Agência Naciona de Inovação divulga a lista de fundos certificados.

529 Tal como definidos na Comunicação da Comissão 2014/C 19/04, de 22 de Janeiro de 2014.
"Investimento de capital próprio" é a disponibilização de capital a uma empresa, capital esse que é investido, directa ou indirectamente, por contrapartida da propriedade de uma parte correspondente dessa empresa.
"Investimento de quase-capital" é um tipo de financiamento classificado entre capital próprio e dívida, com um risco maior do que a dívida sénior e um risco menor do que o capital ordinário, e cujo retorno para o titular se baseia predominantemente nos lucros ou prejuízos da empresa-alvo subjacente, não sendo garantido em caso de incumprimento. Os investimentos de quase-capital podem ser estruturados como uma dívida, não garantida e subordinada, incluindo a dívida *mezzanine* e, em alguns casos, convertível em capital próprio, ou como capital próprio preferencial.

530 Nos termos do artigo 37.º-A n.º 1.
A redacção actual da alínea f) foi introduzida pela Lei n.º 75-B/2020, de 31 de Dezembro.
Veja-se o disposto no n.º 9.
As unidades de participação nos fundos de investimento deverão ser mantidas durante o prazo de 5 anos contados da data da aquisição, sob pena de ao IRC do período da alienação vir a ser adicionado o montante que tenha sido deduzido à colecta, na proporção correspondente ao período em falta, acrescido dos correspondentes juros compensatórios [artigo 38.º n.º 7 alínea a)].

531 Veja-se o disposto no n.º 3.

532 Veja-se o disposto no n.º 4.

533 A enunciação do legislador não é exaustiva.

De qualquer forma, nos termos do n.º 1 alínea e), não fica prejudicada a dedutibilidade das despesas relativas à contratação de actividades de investigação e desenvolvimento junto de entidades públicas ou beneficiárias do estatuto de utilidade pública ou de entidades – cuja idoneidade em matéria de investigação e desenvolvimento seja reconhecida nos termos do artigo 37.º-A – consideram-se dedutíveis.

3.

Para que as despesas com a aquisição de *patentes* que sejam predominantemente destinadas à realização de actividades de investigação e desenvolvimento [n.º 1 alínea h)] apenas são elegíveis no caso das micro, pequenas e médias empresas, tal como definidas na Recomendação n.º 2003/361/CE, da Comissão, de 6 de Maio de 2003, havendo que atender ao disposto no Decreto-Lei n.º 372/2007, de 6 de Novembro, que cria a certificação electrónica do estatuto de micro, pequena e média empresas (PME)[534].

4.

Para que as despesas com *acções de demonstração* que decorram de projectos de investigação e desenvolvimento apoiados [n.º 1 alínea j)] possam ser elegíveis terão que ser, previamente, comunicadas à Agência Nacional de Inovação.

5.

Tratando-se de despesas com pessoal com habilitações literárias mínimas do nível 8 do Quadro Nacional de Qualificações (o qual tem como qualificações o *Doutoramento*), directamente envolvido em tarefas de investigação e desenvolvimento [n.º 1 alínea b)] são objecto de uma majoração na sua dedução, na ordem de 120%. Não obstante, a empresa deve apresentar, no formulário de candidatura (artigo 40.º n.º 3), o valor real destes recursos humanos.

[534] Nos termos do Decreto-Lei n.º 372/2007, de 6 de Novembro, os dados considerados para o cálculo dos efectivos e dos montantes financeiros são os do último exercício contabilístico encerrado, calculados numa base anual. Os dados são tidos em conta a partir da data de encerramento das contas e o montante do volume de negócios considerado é calculado com exclusão do imposto sobre o valor acrescentado (IVA) e de outros impostos indirectos (artigo 4.º n.º 1 do Anexo). E, se uma empresa verificar, na data de encerramento das contas, que superou ou ficou aquém, numa base anual, do limiar de efectivos ou dos limiares financeiros indicados no artigo 2.º do Anexo do referido Decreto-Lei, esta circunstância não a faz adquirir ou perder a qualidade de média, pequena ou microempresa, salvo se tal se repetir durante 2 exercícios consecutivos (artigo 4.º n.º 2 do Anexo).

6.

Este n.º 6 foi aditado pelo artigo 243.º da Lei n.º 42/2016, de 28 de Dezembro.

Tratando-se de despesas que digam respeito a actividades de investigação e desenvolvimento associadas a projectos de *concepção ecológica de produtos* (*ecodesign*)[535], são objecto de uma majoração na sua dedução, na ordem dos 110%[536].

7.

O n.º 9 foi aditado pela Lei n.º 75-B/2020, de 31 de Dezembro.

Ao abrigo do n.º 1 alínea f), considera-se elegível a participação no capital de instituições de investigação e desenvolvimento e contribuições para fundos de investimento, públicos ou privados, que realizem investimentos de capital próprio e de quase-capital, em *empresas dedicadas sobretudo a investigação e desenvolvimento*, incluindo o financiamento da valorização dos seus resultados, cuja idoneidade em matéria de investigação e desenvolvimento seja reconhecida pela Agência Nacional de Inovação[537].

O n.º 9 vem estabelecer o que se deve entender por empresa dedicada sobretudo a investigação e desenvolvimento: é aquela que cumpra os requisitos para o reconhecimento como empresa do sector da tecnologia[538], previstos no

[535] Segundo a Directiva 2009/125/CE do Parlamento Europeu e do Conselho, de 21 de Outubro de 2009, relativa à criação de um quadro para definir os requisitos de concepção ecológica dos produtos relacionados com o consumo de energia, por "concepção ecológica" deve entender-se a integração de aspectos ambientais na concepção de um produto, no intuito de melhorar o seu desempenho ambiental ao longo de todo o seu ciclo de vida.

[536] O n.º 7, revogado pela Lei n.º 71/2018, de 31 de Dezembro, determinava que as entidades interessadas deveriam submeter o pedido, instruído com declaração ambiental de produto, patente ou rótulo ecológico, se existissem, à auditoria tecnológica determinada pela Agência Nacional de Inovação, podendo esta consultar a Agência Portuguesa do Ambiente e o Laboratório Nacional de Energia e Geologia.

Veja-se o disposto no artigo 40.º n.º 8 do CFI.

Por sua vez, o n.º 8 (revogado pela Lei n.º 114/2017, de 29 de Dezembro, e que havia sido aditado pelo artigo 243.º da Lei n.º 42/2016, de 28 de Dezembro), determinava que, no caso em que o projecto seja validado pela Associação Portuguesa do Ambiente, mediante declaração de benefício ambiental, este seria submetido à auditoria tecnológica determinada pela comissão certificadora no âmbito do SIFIDE, designada por despacho do membro do Governo responsável pela área da economia (então prevista no artigo 40.º n.º 1).

[537] Nos termos do artigo 37.º-A n.º 1.

A redacção actual da alínea f) foi introduzida pela Lei n.º 75-B/2020, de 31 de Dezembro.

[538] Qualquer empresa que desenvolva actividades de investigação e desenvolvimento (I&D), internamente ou em colaboração externa, com vista à criação de novos ou melhores produtos ou serviços e processos.

n.º 1 do artigo 3.º da Portaria n.º 195/2018, de 5 de Julho[539], ainda que tenha sido constituída há mais de 6 anos e independentemente de ter obtido ou solicitado[540] tal reconhecimento junto da Agência Nacional de Inovação[541].

Segundo o artigo 3.º n.º 1 da Portaria n.º 195/2018, de 5 de Julho, são elegíveis para reconhecimento como empresa do sector da tecnologia:

a) As empresas que apresentem um investimento em I&D equivalente a pelo menos 7,5% da sua facturação no ano anterior ao pedido de reconhecimento, mediante:
   i) A disponibilização pela empresa dos dados relevantes fornecidos ao Inquérito ao Potencial Científico e Tecnológico Nacional (IPCTN)[542]; ou
   ii) No caso das empresas ainda não abrangidas pelo IPCTN, pela apresentação de elementos contabilísticos comprovativos do volume de facturação e do investimento em I&D.

b) As empresas com até 3 anos, desde que incubadas em incubadora certificada ou reconhecida pelo IAPMEI para efeitos de integração em programas de incubação, mediante a apresentação de proposta fundamentada da incubadora.

DOUTRINA ADMINISTRATIVA:

Informação Vinculativa com Despacho de 8 de Abril de 2021, da Subdirectora-Geral da Área de Gestão Tributária – Impostos sobre o Rendimento (Proc. n.º 940/2021)

Alterações ao SIFIDE II (OE2021) – Aplicação da lei no tempo.

A questão objecto do presente pedido prende-se com o âmbito de aplicação temporal das alterações introduzidas pelo art.º 402.º da Lei n.º 75.º-B/2020, de 31 de Dezembro (Lei 75.º-B/2020 – OE2021), ao art.º 37.º (alteração da alínea f) do n.º 1 e aditamento do n.º 9), ao art.º 38.º (alteração do n.º 7 e aditamento do n.º 8) e ao art.º 40.º (alteração dos n.ºs 1 e 12), todos do Código Fiscal do Investimento (CFI), relativos ao Sistema de incentivos fiscais em investigação e desenvolvimento empresarial (SIFIDE II).

539 Define o conceito de sector tecnológico para efeitos do disposto no artigo 43.º-C do EBF.

540 Os pedidos de reconhecimento são apresentados por meio de formulário electrónico disponível no site da Agência Nacional de Inovação (ANI) em *www.ani.pt.*

541 O reconhecimento é comunicado, pela Agência Nacional de Inovação, à Autoridade Tributária e Aduaneira. O mesmo se passa com a revogação do reconhecimento, quando tenha lugar.

542 As estatísticas oficiais sobre I&D em Portugal são produzidas a partir do IPCTN às Empresas, ao Estado, ao Ensino Superior e às Instituições Privadas sem Fins Lucrativos. O IPCTN é o instrumento oficial (integra o Sistema Estatístico Nacional) de contabilização dos recursos humanos e da despesa em I&D, seguindo critérios acordados a nível europeu pelo EUROSTAT e em articulação com a OCDE.

Concretamente, está em causa um fundo de capital de risco (Fundo), cujo capital foi integralmente subscrito e realizado até 31 de Dezembro de 2020, tendo as contribuições realizadas para o mesmo enquadramento, enquanto despesa elegível, no âmbito do SIFIDE II, ao abrigo da alínea f) do n.º 1 do art.º 37.º do CFI.

O Fundo não realizou ainda quaisquer investimentos, encontrando-se a sociedade gestora a avaliar as potenciais empresas em que investir, de acordo com a política de investimento definida para o Fundo. Por sua vez, a dedução à colecta a que os participantes no Fundo têm direito não foi ainda concretizada, podendo sê-lo até ao oitavo período após aquele em que foram efectuadas as despesas de investigação e desenvolvimento (I&D), nos termos do n.º 4 do art.º 38.º do CFI.

A Lei 75.º-B/2020 entrou em vigor no dia 1 de Janeiro de 2021, verificando-se não existir qualquer disposição transitória através da qual se preveja uma solução específica sobre o âmbito de aplicação temporal das alterações ao CFI.

Assim, pretende-se saber se essas alterações apenas terão reflexo relativamente às contribuições para o Fundo realizadas nos períodos de tributação que se iniciem em ou após 1 de Janeiro de 2021, ou se deverão ser também aplicáveis às contribuições para o Fundo realizadas antes dessa data.

Ora, em conformidade com o n.º 1 do art.º 12.º da Lei Geral Tributária (LGT) e com o n.º 1 do art.º 12.º do Código Civil, as modificações efectuadas pelo OE 2021 ao SIFIDE II só serão aplicáveis a situações jurídicas futuras.

O art.º 12.º da LGT é uma disposição genérica sobre a aplicação da lei fiscal no tempo, sendo que, estando em causa um benefício fiscal, é também relevante o disposto no art.º 11.º do Estatuto dos Benefícios Fiscais (EBF), o qual regula especialmente a aplicação no tempo das normas sobre benefícios fiscais, e que é aplicável ao SIFIDE II, por via do disposto no art.º 1.º do EBF.

O n.º 1 do art.º 11.º do EBF salvaguarda, nos termos aí previstos, os direitos adquiridos pelo sujeito passivo ao abrigo da lei anterior.

Com efeito, é aí previsto que "As normas que alterem benefícios fiscais convencionais, condicionados ou temporários, não são aplicáveis aos contribuintes que já aproveitem do direito ao benefício fiscal respectivo, em tudo que os prejudique, salvo quando a lei dispuser em contrário.".

Sendo o SIFIDE II um benefício fiscal temporário e condicionado que comporta um sistema de incentivos fiscais à I&D empresarial, o mesmo é fonte de direitos adquiridos para os sujeitos passivos que dele beneficiam, pelo que, durante o prazo limitado pelo qual tal benefício é conferido, deverá este revestir estabilidade e conferir segurança aos sujeitos passivos.

Pelo que, e pese embora o legislador tenha a possibilidade de alterar ou revogar o dispositivo legal que consagra este tipo de benefícios fiscais, tais modificações não são aplicáveis aos sujeitos passivos que se encontrem a usufruir dos benefícios até que termine o prazo pelo qual os mesmos foram concedidos.

Assim, de forma a garantir que não são violados os princípios da boa-fé e da segurança jurídica e que os direitos adquiridos pelos sujeitos passivos ao abrigo da lei anterior não são afectados pela nova lei, o n.º 9 do art.º 37.º do CFI, bem como as alterações introduzidas ao seus art.ºs 38.º e 40.º, só devem ser aplicáveis caso estejam em causa contribuições efectuadas a partir de 1 de Janeiro de 2021, ou seja, a partir da entrada em vigor da nova lei, para os fundos de investimento a que se refere a alínea f) do n.º 1 do art.º 37.º do CFI.

Deste modo, as referidas alterações não são aplicáveis ao caso concreto, uma vez que as contribuições para o Fundo foram efectuadas em Dezembro de 2020.

Informa-se, contudo, uma vez que, anteriormente ao aditamento do n.º 9 do art.º 37.º do CFI, a inexistência de uma definição de "empresa dedicada sobretudo a I&D" implicava que tal conceito fosse interpretado e densificado através de uma lógica casuística, que nada parece obstar a que, mesmo não sendo essa norma aplicável ao caso concreto, se considere cumprido o requisito de investimento em "empresas dedicadas sobretudo a I&D" quando tais empresas se enquadrem no n.º 9 do art.º 37.º.

Mais se informa, no que se refere à alteração introduzida à alínea f) do n.º 1 do art.º 37.º do CFI, que esta alínea passou a referir expressamente que os fundos de investimento para os quais sejam efectuadas as contribuições devem ser fundos que realizem investimentos de capital próprio e de quase-capital, tal como definidos Comunicação da Comissão 2014/C19/04, de 22 de Janeiro.

Considera-se que não houve aqui uma alteração do entendimento já existente, porquanto, no âmbito do SIFIDE, era já relevante que existisse investimento em capital próprio das empresas.

Esta alteração visou apenas clarificar um entendimento que já decorre de outros normativos legais, sendo que, no caso dos fundos de capital de risco, tal decorre dos art.ºs 3.º e 9.º do Regime jurídico do capital de risco, do empreendedorismo social e do investimento especializado (RJCRESIE), nos termos dos quais um fundo de capital de risco tem sempre de investir em capital próprio das empresas, ainda que efectue também outro tipo de investimentos.

Assim, a alteração introduzida à alínea f) do n.º 1 do art.º 37.º do CFI aplica-se no caso em apreço, ou seja, relativamente às contribuições para o Fundo realizadas em Dezembro de 2020.

Informação Vinculativa com Despacho de 25 de Maio de 2020, da Subdirectora-Geral da Área de Gestão Tributária – Impostos sobre o Rendimento (Proc. n.º 254/2020)
SIFIDE II – Contribuições para fundos que investem em outros fundos ("fundos de fundos").

No caso em apreço, estava em causa saber se os investimentos efectuados em fundos que participem noutros fundos ("fundos de fundos"), destinando-se os mesmos ao financiamento de sociedades dedicadas a actividades de I&D, são considerados como despesa dedutível ao abrigo da alínea f) do n.º 1 do art.º 37.º do CFI.

Informa a entidade que detém, actualmente, a totalidade das unidades de participação (UP) num fundo de investimento (Fundo 1) genericamente destinado ao financiamento de sociedades que desenvolvem actividades de I&D e relativamente às quais seja conferido o estatuto de idoneidade em matéria de I&D por parte da Agência Nacional de Inovação, S.A. (ANI). Contudo, pretende realizar o investimento em UP num outro fundo de investimento (Fundo 2) o qual visa, também, o financiamento de empresas que se dedicam a projectos de I&D, sendo que a subscrição das UP daquele fundo de investimento ("Fundo 2") seria concretizada pelo fundo que detém (Fundo 1) e, desse modo, em resultado das operações perspectivadas, os novos investimentos a efectuar pelo Fundo 2 em sociedades que se dediquem a projectos de I&D serão co-financiados pelo Fundo 1, através de aportações de capital, que por sua vez serão financiados por sociedades do Grupo.

A questão suscitada resume-se a saber se a "contribuição indirecta em fundos que financiam projectos de I&D ("fundos de fundos")" é enquadrável na alínea f) do art.º 37.º do CFI.

Dispõe a alínea f) d o n.º 1 do art.º 37.º do CFI, na redacção dada pela Lei n.º 2/2020, de 31 de Março (Lei do Orçamento do Estado para 2020) que se considera aplicação relevante para efeitos do benefício fiscal em causa a "Participação no capital de instituições de investigação e desenvolvimento e contribuições para fundos de investimento, públicos ou privados, destinados a financiar empresas dedicadas sobretudo a investigação e desenvolvimento, incluindo o financiamento da valorização dos seus resultados, cuja idoneidade em matéria de investigação e desenvolvimento seja reconhecida pela Agência Nacional de Inovação, S. A., nos termos do n.º 1 do artigo 37.º-A;" (sublinhado nosso)

E, de acordo com o n.º 1 do art.º 37.º-A do CFI, "Cabe à Agência Nacional de Inovação, S. A., o reconhecimento da idoneidade da entidade em matéria de investigação e desenvolvimento a que se referem as alíneas e) e f) do n.º 1 do artigo 37.º".

Da leitura da norma (na actual redacção), resulta que, no âmbito do SIFIDE, são elegíveis, entre outras, as despesas relativas às contribuições para fundos de investimento destinados a financiar empresas dedicadas sobretudo a I&D, cuja idoneidade seja reconhecida pela entidade competente, não cabendo, neste âmbito, portanto, empresas cuja idoneidade em matéria de investigação e desenvolvimento não seja reconhecida pela ANI, nem outro tipo de fundos de investimento, como é aqui pretensão da requerente.

Da conjugação do n.º 12 do art.º 40.º do CFI (aditado pelo OE2020) com a citada alínea f), do art.º 37.º do CFI resulta, ainda, que, a verificação do investimento realizado deve ser efectuada por documento que evidencie os investimentos realizados pelo fundo "nas entidades previstas naquela disposição", entidades essas que são as empresas dedicadas sobretudo a I&D, cuja idoneidade seja reconhecida pela entidade competente, e não outras entidades ou outros fundos de investimento, ainda que prossigam os mesmos fins.

Pelo que, não se vislumbra que a norma em apreço contemple as situações de "contribuições indirectas" para fundos de investimento.

Aliás, em regra, sempre que o legislador, designadamente no Código do IRC, pretende abranger tais situações (de participações indirectas), fá-lo de forma expressa.

Acresce que as normas que estabelecem benefícios fiscais não são susceptíveis de integração analógica, embora admitam interpretação extensiva (art.º 10.º do EBF). E não existe, no caso presente, qualquer evidência que o legislador se tivesse expressado na letra da lei de forma insuficiente, dizendo menos do que pretendia. De notar que a referida alínea f) impõe, que o fundo de investimento financie empresas que se dediquem sobretudo a I&D, cuja idoneidade nessa matéria seja reconhecida pela ANI e, em boa verdade, o Fundo 1 estaria a financiar outro Fundo (o Fundo 2) e não as empresas em causa.

Deste modo, entende-se que o investimento perspectivado pela entidade através da estrutura descrita ("fundos de fundos") não reflecte o plasmado na alínea f) do n.º 1 do art.º 37.º do CFI, porquanto tem subjacente uma contribuição indirecta, e apenas as contribuições "directas" para fundos de investimento que reúnam todas as condições plasmadas na referida alínea f) do art.º 37.º do CFI, designadamente, que financiem as empresas que se dediquem sobretudo a I&D, cuja idoneidade em matéria de investigação e desenvolvimento seja reconhecida pela ANI, devem ser elegíveis no âmbito do SIFIDE II, desde que se encontrem cumpridos os demais requisitos e obrigações que permitem a sua elegibilidade.

De facto, caso fosse esse o alcance que o legislador pretendia dar ao referido normativo e pretendesse abranger tais situações (contribuições indirectas), tê-lo-ia feito expressamente, à semelhança do que acontece com outras normas constantes dos códigos fiscais.

Despacho de 23 de Janeiro de 2015, do Secretário de Estado dos Assuntos Fiscais e do Secretário de Estado da Inovação, Investimento e Competitividade

Despesas no âmbito de projectos de investigação e desenvolvimento realizados exclusivamente por conta de terceiros.

Atendendo a importância de contribuir para o crescimento da produtividade das empresas e para a sua consequente competitividade, foi prorrogado, através da Lei do Orçamento do Estado para 2014, o prazo de vigência do Sistema de Incentivos Fiscais em Investigação e Desenvolvimento Empresarial (SIFIDE), de 2015 para 2020. Para além da prorrogação do regime, foram ainda introduzidas alterações ao SIFIDE, designadamente ao n.º 2 do artigo 35.º do Código Fiscal do Investimento (na redacção dada pela Lei do Orçamento do Estado para 2014), correspondente ao actual n.º 2 do artigo 37.º do mesmo Código, com a redacção dada pelo Decreto-Lei n.º 162/2014, de 31 de Outubro, em relação ao qual cumpre esclarecer o seguinte:

1. Nos termos do n.º 2 do artigo 37.º do Código Fiscal do Investimento, na redacção dada pelo Decreto-Lei n.º 162/2014, de 31 de Outubro, as despesas incorridas no âmbito de projectos de investigação e desenvolvimento que sejam realizados exclusivamente por conta de terceiros, nomeadamente através de contratos de prestação de serviços de investigação e desenvolvimento, não são elegíveis para efeitos do sistema de incentivos fiscais em investigação e desenvolvimento empresarial.

2. Esta disposição exclui, assim, a dedutibilidade de todas as despesas incorridas no âmbito de projectos de investigação e desenvolvimento por sujeitos passivos que realizem projectos ou prestem serviços de investigação e desenvolvimento mediante uma contraprestação, não adquirindo quaisquer direitos sobre os resultados dessa actividade de investigação e desenvolvimento.

3. A mesma exclusão não é, contudo, aplicável nas situações em que exista um acordo para repartição dos custos ou dos riscos associados as actividades de investigação e desenvolvimento e o sujeito passivo espere obter vantagens ou benefícios da sua participação nesse acordo, nomeadamente através do direito a utilizar os resultados dessa actividade sem o pagamento de qualquer contraprestação adicional, desde que, em qualquer caso, tais despesas não sejam dedutíveis nos termos da alínea e) do n.º 1 do artigo 37.º do Código Fiscal do Investimento.

ARTIGO 37.º- A
Reconhecimento da idoneidade e do carácter de investigação e desenvolvimento das entidades

1 – Cabe à Agência Nacional de Inovação, S. A., o reconhecimento da idoneidade da entidade em matéria de investigação e desenvolvimento a que se referem as alíneas e) e f) do n.º 1 do artigo 37.º

2 – O reconhecimento da idoneidade da entidade nos termos previstos no número anterior é válido até ao oitavo exercício seguinte àquele em que foi pedido.

3 – As entidades cuja idoneidade tenha sido reconhecida há mais de oito anos são objecto de uma reavaliação oficiosa, por parte da entidade referida no n.º 1, destinada a verificar a manutenção dos pressupostos que determinaram o reconhecimento.

4 – À manutenção do reconhecimento da idoneidade, após a reavaliação referida o número anterior, aplica-se o previsto no n.º 2.

5 – Caso, em resultado da reavaliação referida no n.º 3 e ouvida a entidade cuja idoneidade se avalia, se verifique que esta não mais reúne os pressupostos do reconhecimento, este cessará.

6 – A cessação do reconhecimento da idoneidade referida no número anterior não obsta a que a entidade faça novo pedido, ficando a consideração das despesas enquadráveis na categoria prevista na alínea e) do n.º 1 do artigo 37.º, dependente do novo reconhecimento.

7 – Os sujeitos passivos de IRC apenas poderão incluir nas suas candidaturas despesas enquadráveis na categoria prevista na alínea e) do n.º 1 do artigo 37.º quando o pedido aí referido tenha sido apresentado em

data anterior à celebração do primeiro contrato com a entidade em causa, devendo desse facto fazer menção na sua candidatura.

8 – A consideração das despesas referidas no número anterior ficará condicionada à emissão da declaração de reconhecimento da idoneidade da entidade em matéria de investigação e desenvolvimento.

9 – *(Revogado.)*[543]

10 – *(Revogado.)*[544]

O artigo 37.º-A foi aditado pelo artigo 285.º da Lei n.º 114/2017, de 29 de Dezembro. Trata do reconhecimento da idoneidade em matéria de investigação e desenvolvimento das entidades pela Agência Nacional de Inovação, necessário para determinadas aplicações relevantes (n.ºs alíneas e) e f)].

1.

Para efeitos de dedução de dedutibilidade, são consideradas as despesas relativas à contratação de actividades de investigação e desenvolvimento junto de entidades públicas ou beneficiárias do estatuto de utilidade pública ou de entidades cuja idoneidade em matéria de investigação e desenvolvimento seja reconhecida. Como é considerada a participação no capital de instituições de investigação e desenvolvimento e contribuições para fundos de investimento, públicos ou privados, que realizem investimentos de capital próprio e de quase-capital em empresas dedicadas sobretudo a investigação e desenvolvimento, incluindo o financiamento da valorização dos seus resultados, cuja idoneidade em matéria de investigação e desenvolvimento seja reconhecida.

Ora, em ambas as categorias de despesas, o reconhecimento da idoneidade da entidade em matéria de investigação e desenvolvimento compete à *Agência Nacional de Inovação*[545]. Esta declara para os devidos efeitos, reconhecer a idoneidade à entidade em causa, para a realização de actividades de I&D num determinado domínio prioritário e área de acuação.

543 Pelo artigo 361.º da Lei n.º 2/2020, de 31 de Março.

544 *Idem.*

545 Na redacção anterior à da Lei n.º 114/2017, de 29 de Dezembro, a idoneidade em matéria de investigação e desenvolvimento era reconhecida por despacho dos membros do Governo responsáveis pelas áreas da economia, da inovação, da ciência, da tecnologia e do ensino superior. A Agência Nacional de Inovação (ANI) divulga a lista de entidades reconhecidas na prática de actividades de investigação e desenvolvimento as entidades do Sistema Científico e Tecnológico Nacional (Universidades e Politécnicos públicos, Centros Tecnológicos, Laboratórios Associados e Colaborativos, Unidades de I&D e outras infra-estruturas tecnológicas) são automaticamente reconhecidas.

As entidades nacionais interessadas em obter o reconhecimento devem submeter o formulário de candidatura, após o registo mediante registo prévio na plataforma, em *http://sifide.ani.pt*. O formulário é composto por duas partes: a) Identificação da empresa nos seus vários quadrantes; b) Identificação das áreas de actuação, na qual a empresa quer ser reconhecida, acompanhada de um conjunto de documentos (plano de actividades para o próximo período de tributação; estatutos da empresa; lista de projectos de I&D de maior relevância em que se tenha envolvido a organização nos últimos 3 anos; declarações produzidas por entidades públicas do Sistema Científico e Tecnológico Nacional actuantes nos domínios de competência científica e tecnológica da empresa)[546].

2.

O reconhecimento da idoneidade da entidade em matéria de investigação e desenvolvimento a que se refere o artigo 37.º n.º 1 alíneas e) e f), pela Agência Nacional de Inovação, é válido *até ao 8.º período de tributação* seguinte àquele em que foi pedido. Findo esse prazo, haverá uma reavaliação oficiosa (n.º 3).

3.

Sendo o reconhecimento da idoneidade da entidade em matéria de investigação e desenvolvimento a que se refere o artigo 37.º n.º 1 alíneas e) e f), pela Agência Nacional de Inovação, válido apenas até ao 8.º período de tributação, após esse prazo a entidade será objecto de uma *reavaliação oficiosa* da Agência Nacional de Inovação, com o propósito de aferir da manutenção dos pressupostos que haviam determinado o reconhecimento.

A entidade poderá contactada pela Agência Nacional de Inovação, para efeitos de actualização da informação. Caso pretenda, a entidades poderá solicitar a reavaliação submetendo o pedido de reconhecimento.

A reavaliação oficiosa poderá concluir, conforme se mantenham ou não os pressupostos do anterior reconhecimento, pela sua renovação (n.º 4) ou cessação (n.º 5).

4.

Feita nos termos do n.º 3, pela Agência Nacional de Inovação, uma reavaliação oficiosa do reconhecimento da idoneidade da entidade em matéria de investigação e desenvolvimento a que se refere o artigo 37.º n.º 1 alíneas e) e f), e, por verificados os pressupostos que haviam determinado o reconhecimento

[546] A documentação deverá ser enviada para *sifide@ani.pt*.

anterior, o *novo reconhecimento* é também válido *até ao 8.º período de tributação* em que àquele em que foi declarado.

5.

Feita nos termos do n.º 3, pela Agência Nacional de Inovação, uma reavaliação oficiosa do reconhecimento da idoneidade da entidade em matéria de investigação e desenvolvimento a que se refere o artigo 37.º n.º 1 alíneas e) e f), e, sempre após a audição da entidade cuja idoneidade de avalia, se tenham por não reunidos nessa entidade os pressupostos do reconhecimento, tem lugar a *cessação* deste, sem prejuízo de novo pedido (n.º 6).

6.

Não obstante a cessação do reconhecimento, na sequência de uma reavaliação oficiosa, por não se terem verificado reunidos os pressupostos do reconhecimento na entidade cuja idoneidade se avaliou, ainda assim essa entidade pode apresentar *novo pedido.*

No entanto, o legislador estabelece que fica dependente do novo reconhecimento a dedutibilidade das despesas relativas à contratação de actividades de investigação e desenvolvimento junto de entidades públicas ou beneficiárias do estatuto de utilidade pública ou de entidades cuja idoneidade em matéria de investigação e desenvolvimento seja reconhecida[547] [artigo 37.º n.º 1 alínea e)][548].

7.

No caso das despesas elegíveis relativas à contratação de actividades de investigação e desenvolvimento junto de entidades públicas ou beneficiárias do estatuto de utilidade pública ou de entidades cuja idoneidade em matéria de investigação e desenvolvimento seja reconhecida [artigo 37.º n.º 1 alínea e)], o sujeito passivo beneficiário do SIFIDE II apenas poderá incluir na sua candidatura despesas quando o referido *pedido de reconhecimento de idoneidade* da entidade tenha sido apresentado em data anterior à celebração do primeiro contrato com a entidade em causa, devendo fazer menção expressa desse facto na sua candidatura.

[547] Nos termos do artigo 37.º-A.

[548] *A contrario*, outra parece ser a solução a respeito da participação no capital de instituições de investigação e desenvolvimento e contribuições para fundos de investimento, públicos ou privados, que realizem investimentos de capital próprio e de quase-capital em empresas dedicadas sobretudo a investigação e desenvolvimento, incluindo o financiamento da valorização dos seus resultados, cuja idoneidade em matéria de investigação e desenvolvimento seja reconhecida [artigo 37.º n.º 1 alínea f)].

8.

As despesas elegíveis relativas à contratação de actividades de investigação e desenvolvimento junto de entidades públicas ou beneficiárias do estatuto de utilidade pública ou de entidades cuja idoneidade em matéria de investigação e desenvolvimento seja reconhecida [artigo 37.º n.º 1 alínea e)] apenas poderão ser consideradas, para efeitos de dedutibilidade em sede do SIDIFE II, se emitida pela Agência Nacional de Inovação a correspondente *declaração de reconhecimento da idoneidade* da entidade em matéria de investigação e desenvolvimento.

ARTIGO 38.º
Âmbito da dedução

1 – Os sujeitos passivos de IRC residentes em território português que exerçam, a título principal, uma actividade de natureza agrícola, industrial, comercial e de serviços e os não residentes com estabelecimento estável nesse território podem deduzir ao montante da colecta do IRC apurado nos termos da alínea a) do n.º 1 do artigo 90.º do Código do IRC, e até à sua concorrência, o valor correspondente às despesas com investigação e desenvolvimento, na parte que não tenha sido objecto de comparticipação financeira do Estado a fundo perdido, realizadas nos períodos de tributação com início entre 1 de Janeiro de 2014 e 31 de Dezembro de 2025, numa dupla percentagem:

a) Taxa de base – 32,5% das despesas realizadas naquele período;

b) Taxa incremental – 50% do acréscimo das despesas realizadas naquele período em relação à média aritmética simples dos dois exercícios anteriores, até ao limite de €1.500.000,00.

2 – Para os sujeitos passivos de IRC que se enquadrem na categoria das micro, pequenas ou médias empresas, tal como definidas na Recomendação n.º 2003/361/CE, da Comissão, de 6 de Maio de 2003, que ainda não completaram dois exercícios e que não beneficiaram da taxa incremental fixada na alínea b) do número anterior, aplica-se uma majoração de 15% à taxa base fixada na alínea a) do número anterior.

3 – A dedução é feita, nos termos do artigo 90.º do Código do IRC, na liquidação respeitante ao período de tributação mencionado no número anterior.

4 – As despesas que, por insuficiência de colecta, não possam ser deduzidas no exercício em que foram realizadas podem ser deduzidas até ao oitavo exercício seguinte.

5 – Para efeitos do disposto nos números anteriores, quando no ano de início de fruição do benefício ocorrer mudança do período de tributação, deve ser considerado o período anual que se inicie naquele ano.

6 – Aos sujeitos passivos que se reorganizem, em resultado de actos de concentração tal como definidos no artigo 73.º do Código do IRC, aplica-se o disposto no n.º 3 do artigo 15.º do Estatuto dos Benefícios Fiscais.

7 – Sem prejuízo do disposto no n.º 3:

a) Caso as unidades de participação nos fundos de investimento referidos na alínea f) do n.º 1 do artigo 37.º sejam alienadas antes de decorrido o prazo de cinco anos contados da data da aquisição, ao IRC do período da alienação é adicionado o montante que tenha sido deduzido à colecta, na proporção correspondente ao período em falta, acrescido dos correspondentes juros compensatórios;

b) Independentemente do período de investimento previsto no respectivo regulamento de gestão, caso o fundo de investimento não venha a realizar, pelo menos, 80% do investimento nas empresas dedicadas sobretudo a investigação e desenvolvimento a que se refere a parte final da alínea f) do n.º 1 do artigo 37.º, no prazo de cinco anos contados da data da aquisição das unidades de participação, ao IRC do período de tributação em que se verifique o incumprimento daquele prazo é adicionado o montante proporcional à parte não concretizada dos investimentos que tenha sido deduzido à colecta;

c) Caso as empresas dedicadas sobretudo a investigação e desenvolvimento a que se refere a parte final da alínea f) do n.º 1 do artigo 37.º não concretizem o investimento em actividades de investigação e desenvolvimento, tendo em conta as aplicações relevantes previstas no n.º 1 do artigo 37.º, no prazo de cinco anos contados da data de aquisição dos investimentos de capital próprio e de quase-capital, ao IRC do período de tributação em que se verifique o incumprimento daquele prazo é adicionado o montante proporcional à parte não concretizada dos investimentos que tenha sido deduzido à colecta.

8 – Para efeitos do número anterior:

a) Os fundos de investimento devem, até ao final do quarto mês de cada período de tributação, entregar aos adquirentes das unidades de participação declaração comprovativa do investimento realizado no período anterior em empresas dedicadas sobretudo a investigação e desenvolvimento, a que se refere a parte final da alínea f) do n.º 1 do artigo 37.º, devendo igualmente informar, sendo o caso, do

incumprimento do prazo previsto na alínea b) do número anterior e do montante de investimento não concretizado;

b) As empresas dedicadas sobretudo a investigação e desenvolvimento devem, até ao final do quarto mês de cada período de tributação, entregar aos fundos de investimento declaração comprovativa do investimento realizado no período anterior em aplicações relevantes previstas no n.º 1 do artigo 37.º, bem como, sendo o caso, informar do incumprimento do prazo previsto na alínea c) do número anterior e do montante de investimento não concretizado, cabendo ao fundo de investimento comunicar esta informação aos respectivos adquirentes das unidades de participação para efeitos de regularização do IRC, quando aplicável;

c) As declarações referidas nas alíneas anteriores devem integrar o processo de documentação fiscal, a que se refere o artigo 130.º do Código do IRC, das entidades adquirentes das unidades de participação e dos fundos de investimento.

O artigo 38.º trata do benefício fiscal, ou seja, da dedução à colecta (do IRC) do valor correspondente às despesas com investigação e desenvolvimento. Este benefício fiscal em sede de IRC encontra-se excluído do âmbito de aplicação do disposto quanto ao resultado da liquidação [artigo 92.º n.º 2 alínea b) do CIRC].

1.

O SIFIDE consubstancia-se numa *dedução ao montante da colecta do IRC*[549], e até à sua concorrência, do valor correspondente às despesas com investigação e desenvolvimento – na parte que não tenha sido objecto de comparticipação financeira do Estado a fundo perdido[550] –, realizadas nos períodos de tributação com início entre 1 de Janeiro de 2014 e 31 de Dezembro de 2025[551]. Esta dedução pode aproveitar aos sujeitos passivos de IRC[552] residentes em território português que exerçam, a título principal, uma actividade de natureza agrícola,

[549] Sendo a liquidação efectuada pelo sujeito passivo na declaração periódica de rendimentos (mod. 22 de IRC), prevista nos artigos 120.º e 122.º do CIRC, e tendo por base a matéria colectável que desta conste [artigo 90.º n.º 1 alínea a) do mesmo Código).
É preenchido o campo 355 (Benefícios fiscais) do quadro 10 da declaração modelo 22.

[550] No âmbito do SIFIDE II são confrontados os valores constantes das candidaturas, com a informação das bases de dados dos sistemas de apoios financeiros.

[551] Na redacção da Lei n.º 2/2020, de 31 de Março.

[552] Artigo 2.º do CIRC.

industrial, comercial e de serviços e os não residentes com estabelecimento estável neste território.

No que respeita ao *quantum* da dedutibilidade dos benefícios fiscais em caso de sociedades abrangidas pelo Regime Especial de Tributação dos Grupos de Sociedades (RETGS), o legislador opera uma remissão genérica para o CIRC [artigo 90.º n.º 1 alínea a)], sem estabelecer limites[553], o que significa uma relevância em exclusivo da matéria colectável agregada do grupo abrangido pelo RETGS, em detrimento da colecta individual que se apuraria caso a sociedade que gerou o benefício não estivesse integrada nesse grupo.

A dedução permitida opera-se numa *dupla percentagem*, aplicando uma taxa de base de 32,5% das despesas realizadas no período e, para além disso, aplicando uma taxa incremental de 50% do acréscimo das despesas realizadas no mesmo período em relação à média aritmética simples dos 2 períodos de tributação anteriores, até ao limite de €1.500.000.

Em termos práticos, um apoio do SIFIDE II significa a recuperação até 82,5% do investimento em I&D, na parte que não tenha sido objecto de comparticipação financeira do Estado a fundo perdido.

2.

No caso dos sujeitos passivos de IRC enquadrados na categoria das *micro, pequenas ou médias empresas*[554] que ainda não tenham completado 2 períodos de tributação – e que assim não beneficiaram da taxa incremental de 50% do acréscimo das despesas realizadas no período de tributação em relação à média aritmética simples dos 2 períodos anteriores [n.º 1 alínea b)] –, aplica-se uma

[553] Ao contrário do que, por exemplo, expressamente, impõe no caso da DLRR (artigo 29.º n.º 5 do CFI).

[554] Tal como definidas na Recomendação n.º 2003/361/CE, da Comissão, de 6 de Maio de 2003, havendo que atender ao disposto no Decreto-Lei n.º 372/2007, de 6 de Novembro, que cria a certificação electrónica do estatuto de micro, pequena e média empresas (PME).
Nos termos do Decreto-Lei n.º 372/2007, de 6 de Novembro, os dados considerados para o cálculo dos efectivos e dos montantes financeiros são os do último exercício contabilístico encerrado, calculados numa base anual. Os dados são tidos em conta a partir da data de encerramento das contas e o montante do volume de negócios considerado é calculado com exclusão do imposto sobre o valor acrescentado (IVA) e de outros impostos indirectos (artigo 4.º n.º 1 do Anexo). E, se uma empresa verificar, na data de encerramento das contas, que superou ou ficou aquém, numa base anual, do limiar de efectivos ou dos limiares financeiros indicados no artigo 2.º do Anexo do referido Decreto-Lei, esta circunstância não a faz adquirir ou perder a qualidade de média, pequena ou micro empresa, salvo se tal se repetir durante 2 exercícios consecutivos (artigo 4.º n.º 2 do Anexo).

majoração de 15% à taxa base (32,5%) das despesas realizadas nesse período, fixada no n.º 1 alínea a).

3.

A dedução prevista no n.º 1 é efectuada na liquidação respeitante ao período de tributação em causa. Apenas as empresas que submetam candidaturas dentro do prazo da entrega da declaração mod. 22 (até 31 de Maio)[555] podem inscrever na mesma o cálculo do crédito fiscal de que pretendem beneficiar. Para as candidaturas submetidas após esta data, a empresa tem que aguardar, para efeitos de fruição do benefício, a declaração de certificação das despesas, podendo utilizar a possibilidade de entrega de uma declaração de substituição, no prazo de 1 ano contado do termo do prazo de entrega da declaração mod. 22 do período em questão ou, se este já tiver expirado à data da notificação daquela certificação, no prazo de 1 ano contado desta notificação (artigos 122.º n.º 3 do CIRC e 40.º n.º 7 do CFI.

Em face do disposto no artigo 89.º alínea a) do CIRC, a competência originária para a liquidação pertence ao próprio sujeito passivo (autoliquidação), tendo esta por base a declaração periódica de rendimentos (artigos 120.º e 122.º), a qual funda a determinação da matéria colectável, ficando reservada à administração tributária o poder-dever de liquidação oficiosa apenas a título subsidiário, [artigo 89.º alínea b)].

Nos termos do artigo 90.º n.º 2 do CIRC, no cálculo do imposto são efectuadas, pela ordem indicada, várias deduções à colecta, pela seguinte ordem: dupla tributação jurídica internacional, dupla tributação económica internacional, *benefícios fiscais*[556], pagamento especial por conta e retenções na fonte não susceptíveis de compensação ou reembolso nos termos da legislação aplicável.

4.

No cálculo do imposto, como o total do IRC liquidado[557] tem de ser positivo ou nulo, o total das deduções à colecta[558] não pode ser superior ao montante da

[555] Artigo 120.º n.º 1 do CIRC.

[556] Campo 355, do quadro 10, da declaração mod. 22 de IRC. As deduções relativas a benefícios fiscais que operam por dedução à colecta devem ser discriminadas no quadro 07, do anexo D. Atente-se que, no âmbito dos benefícios fiscais, cabem variadas deduções à colecta previstas, dispersamente, de modo expresso, em legislação tributária.
No caso do *regime especial de tributação dos grupos de sociedades* (artigos 69.º e seguintes do CIRC), as deduções relativas a cada uma das sociedades integrantes são efectuadas à colecta apurada relativamente ao grupo.

[557] Campo 358, do quadro 10, da declaração mod. 22.

[558] Campo 357, do quadro 10, da declaração mod. 22.

colecta total[559]. Assim, só podem ser efectuadas, pela ordem indicada, o montante das deduções (incluindo as correspondentes aos benefícios fiscais) até ao valor da colecta total, a qual é composta pelo somatório do IRC propriamente dito e da derrama estadual[560].

As despesas que, por insuficiência de colecta, não possam ser deduzidas no exercício em que foram realizadas podem, ainda assim, ser deduzidas, até ao 8.º período de tributação seguinte.

Tenha-se ainda presente que, por força da Lei n.º 21/2021, de 20 de Abril, a contagem deste prazo de dedução à colecta fica suspensa, durante o período de tributação de 2020 e durante o período de tributação seguinte, sendo que, nos termos da mesma Lei, a produção de efeitos desta medida extraordinária, retroagem a 1 de Janeiro de 2020[561].

No quadro 07[562] do Anexo D (Benefícios fiscais) da declaração periódica de rendimentos de IRC (mod. 22)[563], o sujeito passivo deverá indicar o montante do benefício deduzido no período, a incluir no campo 721 do quadro 075 (total das deduções), que deve coincidir com o valor a deduzir à colecta inscrito no campo 355 do quadro 10 da declaração mod. 22. No quadro 073[564] do mesmo Anexo D (Benefícios fiscais) – para as declarações referentes aos períodos de tributação de 2018 e seguintes – são inscritas tantas linhas quantos os diferentes períodos de tributação em que os benefícios fiscais foram obtidos, que se encontram por utilizar e/ou que caducaram[565]. Por sua vez, o subquadro

[559] Campo 378, do quadro 10, da declaração mod. 22.

[560] Artigo 87.º-A do CIRC.

[561] Artigos 6.º alínea b) da *Lei n.º 21/2021, de 20 de Abril.*

[562] Obrigatoriamente preenchido pelas entidades que pretendam aproveitar de benefícios desta natureza para efeitos de apuramento do imposto do período (campo 355 do quadro 10 da declaração mod. 22 de IRC) e também pelas entidades que tenham saldos de benefícios que transitem de períodos anteriores ainda por utilizar e/ou saldos que caducam, mesmo que tenham apurado prejuízo fiscal ou não tenham colecta para deduzir os benefícios fiscais no período de tributação a que respeita a declaração.

[563] Artigo 120.º do CIRC.

[564] Preenchido pelas sociedades sujeitas ao regime geral de tributação ou ao regime de redução de taxa e, bem assim, pela sociedade dominante de um grupo de sociedades abrangido pelo regime especial de tributação de grupos de sociedades (RETGS), na respectiva declaração do grupo, e por todas as sociedades que integram o perímetro do grupo (dominante e dominadas), neste último caso numa perspectiva individual, em cumprimento do disposto no artigo 120.º n.º 6 alínea b) do CIRC, ou seja, como se o regime não fosse aplicável.

[565] O campo 743 é apenas preenchido pela sociedade dominante na *declaração do grupo* e destina-se apenas a evidenciar os NIF de todas as sociedades com benefícios desta natureza que integram o grupo tributado pelo RETGS (artigos 69.º a 71.º do CIRC). Todos os restantes campos deste

073-A[566], referente ao RETGS (Informação adicional – utilização do benefício

quadro são preenchidos pela sociedade dominante relativamente a cada uma das sociedades que integram o perímetro do grupo, identificada no campo 743.
No campo 01 é seleccionado o diploma legal a que cada benefício fiscal diz respeito [o RFAI, previsto nos artigos 22.º a 26.º do CFI – código 733, ou nos artigos 22.º a 26.º do RFAI da Região Autónoma da Madeira, aprovado pelo Decreto-Legislativo Regional n.º 24/2016/M, de 28 de Junho – código 734].
No campo 02 é inscrito o período de tributação em que se adquiriu o direito ao benefício, por diploma legal (este campo só deve ser preenchido para os períodos de tributação de 2018 e seguintes).
No campo 03 é inscrito o montante do benefício que caducou no final do período de tributação anterior, por diploma legal (CFI ou CFI-RAM).
No campo 709 é inscrito o montante do saldo não deduzido no período anterior, por diploma legal (CFI ou CFI-RAM) e período a que respeita o benefício.
No campo 710 (dotação do período) é inscrito o montante do benefício obtido no período de tributação a que respeita a declaração.
A dotação relativa ao benefício fiscal deve ser declarada no período de tributação em que que foram realizadas as aplicações relevantes. Caso o montante do SIFIDE seja notificado pela Agência Nacional de Inovação (ANI) em data posterior à da entrega da primeira declaração do período a que respeita o benefício, e caso não tenha inscrito nessa declaração qualquer benefício ou, tendo inscrito, os respectivos montantes divirjam dos notificados pela ANI, deve ser entregue uma declaração de substituição nos termos do artigo 122.º do CIRC, independentemente de o benefício ser ou não deduzido à colecta do período. No caso de declaração de grupo de sociedades abrangido pelo RETGS, a entregar pela sociedade dominante, o montante da "dotação do período" a inscrever neste campo 710, num determinado período de tributação, tem de corresponder ao montante das dotações do período evidenciado nas declarações individuais das sociedades que compõem o perímetro do grupo.
No campo 711 é inscrito o montante deduzido à colecta no período de tributação, por diploma legal (CFI ou CFI-RAM) e período a que respeita o benefício.
No campo 712 é inscrito o do saldo dos benefícios que transita para o período seguinte, por diploma legal (CFI ou CFI-RAM) e período a que respeita o benefício, ainda que o mesmo já não possa ser deduzido por estar ultrapassado o período temporal de dedução.

[566] O subquadro 073-A é preenchido no âmbito do RETGS pelas sociedades dominante e dominadas, numa perspectiva de grupo, ou seja, dando a conhecer os montantes dos respectivos benefícios fiscais que foram efectivamente utilizados no âmbito do grupo e os saldos efectivamente reportados ou caducados por cada uma das sociedades. De facto, como na declaração individual a sociedade indica, no quadro 073 a utilização dos benefícios fiscais a que tem direito como se não estivesse abrangida pelo RETGS, neste subquadro 073-A é dada a conhecer a utilização efectiva do benefício no âmbito deste regime, uma vez que os benefícios são deduzidos, efectivamente, à colecta do grupo e não à colecta individual da sociedade a que respeitam. Consequentemente, o montante do benefício efectivamente utilizado e os saldos que reportam para os períodos seguintes ou os que caducam, inscritos neste subquadro 073-A podem ser diferentes dos inscritos no quadro 073, consoante a perspectiva seja a da sociedade individual ou a do grupo.
Os benefícios evidenciados no quadro 073 e subquadro 073-A devem ser obrigatoriamente declarados no período em que foram obtidos, e caso não sejam objecto de dedução integral à colecta desse período, devem ser evidenciados os saldos que transitam para o período seguinte. Assim,

no âmbito do grupo), é apenas preenchido nas declarações individuais das sociedades que integram o perímetro de um grupo tributado pelo RETGS, para evidenciar a movimentação dos seus benefícios fiscais na colecta do grupo e apurar os saldos que transitam para o período de tributação seguinte.

5.

Se num dado ano civil o sujeito passivo adopta um período de tributação diferente do que vinha sendo seguido – este, nos termos gerais, *maxime*, coincidente com o ano civil (artigo 8.º n.º 1 do CIRC) –, passam a existir nesse ano dois períodos: um período, inferior a 1 ano, constituído pelo período decorrido entre o início do ano civil e o dia imediatamente anterior ao do início do novo período adoptado, e este último, de 1 ano, mas não coincidente com o ano civil[567].

Neste caso, ocorrendo uma *mudança do período de tributação*[568] no ano de início de fruição do benefício da dedução à colecta no âmbito do SIFIDE II (artigo 38.º n.º 1 do CFI), deve ser considerado o período anual que se inicie naquele ano de transição.

6.

Excepcionalmente, no caso de *operações de reestruturação societária* (como as definidas no artigo 73.º do CIRC)[569], é admitida nos termos do artigo 15.º n.º 3 do EBF a *transmissão inter vivos* dos benefícios fiscais, mediante autorização do Ministro das Finanças, desde que no transmissário se verifiquem os pressupostos do benefício e fique assegurada a tutela dos interesses públicos com ele prosseguidos.

Recorde-se que, pelo facto de os benefícios fiscais serem concedidos *intuitu personae* impera a regra da sua intransmissibilidade *inter vivos* (artigo 15.º n.º 1 do EBF), sendo que a extinção dos benefícios fiscais tem por consequência a reposição automática da tributação-regra (artigo 14.º n.º 1 do referido Estatuto).

estes quadros também devem ser preenchidos nos períodos seguintes, sempre que transite saldo não deduzido no período anterior e que ainda se encontre dentro do prazo de dedução, ou que se encontre caducado o benefício por ter sido esgotado o respectivo período temporal de dedução.

[567] Por exemplo, quando o sujeito passivo passe a integrar um grupo de sociedades obrigado a elaborar demonstrações financeiras consolidadas, em que a empresa-mãe adopte um período de tributação diferente daquele adoptado pelo sujeito passivo [artigo 8.º n.ºs 3 e 4 alínea d) do CIRC].

[568] Optando então o sujeito passivo por um período anual (isto é, de 12 meses) de imposto não coincidente com o ano civil, no ano de transição.

[569] Por exemplo, a fusão por incorporação.

7.

O n.º 7 foi aditado pela Lei n.º 2/2020, de 31 de Março.

Caso as unidades de participação nos fundos de investimento públicos ou privados, que realizem investimentos de capital próprio e de quase-capital[570] em empresas dedicadas sobretudo a investigação e desenvolvimento[571] [artigo 37.º n.º 1 alínea f)], sejam alienadas antes de decorrido o prazo de 5 anos contados da data da aquisição, ao IRC do período da alienação é adicionado o montante que tenha sido deduzido à colecta, na proporção correspondente ao período em falta, acrescido dos correspondentes juros compensatórios[572].

Independentemente do período de investimento previsto no respectivo regulamento de gestão[573], caso o fundo de investimento não venha a realizar, pelo menos, 80% do investimento nas empresas dedicadas sobretudo a investigação e desenvolvimento[574] no prazo de 5 anos contados da data da aquisição das unidades de participação[575], ao IRC do período de tributação em que se verifique o incumprimento daquele prazo é adicionado o montante proporcional à parte não concretizada dos investimentos que tenha sido deduzido à colecta.

Por sua vez, se as empresas dedicadas sobretudo a investigação e desenvolvimento[576] não concretizarem o investimento em actividades de investigação e

[570] Tal como definidos na Comunicação da Comissão 2014/C 19/04, de 22 de Janeiro de 2014.

[571] Incluindo o financiamento da valorização dos seus resultados, cuja idoneidade em matéria de investigação e desenvolvimento seja reconhecida pela Agência Nacional de Inovação, nos termos do artigo 37.º-A n.º 1 do CFI.

[572] Os *juros compensatórios* visam compensar o Estado pelo retardamento da liquidação ou entrega do imposto, sendo uma componente da dívida global de imposto, não podendo tal encargo ser dedutível para efeitos da determinação do lucro tributável [artigo 23.º-A n.º 1 alínea e) do CIRC]. Recorde-se que a competência para a liquidação do IRC pertence, originariamente, ao próprio sujeito passivo (autoliquidação), cabendo à administração tributária, subsidiariamente, realizar a liquidação oficiosa ou adicional, em caso de omissão do sujeito passivo no cumprimento da sua obrigação declarativa (artigos 89.º e 90.º do CIRC). Ao montante do imposto acrescem então juros compensatórios à taxa fixada nos termos do artigo 559.º n.º 1, do Código Civil, isto é à taxa de 4% (artigo 35.º n.º 10 da LGT).

[573] Documento que permite aos investidores tomarem uma decisão esclarecida sobre a aplicação que lhes é proposta e no qual constam todos os elementos informativos essenciais do Fundo e onde são estabelecidas as regras, os direitos e os deveres que competem a cada um dos intervenientes no processo.

[574] A que se refere a parte final do artigo 37.º n.º 1 alínea f) do CFI. Veja-se também o n.º 9 do artigo 37.º.

[575] Caso em que os fundos de investimento deverão informar os adquirentes das unidades de participação (n.º 8).

[576] *Vide* a nota 572.

desenvolvimento, tendo em conta as aplicações relevantes previstas no artigo 37.º n.º 1, no prazo de 5 anos contados da data de aquisição dos investimentos de capital próprio e de quase-capital, ao IRC do período de tributação em que se verifique o incumprimento daquele prazo é adicionado o montante proporcional à parte não concretizada dos investimentos que tenha sido deduzido à colecta.

8.

O n.º 8 foi aditado pela Lei n.º 75-B/2020, de 31 de Dezembro.

Até ao final do 4.º mês de cada período de tributação, os fundos de investimento públicos ou privados que realizem investimentos de capital próprio e de quase-capital[577] em empresas dedicadas sobretudo a investigação e desenvolvimento[578] [artigo 37.º n.º 1 alínea f)] devem entregar aos adquirentes das unidades de participação uma declaração comprovativa do investimento realizado no período anterior em tais empresas[579]. Também devem informar quando não realizem, pelo menos, 80% do investimento nessas empresas no prazo de 5 anos contados da data da aquisição das unidades de participação [n.º 7 alínea b)], fazendo menção obrigatória ao montante de investimento não concretizado.

Por sua vez, as empresas dedicadas sobretudo a investigação e desenvolvimento devem, até ao final do 4.º mês de cada período de tributação, entregar aos fundos de investimento declaração comprovativa do investimento realizado no período anterior em aplicações relevantes[580]. No caso de uma empresa não concretizar o investimento em actividades de investigação e desenvolvimento, tendo em conta as aplicações relevantes previstas no artigo 37.º n.º 1, no prazo de 5 anos contados da data de aquisição dos investimentos de capital próprio e de quase-capital, deverá informar o fundo de investimento sobre o incumprimento do referido prazo e o montante de investimento não concretizado, cabendo ao fundo de investimento comunicar esta informação aos respectivos adquirentes das unidades de participação para efeitos de regularização do IRC, quando aplicável.

[577] Tal como definidos na Comunicação da Comissão 2014/C 19/04, de 22 de Janeiro de 2014.

[578] Incluindo o financiamento da valorização dos seus resultados, cuja idoneidade em matéria de investigação e desenvolvimento seja reconhecida pela Agência Nacional de Inovação, nos termos do artigo 37.º-A n.º 1 do CFI.

[579] Esta declaração deve integrar o processo de documentação fiscal (artigo 130.º do CIRC) das entidades adquirentes das unidades de participação.

[580] Previstas no artigo 37.º n.º 1.
Esta declaração deve integrar o processo de documentação fiscal (artigo 130.º do CIRC) dos fundos de investimento.

DOUTRINA ADMINISTRATIVA:

Informação Vinculativa com Despacho de 8 de Abril de 2021, da Subdirectora-Geral da Área de Gestão Tributária – Impostos sobre o Rendimento (Proc. n.º 940/2021)
Alterações ao SIFIDE II (OE2021) – Aplicação da Lei no tempo.

A questão objecto do presente pedido prende-se com o âmbito de aplicação temporal das alterações introduzidas pelo art.º 402.º da Lei n.º 75.º-B/2020, de 31 de Dezembro (Lei 75.º-B/2020 – OE2021), ao art.º 37.º (alteração da alínea f) do n.º 1 e aditamento do n.º 9), ao art.º 38.º (alteração do n.º 7 e aditamento do n.º 8) e ao art.º 40.º (alteração dos n.ºs 1 e 12), todos do Código Fiscal do Investimento (CFI), relativos ao Sistema de incentivos fiscais em investigação e desenvolvimento empresarial (SIFIDE II).

Concretamente, está em causa um fundo de capital de risco (Fundo), cujo capital foi integralmente subscrito e realizado até 31 de Dezembro de 2020, tendo as contribuições realizadas para o mesmo enquadramento, enquanto despesa elegível, no âmbito do SIFIDE II, ao abrigo da alínea f) do n.º 1 do art.º 37.º do CFI.

O Fundo não realizou ainda quaisquer investimentos, encontrando-se a sociedade gestora a avaliar as potenciais empresas em que investir, de acordo com a política de investimento definida para o Fundo. Por sua vez, a dedução à colecta a que os participantes no Fundo têm direito não foi ainda concretizada, podendo sê-lo até ao oitavo período após aquele em que foram efectuadas as despesas de investigação e desenvolvimento (I&D), nos termos do n.º 4 do art.º 38.º do CFI.

A Lei 75.º-B/2020 entrou em vigor no dia 1 de Janeiro de 2021, verificando-se não existir qualquer disposição transitória através da qual se preveja uma solução específica sobre o âmbito de aplicação temporal das alterações ao CFI.

Assim, pretende-se saber se essas alterações apenas terão reflexo relativamente às contribuições para o Fundo realizadas nos períodos de tributação que se iniciem em ou após 1 de Janeiro de 2021, ou se deverão ser também aplicáveis às contribuições para o Fundo realizadas antes dessa data.

Ora, em conformidade com o n.º 1 do art.º 12.º da Lei Geral Tributária (LGT) e com o n.º 1 do art.º 12.º do Código Civil, as modificações efectuadas pelo OE 2021 ao SIFIDE II só serão aplicáveis a situações jurídicas futuras.

O art.º 12.º da LGT é uma disposição genérica sobre a aplicação da lei fiscal no tempo, sendo que, estando em causa um benefício fiscal, é também relevante o disposto no art.º 11.º do Estatuto dos Benefícios Fiscais (EBF), o qual regula especialmente a aplicação no tempo das normas sobre benefícios fiscais, e que é aplicável ao SIFIDE II, por via do disposto no art.º 1.º do EBF.

O n.º 1 do art.º 11.º do EBF salvaguarda, nos termos aí previstos, os direitos adquiridos pelo sujeito passivo ao abrigo da lei anterior.

Com efeito, é aí previsto que "As normas que alterem benefícios fiscais convencionais, condicionados ou temporários, não são aplicáveis aos contribuintes que já aproveitem do direito ao benefício fiscal respectivo, em tudo que os prejudique, salvo quando a lei dispuser em contrário.".

Sendo o SIFIDE II um benefício fiscal temporário e condicionado que comporta um sistema de incentivos fiscais à I&D empresarial, o mesmo é fonte de direitos adquiridos para os sujeitos passivos que dele beneficiam, pelo que, durante o prazo limitado pelo qual tal benefício é conferido, deverá este revestir estabilidade e conferir segurança aos sujeitos passivos.

Pelo que, e pese embora o legislador tenha a possibilidade de alterar ou revogar o dispositivo legal que consagra este tipo de benefícios fiscais, tais modificações não são aplicáveis aos sujeitos passivos que se encontrem a usufruir dos benefícios até que termine o prazo pelo qual os mesmos foram concedidos.

Assim, de forma a garantir que não são violados os princípios da boa-fé e da segurança jurídica e que os direitos adquiridos pelos sujeitos passivos ao abrigo da lei anterior não são afectados pela nova lei, o n.º 9 do art.º 37.º do CFI, bem como as alterações introduzidas ao seus art.ºs 38.º e 40.º, só devem ser aplicáveis caso estejam em causa contribuições efectuadas a partir de 1 de Janeiro de 2021, ou seja, a partir da entrada em vigor da nova lei, para os fundos de investimento a que se refere a alínea f) do n.º 1 do art.º 37.º do CFI.

Deste modo, as referidas alterações não são aplicáveis ao caso concreto, uma vez que as contribuições para o Fundo foram efectuadas em Dezembro de 2020.

Informa-se, contudo, uma vez que, anteriormente ao aditamento do n.º 9 do art.º 37.º do CFI, a inexistência de uma definição de "empresa dedicada sobretudo a I&D" implicava que tal conceito fosse interpretado e densificado através de uma lógica casuística, que nada parece obstar a que, mesmo não sendo essa norma aplicável ao caso concreto, se considere cumprido o requisito de investimento em "empresas dedicadas sobretudo a I&D" quando tais empresas se enquadrem no n.º 9 do art.º 37.º.

Mais se informa, no que se refere à alteração introduzida à alínea f) do n.º 1 do art.º 37.º do CFI, que esta alínea passou a referir expressamente que os fundos de investimento para os quais sejam efectuadas as contribuições devem ser fundos que realizem investimentos de capital próprio e de quase-capital, tal como definidos Comunicação da Comissão 2014/C19/04, de 22 de Janeiro.

Considera-se que não houve aqui uma alteração do entendimento já existente, porquanto, no âmbito do SIFIDE, era já relevante que existisse investimento em capital próprio das empresas.

Esta alteração visou apenas clarificar um entendimento que já decorre de outros normativos legais, sendo que, no caso dos fundos de capital de risco, tal decorre dos art.ºs 3.º e 9.º do Regime jurídico do capital de risco, do empreendedorismo social e do investimento especializado (RJCRESIE), nos termos dos quais um fundo de capital de risco tem sempre de investir em capital próprio das empresas, ainda que efectue também outro tipo de investimentos.

Assim, a alteração introduzida à alínea f) do n.º 1 do art.º 37.º do CFI aplica-se no caso em apreço, ou seja, relativamente às contribuições para o Fundo realizadas em Dezembro de 2020.

Informação Vinculativa com Despacho de 10 de Fevereiro de 2021, da Subdirectora-Geral da Área de Gestão Tributária – Impostos sobre o Rendimento (Proc. n.º 2926/2020)
SIFIDE II – Aditamento do n.º 7 do art.º 38.º do CFI – Aplicação da Lei no tempo.

A questão objecto do presente pedido prende-se com o âmbito de aplicação temporal da alteração introduzida pelo art.º 359.º da Lei n.º 2/2020, de 31 de Março (Lei 2/2020 – OE2020), o qual aditou o n.º 7 ao art.º 38.º do Código Fiscal do Investimento (CFI), relativo ao Sistema de incentivos fiscais em investigação e desenvolvimento empresarial (SIFIDE II).

Concretamente, está em causa uma sociedade que subscreveu, em 2018, unidades de participação (UP) num fundo de capital de risco (Fundo), que investe exclusivamente em sociedades que se dedicam, sobretudo, a investigação e desenvolvimento e que obtenham o reconhecimento nessa matéria nos termos do CFI.

As contribuições efectuadas para o referido Fundo tinham enquadramento, enquanto despesa elegível, no âmbito do SIFIDE II, ao abrigo da alínea f) do n.º 1 do art.º 37.º do CFI, nos termos da qual se consideram dedutíveis as "...contribuições para fundos de investimento, públicos ou privados, destinados a financiar empresas dedicadas sobretudo a investigação e desenvolvimento, incluindo o financiamento da valorização dos seus resultados, cuja idoneidade em matéria de investigação e desenvolvimento seja reconhecida pela Agência Nacional de Inovação, S. A., nos termos do n.º 1 do artigo 37.º-A.".

O investimento realizado na subscrição das UP do Fundo gerou, em 2018, um benefício fiscal, não tendo, contudo, sido efectuada qualquer dedução relativa a este benefício, por insuficiência de colecta, tendo o respectivo montante transitado para os períodos seguintes nos termos do n.º 4 do art.º 38.º do CFI.

Ora, o n.º 7 do art.º 38.º do CFI, aditado pelo art.º 359.º da Lei 2/2020, passou a exigir a manutenção das unidades de participação nos fundos de investimento referidos na alínea f) do n.º 1 do art.º 37.º do CFI por um prazo de cinco anos, sendo que, caso tais unidades de participação sejam alienadas antes de decorrido aquele prazo, ao IRC do período da alienação é adicionado o montante que tenha sido deduzido à colecta, na proporção correspondente ao período em falta, acrescido dos correspondentes juros compensatórios.

A Lei 2/2020 entrou em vigor no dia seguinte ao da sua publicação, ou seja, em 1 de Abril de 2020, verificando-se não existir qualquer disposição transitória através da qual se preveja uma solução específica sobre o âmbito de aplicação temporal da alteração ao art.º 38.º do CFI.

A questão que se levanta prende-se, assim, com a aplicação no tempo daquela alteração, na medida em que, não obstante as despesas de I&D terem sido efectuadas em momento anterior à entrada em vigor da nova lei, os efeitos fiscais daquele facto continuam a produzir-se após a entrada em vigor da mesma, porquanto a dedução à colceta a que a requerente tem direito ainda não foi totalmente concretizada, podendo sê-lo até ao oitavo período após aquele em que foram efectuadas as referidas despesas.

Quanto à aplicação da lei fiscal no tempo, o n.º 1 do art.º 12.º da Lei Geral Tributária (LGT), em conformidade com o n.º 3 do art.º 104.º da Constituição da República Portuguesa (CRP), impõem que "As normas tributárias aplicam-se a factos posteriores à sua entrada em vigor, não podendo ser criados impostos retroactivos.".

Ainda, no que ao caso concreto interessa, estabelece o n.º 2 do mesmo artigo que "Se o facto tributário for de formação sucessiva, a lei nova só se aplica ao período decorrido a partir da sua entrada em vigor.".

O art.º 12.º da LGT é uma disposição genérica sobre a aplicação da lei fiscal no tempo, sendo que, estando em causa um benefício fiscal, é também relevante o disposto no art.º 11.º do Estatuto dos Benefícios Fiscais (EBF), o qual regula especialmente a aplicação no tempo das normas sobre benefícios fiscais.

Refira-se que, apesar da vocação de diploma de cúpula do sistema fiscal e de consagrar os grandes princípios ordenadores do sistema jurídico tributário, a LGT não possui qualquer valor reforçado.

Sendo, ainda, de realçar que, em caso de conflito, a lei especial, no seu domínio próprio de aplicação, se sobrepõe à lei geral, prevalecendo sobre esta.

Isto mesmo resulta do n.º 1 do art.º 1.º da LGT, de acordo com o qual "A presente lei regula as relações jurídico-tributárias, sem prejuízo do disposto no direito comunitário e noutras normas de direito internacional que vigorem directamente na ordem interna ou em legislação especial.".

Refira-se, ainda, que, não obstante o SIFIDE II não estar previsto no EBF, o art.º 1.º desse diploma prevê que as disposições da parte I (Princípios Gerais – Art.ºs 1 a 15.ºA) do mesmo se aplicam aos benefícios fiscais nele previstos, sendo extensivas aos restantes benefícios fiscais, com as necessárias adaptações, sendo caso disso.

Assim, ao SIFIDE II é também aplicável o disposto no art.º 11.º do EBF, o qual dispõe, no seu n.º 1, que "As normas que alterem benefícios fiscais convencionais, condicionados ou temporários, não são aplicáveis aos contribuintes que já aproveitem do direito ao benefício fiscal respectivo, em tudo que os prejudique, salvo quando a lei dispuser em contrário.".

Saliente-se que, no caso em análise, se afigura não existir um conflito entre a lei especial e a lei geral, considerando-se, antes, que estas se complementam, já que, enquanto o art.º 12.º da LGT estabelece que as normas tributárias se aplicam para o futuro (ou seja, a factos posteriores à sua entrada em vigor), o art.º 11.º do EBF impõe, salvo quando a lei dispuser em contrário, que os contribuintes que já aproveitem do direito aos benefícios fiscais ai referidos, e quando as alterações aos mesmos os prejudiquem, continuem a aplicar os benefícios nos mesmos termos que vigoravam à data em que adquiriram esse direito.

Esta norma salvaguarda, assim, nos termos aí previstos, os direitos adquiridos pelo sujeito passivo ao abrigo da lei anterior, e até ao termo do período pelo qual o benefício lhe foi concedido, mantendo-se o gozo do benefício fiscal sujeito às mesmas condições que vigoravam no momento em que aquele adquiriu o direito ao mesmo.

No mesmo sentido, refere Nuno Sá Gomes que "...as normas que concedem benefícios fiscais bilaterais, isto é, contratuais ou paracontratuais, são irrevogáveis unilateralmente pelo legislador sob pena de violação do princípio suprapositivo da boa fé (pacta sunt servanda). E consideramos benefícios fiscais paracontratuais os benefícios fiscais temporários e condicionais que se comportem como incentivos fiscais, estímulos fiscais ou medidas do fomento fiscal, pois são propostas ou ofertas ao público, recipiendas, de que resultam direitos adquiridos que não podem ser afectados por lei posterior, logo que os contribuintes preencham os pressupostos do benefício oferecido." (Cfr. Nuno Sá Gomes, in Teoria Geral dos Benefícios Fiscais, Cadernos de CTF n.º 165, págs. 283-284.).

E é este o caso do SIFIDE II, enquanto benefício fiscal temporário, que comporta um sistema de incentivos fiscais à I&D empresarial.

Refira-se que os benefícios fiscais "...dizem-se temporários quando a lei fixa um limite temporal à duração do benefício." (Cfr. Nuno Sá Gomes, in Teoria Geral dos Benefícios Fiscais, Cadernos de CTF n.º 165, pág. 145).

No caso do SIFIDE II, este é concedido por um período de tempo limitado fixado na lei, podendo, conforme já referido, ser deduzido à colecta do período de tributação em que foram realizadas as despesas de I&D ou, por insuficiência de colecta, até ao oitavo período seguinte àquele.

Ora, o aditamento do n.º 7 ao art.º 38.º do CFI exige que as UP nos fundos de investimento referidos na alínea f) do n.º 1 do art.º 37.º do CFI sejam detidas por um prazo de cinco anos, ou seja, o benefício fiscal passa a estar sujeito a uma condição resolutiva, sendo que o não cumprimento daquele prazo implica que ao IRC do período em que as UP forem alienadas seja adicionado o montante que tenha sido deduzido à colecta, na proporção correspondente ao período em falta para perfazer os cinco anos, acrescido dos correspondentes juros compensatórios.

Esta situação pode ser prejudicial ao sujeito passivo, na medida em que o impede de alienar a todo o tempo as UP em que investiu (restringindo, por exemplo, a sua capacidade de obter liquidez), direito que este havia adquirido no âmbito da lei antiga, quando efectuou as contribuições para o Fundo.

Face ao exposto, sendo o SIFIDE II um benefício fiscal temporário que comporta um sistema de incentivos fiscais à I&D empresarial, considera-se que a alteração em causa não deve ser aplicável aos contribuintes que já aproveitem do direito ao mesmo nos termos e condições existentes antes da referida alteração legislativa, como é o caso da sociedade em causa.

Assim, o disposto no n.º 7 ao art.º 38.º do CFI não é aplicável às UP detidas por essa sociedade no Fundo e que foram subscritas em 2018.

Informação Vinculativa com Despacho de 19 de Setembro de 2019, da Subdirectora-Geral da Área de Gestão Tributária – Impostos sobre o Rendimento (Proc. n.º 1291/2019)
Período de dedução de despesas.

A questão em apreço consiste em saber até que período se podem deduzir as despesas realizadas no período de tributação de 2013, elegíveis no âmbito do Sistema de

Incentivos Fiscais em Investigação e Desenvolvimento Empresarial (SIFIDE II), no caso de estas não poderem ser deduzidas no respectivo período em que foram realizadas, por insuficiência de colecta.

1. A Lei n.º 83-C/2013, de 31 de Dezembro (OE 2014), introduziu alterações ao CFI, nomeadamente quanto ao regime do SIFIDE II, passando a dispor que:

a) o disposto nos artigos relativos ao SIFIDE no CFI vigora para os períodos de tributação de 2013 a 2020 – art.º 33.º;

b) As despesas que, por insuficiência de colecta, não possam ser deduzidas no período em que foram realizadas podem ser deduzidas até ao oitavo período imediato – n.º 4 do art.º 36.º

Em conformidade com o disposto no art.º 260.º da Lei do OE, esta entra em vigor em 1 de Janeiro de 2014.

2. O Decreto-Lei n.º 162/2014, de 31 de Outubro revogou, a partir de 2014/11/05 o CFI aprovado pelo Decreto-lei n.º 249/2009, de 23 de Setembro (alínea c) do art.º 7.º) e aprovou um novo CFI (art.º 2.º).

Em conformidade com o disposto no n.º 2 do art.º 6.º do Decreto-Lei n.º 162/2014, de 31 de Outubro, o disposto quanto aos regimes fiscais previstos no novo CFI é aplicável aos períodos de tributação iniciados em ou após 1 de Janeiro de 2014.

3. Nos termos do art.º 103.º da Constituição da República Portuguesa (CRP), os impostos são criados por lei, que determina a incidência, a taxa, os benefícios fiscais e as garantias dos contribuintes, não podendo os mesmos ter natureza retroactiva.

4. Na LGT, a questão da retroactividade está expressa no art.º 12.º.

5. Assim, a lei fiscal apenas rege para o futuro, não sendo permitida a aplicação da lei nova a factos anteriores à sua entrada em vigor. Pelo que, o novo CFI aprovado pelo Decreto-Lei n.º 162/2014, de 31 de Outubro, bem como a Lei n.º 83-C/2013, de 31 de Dezembro (OE 2014), apenas podem ser aplicados aos períodos que se iniciem em ou após 1 de Janeiro de 2014.

6. No que diz respeito às despesas elegíveis no âmbito do SIFIDE II, realizadas no período de 2013, é aplicável o regime legal à data em vigor, ou seja, o regime do CFI, aprovado pelo Decreto-lei n.º 249/2009, de 23 de Setembro, na redacção que lhe foi dada pelo Decreto-Lei n.º 82/2013, de 17 de Junho.

7. Em conformidade com o estatuído no Decreto-Lei n.º 82/2013, de 17 de Junho, as despesas que, por insuficiência de colecta, não possam ser deduzidas no período em que foram realizadas podem ser deduzidas até ao sexto período imediato – n.º 4 do art.º 36.º.

Nos termos do art.º 10.º do Decreto-Lei n.º 82/2013, este diploma entrou em vigor no dia 18 de Junho de 2013.

8. De acordo com o princípio da anualidade do imposto, o lucro tributável das empresas é determinado anualmente, correspondendo, em regra, cada período de tributação, ao ano civil, sem prejuízo das excepções previstas no art.º 8.º do CIRC e o facto gerador do imposto considera-se verificado no último dia do período de tributação (n.ºs 1 e 9 do art.º 8.º).

Assim, em face da data de ocorrência do facto gerador do imposto e ao facto de o lucro tributável ser uno e indivisível, as alterações introduzidas ao SIFIDE II pelo Decreto-Lei supra referido, são aplicadas a todo o período de 2013.

9. Assim, as despesas realizadas no período de tributação de 2013 elegíveis no âmbito do SIFIDE II, que, por insuficiência de colecta, não possam ser deduzidas no período em que foram realizadas (2013), podem ser deduzidas até ao sexto período imediato, nos termos do disposto no n.º 4 do art.º 36.º do CFI, aprovado pelo Decreto-lei n.º 249/2009, de 23 de Setembro (à data em vigor), na redacção que lhe foi conferida pelo Decreto-Lei n.º 82/2013, de 17 de Junho.

Informação Vinculativa com Despacho de 8 de Julho de 2010, do Director-Geral (Proc. n.º 1801/2010) Cumulação do RFAI com outros benefícios fiscais.

(...)

4. HIERARQUIZAÇÃO DOS BENEFÍCIOS (RFAI e SIFIDE)

Quanto à operacionalidade dos benefícios que operam por dedução à colecta, nos períodos de tributação em que o sujeito passivo tenha direito a deduzir, em simultâneo, o benefício relativo ao RFAI 2009 e o benefício relativo ao SIFIDE (obviamente com a ressalva da cumulatividade a que atrás nos referimos) e sendo a lei omissa neste ponto, foi entendido que a dedução deve ser feita em função da antiguidade do nascimento do direito aos benefícios.

Se as despesas elegíveis para cada um dos benefícios foram realizadas no mesmo período de tributação (2009) e o sujeito passivo não pôde aproveitar integralmente da dedução nesse período de tributação, por insuficiência de colecta, mostra-se razoável que possa deduzir, em primeiro lugar, a parcela dedutível do RFAI, dado que o período de dedução é mais curto do que o do SIFIDE.

ARTIGO 39.º
Condições

Apenas podem beneficiar da dedução a que se refere o artigo anterior os sujeitos passivos de IRC que preencham cumulativamente as seguintes condições:

a) O seu lucro tributável não seja determinado por métodos indirectos;

b) Não sejam devedores ao Estado e à segurança social de quaisquer contribuições, impostos ou quotizações, ou tenham o seu pagamento devidamente assegurado.

Para poderem beneficiar da dedução à colecta do IRC[581], e até à sua concorrência, do valor correspondente às despesas com investigação e desenvolvi-

[581] Apurado nos termos do artigo 90.º n.º 1 alínea a) do CIRC.

mento (artigo 38.º), os sujeitos passivos de IRC[582] não poderão ter o seu lucro tributável determinado por *métodos indirectos*. Tal compreende-se, uma vez que a matéria tributável é, primacialmente, avaliada ou calculada directamente segundo os critérios próprios do IRC, visando a determinação do valor real dos rendimentos sujeitos a tributação[583].

Para além deste requisito, os sujeitos passivos deverão também apresentar uma *situação fiscal e contributiva regularizada* (artigo 177.º-A do CPPT)[584], não podendo ser devedores ao Estado e à Segurança Social de quaisquer contribuições, impostos ou quotizações, ou então, caso o sejam, tenham o seu pagamento devidamente assegurado[585].

Relativamente a 2021, para as grandes empresas, haverá que atender ao disposto no artigo 403.º da Lei n.º 75-B/2020, de 31 de Dezembro, que aprovou o regime extraordinário e transitório de incentivo à manutenção de postos de trabalho, bem como a Portaria n.º 295/2021, de 23 de Julho, que regulamenta o mencionado regime, o qual condiciona o acesso aos benefícios à manutenção do nível de emprego[586].

[582] Artigo 3.º do CIRC.
[583] Não obstante o princípio da tributação do rendimento real (artigo 104.º n.º 2 da Constituição), o legislador prevê uma solução para quando a capacidade contributiva do sujeito passivo não é revelada à administração tributária (conforme estabelecido nos artigos 57.º a 62.º do CIRC). Assim o impõe o princípio da igualdade.
A avaliação indirecta da matéria tributável, visando a determinação do valor dos rendimentos tributáveis a partir de indícios, presunções ou outros elementos de que a administração tributária disponha, surge configurada como verdadeiramente excepcional e subsidiária relativamente à avaliação directa, pois esta visa antes a determinação do valor real dos rendimentos ou bens (artigos 83.º e 85.º da LGT).
[584] Aditado pela Lei n.º 82-B/2014, de 31 de Dezembro.
[585] Por exemplo, caso esteja autorizado ao pagamento da dívida em prestações, desde que exista garantia constituída, nos termos legais.
[586] O incumprimento dos requisitos levará à respectiva suspensão durante o período de tributação de 2021.
Consideram-se sujeitas ao regime extraordinário as entidades empregadoras com sede ou direcção efectiva em território português, bem como as entidades empregadoras não residentes com estabelecimento estável neste território, que exerçam, a título principal, uma actividade de natureza comercial, industrial ou agrícola, e que preencham, cumulativamente, as seguintes condições: a) Não sejam consideradas micro, pequenas ou médias empresas, nos termos previstos no artigo 2.º do anexo ao Decreto-Lei n.º 372/2007, de 6 de Novembro; b) Tenham registado um resultado líquido positivo no período contabilístico respeitante ao ano civil de 2020 ou, caso o ano contabilístico não coincida com o civil, respeitante ao período contabilístico que inicie em ou após 1 de Janeiro de 2020, depois de aprovadas as respectivas contas pelos órgãos sociais, nos termos da legislação aplicável.

ARTIGO 40.º
Obrigações acessórias

1 – A dedução a que se refere o artigo 38.º deve ser justificada por declaração comprovativa, a requerer pelas entidades interessadas, ou prova da apresentação do pedido de emissão dessa declaração, de que as actividades exercidas ou a exercer correspondem efectivamente a acções de investigação ou desenvolvimento, dos respectivos montantes envolvidos, exceptuando os encargos com os serviços prestados pelas entidades gestoras dos fundos de investimento conforme o máximo definido nos respectivos regulamentos, do cálculo do acréscimo das despesas em relação à média dos dois exercícios anteriores e de outros elementos considerados pertinentes,

Assim, o acesso aos incentivos fiscais depende da observância da manutenção do nível de emprego, considerando-se como tal a circunstância de, no ano de 2021, a entidade ter ao seu serviço um número médio de trabalhadores igual ou superior ao nível observado em 1 Outubro de 2020. Segundo este regime extraordinário, a concessão dos incentivos fiscais determina para as entidades beneficiárias a proibição de fazer cessar contratos de trabalho ao abrigo das modalidades de despedimento colectivo, de despedimento por extinção do posto de trabalho, ou de despedimento por inadaptação, bem como de iniciar os respectivos procedimentos, até ao final do ano de 2021, e o dever de manutenção do nível de emprego até ao final de 2021, a verificar trimestralmente de forma oficiosa. Para efeitos da verificação do nível de emprego são considerados os trabalhadores por conta de outrem, bem como os trabalhadores independentes economicamente dependentes ao serviço da empresa e os que se encontrem ao serviço de qualquer outra entidade que esteja em relação de domínio ou grupo com a entidade sujeita ao regime, desde que tenha sede ou direcção efectiva em território português ou possua um estabelecimento estável neste território. Não são contabilizados, nomeadamente, os trabalhadores que tenham cessado os respectivos contratos de trabalho por sua própria iniciativa, por motivo de morte, de reforma por velhice ou invalidez, de despedimento com justa causa promovido pela entidade empregadora, ou de caducidade de contratos a termo para execução de tarefa ocasional ou serviço determinado precisamente definido e não duradouro, ou para execução de obra, projecto ou outra actividade definida e temporária, incluindo a execução, direcção ou fiscalização de trabalhos de construção civil, obras públicas, montagens e reparações industriais, em regime de empreitada ou em administração directa, bem como os respectivos projectos ou outra actividade complementar de controlo e acompanhamento, se a tarefa ocasional ou serviço determinado precisamente definido e não duradouro, a obra, projecto ou outra actividade definida e temporária tenham comprovadamente cessado, a confirmar pela entidade empregadora.
O incumprimento da manutenção dos níveis de emprego determina a imediata cessação dos apoios públicos ou incentivos fiscais referidos, com a consequente reposição automática da tributação-regra no período de tributação de 2021 e a restituição ou pagamento dos montantes já recebidos ou isentados, respectivamente, ao organismo competente. A verificação do nível de emprego, para efeitos do presente regime, é efectuada de forma oficiosa, designadamente com base na informação prestada pelo Instituto da Segurança Social, à Autoridade Tributária e Aduaneira ou ao organismo competente para a atribuição do apoio público.

emitida pela Agência Nacional de Inovação, S.A., no âmbito do sistema de incentivos fiscais em investigação e desenvolvimento empresarial, a integrar no processo de documentação fiscal do sujeito passivo a que se refere o artigo 130.º do Código do IRC.

2 – No processo de documentação fiscal do sujeito passivo deve igualmente constar documento que evidencie o cálculo do benefício fiscal, bem como documento comprovativo de que se encontra preenchida a condição referida na alínea b) do artigo anterior.

3 – As entidades interessadas em recorrer ao sistema de incentivos fiscais previstos no presente capítulo devem submeter as candidaturas até ao final do 5.º mês do ano seguinte ao do exercício, não sendo aceites candidaturas referentes a anos anteriores a esse período de tributação.

4 – As entidades interessadas em recorrer ao sistema de incentivos fiscais previstos no presente capítulo devem disponibilizar atempadamente as informações solicitadas pela entidade referida no n.º 1 e aceitar submeter-se às auditorias tecnológicas que vierem a ser determinadas, de modo a aferir o cumprimento das condições da concessão do incentivo, qualquer que seja a sua natureza.

5 – A Agência Nacional de Inovação, S.A., comunica, por via electrónica, à AT, até ao fim do mês de Fevereiro de cada ano, a identificação dos beneficiários e do montante das despesas consideradas elegíveis reportadas ao ano anterior ao da comunicação, discriminando os beneficiários e o montante das despesas majoradas nos termos do n.º 6 do artigo 37.º, com projectos validados pela Agência Portuguesa do Ambiente, I. P. (APA, I.P.), nos termos do n.º 8.

6 – As entidades interessadas em recorrer ao sistema de incentivos fiscais previstos no presente capítulo podem ser submetidas a uma auditoria tecnológica pela entidade referida no n.º 1.

7 – A declaração comprovativa prevista no n.º 1 constitui uma decisão administrativa para efeitos do disposto no n.º 3 do artigo 122.º do Código do IRC.

8 – Para efeitos de aplicação da majoração prevista no n.º 6 do artigo 37.º:

a) As entidades interessadas devem apresentar à Agência Nacional de Inovação, S.A., a sua candidatura com os elementos que permitam verificar que a despesa a certificar respeita a projectos de concepção ecológica de produtos, incluindo reconhecimentos ou certificações já existentes que atestem essa natureza;

b) A Agência Nacional de Inovação, S.A., remete à APA, I.P., nos 15 dias úteis após o termo do prazo para submissão das candidaturas, os elementos a que se refere a alínea anterior, para que esta possa emitir parecer vinculativo;

c) A APA, I.P., comunica à Agência Nacional de Inovação, S.A., o teor do seu parecer vinculativo até 15 de Novembro.

9 - *(Revogado.)*[587]

10 - *(Revogado.)*[588]

11 - As entidades beneficiadas pelo SIFIDE comprometem-se a comunicar anualmente, no prazo de dois meses após o encerramento de cada exercício, à Agência Nacional de Inovação, S.A., através de mapa de indicadores a disponibilizar por esta, os resultados das actividades apoiadas pelo incentivo fiscal concedido, durante os cinco anos seguintes à aprovação do mesmo.

12 - Para efeitos de verificação do investimento realizado, em que se inclui também a comprovação da não verificação da condição a que se refere a alínea b) do n.º 7 do artigo 38.º, as entidades gestoras dos fundos de investimento a que se refere a alínea f) do n.º 1 do artigo 37.º enviam à Agência Nacional de Inovação, S.A., até 30 de Junho de cada ano, o último relatório anual auditado, bem como documento, seja portefólio ou outro, que comprove os investimentos efectivamente realizados pelo fundo, no período anterior, nas entidades previstas naquela disposição.

13 - As entidades gestoras dos fundos de investimento podem solicitar à Agência Nacional de Inovação, S. A., a emissão de declaração de conformidade da política de investimento prevista no regulamento de gestão do fundo face ao requisito da destinação do investimento referido na alínea f) do n.º 1 do artigo 37.º, não tendo esta declaração carácter vinculativo quanto à elegibilidade futura da despesa a que se refere esta disposição.

O artigo 40.º enuncia várias obrigações acessórias a cargo do beneficiário, com relevância para o controlo dos pressupostos dos benefícios fiscais em causa, designadamente, sem sede inspectiva [artigo 2.º n.º 2 alínea h) do RCPITA].

[587] Redacção pelo artigo 361.º da Lei n.º 2/2020, de 31 de Março.

[588] *Idem.*

1.

Os sujeitos passivos devem justificar a dedução ao montante da colecta do IRC[589] do valor correspondente às despesas com investigação e desenvolvimento (artigo 38.º do CFI), por *declaração comprovativa* emitida pela Agência Nacional de Inovação[590], a requerer, ou prova da apresentação do pedido de emissão dessa declaração, de que as actividades exercidas ou a exercer correspondem efectivamente a acções de investigação ou desenvolvimento, dos respectivos montantes envolvidos (exceptuando os encargos com os serviços prestados pelas entidades gestoras dos fundos de investimento conforme o máximo definido nos respectivos regulamentos)[591], do cálculo do acréscimo das despesas em relação à média dos 2 períodos de tributação anteriores e de outros elementos considerados pertinentes.

Esta declaração, emitida no âmbito do SIFIDE II, deve integrar no processo de documentação fiscal do sujeito passivo (artigo 130.º do CIRC), por cada período de tributação[592].

2.

O sujeito passivo deve fazer incluir no processo de documentação fiscal (artigo 130.º do CIRC), quer um documento que evidencie o *cálculo do benefício fiscal* (artigo 38.º do CFI), quer uma certidão comprovativa de *situação tributária regularizada*, passada pela administração tributária [artigo 39.º alínea b)][593].

589 Montante apurado nos termos do artigo 90.º n.º 1 alínea a) do n.º 1 do CIRC, e até à concorrência da colecta do IRC.

590 Na redacção anterior à da Lei n.º 114/2017, de 29 de Dezembro, a declaração surgia emitida por comissão certificadora, designada por despacho do membro do Governo responsável pela área da economia.

591 Esta ressalva foi introduzida pela Lei n.º 75-B/2020, de 31 de Dezembro.

592 De acordo com os elementos previstos na Portaria 51/2018, de 16 de Fevereiro (Anexo I).
O processo de documentação fiscal ("dossier fiscal") é um instrumento que serve, ao abrigo do princípio da cooperação (artigo 59.º n.º 4 da LGT), para justificar ou fundamentar práticas assumidas em situações concretas.
Este dossier deve estar constituído até ao dia 15 de Julho do ano seguinte, isto é, ao termo do prazo para entrega da declaração anual de informação contabilística e fiscal (artigo 121.º do CIRC).

593 Nos termos do artigo 177.º-A do CPPT, tal verifica-se quando se verifique um dos seguintes requisitos (n.º 1): não seja devedor de quaisquer impostos ou outras prestações tributárias e respectivos juros; esteja autorizado ao pagamento da dívida em prestações, desde que exista garantia constituída, nos termos legais; tenha pendente meio de contencioso adequado à discussão da legalidade ou exigibilidade da dívida exequenda e o processo de execução fiscal tenha garantia constituída, nos termos legais; tenha a execução fiscal suspensa, nos termos do artigo 169.º n.º 2 do CPPT, havendo garantia constituída, nos termos legais.

3.

A *candidatura* ao SIDIFE II junto da Agência Nacional de Inovação deve ser submetida pela respectiva entidade interessada até ao final do 5.º mês do ano seguinte ao do período de tributação em causa[594], não sendo aceites candidaturas referentes a anos anteriores a esse período de tributação[595].

Apenas as empresas que submetam candidaturas dentro do prazo da entrega da declaração mod. 22 (até 31 de Maio)[596] podem inscrever na mesma o cálculo do crédito fiscal de que pretendem beneficiar. Para as candidaturas submetidas após esta data, a empresa tem que aguardar, para efeitos de fruição do benefício, a declaração de certificação das despesas, podendo utilizar a possibilidade de entrega de uma declaração de substituição, no prazo de 1 ano contado do termo do prazo de entrega da declaração mod. 22 do período em questão ou, se este já tiver expirado à data da notificação daquela certificação, no prazo de 1 ano contado desta notificação (artigos 122.º n.º 3 do CIRC e 40.º n.º 7 do CFI.

O formulário electrónico está disponível, mediante registo prévio na plataforma, em *http://sifide.ani.pt*.

O formulário é composto por duas partes:

a) Identificação da empresa nos seus vários quadrantes;
b) Caracterização do(s) projecto(s) e as respectivas despesas, decorrentes das actividades de I&D, acompanhada pelo seguinte conjunto de documentos: cópia das certidões de não dívida ou autorizações de consulta das situações tributária e contributiva à data da candidatura; cópia da declaração de IRC completa do ano em referência[597]; relatório de contas do ano em referência (ou balanço analítico, demonstração de resultados

[594] Na versão originária do CFI e até à redacção introduzida pela Lei n.º 114/2017, de 29 de Dezembro, o prazo era até ao final de Julho do ano seguinte ao do período de tributação.

[595] Antes da revogação dos n.ºs 9 e 10, pela Lei n.º 2/2020, de 31 de Março, o Governo estava autorizado a sujeitar a avaliação das candidaturas, para efeitos de obtenção dos benefícios fiscais do SIFIDE II, pela Agência Nacional de Inovação, ao pagamento de uma taxa máxima de 1% por parte das entidades interessadas, calculada sobre o montante de crédito solicitado, em termos a definir por portaria dos membros do Governo responsáveis pelas áreas das finanças, da ciência, tecnologia e ensino superior e da economia. Sendo que a receita resultante dessa taxa destinar-se-ia cobrir os custos inerentes ao processo de avaliação e a apoiar empresas em actividades de investigação e desenvolvimento, inovação, empreendedorismo de base tecnológica e propriedade industrial. No entanto, tal portaria nunca veio a ser publicada. Os mencionados n.ºs 9 e 10 haviam sido aditados pela Lei n.º 114/2017, de 29 de Dezembro.

[596] Artigo 120.º n.º 1 do CIRC.

[597] Declaração mod. 22 de IRC.

e anexo ao balanço e demonstração de resultados); balancetes relativos aos centros de custo dos projectos[598].

Sendo caso disso, deverá também ser apresentado o formulário por projecto de concepção ecológica de produto e respectivos anexos [artigos 37.º n.º 6 e 40.º n.º 8 alínea a)].

No caso dos fundos de investimento destinados a financiar a I&D, enquadrando-se o investimento nos termos do artigo 37.º n.º 1 alínea f), para efeitos de submissão de uma candidatura ao SIFIDE II, para além da documentação atrás enunciada, o investidor deverá anexar o regulamento de gestão do fundo, o comprovativo de subscrição das unidades de participação, o comprovativo da realização do investimento (transferência bancária) e o registo prévio/mera comunicação do Fundo[599].

Ao nível do projecto, como informação de modo a permitir uma avaliação objectiva, é necessário dar resposta aos objectivos definidos (contexto industrial e/ou empresarial do projecto; motivação científica/tecnológica para o desenvolvimento proposto; objectivos técnico-científicos), actividades de I&D desenvolvidas (apresentação do estado da arte no domínio técnico-científico relativo ao objecto a investigar e desenvolver; apresentação da incerteza científica/tecnológica que o projecto procurou resolver; descrição do trabalho sistemático e metodologia desenvolvidos pela equipa de trabalho; justificar em que medida as soluções encontradas não poderiam ser desenvolvidas por alguém que tenha os conhecimentos/competências nos domínios técnicos da área em questão e que conheça as técnicas que é comum serem utilizadas no sector) e resultados alcançados (apresentação dos resultados obtidos no período de referência; análise crítica dos desvios, face aos objectivos e eventuais necessidades futuras; conclusões).

Não é necessário anexar alguma factura e/ou recibo que comprove as despesas efectuadas, bastando o correcto preenchimento dos quadros de despesa constantes no formulário de candidatura.

4.

Na esteira da versão originária do CFI, o n.º 4 veicula a redacção introduzida pelo artigo 284.º da Lei n.º 114/2017, de 29 de Dezembro, estabelecendo que uma entidades interessada em recorrer ao SIDIFE II deve disponibilizar atempadamente as informações solicitadas pela Agência Nacional de Inovação

598 Do departamento de I&D ou da empresa.

599 Documento emitido pela Comissão do Mercado de Valores Mobiliários (CMVM).

e aceitar submeter-se às auditorias tecnológicas que vierem a ser determinadas, de modo a aferir o cumprimento das condições da concessão do incentivo, qualquer que seja a sua natureza.

Recorde-se que, pela redacção da Lei n.º 42/2016, de 28 de Dezembro, as informações solicitadas e a realização de auditorias tecnológicas tinham o propósito de comprovar, designadamente, o desenvolvimento de acções associadas à concepção ecológica de produtos.

5.

Até ao fim do mês de Fevereiro de cada ano, a Agência Nacional de Inovação comunica à *Autoridade Tributária e Aduaneira*, por via electrónica, a identificação dos beneficiários e do montante das despesas consideradas elegíveis reportadas ao ano anterior ao da comunicação.

Nesta comunicação, deverão surgir discriminados os beneficiários e o montante das despesas respeitantes a actividades de investigação e desenvolvimento associadas a projectos de concepção ecológica de produtos (artigo 37.º n.º 6)[600], com projectos validados pela Agência Portuguesa do Ambiente, nos termos do n.º 8[601].

6.

As entidades interessadas em recorrer ao SIDIFE podem ser submetidas a uma *auditoria tecnológica* pela Agência Nacional de Inovação, de molde a confirmar se actividades a exercer correspondem efectivamente a acções de investigação ou desenvolvimento.

Antes da actual redacção, introduzida pelo artigo 284.º da Lei n.º 114/2017, de 29 de Dezembro, as entidades interessadas eram obrigatoriamente submetidas a uma auditoria tecnológica no final da vigência dos projectos.

7.

O legislador determina que a declaração comprovativa, pela Agência Nacional de Inovação, de que as actividades exercidas ou a exercer correspondem efectivamente a acções de investigação ou desenvolvimento (n.º 1), constitui uma *decisão administrativa* para efeitos do disposto no artigo 122.º n.º 3 do CIRC.

Recorde-se que, no caso de uma autoliquidação de que tenha resultado imposto superior ao devido ou prejuízo fiscal inferior ao efectivo, a mesma pode ser corrigida por meio de declaração de substituição a apresentar no prazo

600 Recorde-se que estas despesas são majoradas a 110%.

601 Esta discriminação surge após a redacção da Lei n.º 42/2016, de 28 de Dezembro.

de 1 ano a contar do termo do prazo legal, isto é, na maioria dos casos, a contar de 1 de Junho, tendo em apreço o disposto no artigo 120.º n.º 1 do CIRC. Ora, este prazo conta-se a partir da data em que o sujeito passivo declarante tome conhecimento da mencionada declaração comprovativa emitida pela Agência Nacional de Inovação (artigo 122.º n.ºs 2 e 3 do CIRC.

8.

Para efeitos de aplicação da majoração (em 110%) das despesas que digam respeito a actividades de investigação e desenvolvimento associadas a um projecto de concepção ecológica de produtos (*ecodesign*)[602], a entidade interessada deve apresentar à Agência Nacional de Inovação, a sua candidatura com os elementos que permitam verificar que as despesas a certificar respeitam a tal projecto, incluindo reconhecimentos ou certificações já existentes que atestem essa natureza. Estes elementos são depois remetidos pela Agência Nacional de Inovação, à Agência Portuguesa do Ambiente, nos 15 dias úteis após o termo do prazo para submissão da candidatura (n.º 3), tendo esta última de comunicar à primeira o teor do seu parecer vinculativo até 15 de Novembro[603].

11.

As entidades beneficiárias do SIFIDE II estão obrigadas a comunicar anualmente, à Agência Nacional de Inovação, no prazo de 2 meses após o encerramento de cada exercício, através de *mapa de indicadores*, os resultados das actividades apoiadas pelo incentivo fiscal concedido, durante os 5 anos seguintes à aprovação deste último. O mapa de indicadores deverá ser enviado para *sifide@ani.pt.*

Com deste inquérito pretende-se obter informação sobre os resultados decorrentes dos projectos aprovados, em curso ou concluídos, no ano de referência[604].

602 Segundo a Directiva 2009/125/CE do Parlamento Europeu e do Conselho, de 21 de Outubro de 2009, relativa à criação de um quadro para definir os requisitos de concepção ecológica dos produtos relacionados com o consumo de energia, por "concepção ecológica" deve entender-se a integração de aspectos ambientais na concepção de um produto, no intuito de melhorar o seu desempenho ambiental ao longo de todo o seu ciclo de vida.

603 Antes da actual redacção introduzida pela Lei n.º 71/2018, de 31 de Dezembro, o n.º 8, aditado pela Lei n.º 114/2017, de 29 de Dezembro, as entidades interessadas deveriam instruir a sua candidatura com o projecto de concepção ecológica de produtos e processos, que seria integrado pela demonstração do benefício ambiental associado e pela declaração ambiental de produto e processos, patentes ou rótulos ecológicos, se existissem.

604 Devem considerar-se como referência o ano de candidatura e não o ano de preenchimento do inquérito.

Na actividade anual, são identificados os resultados decorrentes de todos os projectos aprovados no âmbito do SIFIDE II, quer estejam em curso ou sido concluídos no ano de referência. No que respeita à criação de emprego, deve ser contabilizar o número de postos de trabalho criados em todas as áreas da empresa, desde que originários nas actividades de I&D que beneficiaram do SIFIDE II. Por sua vez, quanto à propriedade industrial, deve ser indicado apenas o número de registos ou /licenças efectuados na sequência dos projectos aprovados pelo SIFIDE II.

Devem ser listados apenas os projectos concluídos no ano de referência do inquérito (e não também os concluídos nos anos anteriores), cuja informação deve ser actualizada nos 5 anos seguintes, registando as evoluções e adicionando mais alguns que, entretanto, foram sendo concluídos.

12.

Para efeitos de verificação do investimento realizado, em que se inclui também a comprovação da realização pelo *fundo de investimento* de, pelo menos, 80% do investimento nas empresas dedicadas sobretudo a investigação e desenvolvimento[605] no prazo de 5 anos contados da data da aquisição das unidades de participação[606] [artigo 38.º n.º 7 alínea b)], as entidades gestoras dos fundos de investimento estão obrigadas a enviar à Agência Nacional de Inovação, até 30 de Junho de cada ano, o último relatório anual auditado, bem como documento – seja portefólio ou outro –, que comprove os investimentos efectivamente realizados pelo fundo, no período anterior, nas empresas dedicadas sobretudo a investigação e desenvolvimento (incluindo o financiamento da valorização dos seus resultados)[607].

13.

O n.º 13 foi aditado pelo artigo 359.º da Lei n.º 2/2020, de 31 de Março.

As entidades gestoras dos fundos de investimento podem solicitar à Agência Nacional de Inovação, a emissão de uma declaração em que seja atestada a conformidade da política de investimento prevista no regulamento de gestão do fundo face ao requisito da destinação do investimento – ou seja, em empresas

[605] A que se refere a parte final do artigo 37.º n.º 1 alínea f) do CFI. Veja-se também o n.º 9 do artigo 37.º.

[606] Caso em que os fundos de investimento deverão informar os adquirentes das unidades de participação (n.º 8).

[607] Entidades essas cuja idoneidade em matéria de investigação e desenvolvimento seja reconhecida pela Agência Nacional de Inovação (artigo 37.º-A).

dedicadas sobretudo a investigação e desenvolvimento, incluindo o financiamento da valorização dos seus resultados, cuja idoneidade em matéria de investigação e desenvolvimento seja reconhecida pela Agência Nacional de Inovação.

Não obstante, esta declaração não tem carácter vinculativo quanto à elegibilidade futura da aplicação relevante [artigo 37.º n.º 1 alínea f)].

DOUTRINA ADMINISTRATIVA:

Informação Vinculativa com Despacho de 8 de Abril de 2021, da Subdirectora-Geral da Área de Gestão Tributária – Impostos sobre o Rendimento (Proc. n.º 940/2021)
Alterações ao SIFIDE II (OE2021) – Aplicação da Lei no tempo.

A questão objecto do presente pedido prende-se com o âmbito de aplicação temporal das alterações introduzidas pelo art.º 402.º da Lei n.º 75.º-B/2020, de 31 de Dezembro (Lei 75.º-B/2020 – OE2021), ao art.º 37.º (alteração da alínea f) do n.º 1 e aditamento do n.º 9), ao art.º 38.º (alteração do n.º 7 e aditamento do n.º 8) e ao art.º 40.º (alteração dos n.ºs 1 e 12), todos do Código Fiscal do Investimento (CFI), relativos ao Sistema de incentivos fiscais em investigação e desenvolvimento empresarial (SIFIDE II).

Concretamente, está em causa um fundo de capital de risco (Fundo), cujo capital foi integralmente subscrito e realizado até 31 de Dezembro de 2020, tendo as contribuições realizadas para o mesmo enquadramento, enquanto despesa elegível, no âmbito do SIFIDE II, ao abrigo da alínea f) do n.º 1 do art.º 37.º do CFI.

O Fundo não realizou ainda quaisquer investimentos, encontrando-se a sociedade gestora a avaliar as potenciais empresas em que investir, de acordo com a política de investimento definida para o Fundo. Por sua vez, a dedução à colecta a que os participantes no Fundo têm direito não foi ainda concretizada, podendo sê-lo até ao oitavo período após aquele em que foram efectuadas as despesas de investigação e desenvolvimento (I&D), nos termos do n.º 4 do art.º 38.º do CFI.

A Lei 75.º-B/2020 entrou em vigor no dia 1 de Janeiro de 2021, verificando-se não existir qualquer disposição transitória através da qual se preveja uma solução específica sobre o âmbito de aplicação temporal das alterações ao CFI.

Assim, pretende-se saber se essas alterações apenas terão reflexo relativamente às contribuições para o Fundo realizadas nos períodos de tributação que se iniciem em ou após 1 de Janeiro de 2021, ou se deverão ser também aplicáveis às contribuições para o Fundo realizadas antes dessa data.

Ora, em conformidade com o n.º 1 do art.º 12.º da Lei Geral Tributária (LGT) e com o n.º 1 do art.º 12.º do Código Civil, as modificações efectuadas pelo OE 2021 ao SIFIDE II só serão aplicáveis a situações jurídicas futuras.

O art.º 12.º da LGT é uma disposição genérica sobre a aplicação da lei fiscal no tempo, sendo que, estando em causa um benefício fiscal, é também relevante o disposto no art.º 11.º do Estatuto dos Benefícios Fiscais (EBF), o qual regula especialmente a aplicação no tempo das normas sobre benefícios fiscais, e que é aplicável ao SIFIDE II, por via do disposto no art.º 1.º do EBF.

O n.º 1 do art.º 11.º do EBF salvaguarda, nos termos aí previstos, os direitos adquiridos pelo sujeito passivo ao abrigo da lei anterior.

Com efeito, é aí previsto que "As normas que alterem benefícios fiscais convencionais, condicionados ou temporários, não são aplicáveis aos contribuintes que já aproveitem do direito ao benefício fiscal respectivo, em tudo que os prejudique, salvo quando a lei dispuser em contrário.".

Sendo o SIFIDE II um benefício fiscal temporário e condicionado que comporta um sistema de incentivos fiscais à I&D empresarial, o mesmo é fonte de direitos adquiridos para os sujeitos passivos que dele beneficiam, pelo que, durante o prazo limitado pelo qual tal benefício é conferido, deverá este revestir estabilidade e conferir segurança aos sujeitos passivos.

Pelo que, e pese embora o legislador tenha a possibilidade de alterar ou revogar o dispositivo legal que consagra este tipo de benefícios fiscais, tais modificações não são aplicáveis aos sujeitos passivos que se encontrem a usufruir dos benefícios até que termine o prazo pelo qual os mesmos foram concedidos.

Assim, de forma a garantir que não são violados os princípios da boa-fé e da segurança jurídica e que os direitos adquiridos pelos sujeitos passivos ao abrigo da lei anterior não são afectados pela nova lei, o n.º 9 do art.º 37.º do CFI, bem como as alterações introduzidas ao seus art.ºs 38.º e 40.º, só devem ser aplicáveis caso estejam em causa contribuições efectuadas a partir de 1 de Janeiro de 2021, ou seja, a partir da entrada em vigor da nova lei, para os fundos de investimento a que se refere a alínea f) do n.º 1 do art.º 37.º do CFI.

Deste modo, as referidas alterações não são aplicáveis ao caso concreto, uma vez que as contribuições para o Fundo foram efectuadas em Dezembro de 2020.

Informa-se, contudo, uma vez que, anteriormente ao aditamento do n.º 9 do art.º 37.º do CFI, a inexistência de uma definição de "empresa dedicada sobretudo a I&D" implicava que tal conceito fosse interpretado e densificado através de uma lógica casuística, que nada parece obstar a que, mesmo não sendo essa norma aplicável ao caso concreto, se considere cumprido o requisito de investimento em "empresas dedicadas sobretudo a I&D" quando tais empresas se enquadrem no n.º 9 do art.º 37.º.

Mais se informa, no que se refere à alteração introduzida à alínea f) do n.º 1 do art.º 37.º do CFI, que esta alínea passou a referir expressamente que os fundos de investimento para os quais sejam efectuadas as contribuições devem ser fundos que realizem investimentos de capital próprio e de quase-capital, tal como definidos Comunicação da Comissão 2014/C19/04, de 22 de Janeiro.

Considera-se que não houve aqui uma alteração do entendimento já existente, porquanto, no âmbito do SIFIDE, era já relevante que existisse investimento em capital próprio das empresas.

Esta alteração visou apenas clarificar um entendimento que já decorre de outros normativos legais, sendo que, no caso dos fundos de capital de risco, tal decorre dos art.ºs 3.º e 9.º do Regime jurídico do capital de risco, do empreendedorismo social e do investimento especializado (RJCRESIE), nos termos dos quais um fundo de capital de risco tem sempre de investir em capital próprio das empresas, ainda que efectue também outro tipo de investimentos.

Assim, a alteração introduzida à alínea f) do n.º 1 do art.º 37.º do CFI aplica-se no caso em apreço, ou seja, relativamente às contribuições para o Fundo realizadas em Dezembro de 2020.

ARTIGO 41.º
Obrigações contabilísticas

A contabilidade dos sujeitos passivos de IRC beneficiários deste regime deve dar expressão ao imposto que deixe de ser pago em resultado da dedução a que se refere o artigo 38.º mediante menção do valor correspondente no anexo às demonstrações financeiras relativa ao exercício em que se efectua a dedução.

O legislador estabelece que os sujeitos passivos de IRC[608] devem, na sua contabilidade, evidenciar o *imposto que deixe de ser pago* em resultado da dedução à colecta do IRC[609] do valor correspondente às despesas com investigação e desenvolvimento (artigo 38.º) em sede do SIFIDE II. Tal será alcançado através de menção do valor correspondente no anexo às demonstrações financeiras[610] relativa ao período de tributação em que seja efectuada a dedução.

ARTIGO 42.º
Exclusividade do benefício

A dedução a que se refere o artigo 38.º não é cumulável, relativamente às mesmas despesas, com benefícios fiscais da mesma natureza, incluindo os benefícios fiscais de natureza contratual, previstos neste ou noutros diplomas legais.

608 Artigo 2.º do CIRC.

609 Apurado nos termos do artigo 90.º n.º 1 alínea a) do CIRC.

610 Constituem um referencial que contempla a informação a apresentar pelas entidades. Trata-se do Anexo 6, constante da Portaria n.º 220/2015, de 24 de Julho, que aprova os modelos de demonstrações financeiras para as diferentes entidades que aplicam o SNC, aplicável aos períodos que se iniciem em ou após 1 de Janeiro de 2016.

Quanto ao benefício da dedução ao montante da colecta do IRC do valor correspondente às despesas com investigação e desenvolvimento em sede do SIFIDE II – na parte que não tenha sido objecto de comparticipação financeira do Estado a fundo perdido –, previsto no artigo 38.º, impera a regra da *exclusividade*. Portanto, este benefício fiscal não é cumulável, com quaisquer outros benefícios fiscais da mesma natureza – ou seja, em que há similitude quanto ao interesse público extrafiscal relevante – relativamente às mesmas aplicações relevantes, incluindo os benefícios fiscais contratuais (artigos 2.º a 21.º), o RFAI (artigos 22.º a 26.º), a DLRR (artigos 27.º a 34.º) e o SIFIDE II (artigos 35.º a 42.º) ou outros[611].

Nos termos do artigo 6.º n.º 4 do Decreto-Lei n.º 162/2014, de 31 de Outubro, que aprovou o CFI, determinou-se que o sentido dado à norma constante deste artigo 42.º seria de aplicar aos benefícios fiscais concedidos ao abrigo do anterior CFI[612].

JURISPRUDÊNCIA:

Acórdão do Supremo Tribunal Administrativo, de 8 de Julho de 2020 (Processo n.º 010/20.1BALSB)
Tributação autónoma. Deduções.

I – As tributações autónomas, embora liquidadas no âmbito do IRC, constituem uma imposição fiscal material e estruturalmente distinta deste.

II – Para não frustrar os objectivos tributários prosseguidos com a tributação através de tributações autónomas não são admitidas deduções à respectiva colecta que não estejam expressamente previstas na lei, designadamente, está excluída a possibilidade de dedução dos montantes apurados a título do benefício fiscal SIFIDE II, aprovado pelo artigo 133.º da Lei n.º 55-A/2010.

III – Esta interpretação normativo-legal dos preceitos tributários do CIRC e do Regime legal do SIFIDE II não foi alterada com a introdução do n.º 21 ao artigo 88.º do CIRC por efeito da aprovação da Lei n.º 7-A/2016.

611 Por exemplo, relativamente às mesmas despesas de investimento elegíveis, o Crédito Fiscal Extraordinário ao Investimento II (CFEI II), previsto na Lei n.º 27-A/2020, de 24 de Julho.

612 Aprovado pelo Decreto-Lei n.º 249/2009, de 27 de Setembro, e alterado pela Lei n.º 20/2012, de 14 de Maio, pelo Decreto-Lei n.º 82/2013, de 17 de Junho, e pela Lei n.º 83-C/2013, de 31 de Dezembro.

DOUTRINA ADMINISTRATIVA:

Informação Vinculativa com Despacho de 8 de Julho de 2010, do Director-Geral (Proc. n.º 1801/2010)

Cumulação do RFAI com outros benefícios fiscais.

(...)

3. CUMULAÇÃO DO RFAI 2009 COM OUTROS BENEFÍCIOS FISCAIS

O RFAI 2009 não é cumulável com o SIFIDE, relativamente ao mesmo investimento, dado que em ambos os benefícios o interesse público extrafiscal relevante consiste na contribuição para o crescimento económico, reforço da competitividade das empresas e aumento do emprego, a que acresce, no RFAI 2009, a contribuição para o desenvolvimento das áreas elegíveis para apoio no âmbito dos incentivos com finalidade regional.

CAPÍTULO VI – Limites máximos aplicáveis aos auxílios estatais com finalidade regional

ARTIGO 43.º
Limites máximos aplicáveis aos auxílios estatais com finalidade regional

1 – Em conformidade com o mapa nacional de auxílios estatais com finalidade regional para o período de 1 de Junho de 2014 a 31 de Dezembro de 2021, aprovado pela Comissão Europeia em 11 de Junho de 2014 e prorrogado em 2 de Julho de 2020, os limites máximos aplicáveis aos benefícios fiscais concedidos às empresas no âmbito do regime de benefícios fiscais contratuais ao investimento produtivo e do RFAI são os seguintes:

NUTS II[613]	NUTS III[614]	LAU 1[615]/ LAU 2[616]	Limites máximos aplicáveis aos auxílios ao investimento com finalidade regional
1 – Regiões elegíveis para auxílio nos termos da alínea a) do n.º 3 do artigo 107.º do Tratado sobre o Funcionamento da União Europeia			
Norte			**25%**
Centro			**25%**
Alentejo			**25%**
Região Autónoma dos Açores			**45%**

613 NUT – Nomenclatura das Unidades Territoriais para Fins Estatísticos.

614 *Idem.*

615 LAU – Unidade Administrativa Local.

616 *Idem.*

NUTS II[613]	NUTS III[614]	LAU 1[615]/ LAU 2[616]	Limites máximos aplicáveis aos auxílios ao investimento com finalidade regional
Região Autónoma da Madeira			35%
2 – Regiões elegíveis para auxílio nos termos da alínea c) do n.º 3 do artigo 107.º do Tratado sobre o Funcionamento da União Europeia			
Algarve			10%
Grande Lisboa	Grande Lisboa	Mafra	10%
		Loures	10%
		Vila Franca de Xira	10%
		S. João das Lampas e Terrugem.	10%
Península de Setúbal			10%

2 – Os limites previstos no número anterior são majorados em 10 pontos percentuais para as médias empresas e em 20 pontos percentuais para as micro e pequenas empresas tal como definidas na Recomendação n.º 2003/361/CE, da Comissão, de 6 de Maio de 2003, excepto quanto a projectos de investimento cujas aplicações relevantes excedam €50.000.000,00.

3 – No caso de projectos de investimento cujas aplicações relevantes excedam €50.000.000,00, independentemente da dimensão da empresa, os limites previstos no n.º 1 estão sujeitos ao ajustamento previsto no estabelecido no parágrafo 20 do artigo 2.º do RGIC.

O Capítulo VI e o seu artigo 43.º (artigo único) tratam dos *limites máximos aplicáveis aos auxílios estatais com finalidade regional*, isto é, aos benefícios fiscais contratuais ao investimento produtivo (artigos 2.º a 21.º) e ao RFAI (artigos 22.º a 26.º), em função da região onde é concretizado o investimento e a dimensão da empresa que concretiza esse mesmo investimento[617].

[617] Havendo variação da dimensão da empresa ao longo do investimento (exs.: dos anos de concessão do incentivo financeiro e do arranque do investimento para o ano de conclusão do investimento; do ano de concessão do incentivo financeiro para o ano do arranque do investimento), os cálculos referentes ao limite máximo de auxílio são efectuados no período de tributação em que ocorre a data da concessão do incentivo financeiro.

No que respeita aos *benefícios fiscais contratuais ao investimento produtivo*, estes limites relevam quanto às condições objectivas de elegibilidade dos projectos de investimento (artigo 4.º n.º 4)[618]. Caso os projectos de investimento beneficiem de outros auxílios de Estado, o cálculo dos limites máximos aplicáveis aos auxílios com finalidade regional em vigor na região na qual o investimento seja efectuado nos termos do artigo 43.º deve ter em consideração o montante total dos auxílios de Estado com finalidade regional concedidos ao investimento ou projecto de investimento em questão, proveniente de todas as fontes[619], assim como outras regras de cumulação previstas na legislação comunitária (artigo 10.º).

Também no que tange ao *RFAI*, estes limites relevam quanto às condições objectivas de elegibilidade dos investimentos (artigo 22.º n.º 7)[620] e à definição dos próprios benefícios fiscais [artigo 23.º n.ºs 1 alínea a) e 5][621]. Caso os investimentos beneficiem de outros auxílios de Estado, o cálculo dos limites referidos no número anterior deve ter em consideração o montante total dos auxílios de

[618] Segundo o qual nas regiões elegíveis para auxílios nos termos do artigo 107.º n.º 3 alínea c) do TFUE, constantes da tabela do artigo 43.º do CFI, no caso de empresas que não se enquadrem na categoria das micro, pequenas e médias empresas, tal como definidas na Recomendação n.º 2003/361/CE, da Comissão, de 6 de Maio de 2003, apenas podem beneficiar do regime dos benefícios fiscais contratuais ao investimento produtivo os projectos de investimento que respeitem a investimentos em novos activos tangíveis e intangíveis relacionados com a criação de um novo estabelecimento, ou com a diversificação da actividade de um estabelecimento, na condição de a nova actividade não ser a mesma ou uma actividade semelhante à anteriormente exercida no estabelecimento.

[619] Incluindo as não fiscais (ex.: incentivos financeiros).

[620] Segundo o qual nas regiões elegíveis para auxílios nos termos do artigo 107.º n.º 3 alínea c) do TFUE, constantes da tabela do artigo 43.º do CFI, no caso de empresas que não se enquadrem na categoria das micro, pequenas e médias empresas, tal como definidas na Recomendação n.º 2003/361/CE, da Comissão, de 6 de Maio de 2003, apenas podem beneficiar do RFAI os investimentos que respeitem a uma nova actividade económica, ou seja, a um investimento em activos fixos tangíveis e intangíveis relacionados com a criação de um novo estabelecimento, ou com a diversificação da actividade de um estabelecimento, na condição de a nova actividade não ser a mesma ou uma actividade semelhante à anteriormente exercida no estabelecimento.

[621] Aos sujeitos passivos de IRC previstos no artigo 22.º n.º 1 é concedido o benefício fiscal da dedução à colecta do IRC apurada nos termos do artigo 90.º n.º 1 alínea a) do CIRC, no caso de investimentos realizados em regiões elegíveis nos termos do artigo 107.º n.º 3 alínea a) do TFUE constantes da tabela prevista no artigo 43.º n.º 1, 25% das aplicações relevantes, relativamente ao investimento realizado até ao montante de €15.000.000 e 10% das aplicações relevantes, relativamente à parte do investimento realizado que exceda o montante de €15.000.000, e, no caso de investimentos em regiões elegíveis nos termos do artigo 107.º n.º 3 alínea c) do TFUE constantes da referida tabela, 10 % das aplicações relevantes.

Estado com finalidade regional concedidos ao investimento em questão, proveniente de todas as fontes[622] (artigo 23.º n.º 6).

Segundo a disposição transitória do artigo 6.º n.º 3 do Decreto-Lei n.º 162/2014, de 31 de Outubro, que aprovou o CFI, no período de tributação que se inicie em ou após 1 de Janeiro de 2014, para efeitos do apuramento do limite máximo dos benefícios fiscais concedidos no âmbito do RFAI, são aplicáveis, relativamente aos investimentos relevantes realizados entre o início do período de tributação e 30 de Junho de 2014, as regras previstas no artigo 32.º do anterior CFI[623].

Para determinar se um auxílio é ou não compatível com o mercado comum é necessário tomar em consideração a intensidade do auxílio e, por conseguinte, o montante do auxílio expresso em equivalente-subvenção. Essa intensidade do auxílio corresponde aos limites máximos de auxílios estatais de finalidade regional previstos no artigo 43.º do CFI.

Os níveis de auxílio são definidos como uma percentagem dos custos elegíveis. Destarte, para determinar se um auxílio é ou não enquadrado nos auxílios regionais é necessário tomar em consideração a intensidade do auxílio a atribuir. A unidade de medida comum da intensidade do auxílio é o *equivalente-subvenção bruto* (ESB), isto é, o valor actualizado do auxílio expresso em percentagem do valor actualizado dos custos elegíveis, calculado em relação à data da concessão do auxílio com base na taxa de referência em vigor nessa data [ponto 20, alínea f) das OAR]. Permitindo comparar a intensidade dos auxílios concedidos de diferentes formas, o ESB é o valor que efectivamente corresponde a uma vantagem financeira atribuída pelo Estado (independentemente do organismo que atribui a ajuda)[624].

Em cada período de tributação (isto é, naquele em que é concedido o incentivo financeiro e os seguintes), o sujeito passivo tem que confrontar o valor acumulado e actualizado dos benefícios (financeiros e fiscais) que tenham sido efectivamente utilizados com o valor acumulado actualizado das aplicações relevantes que tenham sido efectivamente realizadas.

A determinação da intensidade dos auxílios concedidos ao mesmo investimento, que deve ser efectuada em cada período de tributação, em percenta-

[622] Incluindo as não fiscais (ex.: incentivos financeiros).

[623] Aprovado pelo Decreto-Lei n.º 249/2009, de 23 de Setembro, e alterado pela Lei n.º 20/2012, de 14 de Maio, pelo Decreto-Lei n.º 82/2013, de 17 de Junho, e pela Lei n.º 83-C/2013, de 31 de Dezembro.

[624] O sujeito passivo pode obter junto das entidades gestoras da atribuição dos incentivos financeiros um cálculo prévio do ESB no momento da atribuição desse incentivo, ficando então a conhecer a margem que tem para aproveitar os benefícios fiscais ao mesmo investimento em face à limitação imposta pelo artigo 43.º.

gem, resulta do quociente entre o montante total dos auxílios de Estado[625] e o montante (valor total actualizado) das aplicações relevantes do projecto[626]. Obtido deste modo o valor, o mesmo terá que ser inferior ao limite máximo aplicável, previsto no artigo 43.° (artigos 10.º n.º 1, 23.º n.º 5 e 31.º), e assim poderá ser utilizado como benefício fiscal o montante correspondente à diferença das duas percentagens[627].

1.

As OAR definem as condições em que os Estados-Membros da União Europeia podem conceder auxílios estatais às empresas para fins de desenvolvimento regional[628], tendo subjacente o objectivo de fomentar o crescimento e contribuir para o aumento da coesão no mercado único.

O artigo 107.º n.º 3 alínea a) do TFUE permite que os Estados-Membros concedam auxílios destinados a promover o desenvolvimento económico de regiões em que o nível de vida seja anormalmente baixo ou em que exista grave situação de subemprego[629].

Por sua vez, o artigo 107.º n.º 3 alínea c) do TFUE prevê a autorização de auxílios destinados a facilitar o desenvolvimento de certas actividades ou regiões económicas, quando não alterem as condições das trocas comerciais de maneira que contrariem o interesse comum. Os auxílios estatais com finalidade regional definem essas regiões como áreas de um Estado-Membro desfavorecidas em relação à média da União Europeia ou à média nacional[630].

[625] Isto é, o somatório do valor actualizado do incentivo financeiro não reembolsável recebido e do valor actualizado dos benefícios fiscais e não fiscais utilizados até esse período de tributação.

[626] Artigo 7.º n.º 1 alínea h) da Portaria n.º 297/2015, de 21 de Setembro.
A determinação da intensidade dos auxílios concedidos ao mesmo investimento deve estar incluída no processo de documentação fiscal (artigo 130.º do CIRC).

[627] Excedidos os limites, o correspondente excesso é adicionado ao IRC liquidado para efeitos de apuramento do imposto a pagar ou a recuperar (campo 372 do quadro 10 da declaração mod. 22 de IRC).

[628] As OAR estabelecem as regras a cumprir pelos Estados-Membros para conceder auxílios a empresas com o objectivo de apoiar investi
mentos para abrir novas instalações de produção nas regiões mais desfavorecidas da Europa, ou para modernizar e ampliar as já existentes. O fim último dos auxílios estatais com finalidade regional é prestar apoio ao desenvolvimento económico e ao emprego.

[629] As referidas orientações definem essas áreas como regiões cujo PIB *per capita* se situa abaixo de 75% da média da União Europeia e regiões ultraperiféricas.

[630] As OAR estabelecem um tecto de cobertura populacional para a promoção do investimento, ao permitir os auxílios em regiões desfavorecidas. A cobertura populacional é distribuída entre os Estados-Membros seguindo critérios socioeconómicos e tendo em conta as diferenças regionais, incluindo o desemprego, quer ao nível da União Europeia quer nacional. Assim, cabe a cada

Assim, as OAR contêm regras com as quais os Estados-Membros podem elaborar mapas regionais para todo o período da sua aplicação. Os mapas identificam as áreas geográficas em que as empresas podem receber auxílios estatais com finalidade regional e em que proporção dos custos de investimento elegíveis (intensidade de auxílio). Os custos elegíveis fazem parte dos custos de investimento total que podem ser tidos em conta no cálculo do auxílio.

A Comissão Europeia aprovou em 11 de Junho de 2014, em conformidade com as regras da União Europeia sobre auxílios estatais, o mapa dos auxílios estatais com finalidade regional para Portugal correspondente ao período de 2014 a 2020[631], baseado nas OAR[632]. Este mapa foi alterado no âmbito da revisão intercalar de 2016, por decisão da Comissão Europeia de 10 de Outubro de 2016[633], e prorrogado, em 2 de Julho de 2020, até 31 de Dezembro de 2021[634]. Esta prorrogação encontra-se respaldada na actual redacção do artigo 43.º n.º 1 do CFI, pelo artigo 4.º da Lei n.º 21/2021, de 20 de Abril, com efeitos a partir de 1 de Janeiro de 2021.

O referido mapa define as regiões portuguesas que são elegíveis para beneficiar dos auxílios ao investimento regional em conformidade com as regras da União Europeia na matéria e estabelece os auxílios estatais máximos admissíveis ("intensidade de auxílio") a prestar às empresas em regiões elegíveis.

As NUTS ("Nomenclatura das Unidades Territoriais para Fins Estatísticos") são um sistema hierárquico de divisão do território em regiões, criado pelo Eurostat no início dos anos 1970, visando a harmonização das estatísticas dos vários países em termos de recolha, compilação e divulgação de estatísticas regionais. Esta nomenclatura, para além de servir de referência no sistema de recolha, desenvolvimento e harmonização das estatísticas regionais ao nível da União Europeia e na análise sócio-económica das regiões, é utilizada para enquadrar as políticas regionais comunitárias, sendo o critério utilizado para a

Estado-Membro decidir no seu mapa regional como usar da melhor maneira esta flexibilidade na definição de mais áreas elegíveis, de modo a resolver as disparidades regionais internas.

[631] O primeiro mapa entrou em vigor entre 1 de Julho de 2014 e 31 de Dezembro de 2020.

[632] O mapa dos auxílios com finalidade regional é considerado parte integrante das OAR.

[633] Na sequência de proposta de Portugal no sentido de aumentar o limiar de intensidade de auxílio para a região NUTS 2 da Madeira.

[634] Em 2 de Julho de 2020, a Comissão Europeia alterou as OAR 2014-2020 e prorrogou a sua validade até 31 de Dezembro de 2021. No ponto 178-A das OAR 2014-2020 alteradas, a Comissão convidou os Estados-Membros a notificá-la, até 1 de Setembro de 2020, da sua intenção de prorrogar a validade dos respectivos mapas nacionais de auxílios com finalidade regional. Portugal notificou, através de notificação electrónica registada na Comissão em 1 de Setembro de 2020, a prorrogação do mapa português dos auxílios com finalidade regional 2014-2020.

definição das regiões elegíveis para serem apoiadas no âmbito dos fundos europeus (*maxime*, as delimitações das regiões NUTS II ou III)[635].

O Sistema Estatístico Europeu (SEE) tem procurado definir para os Estados-Membros da União Europeia dois níveis hierárquicos de Unidades Administrativas Locais (*Local Administrative Units* – LAU) que garantam a integração com as NUTS e que, no caso português correspondem aos municípios (LAU 1) e às freguesias (LAU 2)[636].

Atentos os limites previstos no artigo 43.º n.º 1 do CFI, os auxílios máximos que podem ser prestados a projectos de investimento regional realizados por grandes empresas[637] situam-se entre 10% e 45% dos custos totais de investimento, consoante as áreas. No caso de projectos de investimento cujas aplicações relevantes excedam €50.000.000, haverá que atender ao disposto no n.º 3.

2.

Tratando-se de empresas médias ou de micro ou pequenas empresas[638], os auxílios máximos que podem ser prestados a projectos de investimento regional nas áreas em causa beneficiam de uma majoração, respectivamente, de 10 ou 20 pontos percentuais relativamente aos limites máximos fixados no n.º 1.

Assim, nos auxílios estatais com finalidade regional – benefícios fiscais contratuais ao investimento produtivo e RFAI – o limite máximo (do montante total dos auxílios fiscais e não fiscais) poderá ser um dos seguintes:

[635] A nomenclatura subdivide-se em 3 níveis (NUTS I, NUTS II, NUTS III), definidos de acordo com critérios populacionais, administrativos e geográficos. Actualmente, os 308 municípios de Portugal agrupam-se em 25 NUTS III, 7 NUTS II e 3 NUTS I.

[636] Antigamente denominadas NUTS IV e NUTS V.

[637] Tal como definidas na Recomendação n.º 2003/361/CE, da Comissão, de 6 de Maio de 2003. Haverá também que atender ao disposto no Decreto-Lei n.º 372/2007, de 6 de Novembro, que cria a certificação electrónica do estatuto de micro, pequena e média empresas (PME).
Nos termos do Decreto-Lei n.º 372/2007, de 6 de Novembro, os dados considerados para o cálculo dos efectivos e dos montantes financeiros são os do último exercício contabilístico encerrado, calculados numa base anual. Os dados são tidos em conta a partir da data de encerramento das contas e o montante do volume de negócios considerado é calculado com exclusão do imposto sobre o valor acrescentado (IVA) e de outros impostos indirectos (artigo 4.º n.º 1 do Anexo). E, se uma empresa verificar, na data de encerramento das contas, que superou ou ficou aquém, numa base anual, do limiar de efectivos ou dos limiares financeiros indicados no artigo 2.º do Anexo do referido Decreto-Lei, esta circunstância não a faz adquirir ou perder a qualidade de média, pequena ou micro empresa, salvo se tal se repetir durante 2 exercícios consecutivos (artigo 4.º n.º 2 do Anexo).

[638] *Idem.*

Região/Dimensão da empresa	Micro e pequenas empresas	Empresas médias	Grandes empresas
Região Autónoma dos Açores	65%	55%	45%
Região Autónoma da Madeira	55%	45%	35%
Norte, Centro e Alentejo	45%	35%	25%
Algarve, Grande Lisboa[639] e Península de Setúbal	30%	20%	10%

Do exposto resulta que a cumulatividade entre o RFAI e a DLRR nunca é passível de ultrapassar o limite máximo de auxílio previsto no artigo 43.º[640], dado que a DLRR não é elegível para grandes empresas [artigo 28.º alínea a) *a contrario*] e, por outro lado, no caso das empresas localizadas em Algarve, Grande Lisboa[641] e Península de Setúbal, apenas pode ser deduzida uma importância de 10% das aplicações relevantes incluídas no investimento [artigo 23.º n.º 1 alínea a) 2)].

As majorações sobre as taxas-base prevista no n.º 1 não se aplicam no caso de projectos de investimento cujas aplicações relevantes[642] excedam €50.000.000[643].

3.

O n.º 1 estabelece que auxílios máximos que podem ser prestados a projectos de investimento regional realizados por grandes empresas situam-se entre 10% e 45% dos custos totais de investimento, consoante as áreas. Porém, no caso de projectos de investimento cujas aplicações relevantes excedam €50.000.000, trate-se de grandes, médias, pequenas ou micro empresas, os limites máximos previstos no n.º 1 estão sujeitos ao ajustamento previsto no parágrafo 20 do artigo 2.º do RGIC[644] (*montante ajustado dos auxílios*).

639 Mafra, Loures, Vila Franca de Xira e S. João das Lampas e Terrugem.

640 Quanto às mesmas aplicações relevantes, prevista, o RFAI e a DLRR são cumuláveis, desde que observados os limites máximos aplicáveis, previstos no artigo 43.º (respectivamente, artigos 24.º n.º 2 e 31.º n.º 2).

641 *Vide* a nota 637.

642 Artigos 11.º (Benefícios fiscais contratuais ao investimento produtivo) e 22.º (RFAI).

643 Havendo que atender ao disposto no n.º 3.

644 Regulamento (UE) n.º 651/2014 da Comissão, de 16 de Junho de 2014, que declara certas categorias de auxílio compatíveis com o mercado interno, em aplicação dos artigos 107.º e 108.º do TFUE.

Destarte, o montante máximo admissível do auxílio para um grande projecto de investimento, calculado de acordo com a seguinte fórmula:

- Montante máximo do auxílio = R[645] × (A[646] + 0,50 × B[647] + 0 × C[648]).

DOUTRINA ADMINISTRATIVA:

Informação Vinculativa com Despacho de 20 de Fevereiro de 2019, da Subdirectora-Geral da Área de Gestão Tributária – Impostos sobre o Rendimento (Proc. n.º 1499/2018)

Limites máximos aplicáveis aos auxílios estatais com finalidade regional.

No caso em apreço está em causa o cálculo dos limites máximos definidos no artigo 43.º do Código Fiscal do Investimento (CFI), quando, para um determinado investimento, se verifique cumulação de incentivos fiscais [Regime Fiscal de Apoio ao Investimento (RFAI) e Dedução por Lucros Retidos e Reinvestidos (DLRR)] com incentivos financeiros reembolsáveis recebidos no âmbito do designado Portugal 2020 (PT2020).

A título prévio e uma vez que a questão em análise se prende com o cálculo dos limites máximos a que se refere o artigo 43.º do CFI, importa referir que, para simplificação da análise, se considerou que as aplicações relevantes para efeitos do incentivo financeiro e as aplicações relevantes para efeitos dos benefícios fiscais (RFAI e DLRR) são coincidentes.

Cumulação do RFAI e da DLRR

Não obstante a regra geral de não cumulatividade do RFAI e da DLRR com quaisquer outros benefícios fiscais da mesma natureza, relativamente às mesmas aplicações relevantes, prevista, respectivamente, no n.º 1 do artigo 24.º e no n.º 1 do artigo 31.º, ambos do CFI, os n.ºs 2 dos referidos artigos preceituam que ambos os benefícios fiscais (DLRR e RFAI) podem ser cumuláveis, desde e na medida em que não sejam ultrapassados os limites máximos aplicáveis previstos nos n.ºs 5 e 6 do artigo 23.º do CFI.

Por sua vez, o n.º 5 do artigo 23.º do CFI especifica que os benefícios fiscais devem respeitar os limites máximos aplicáveis aos auxílios de Estado com finalidade regional em vigor na região na qual o investimento é efectuado, nos termos do artigo 43.º do mesmo diploma legal.

E o n.º 6 do artigo 23.º do CFI determina que o cálculo desses limites máximos deve ter em consideração o montante total dos auxílios de Estado com finalidade regional (financeiros e fiscais) concedidos ao investimento em questão, provenientes de todas as fontes.

645 R é a intensidade máxima de auxílio aplicável na zona em causa estabelecida num mapa aprovado de auxílios com finalidade regional em vigor na data em que o auxílio é concedido, excluindo a maior intensidade de auxílio para as PME.

646 A são os €50.000.000 iniciais de custos elegíveis.

647 B é a parte dos custos elegíveis entre €50.000.000 e €100.000.000.

648 C é a parte dos custos elegíveis acima de €100.000.000.

Incentivo financeiro – parte não reembolsável e juros

O incentivo financeiro em causa (atribuído no âmbito do Portugal 2020) tem finalidade regional.

Conforme refere o ponto 11. do Aviso n.º 20/SI/2015, o apoio financeiro Portugal 2020 reveste a forma de incentivo reembolsável, sendo que pode ser concedida uma isenção de reembolso de uma parcela do incentivo reembolsável, até ao limite máximo de 50%, em função do grau de superação das metas que o candidato estabeleça em sede de formulário de candidatura relativamente a determinados indicadores.

Por outro lado, face ao disposto na alínea a) do n.º 2 do artigo 30.º do Regulamento Específico do Domínio da Competitividade e Internacionalização (RECI), não são cobrados ou devidos juros ou quaisquer outros encargos pela utilização do incentivo reembolsável.

Cálculo dos limites máximos a que se refere o artigo 43.º do CFI

Para efeitos do cálculo do limite máximo a que se refere o artigo 43.º do CFI, a par dos benefícios fiscais que o sujeito passivo usufrua (no caso concreto RFAI e DLRR), devem ainda ser considerados os juros ou quaisquer outros encargos que seriam devidos pela utilização do incentivo reembolsável (e que beneficiaram de isenção) e o montante máximo do incentivo que (eventualmente) não irá ser reembolsável.

A DLRR (apesar de não ter, propriamente, as características de um auxílio com finalidade regional), por força da sua cumulação com o RFAI, está também sujeita à limitação prevista no artigo 43.º do CFI.

Assim, relativamente às aplicações relevantes que beneficiam, em simultâneo, do RFAI, da DLRR e do incentivo financeiro à inovação produtiva (que integra o Portugal 2020), o cálculo do limite máximo a que se refere o artigo 43.º do CFI deve ter em consideração:

a) A parcela máxima eventualmente não reembolsável do incentivo financeiro;
b) O montante relativo aos juros que, caso fossem devidos, incidiriam sobre a parte reembolsável;
c) Os benefícios fiscais que integram o RFAI (IMT, Imposto do Selo, IRC e IMI);
d) Os benefícios fiscais apurados no âmbito da DLRR.

Assim, estando em causa uma empresa de média dimensão e um investimento efectuado na Região Centro), o montante total dos benefícios supra identificados (fiscais e não fiscais) associados ao investimento em causa (em valores actualizados) não pode ser superior a 35% do montante das aplicações relevantes (também em valor actualizado).

De acordo com a definição constante da alínea f) do ponto 20. das Orientações relativas aos auxílios estatais com finalidade regional para 2014-2020 (Jornal Oficial da União Europeia 2013/C 209/01), equivalente-subvenção bruto (ESB) é «o valor actualizado do auxílio expresso em percentagem do valor actualizado dos custos elegíveis, calculado em relação à data da concessão do auxílio com base na taxa de referência em vigor nessa data».

Por conseguinte, tanto o valor das aplicações relevantes como o valor do incentivo financeiro atribuído (parcela não reembolsável e juros que seriam devidos sobre a parte reembolsável) têm de ser actualizados/reportados ao momento da concessão do incentivo financeiro.

O sujeito passivo deve, assim, determinar a taxa de auxílio decorrente do incentivo financeiro, dividindo a soma do valor actual da parcela eventualmente não reembolsável e dos juros que incidiriam sobre a parcela reembolsável (caso fossem devidos) pelo valor total actualizado das aplicações relevantes previstas.

Salienta-se que este cálculo, a efectuar no período de tributação em que ocorre a data da concessão do incentivo financeiro, apenas tem por objectivo, à partida, a determinação da taxa de auxílio ainda disponível para os benefícios fiscais (RFAI e DLRR) num cenário de efectividade da isenção de reembolso prevista.

Assim, se a percentagem resultante deste quociente for inferior ao limite máximo permitido (no caso, 35%), o valor correspondente à diferença das percentagens (que já é dado em valores actuais) pode ser aproveitado, no caso concreto, em sede de RFAI e DLRR.

Note-se que, o RFAI, para além de prever a dedução à colecta do IRC nos termos da alínea a) do n.º 1 do art.º 23.º do CFI, contempla, ainda, a isenção ou redução de IMI durante 10 anos, a isenção ou redução de IMT e a isenção de Imposto do Selo.

A verificação de que foi ou não excedida a taxa máxima de auxílio deve ser feita em cada um dos períodos de tributação (no próprio e nos seguintes), com base nos benefícios financeiros e fiscais que foram já efectivamente usufruídos/utilizados, dividindo a importância resultante da soma do valor actual do incentivo financeiro efectivamente já usufruído [nos anos anteriores ao reconhecimento da isenção de reembolso deverá corresponder apenas à importância actualizada correspondente à isenção de juros imputável ao(s) período(s) já decorrido(s)], do RFAI e da DLRR que já foram efectivamente utilizados pelo valor total actualizado das aplicações relevantes inicialmente previstas.

Temos então:

$$\textit{Intensidade de auxílio} = \frac{\textit{Incentivo financeiro usufruído actualizado + Benefícios fiscais utilizados actualizados}}{\textit{Aplicações relevantes previstas actualizadas}}$$

Para efeitos da verificação de que foi ou não excedida a taxa máxima de auxílio devem ser considerados, em cada um dos períodos de tributação, os valores actualizados acumulados dos incentivos financeiros já usufruídos/reconhecidos e os valores actualizados acumulados dos benefícios fiscais utilizados até ao período a que respeita a análise.

No período de tributação (inclusive) em que se concluir o investimento deve passar a considerar-se, no denominador da fracção, o valor acumulado actualizado das aplicações relevantes efectivamente realizadas.

No período de tributação em que, eventualmente, for excedida a taxa máxima de auxílio, haverá que proceder à correcção do excesso no campo 372 do quadro 10 da declaração modelo 22.

Atendendo às dificuldades que se podem verificar no que concerne à determinação do montante do incentivo financeiro actualizado imputável a cada período de tributação, podem os sujeitos passivos optar por considerar, para efeitos do cálculo da intensidade de auxílio (e respectivo controlo dos limites máximos), o valor total previsional do ESB apurado pelas entidades que analisaram a candidatura.

A adopção de tal procedimento (baseado no ESB total previsional apurado pelas entidades que analisaram a candidatura, que inclui a parte do subsídio que eventualmente poderá beneficiar de isenção de reembolso e os juros que seriam devidos sobre a parte não reembolsável) limitará, assim, a fruição dos benefícios fiscais ao montante correspondente à diferença entre a intensidade máxima de auxílio e o valor total previsional correspondente à consideração do ESB apurado pelas entidades que analisaram a candidatura (relativo aos incentivos financeiros).

Caso se venha, posteriormente, a concluir que o sujeito passivo não beneficia da referida isenção de reembolso, a limitação referida no ponto anterior não prejudica que a taxa de intensidade de auxílio que vinha a ser considerada (baseada no referido cálculo do ESB total previsional) seja ajustada em função desta realidade, por forma a reflectir apenas os incentivos financeiros efectivamente usufruídos (desconsiderando a isenção de reembolso, porquanto tal benefício não veio a ser usufruído).

Nestes termos, poderá o sujeito passivo, dentro dos limites e prazos legais definidos, beneficiar do RFAI e da DLRR pela diferença entre o limite máximo previsto no artigo 43.º do CFI e a taxa de auxílio efectivamente já atingida.

Informação Vinculativa com Despacho de 30 de Janeiro de 2019, da Directora de Serviços do IRC (Proc. n.º 84/2019)
Regiões elegíveis.

Está em causa a elegibilidade, para efeitos do regime fiscal de apoio ao investimento (RFAI), dos investimentos que a entidade pretende efectuar na diversificação da actividade exercida, a sedear na freguesia de Rio de Mouro, concelho de Sintra.

A entidade tem como actividade principal a prestação de serviços na área da contabilidade, encontrando-se registada para "Actividades contabilidade e auditoria; Consultoria fiscal", a que corresponde o CAE 69200 e possui a sua sede no Prior Velho, concelho de Loures.

Pretende diversificar a sua actividade abrangendo o CAE 18130, fazendo um investimento em máquinas de impressão, tendo como objectivo sedear esta actividade na freguesia de Rio de Mouro, concelho de Sintra.

O Regime Fiscal de Apoio ao Investimento (RFAI), que consta do capítulo III do novo Código Fiscal do Investimento (CFI) aprovado pelo Decreto-Lei n.º 162/2014, de 31 de Outubro, constitui um regime de auxílio com finalidade regional, aprovado nos termos do Regulamento (UE) n.º 651/2014 da Comissão, de 16 de Junho de 2014, que declara certas categorias de auxílios compatíveis com o mercado interno, em aplicação dos artigos 107.º e 108.º do Tratado, publicado no Jornal Oficial da União Europeia, n.º L 187/1, de 26 de Junho de 2014 (adiante Regulamento Geral de Isenção por Categoria ou RGIC) e encontra-se previsto nos artigos 22.º a 26.º do CFI, sendo aplicável aos períodos de tributação iniciados em ou após 1 de Janeiro de 2014.

Deste modo, as normas previstas no CFI relativas ao RFAI têm sempre de ser lidas e entendidas à luz das regras do RGIC aplicáveis a este tipo de auxílios. E, para além do RGIC, devem também ser tidas em conta as orientações relativas aos auxílios estatais com finalidade regional para 2014-2020, publicadas no Jornal Oficial da União Europeia n.º C 209/1, de 23 de Julho de 2013 (OAR).

No caso em apreço, a entidade refere que pretende diversificar a sua actividade a qual será abrangida pelo CAE 18130 – Actividade de preparação da impressão e de produtos média.

As regiões elegíveis para auxílios, nos termos da alínea a) e c) do n.º 3 do artigo 107.º do Tratado de Funcionamento da União Europeia (TFUE), são as constantes da tabela prevista no n.º 1 do artigo 43.º do CFI. Da análise à referida tabela verifica-se que, da região da Grande Lisboa, apenas são elegíveis as regiões de Mafra, Loures, Vila Franca de Xira e S. João das Lampas, pelo que, a freguesia de Rio de Mouro, concelho de Sintra e distrito de Lisboa, não é elegível para efeitos de RFAI.

Informação Vinculativa com Despacho de 28 de Fevereiro de 2018, da Directora de Serviços do IRC (Proc. n.º 3309/2017)
Portugal 2020: cálculo do limite máximo quando existe a possibilidade de isenção parcial de reembolso do incentivo financeiro recebido.

A questão suscitada prende-se com o cálculo do limite máximo aplicável aos auxílios estatais com finalidade regional a efectuar no período de tributação de 2016, relativamente ao investimento realizado nesse período, por uma pequena empresa, na região Centro (NUTS II).

O investimento foi realizado entre 2015 e 2017 no âmbito do sector de actividade enquadrável na alínea b) do art.º 2.º da Portaria n.º 282/2014, de 30 de Dezembro, sector este que se encontra previsto na alínea b) da Portaria n.º 282/2014, de 30 de Dezembro, aplicável ao RFAI por força da remissão presente no n.º 1 do art.º 22.º do CFI.

Relacionando-se o investimento com o aumento da capacidade de um estabelecimento já existente, integra-se no conceito de "investimento inicial" presente na alínea d) do n.º 2 do art.º 2.º da Portaria n.º 297/2015, de 21 de Setembro, sendo susceptível de beneficiar do Regime Fiscal de Apoio ao Investimento (RFAI) previsto no Código Fiscal do Investimento (CFI).

Classificando-se como um Projecto de Inovação Produtiva, a quase totalidade do investimento beneficiou, ainda, de um incentivo financeiro atribuído no âmbito do

Programa Operacional Regional do Centro (Portugal 2020), aprovado pelo Aviso 20/SI/2015 e regulado pela Portaria n.º 57-A/2015, de 27 de Fevereiro (e posteriores alterações). Este incentivo é de natureza reembolsável e corresponde a 60% dos investimentos totais elegíveis, tendo um prazo de devolução de 8 anos.

Relativamente ao incentivo financeiro está prevista a possibilidade de obtenção de uma isenção de reembolso até 50% do total do montante recebido, em função do grau de superação de metas previamente definidas (valor acrescentado bruto, criação de emprego qualificado e volume de negócios), o qual só será aferido após o encerramento de contas de 2019.

Portanto, entre 2016 e 2020 a única vantagem financeira que o Projecto de Inovação Produtiva confere à empresa é a ausência de juros face ao incentivo reembolsável recebido.

A listagem de investimentos realizados em 2016 que a empresa considerou como aplicações relevantes desse período de tributação para efeitos de RFAI inclui um activo que foi adquirido em 2015, embora o início de utilização só tenha ocorrido em 2016.

A situação descrita mereceu o seguinte entendimento:

1. Face ao conceito de "investimento realizado" presente no n.º 5 do art.º 22.º do CFI, a aquisição de um activo cuja factura data de 2015-12-30 constitui uma adição do activo fixo tangível verificada no período de tributação de 2015, sendo irrelevante, para este efeito, o facto de o activo só ter entrado em utilização em 2016. Logo, este activo não pode ser considerado como investimento realizado em 2016.

2. Se o legislador pretendesse dar relevo ao início de utilização de um activo, não permitiria que se considerasse como investimento realizado as adições aos investimentos em curso que tenham a natureza de activos fixos tangíveis e que não digam respeito a adiantamentos.

3. Admitindo que se encontram observados todos os requisitos exigidos no capítulo III – Regime fiscal de apoio ao investimento do CFI e na Portaria n.º 297/2015, de 21 de Setembro, o sujeito passivo poderá usufruir, em simultâneo, do incentivo financeiro atribuído no âmbito do Portugal 2020 e do RFAI, desde que o montante total destes auxílios de Estado (ambos com finalidade regional e concedidos ao mesmo investimento) respeite os limites máximos a que se refere o art.º 43.º do CFI.

4. Nos termos deste normativo, o limite máximo aplicável aos auxílios estatais com finalidade regional concedidos a um investimento inicial efectuado na região NUTS II – Centro é de 25% sobre as aplicações relevantes.

5. Como a requerente foi qualificada como uma pequena empresa por reunir os requisitos exigidos no Anexo do Decreto-Lei n.º 372/2007, que correspondem aos previstos na Recomendação n.º 2003/361/CE, de 6 de Maio de 2003, e como as aplicações relevantes não excedem €50.000.000,00, aquele limite é majorado em vinte pontos percentuais, ficando, portanto, em 45%. 6. Nos termos do n.º 5 do art.º 23.º do CFI, os benefícios fiscais que integram o RFAI, ou seja, a dedução à colecta do IRC, o IMI, o IMT e o Imposto do Selo, «devem respeitar os limites máximos aplicáveis aos auxílios

estatais com finalidade regional em vigor na região na qual o investimento é efectuado, nos termos do artigo 43.º».

7. Relativamente às aplicações relevantes que beneficiam, em simultâneo, do RFAI e do incentivo financeiro atribuído no âmbito do Portugal 2020, o cálculo do limite máximo deve ter em consideração o montante total dos auxílios de Estado com finalidade regional respeitante a essas aplicações relevantes, isto é:

i) A parcela máxima eventualmente não reembolsável do incentivo financeiro;

ii) O montante relativo aos juros que, caso fossem devidos, incidiriam sobre a parte reembolsável;

iii) Os benefícios fiscais que integram o RFAI (IMT, Imposto do Selo, IRC e IMI).

8. Portanto, sendo o sujeito passivo uma pequena empresa, o montante total dos benefícios (fiscais e não fiscais) associados ao investimento em causa (em valores actualizados) nunca pode ser superior a 45% do montante das aplicações relevantes (em valor actualizado).

9. A intensidade máxima de auxílio deve ser calculada com base num equivalente-subvenção bruto, em relação aos custos totais elegíveis do investimento.

10. De acordo com a definição constante da alínea f) do ponto 20. das Orientações relativas aos auxílios estatais com finalidade regional para 2014-2020 (Jornal Oficial da União Europeia 2013/C 209/01), equivalente subvenção bruto (ESB) é «o valor actualizado do auxílio expresso em percentagem do valor actualizado dos custos elegíveis, calculado em relação à data da concessão do auxílio com base na taxa de referência em vigor nessa data».

11. Partindo destes valores actualizados, o sujeito passivo deve determinar a taxa de auxílio decorrente do incentivo financeiro, dividindo a soma do valor actual (eventualmente não reembolsável) e dos juros que incidiriam sobre a parcela reembolsável (caso fossem devidos) pelo valor total actualizado das aplicações relevantes previstas.

12. Se a percentagem resultante deste quociente for inferior a 45% (limite máximo que lhe é permitido pelas razões apresentadas nos pontos 4. e 5.), o valor correspondente à diferença das percentagens (que já é dado em valores actuais) pode ser aproveitado, no caso concreto, em sede de RFAI.

De salientar que o RFAI, para além de prever a dedução à colecta do IRC nos termos da alínea a) do n.º 1 do art.º 23.º do CFI, contempla, ainda, a isenção ou redução de IMI durante 10 anos, a isenção ou redução de IMT e a isenção de Imposto do Selo.

13. Os cálculos indicados no ponto 11., a efectuar no período de tributação em que ocorre a data da concessão do incentivo financeiro, apenas têm por objectivo determinar qual a taxa de auxílio ainda disponível para o RFAI num cenário de efectividade da isenção prevista de reembolso parcial do incentivo financeiro.

14. A verificação de que foi ou não excedida a taxa máxima de auxílio vai sendo feita em cada um dos períodos de tributação (no próprio e nos seguintes), com base nos benefícios financeiros e fiscais que foram já efectivamente usufruídos/utilizados, dividindo a importância resultante da soma do valor actual do incentivo financeiro efecti-

vamente já usufruído [nos primeiros anos será só a importância actualizada correspondente à isenção de juros imputável ao(s) período(s) já decorrido(s)] e do RFAI que já foi efectivamente utilizado pelo valor total actualizado das aplicações relevantes inicialmente previstas.

No período de tributação em que se concluir o investimento e nos períodos seguintes deve passar a constar do denominador desta fracção o valor acumulado actualizado das aplicações relevantes efectivamente realizadas.

15. Como o denominador da fracção é sempre constituído pelo valor total actualizado das aplicações relevantes inicialmente previstas (e não as já efectivamente realizadas), a taxa de auxílio vai aumentando gradualmente. No período de tributação em que, eventualmente, for excedida a taxa máxima de auxílio, há, então, que proceder à correcção do excesso no campo 372 do quadro 10 da declaração modelo 22.

16. Importa salientar que apesar de a taxa de auxílio ser calculada a partir de valores actuais, os valores a inscrever no quadro 07 – Deduções à colecta do Anexo D à declaração modelo 22 são sempre apresentados em valores nominais, os quais são calculados nos termos do art.º 23.º do CFI.

17. A fim de permitir o controlo adequado da evolução da taxa de auxílio, por parte dos sujeitos passivos e da AT, o anexo D à declaração modelo 22 relativa ao período de 2017 contém um novo quadro (078-A), que se subdivide nos subquadros 078-A1, 078-A2 e 078-A3, e as respectivas instruções de preenchimento.

18. Com o correto preenchimento destes subquadros, a empresa, enquanto beneficiária de incentivos sujeitos às taxas máximas de auxílio regionais, reúne a informação (em valores nominais e em valores actualizados) sobre os projectos de investimento de âmbito regional e as respectivas aplicações relevantes previstas (subquadro 078-A1), as aplicações relevantes realizadas e os respectivos incentivos financeiros usufruídos e fiscais utilizados no próprio período de tributação (subquadro 078-A2) e os valores actualizados acumulados das aplicações relevantes realizadas e dos incentivos financeiros e fiscais usufruídos/utilizados (subquadro 078-A3), informação esta que lhe vai facilitar o controlo anual da taxa de auxílio já utilizada.

19. Relativamente ao período de tributação de 2017, como o investimento referente ao Projecto de Inovação Produtiva teve o seu início em 2015, os dados referentes a 2015 e 2016 terão já de figurar no novo quadro 078-A, indicando-se no subquadro 078-A2 os dados relativos a 2017 e no subquadro 078-A3 os valores actualizados acumulados (2015, 2016 e 2017).

20. Os elementos inscritos no último subquadro vão permitir ao sujeito passivo apurar anualmente a intensidade de auxílio acumulada e proceder, sendo caso disso, à correcção do excesso no quadro 10 da declaração modelo 22, dando assim cumprimento ao disposto no n.º 4 do art.º 4.º da Portaria n.º 297/2015, de 21 de Setembro.

Informação Vinculativa com Despacho de 4 de Julho de 2017, da Directora-Geral (Proc. n.º 717/2016)

RFAI e DLRR: âmbito de aplicação. Cumulatividade. Determinação do limite máximo de auxílio aplicável e actualização de valores.

Foram suscitadas dúvidas sobre o âmbito de aplicação e cumulação do Regime Fiscal de Apoio ao Investimento (RFAI) e da Dedução por Lucros Retidos e Reinvestidos (DLRR) e sobre o cálculo dos limites máximos aplicáveis aos auxílios estatais com finalidade regional, face ao disposto nos artigos 22.º a 34.º do Código Fiscal do Investimento, aprovado pelo Decreto-Lei n.º 162/2014, de 31 de Outubro, e na Portaria n.º 297/2015, de 21 de Setembro.

Concretamente, foram as seguintes as questões colocadas:

i) Se os investimentos em aplicações relevantes no âmbito da DLRR a concretizar em 2016 e 2017 podem beneficiar, em simultâneo, do RFAI 2016 ou do RFAI 2017;

ii) Atendendo a que o projecto de investimento inicial na tipologia "aumento da capacidade de um estabelecimento existente" foi iniciado em 2015 e termina em 2017, se um outro investimento inicial que se venha a iniciar em 2018 no âmbito da "diversificação da actividade de estabelecimento existente" é considerado o mesmo projecto de investimento inicial de acordo com a redacção da alínea a) do n.º 1 do art.º 4.º da Portaria n.º 297/2015;

iii) Face ao disposto nas alíneas b) e c) do n.º 1 do art.º 4.º da Portaria n.º 297/2015 e tendo em conta o montante máximo que pode ser deduzido à colecta de IRC, qual o valor do benefício fiscal correspondente ao seu valor actualizado reportado e qual o benefício fiscal que fica remanescente, aplicando o n.º 2 do art.º 4.º do mesmo diploma;

iv) Como são efectuados/calculados os dados exigidos pelo n.º 1 do art.º 7.º da Portaria n.º 297/2015, a incluir no processo de documentação fiscal.

Para a análise das questões suscitadas foram fundamentais os seguintes dados fornecidos pelo sujeito passivo:

- É uma pequena empresa que dispõe de contabilidade organizada nos termos da legislação aplicável;
- Não é uma empresa sujeita a uma injunção de recuperação na sequência de uma decisão da Comissão, ainda pendente, que declare um auxílio ilegal e incompatível com o mercado interno;
- Cumpre o critério de elegibilidade relativo à situação tributária e contributiva regularizada perante, respectivamente, a autoridade tributária e a segurança social;
- Na sequência da candidatura apresentada ao Programa Operacional Regional do Centro foi-lhe atribuído um incentivo financeiro (FEDER) no âmbito do Portugal 2020, que (i) reveste a forma de incentivo reembolsável, (ii) é concedido sem pagamento de juros ou quaisquer outros encargos e (iii) corresponde a 70% das aplicações relevantes;

- Em função dos resultados gerados com a implementação do projecto, pode haver lugar a isenção de reembolso no montante máximo de 50% do incentivo reembolsável. Portanto, o incentivo financeiro não reembolsável poderá atingir o valor correspondente a 35% das aplicações relevantes;
- O investimento elegível destina-se a inovar os seus processos produtivos e vai ser efectuado, entre 2015 e 2017, nos seus dois estabelecimentos situados na região NUTS II e na região NUTS III Aveiro.

Relativamente às dúvidas suscitadas foi, por Despacho de 2017-07-04, da Directora-Geral, sancionado o seguinte entendimento:

A) Âmbito de aplicação do RFAI e da DLRR

1. O regime fiscal de apoio ao investimento (RFAI) e o regime de dedução por lucros retidos e reinvestidos (DLRR) encontram-se estabelecidos no Código Fiscal do Investimento (CFI), nos artigos 22.º a 26.º e 27.º a 34.º, respectivamente, encontrando-se regulamentados na Portaria n.º 297/2015, de 21 de Setembro.

2. Por sua vez, a Portaria n.º 282/2014, de 30 de Dezembro, que define os códigos de actividade (CAE) correspondentes às actividades que podem aproveitar dos benefícios fiscais contratuais ao investimento produtivo, é também aplicável ao RFAI por remissão do n.º 1 do art.º 22.º do CFI.

3. O investimento tem por objecto as actividades exercidas pelo sujeito passivo e que constam do sistema de gestão e registo de contribuintes, as quais têm enquadramento na alínea b) do art.º 2.º da Portaria n.º 282/2014, de 30 de Dezembro.

4. O investimento a efectuar é considerado um investimento inicial porque se destina ao aumento da capacidade de um estabelecimento já existente (cf. alínea d) do n.º 2 do art.º 2.º da Portaria n.º 297/2015, de 21 de Setembro), pelo que os activos fixos tangíveis indicados pelo sujeito passivo no quadro de investimentos do referido Formulário Portugal 2020 e registáveis na conta 43.3 – Equipamento básico do Sistema de Normalização Contabilística são considerados aplicações relevantes para efeitos de RFAI (cf. n.º 2 do art.º 22.º do CFI) se forem ou tiverem sido adquiridos em estado de novo e se observarem os requisitos prescritos no n.º 3 do art.º 3.º da mesma Portaria.

5. Salienta-se que o sujeito passivo fica obrigado a cumprir as condições de manutenção dos bens objecto de investimento na empresa e na região, nos termos da alínea c) do n.º 4 do art.º 22.º do CFI.

6. Segundo declara o sujeito passivo, o investimento relevante contribui de forma decisiva para a empregabilidade sustentada ao longo do tempo, indo proporcionar a criação de seis postos de trabalho. Desde que esses postos de trabalho sejam mantidos até ao final do período mínimo de manutenção dos bens objecto de investimento nos termos da alínea c) do n.º 4 do art.º 22.º do CFI e do n.º 3 do art.º 2.º da Portaria n.º 297/2015, mostra-se observada a condição imposta pela alínea f) do referido n.º 4 do art.º 22.º.

7. Relativamente à DLRR e aos seus requisitos específicos, temos:

- O sujeito passivo é uma PME (pequena empresa);

➢ Foi retida em reserva especial uma parte dos lucros apurados em 2015, com vista a realizar investimento em 2016 e 2017 e aproveitar do regime da DLRR.

➢ Embora essa reserva especial não figure ainda no balanço respeitante a 31 de Dezembro de 2015, consta da respectiva IES/DA que, ao serem aprovadas as contas de 2015, foi deliberada a aplicação em reserva especial de uma parcela dos lucros apurados nesse ano.

8. Assim, se uma parte dos lucros retidos no período de tributação de 2015 foi, de facto, aplicada na reserva especial exigida pelo art.º 32.º do CFI e se forem observados os demais requisitos previstos nos artigos 27.º a 33.º do mesmo diploma, o sujeito passivo pode beneficiar da DLRR.

B) Cumulação do RFAI com a DLRR

9. Em termos gerais, um determinado benefício fiscal não é cumulável com quaisquer outros benefícios fiscais da mesma natureza, relativamente às mesmas aplicações relevantes, previstos no CFI ou noutros diplomas legais.

10. Esta regra geral vem, aliás, expressa no n.º 1 do art.º 24.º (para o RFAI) e no n.º 1 do art.º 31.º (para a DLRR), ambos do CFI.

11. Porém os n.ºs 2 destes artigos vêm prever uma exceção.

12. No que se refere ao RFAI, o n.º 2 do citado art.º 24.º vem permitir que este benefício fiscal seja cumulável com a DLRR, desde, e na medida em que, não sejam ultrapassados os limites máximos aplicáveis previstos nos n.ºs 5 e 6 do art.º 23.º.

13. Ora, o n.º 5 do art.º 23.º especifica que os benefícios fiscais devem respeitar os limites máximos aplicáveis aos auxílios com finalidade regional em vigor na região na qual o investimento é efectuado nos termos do art.º 43.º. E o n.º 6 do mesmo preceito determina que o cálculo desse limite deve ter em consideração o montante total dos auxílios de Estado com finalidade regional concedidos ao investimento em questão, proveniente de todas as fontes.

14. No que respeita à DLRR e à cumulação com o RFAI, o n.º 2 do art.º 31.º permite que estes benefícios fiscais sejam cumuláveis, nos termos e condições previstos no art.º 24.º.

15. Apesar de a DLRR não ter, propriamente, as características de um auxílio com finalidade regional, como acontece com o regime de benefícios fiscais contratuais ao investimento produtivo e o RFAI (ver n.ºs 2 e 3 do art.º 1.º do CFI), certo é que a sua cumulação com estes benefícios sujeita-a à limitação prevista no art.º 43.º do CFI.

16. Não há dúvida, portanto, que o sujeito passivo pode beneficiar, em simultâneo, do RFAI e da DLRR relativamente à mesmas aplicações relevantes, desde que o montante total dos auxílios de Estado com finalidade regional concedidos ao investimento em questão, proveniente de todas as fontes, não ultrapasse os limites máximos aplicáveis aos auxílios estatais com finalidade regional constantes do art.º 43.º do CFI.

17. Relativamente ao alcance, neste caso concreto, da expressão "montante total dos auxílios de Estado com finalidade regional concedidos ao investimento em questão, proveniente de todas as fontes" usada pelo legislador no n.º 6 do art.º 23.º do CFI:

18. O sujeito passivo beneficiou de um incentivo financeiro atribuído no âmbito da "Inovação Produtiva", o qual se enquadra num dos vários programas operacionais que integram o Portugal 2020 e que são financiados pelos fundos europeus estruturais e de investimento (FEEI).

Refira-se que o modelo de governação dos FEEI encontra-se estabelecido no Decreto-Lei n.º 137/2014, de 12 de Setembro. E o Decreto-Lei n.º 159/2014, de 27 de Outubro, consagra as regras gerais de aplicação dos vários programas financiados pelos FEEI, para o período de 2014-2020.

Por sua vez, a Portaria n.º 57-A/2015, de 27 de Fevereiro, adopta, em anexo, o Regulamento Específico do Domínio da Competitividade e Internacionalização (RECI).

19. O incentivo financeiro atribuído ao sujeito passivo tem finalidade regional.

20. Com efeito, o Aviso n.º 20/SI/2015 (alteração) para apresentação de candidaturas refere expressamente, no seu ponto 4., que a área geográfica em que o mesmo é aplicável se restringe às regiões NUTS II do Continente (Norte, Centro, Lisboa, Alentejo e Algarve).

21. E conforme refere o ponto 11. do referido Aviso n.º 20/SI/2015 (alteração), o qual tem por base o art.º 30.º do RECI, o apoio financeiro Portugal 2020 reveste a forma de incentivo reembolsável, sendo que pode ser concedida uma isenção de reembolso de uma parcela do incentivo reembolsável até ao limite máximo de 50%, em função do grau de superação das metas que o candidato estabeleça em sede de formulário de candidatura relativamente a determinados indicadores.

22. Logo, do valor total do apoio financeiro atribuído ao sujeito passivo no âmbito do Portugal 2020, apenas o montante máximo que (eventualmente) não irá ser reembolsável deve ser considerado no cálculo do referido limite máximo, a par dos benefícios fiscais que o sujeito passivo pretende usufruir, no caso concreto, o RFAI e a DLRR.

23. Por outro lado, face ao disposto na alínea a) do n.º 2 do art.º 30.º do RECI, não são cobrados ou devidos juros ou quaisquer outros encargos pela utilização do incentivo reembolsável.

24. Portanto, há ainda que considerar no cálculo do limite máximo o montante dos juros que seriam devidos pela utilização do incentivo reembolsável mas que não são pagos.

C) Extensão do conceito de investimento inicial

25. A extensão do conceito de investimento inicial prevista na alínea a) do n.º 1 do art.º 4.º da Portaria n.º 297/2015, de 21 de Setembro é determinante para efeitos do apuramento dos limites máximos aplicáveis aos auxílios estatais com finalidade regional.

26. Assim, deve ser considerado parte de um projecto de investimento único «Qualquer investimento inicial iniciado pelo mesmo beneficiário, incluindo qualquer empresa do mesmo grupo, num período de três anos a contar da data de início dos trabalhos de um outro investimento relativamente ao qual tenham sido concedidos benefícios fiscais, ou qualquer outro auxílio de Estado com finalidade regional na mesma região

de nível 3 da Nomenclatura das Unidades Territoriais para Fins Estatísticos (NUTS)» (o sublinhado é nosso).

27. Ora, sabendo que, nos termos da alínea d) do n.º 2 do art.º 2.º da Portaria n.º 297/2015, de 21 de Setembro, se consideram investimentos iniciais os investimentos relacionados com (1) a criação de um novo estabelecimento, (2) o aumento da capacidade de um estabelecimento já existente, (3) a diversificação da produção de um estabelecimento no que se refere a produtos não fabricados anteriormente nesse estabelecimento, ou (4) uma alteração fundamental do processo de produção global de um estabelecimento existente, e tendo o legislador utilizado a expressão «Qualquer investimento inicial», conclui-se que, independentemente da tipologia do objectivo que os investimentos visam prosseguir, devem ser considerados parte de um projecto único os investimentos iniciais que estiverem nas condições da alínea a) do n.º 1 do art.º 4.º da referida Portaria.

28. Por conseguinte, o investimento inicial na tipologia aumento da capacidade de um estabelecimento existente iniciado em 2015 e findo em 2017, realizado numa região NUTS III (região de Aveiro), e o investimento inicial que o sujeito passivo pretende iniciar em 2018 no âmbito da diversificação da actividade de um estabelecimento existente fazem parte de um projecto único, desde que este venha a ser efectuado na mesma região NUTS III.

D) <u>Cálculo dos limites máximos a que se refere o art.º 43.º do CFI</u>

29. De acordo com o disposto no art.º 43.º do CFI, o limite máximo para um investimento inicial efectuado na região Centro é de 25% sobre as aplicações relevantes, sendo que para as micro e pequenas empresas tal como definidas na Recomendação n.º 2003/361/CE, da Comissão, de 6 de Maio de 2003 (excepto quanto a projectos de investimento cujas aplicações relevantes excedam €50.000.000,00), esse limite é majorado em vinte pontos percentuais, ficando, portanto, em 45%.

30. Nos termos do n.º 5 do art.º 23.º do CFI, os benefícios fiscais que integram o RFAI, ou seja, a dedução à colecta do IRC, o IMI, o IMT e o Imposto do Selo, «devem respeitar os limites máximos aplicáveis aos auxílios estatais com finalidade regional em vigor na região na qual o investimento é efectuado, nos termos do artigo 43.º».

31. Como atrás se referiu, a DLRR é cumulável com o RFAI desde, e na medida em que, não sejam ultrapassados os limites máximos aplicáveis previstos nos n.ºs 5 e 6 do art.º 23.º do CFI (cf. n.º 2 do art.º 24.º).

32. E porque o investimento em causa beneficia também de um incentivo financeiro destinado à inovação produtiva (que integra o Portugal 2020), o cálculo do limite máximo deve ter em consideração o montante total dos auxílios de Estado com finalidade regional concedidos ao investimento em questão, isto é:

i) A parcela máxima eventualmente não reembolsável do incentivo financeiro;
ii) O montante relativo aos juros que, caso fossem devidos, incidiriam sobre a parte reembolsável;
iii) Os benefícios fiscais que integram o RFAI (IMT, Imposto do Selo, IRC e IMI);

iv) A DLRR.

33. Portanto, sendo o sujeito passivo uma pequena empresa, o montante total dos benefícios (fiscais e não fiscais) associados ao investimento em causa (em valores actualizados) nunca pode ser superior a 45% do montante das aplicações relevantes (em valor actualizado).

34. A intensidade máxima de auxílio deve ser calculada com base num equivalente subvenção bruto, em relação aos custos totais elegíveis do investimento.

35. De acordo com a definição constante da alínea f) do ponto 20. das Orientações relativas aos auxílios estatais com finalidade regional para 2014-2020 (Jornal Oficial da União Europeia 2013/C 209/01), equivalente-subvenção bruto (ESB) é «o valor actualizado do auxílio expresso em percentagem do valor actualizado dos custos elegíveis, calculado em relação à data da concessão do auxílio com base na taxa de referência em vigor nessa data».

36. Por conseguinte:

i) O valor das aplicações relevantes tem de ser actualizado reportado ao momento da concessão do incentivo financeiro;

ii) Por outro lado, tem também de ser actualizado, para a data da concessão, o valor do incentivo financeiro atribuído (parcela não reembolsável e juros que seriam devidos sobre a parte reembolsável).

37. Estes valores actualizados, bem como a data da concessão do incentivo financeiro, podem ser facultados, a pedido do sujeito passivo, pela entidade que atribuiu o incentivo financeiro.

38. Na posse destes valores actualizados, deve o sujeito passivo determinar a taxa de auxílio, dividindo a soma do valor actual do incentivo financeiro (eventualmente não reembolsável) e dos juros que incidiriam sobre a parcela reembolsável (caso fossem devidos) pelo valor actualizado das aplicações relevantes. Para melhor compreensão, estamos a admitir, neste ponto, que as aplicações relevantes para efeitos do incentivo financeiro coincidem com as aplicações relevantes para efeitos dos benefícios fiscais.

39. Se a percentagem resultante deste quociente for inferior a 45% (limite máximo permitido para o sujeito passivo em causa), o valor correspondente à diferença das percentagens (que já é dado em valores actuais) pode ser aproveitado, no caso concreto, em sede de RFAI e DLRR. Não esqueçamos que o RFAI, para além de prever a dedução à colecta do IRC nos termos da alínea a) do n.º 1 do art.º 23.º do CFI, contempla, ainda, a isenção ou redução de IMI durante 10 anos, a isenção ou redução de IMT e a isenção de Imposto do Selo.

40. Os cálculos referentes ao limite máximo de auxílio são efectuados no período de tributação em que ocorre a data da concessão do incentivo financeiro.

41. Em cada um dos períodos de tributação (no próprio e ou nos seguintes) em que os benefícios fiscais são utilizados, há que verificar se foi excedida a taxa máxima de auxílio. Se for esse o caso, há que proceder a correcções no quadro 10 da declaração modelo 22. Vejamos, então, como se procede.

42. Assim, relativamente aos benefícios que integram o RFAI e que são utilizados em "tranches" (a dedução à colecta de IRC e o IMI), é necessário que em cada período de tributação em que os benefícios são utilizados/usufruídos, se proceda ao cálculo do seu valor actual, reportado ao termo do período de tributação em que sejam realizadas as aplicações relevantes.

Para este cálculo devem ter-se em consideração as taxas de actualização aplicáveis aos vários momentos em que os benefícios são utilizados (cf. alínea c) do n.º 1 do art.º 4.º da Portaria n.º 297/2015, de 21 de Setembro).

43. As várias taxas (de referência e de actualização) vão sendo publicadas num mapa, na página da Comissão Europeia, no seguinte endereço:

http://ec.europa.eu/competition/state_aid/legislation/reference_rates.html

44. Este mapa apresenta as taxas de referência e actualização mensais de cada Estado membro da União Europeia, em vigor num determinado período, as quais foram calculadas de acordo com a Comunicação da Comissão sobre a revisão do método de fixação das taxas de referência e de actualização, publicada no Jornal Oficial da União Europeia 2008/C 14/02.

45. Para o cálculo da taxa de actualização, deve ser adicionada uma margem de cem pontos de base.

46. O valor actualizado dos benefícios fiscais é calculado usando a seguinte fórmula:

$$\sum_{t=1}^{n} \frac{Fct}{(1+i)^{n}}$$

ou seja:

Valor actual = ∑_(t =1)^n Fct/〖(1+i)〗^t

em que:

t é o número de períodos de tributação em que os benefícios fiscais são utilizados;

i é a taxa de actualização em vigor no termo do período de tributação em que o benefício fiscal é utilizado;

Fct é o valor (nominal) dos benefícios fiscais respeitante a cada um dos períodos de tributação em que são utilizados.

47. Apesar de o limite máximo ser calculado a partir de valores actuais, os valores a inscrever no quadro 07 – Deduções à colecta do Anexo D à declaração modelo 22 são apresentados em valores nominais, os quais são calculados nos termos do art.º 23.º do CFI.

48. Porém, em cada período de tributação em que os benefícios fiscais são utilizados (deduzidos à colecta), há que confirmar se, por força do montante deduzido à colecta (actualizado), já se encontra excedido o limite máximo inicialmente calculado.

49. Para isso, tem de se actualizar os valores de todos os benefícios fiscais utilizados nesse período de tributação, adicioná-los aos valores actuais dos benefícios fiscais já uti-

lizados no(s) período(s) anterior(es) (relacionados com o mesmo investimento inicial) e verificar se o respectivo somatório já é superior ao limite máximo que foi apurado no ano da concessão do incentivo financeiro e em que tiveram início as aplicações relevantes.

50. Se for esse o caso, o valor excedente tem de ser acrescido no campo 372 – Reposição de benefícios fiscais do quadro 10 – Cálculo do imposto da declaração modelo 22, em obediência ao n.º 4 do art.º 4.º da Portaria n.º 297/2015, de 21 de Setembro.

E) Determinação da intensidade dos auxílios concedidos ao mesmo investimento

51. Para efeitos de cumprimento do disposto na alínea h) do n.º 1 do art.º 7.º da Portaria n.º 297/2015, a intensidade dos auxílios concedidos ao mesmo investimento, em percentagem, obtém-se, em cada período de tributação, dividindo o somatório do valor actualizado do incentivo financeiro não reembolsável, do valor actualizado dos juros que seriam calculados sobre a parte reembolsável se fossem devidos e do valor actualizado dos benefícios fiscais já utilizados até esse período de tributação, pelo valor total actualizado das aplicações relevantes associadas ao projecto em causa.

A forma de actualização de todos estes valores já foi referida em pontos anteriores.

Este cálculo tem por objectivo confirmar se foram ou não excedidos os limites máximos aplicáveis aos auxílios de investimento com finalidade regional (cf. art.º 43.º do CFI) e, em caso afirmativo, proceder conforme se referiu no ponto 50. da presente informação vinculativa/ficha doutrinária.

ÍNDICE